普通高等教育旅游与饭店管理专业系列教材

西安外国语大学资助立项教材

U0719828

LÜYOU JIEDAI GUANLI YU SHIWU

旅游接待管理与实务

段兆雯　主编

西安交通大学出版社
XI'AN JIAOTONG UNIVERSITY PRESS

国 家 一 级 出 版 社
全国百佳图书出版单位

图书在版编目(CIP)数据

旅游接待管理与实务 / 段兆雯主编. — 西安 ：西安交通大学
出版社，2022.4
　ISBN 978－7－5693－2564－5

　Ⅰ.①旅… Ⅱ.①段… Ⅲ.①旅游业-经营管理-高
等教育-教材 Ⅳ.①F590.6

中国版本图书馆 CIP 数据核字(2022)第 050103 号

书　　名	旅游接待管理与实务	
	LÜYOU JIEDAI GUANLI YU SHIWU	
主　　编	段兆雯	
责任编辑	郭　剑	
责任校对	王建洪	
封面设计	任加盟	

出版发行	西安交通大学出版社
	（西安市兴庆南路 1 号　邮政编码 710048）
网　　址	http://www.xjtupress.com
电　　话	(029)82668357　82667874(市场营销中心)
	(029)82668315(总编办)
传　　真	(029)82668280
印　　刷	西安日报社印务中心

开　　本	787mm×1092mm　1/16　印张 19　字数 475 千字
版次印次	2022 年 4 月第 1 版　2022 年 4 月第 1 次印刷
书　　号	ISBN 978－7－5693－2564－5
定　　价	54.80 元

前言

根据教育部颁布的《旅游管理类本科专业教学质量国家标准》的最新要求，"旅游接待业"已成为旅游管理学科四门必修专业核心课程之一。在此背景下，本教材依据教育部旅游管理教学指导委员会出台的教学质量标准和要求，由西安外国语大学旅游学科团队成员共同编写而成，具体分工如下：赵静撰写第一章，熊关撰写第二章和第十四章，段兆雯撰写第三章、第六章和第九章，成英文撰写第四章，王浦楠和段兆雯共同撰写第五章，曾慧梁、段兆雯共同撰写第七章，樊蓉撰写第八章和第十章，张宁撰写第十一章，金倩撰写第十二章，苏远利和段兆雯撰写第十三章。段兆雯承担全教材的策划组织、统稿和审定任务。

本教材知识体系完整、方法先进具体、案例典型实用，能反映当下旅游接待业研究的热点问题，体现明显的时代特色。对本教材具体章节内容的学习，有助于高等院校旅游专业的学生较为全面地掌握本专业的理论知识，激发学生深入学习的动力；有助于接待行业的管理人员了解当前旅游接待管理前沿理论及发展趋势，为其解决现实问题提供一定的指导。

本教材可以作为高等院校旅游管理类专业（含旅游管理、酒店管理、会展经济与管理、旅游管理与服务教育专业）以及相关专业本科生教材和教师的教学参考书，也可供旅游业界，包括企业管理人员、旅游行政管理人员参考。

目录

第四篇　趋势与展望篇

>> 第一篇

基础篇

第一章
旅游接待业概述

学习目标和要求

- 掌握旅游接待业的概念、内涵、外延
- 掌握旅游接待业的特点
- 了解旅游接待业的理念

案例导入

2019年全国旅游及相关产业增加值44989亿元

2020年12月31日,国家统计局发布公告显示,经核算,2019年全国旅游及相关产业增加值为44989亿元,占国内生产总值(GDP)的比重为4.56%,比2018年提高0.05个百分点。

从全国旅游及相关产业内部结构看,2019年旅游业增加值为40758亿元,占全部旅游及相关产业增加值的比重为90.6%;旅游相关产业增加值为4232亿元,占全部旅游及相关产业增加值的比重为9.4%。在旅游业内部,旅游购物规模最大,增加值为14077亿元,占全部旅游及相关产业增加值的比重为31.3%;其次是旅游出行,增加值为12055亿元,占全部旅游及相关产业增加值的比重为26.8%。

从增长速度看,2019年旅游娱乐、旅游住宿、旅游综合服务发展较快,增加值分别为1882亿元、3603亿元、796亿元,与2018年相比分别名义增长12.9%、10.4%、10.0%。此外,旅游餐饮、旅游游览增加值分别为6204亿元、2141亿元。

资料来源:沈啸.国家统计局:2019年全国旅游及相关产业增加值44989亿元[N].中国旅游报,2021-01-01(1).

问题与思考

1. 分析旅游业发展涉及的产业有哪些。
2. 分析旅游接待研究的意义是什么。

第一节　旅游接待业的概念、内涵、外延

一、旅游接待业的概念

1.广义的旅游接待业

卡罗尔·金(Carol King)是较早从广义视角定义旅游接待业的学者,其 1995 年提出在商业或组织环境中的旅游接待业是一种主客体之间特定的关系,即通过面对面的互动,并遵守一定的社会礼仪,接待主体为客人带来快乐、舒适和福祉,最终以提高宾客的满意度和发展重复业务为目标。卡罗尔认为旅游接待业是联结接待业从业人员主体和消费者客体的纽带,包括宾客抵达、服务提供、宾客离开的全过程,他最终结合历史、社会视角建立了旅游接待业模型,如图 1-1 所示。

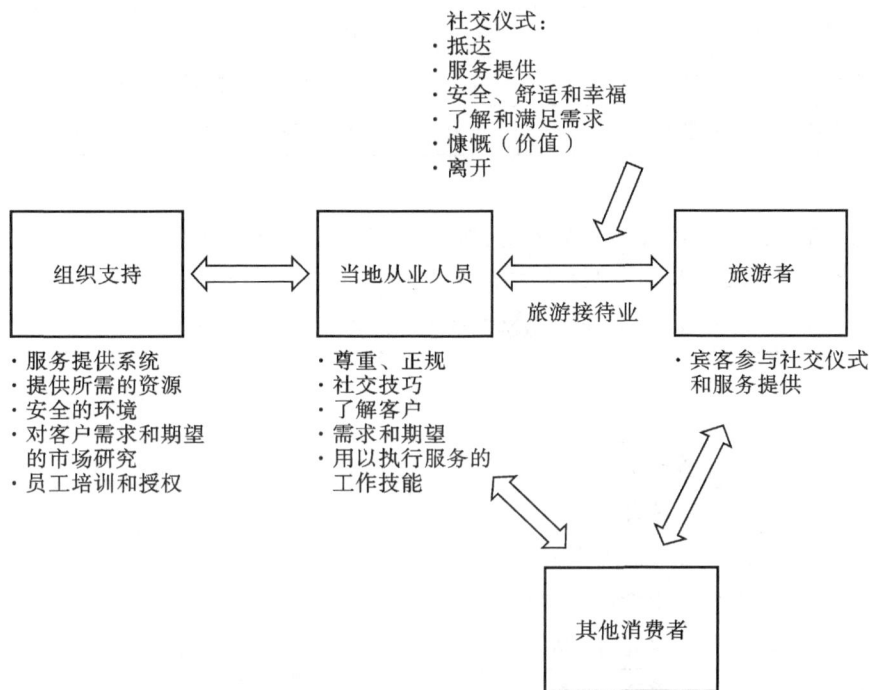

社交仪式:
·抵达
·服务提供
·安全、舒适和幸福
·了解和满足需求
·慷慨(价值)
·离开

```
┌──────────┐      ┌──────────┐           ┌──────────┐
│ 组织支持 │ ⟺  │当地从业人员│    ⟺     │  旅游者  │
└──────────┘      └──────────┘           └──────────┘
                         旅游接待业
·服务提供系统        ·尊重、正规          ·宾客参与社交仪式
·提供所需的资源      ·社交技巧            和服务提供
·安全的环境          ·了解客户
·对客户需求和期望    ·需求和期望
 的市场研究          ·用以执行服务的
·员工培训和授权       工作技能

                  ┌──────────┐
                  │其他消费者│
                  └──────────┘
```

图 1-1　旅游接待业模型

联合国世界旅游组织推荐的《旅游统计的国际建议(2008)》对旅游接待业的构成体系的界定提供参考,即将旅游产业划分为旅游特征产业与旅游关联产业两部分。旅游特征产业是指与旅游需求关系密切、受旅游需求变化影响大的产业,包括但不限于 12 个受旅游消费需求影响较大的特征产业:住宿服务业、餐饮服务业、铁路客运业、公路客运业、水路客运业、航空客运业、交通设备租赁业、旅行代理商与其他预订服务、文化服务业、体育与娱乐业、国家特定的旅游特征物品的零售业、国家特定的其他旅游特征行业,如表 1-1 所示。

表1-1 旅游特征消费产品与旅游特征行业一览表

产品	行业
1.游客的住宿服务	1.住宿行业
2.餐饮服务	2.餐饮服务行业
3.铁路乘客交通服务	3.铁路客运交通行业
4.公路乘客交通服务	4.公路客运交通行业
5.水路乘客交通服务	5.水路客运交通行业
6.航空乘客交通服务	6.航空客运交通行业
7.交通设备租赁服务	7.交通设备租赁行业
8.旅行代理商与其他预订服务	8.旅行代理与其他预订服务行业
9.文化服务	9.文化服务行业
10.体育与娱乐服务	10.体育与娱乐行业
11.国家特定的旅游特征物品	11.国家特定的旅游特征物品的零售业
12.国家特定的旅游特征服务	12.国家特定的其他旅游特征行业

　　国家统计局对旅游业构成体系的界定,为旅游接待业构成体系界定提供了参考。《国家旅游及相关产业统计分类(2018)》中行业大类有9个,中类27个,小类65个,如表1-2所示。

表1-2 国家旅游及相关产业统计分类表(2018)

大类	中类	小类	名称	说明	行业分类代码
			旅游业	本领域包括11—17大类	
11			旅游出行		
	111		旅游铁路运输		
		1111	铁路旅客运输		531
		1112	客运火车站		5331
	112		旅游道路运输		
		1121	城市旅游公共交通服务	仅包括为游客提供的公共电汽车客运、城市轨道交通、出租车客运、摩托车客运、三轮车客运、人力车客运、公共自行车等服务	541*
		1122	公路旅客运输		542
	113		旅游水上运输		
		1131	水上旅客运输		551
		1132	客运港口		5531

代码			名称	说明	行业分类代码
大类	中类	小类			
	114		旅游空中运输		
		1141	航空旅客运输		5611
		1142	观光游览航空服务	仅包括公共航空运输以外的空中旅游观光、游览飞行等航空服务	5622
		1143	机场		5631
		1144	空中交通管理		5632
	115		其他旅游出行服务		
		1151	旅客票务代理		5822
		1152	旅游交通设备租赁	仅包括各类轿车、旅游客车、旅行车、活动住房车等旅游用车的租赁,以及旅游船舶、飞行器的租赁	7111* 7115* 7119*
12			**旅游住宿**		
	121		一般旅游住宿服务		
		1211	旅游饭店		6110
		1212	一般旅馆		612
		1213	其他旅游住宿服务	仅包括家庭旅馆(农家旅舍)、车船住宿、露营地、房车场地、旅居全挂车营地等住宿服务	6130* 6140* 6190*
	122	1220	休养旅游住宿服务	仅包括各类休养所为游客提供的住宿服务	8511*
13			**旅游餐饮**		
	131	1310	旅游正餐服务	仅包括在一定场所为游客提供以中餐、晚餐为主的餐饮服务	6210*
	132	1320	旅游快餐服务	仅包括在一定场所为游客提供的快捷、便利的就餐服务	6220*
	133	1330	旅游饮料服务	仅包括在一定场所为游客提供的饮料和冷饮为主的服务,以及茶馆服务、咖啡馆服务、酒吧服务、冰激凌店和冷饮店服务等	623*

代码			名称	说明	行业分类代码
大类	中类	小类			
	134	1340	旅游小吃服务	仅包括为游客提供的一般饭馆、农家饭馆、流动餐饮、单一小吃、特色餐饮等服务	6291*
	135	1350	旅游餐饮配送服务	仅包括为民航、铁路及旅游机构（团）提供的餐饮配送服务	6241*
14			**旅游游览**		
	141		公园景区游览		
		1411	城市公园管理	各类主题公园、国家公园等管理服务，以及与公园相关的门票服务，文明旅游宣传引导服务，高风险旅游项目风险提示和培训管理，交通疏散体系管理，突发事件、高峰期大客流应对处置和安全预警管理服务等包含在此类	7850
		1412	游览景区管理	各类游览景区的管理服务，以及与游览景区相关的门票服务，文明旅游宣传引导服务，高风险旅游项目风险提示和培训管理，交通疏散体系管理，突发事件、高峰期大客流应对处置和安全预警管理服务等包含在此类	786
		1413	生态旅游游览	仅包括对游客开放的自然保护区，以及动物园、野生动物园、海洋馆、植物园、树木园等管理服务	771*
		1414	游乐园		9020
	142		其他旅游游览		
		1421	文物及非物质文化遗产保护	受文物保护的古村镇，以及具有地方民族特色的传统节目展示，手工艺展示，民俗活动展示等包含在此类	8840
		1422	博物馆		8850
		1423	宗教活动场所服务	仅包括寺庙、教堂等宗教场所为游客提供的服务	9542

续表

代码			名称	说明	行业分类代码
大类	中类	小类			
		1424	烈士陵园、纪念馆	烈士陵园、烈士纪念馆、爱国主义教育基地等为游客提供的服务包含在此类	8860
		1425	旅游会展服务	仅包括为旅游提供的会议、展览、博览等服务	728*
		1426	农业观光休闲旅游	仅包括以蔬果、鲜花等植物的种植和养殖为核心的农业观光休闲旅游服务	0141* 0143* 0149* 015* 0412*
15			**旅游购物**		
	151	1510	旅游出行工具及燃料购物	仅包括为游客购买用于旅游活动的自驾车、摩托车、自驾游用的燃料、零配件等提供的零售服务	526*
	152	1520	旅游商品购物	仅包括为游客购买旅游纪念品、老字号纪念品、免税店商品、旅游用品（不含出行工具、燃料等）、旅游食品等提供的零售服务	521* 522* 523* 524*
16			**旅游娱乐**		
	161		旅游文化娱乐		
		1611	文艺表演旅游服务	仅包括与旅游相关的表演艺术（旅游专场剧目表演）和艺术创造等活动	8810*
		1612	表演场所旅游服务	仅包括音乐厅、歌舞剧院、戏剧场等为游客提供的服务	8820*
		1613	旅游室内娱乐服务	仅包括为游客提供的歌舞厅、KTV歌厅、演艺吧等娱乐服务，以及电子游艺厅娱乐活动、儿童室内游戏、手工制作等娱乐服务	9011* 9012* 9019*
		1614	旅游摄影扩印服务	仅包括与旅游相关的摄影、扩印等服务	8060*

代码			名称	说明	行业分类代码
大类	中类	小类			
	162		旅游健身娱乐		
		1621	体育场馆旅游服务	仅包括可供游客观赏体育赛事的室内、室外体育场所,以及室外天然体育场地的管理服务	892*
		1622	旅游健身服务	仅包括休闲健身场所为游客提供的健身器械、保龄球、台球、棋牌等服务	8930*
	163		旅游休闲娱乐		
		1631	洗浴旅游服务	仅包括为游客提供的洗浴、温泉、桑拿、水疗等服务	8051*
		1632	保健旅游服务	仅包括为游客提供的保健按摩、足疗等服务,以及特色医疗、疗养康复、美容保健等医疗旅游服务	8052* 8053* 8412* 8413* 8414* 8415* 8416*
		1633	其他旅游休闲娱乐服务	仅包括以农林牧渔业、制造业等生产和服务领域为对象的休闲观光旅游活动及公园、海滩和旅游景点内的小型设施服务等	9030* 9090*
17			**旅游综合服务**		
	171	1710	旅行社及相关服务		7291
	172		其他旅游综合服务		
		1721	旅游活动策划服务	仅包括与旅游相关的活动策划、演出策划、体育赛事策划等服务	7297* 7298* 7299*
		1722	旅游电子平台服务	仅包括一揽子旅游电子商务平台的运营维护服务	6432* 6434* 6439* 6440* 6450*
		1723	旅游企业管理服务	仅包括旅游饭店、旅游景区、旅行社等单位的管理机构服务,以及与旅游相关的行业管理协会、联合会等行业管理服务	7215* 7219* 722* 9522*

续表

代码			名称	说明	行业分类代码
大类	中类	小类			
			旅游相关产业	本领域包括21—22大类	
21			**旅游辅助服务**		
	211		游客出行辅助服务		
		2111	游客铁路出行辅助服务	仅包括为铁路游客运输提供的铁路运输调度、信号、设备管理和养护等服务	5333* 5339*
		2112	游客道路出行辅助服务	仅包括为公路游客运输提供服务的客运汽车站、公路管理与养护、公路收费站、专业停车场等服务	544*
		2113	游客水上出行辅助服务	仅包括为水上游客运输提供的船舶调度、水上救助等服务	5539*
		2114	游客航空出行辅助服务	仅包括为航空游客运输提供的机场电力管理、飞机供给、飞机维护和安全,飞机跑道管理等服务	5639*
		2115	旅游搬运服务	仅包括独立为游客提供的货物装卸搬运服务	5910*
	212		旅游金融服务		
		2121	旅游相关银行服务	仅包括支持旅游活动的贷款、消费信贷等服务	6621* 6623* 6624* 6629* 6634* 6635* 6636* 6637* 6639*
		2122	旅游人身保险服务	仅包括与旅游相关的人身保险服务	6813* 6814*
		2123	旅游财产保险服务	仅包括与旅游相关的财产保险服务	6820*
		2124	其他旅游金融服务	仅包括与旅游相关的外汇服务等	6999*
	213		旅游教育服务		
		2131	旅游中等职业教育	仅包括旅游、导游、酒店等中等职业学校教育	8336*
		2132	旅游高等教育	仅包括旅游、酒店、翻译等高等教育	834*

代码			名称	说明	行业分类代码
大类	中类	小类			
		2133	旅游培训	仅包括导游、外语、厨师、酒店服务、客车驾驶、飞行驾驶等与旅游相关的培训	8391*
	214		其他旅游辅助服务		
		2141	旅游安保服务	仅包括为铁路、民航、港口、酒店、旅游景区等提供的安保服务	7271* 7272*
		2142	旅游翻译服务	仅包括为旅游提供的翻译服务等	7294*
		2143	旅游娱乐体育设备出租	仅包括用于旅游的自行车、照相器材、娱乐设备、运动器材等出租	7121* 7122*
		2144	旅游日用品出租	仅包括用于旅游的纺织品、服装、鞋帽等出租	7123* 7129* 7130*
		2145	旅游广告服务	仅包括与旅游相关的广告制作、发布、代理等服务	725*
22			**政府旅游管理服务**		
	221	2210	政府旅游事务管理	仅包括各级政府部门从事的与旅游相关的综合行政事务管理服务	9221*
	222	2220	涉外旅游事务管理	仅包括各级政府部门从事的旅游签证、护照等涉外事务管理服务	9222*

注:符号"*"表示该行业类别仅有部分内容属于旅游及相关产业。

2. 狭义的旅游接待业

接待业管理国际期刊主编 Pizam 在"What is the hospitality industry and how does it differ from the tourism and travel industries?"一文中指出餐饮服务、俱乐部、辅助类生活服务是旅游接待业独有的组成部分,旅游接待业是向旅游者、旅行者和当地居民提供住宿、食物、饮料、会议等的所有商业集合。除此之外,会展业、休闲业、住宿业和餐饮业既属于旅游接待业,也是旅游业。但他认为旅行社、旅游景区、旅游目的地营销、旅游规划与开发、旅游交通只属于旅游业,而不属于接待业。中外很多学者均认为旅游接待业提供旅行及住宿设施、满足客人的住宿与餐饮需求,其中住宿和餐饮是旅游接待业的核心部分(Brotherton,1999;Michael,2009;曾国军,2018)。

二、旅游接待业的定义

美国饭店业协会认为旅游接待业的主要服务对象是"旅游者及临时居住人员",旅游接待业主要包含住宿企业、餐饮企业、交通服务、零售服务、旅游目的地,如图 1-2 所示。

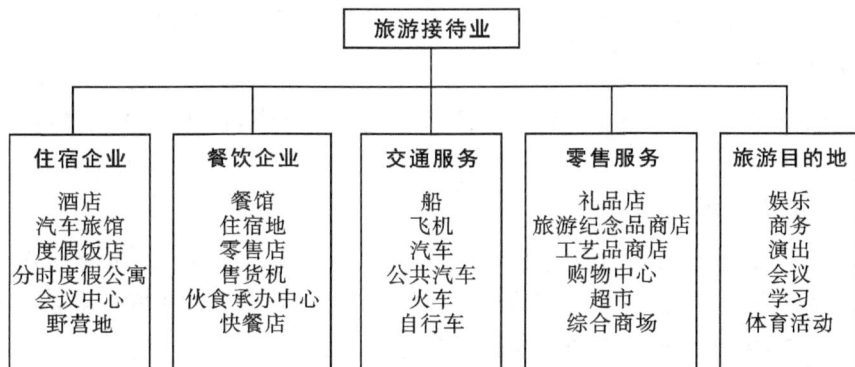

图 1-2 旅游接待业的范畴

　　美国康奈尔大学旅馆管理学院设立了旅游接待业研究中心、不动产与金融研究中心、旅游接待业企业家能力研究所、康奈尔劳动与就业关系研究所、康奈尔健康未来研究所 5 个有关旅游接待业的研究机构。康奈尔大学认为旅游接待业是为离开家的自愿旅行者提供服务的企业或其他组织，包括为旅行者提供交通、住宿、餐饮、娱乐与其他服务的企业或其他组织。

　　联合国世界旅游组织推荐的旅游统计的国际标准《2008 年国际旅游统计建议》(*International Recommendations for Tourism Statistics* 2008)对旅游活动进行了界定，可以作为旅游接待业定义的参考，即旅游是指游客的活动。游客指出于任何主要目的(出于商务、休闲或其他个人目的，而非在被访问国家或地点受聘于某个居民实体)，在持续时间不足一年的期间内，出行到其惯常环境之外某个主要目的地的旅行者。

　　综上所述，旅游接待业主要包含直接为旅游者提供服务的企业和间接为旅游者提供服务的企业。直接为旅游者提供服务的企业包括住宿企业、餐饮企业、交通服务、零售服务、旅游景区等，间接为旅游者提供服务的企业包括旅游市场的秩序监察和管理部门、旅游决策部门、基础设施维护和运营部门等。

三、旅游接待业的内涵及外延

(一)旅游接待业的内涵

1.旅游接待业应注重多元素结合

　　旅游接待业涉及旅游者在旅游目的地活动时所需的所有产业，如食、住、行、游、购、娱等。同时旅游接待业的发展需要糅合多元素实现高质量发展，应和文化、农业等相结合，形成新业态、新方式，从而服务国家战略。

2.旅游接待业应为旅游者提供服务

　　旅游接待业为旅游者提供服务是旅游接待业的核心标志，如一家餐馆不仅接待当地人还接待旅游者，就属于旅游接待业的范畴，否则就不是。但在现实中，很难精准确定某家餐馆或者商店有没有为旅游者提供服务。

3.旅游接待业应在旅游目的地范围内

　　旅游接待业是为旅游者服务的，所以应当在旅游目的地范围内。如旅游交通仅仅作为客源的输送渠道，连接客源地和目的地，并不处于旅游目的地之内，则不属于旅游接待业。如果国际旅游者乘坐的国际航班,其航线在目的地国家境内,则属于旅游接待业范畴。

4.旅游接待业应以人为本

旅游接待业是为旅游者服务的,应当秉持以人为本的理念,注重服务质量的提升,从最基本的标准化过渡到个性化、人性化,同时应本着宾客至上的理念,打造服务品牌。

(二)旅游接待业的外延

《国务院关于加快发展旅游业的意见》(国发〔2009〕41号)明确提出,要把旅游业培育成为国民经济的战略性支柱产业和人民群众更加满意的现代服务业。现代服务业依托现代高新技术和现代管理制度,服务产品的附加值和技术含量高。

1.新技术旅游接待业

旅游接待业引进新技术,从而升级了传统旅游接待业。旅游接待业利用互联网技术,发展智慧旅游,提升旅游体验与旅游品质,从而形成技术密集型、信息密集型产业。

2.新需求旅游接待业

社会消费升级引发需求升级,技术升级引发需求升级。现今旅游接待业受到消费升级和技术升级的双重驱动,同时在业态构成、技术应用、服务方式上有别于传统旅游接待业。

3.新理念旅游接待业

旅游接待业应融合文化业、制造业、信息业、金融产业的先进理念,实现科技、资本、知识的共同推动,提升为旅游者服务的质量,为服务注入专业理念,并以新理念为指导,实现旅游接待业的转型升级。

拓展阅读

旅游景区服务接待管理的创意化趋势

据携程2021年9月7日发布的《秋游及中秋预测数据报告》显示,全国跨省游有序复苏,携程中秋节私家团的订单量增长迅猛,在"中秋节最热私家团目的地"榜单上,贵阳位列全国第一。这样的好成绩令人自豪,也对我们做好接下来的节假日旅游接待服务工作提出了更高要求。

贵阳旅游事业之所以迎来今天的大好局面,得益于全省旅游高质量发展和贵阳始终坚持走前列、做表率的持续努力。近年来,贵州在"山地公园省·多彩贵州风"旅游形象统一引领下,全力打造世界知名的山地旅游目的地,推动贵州旅游业实现井喷式增长。贵阳充分发挥省会担当,以"爽爽贵阳"的良好生态为核心招牌,大力实施"旅游+"战略,加快实现从旅游集散地向旅游目的地的华丽转身。

在严格的疫情防控政策下,全国跨省旅游一度收紧。上个月,国家文化和旅游部发出通知,要求对出现中高风险地区的省(区、市),立即暂停旅行社及在线旅游企业经营该省(区、市)跨省团队旅游及"机票+酒店"业务。省(区、市)内无中高风险地区后,可恢复旅行社及在线旅游企业经营该省(区、市)跨省团队旅游及"机票+酒店"业务。贵阳一直紧绷疫情防控之弦,全力以赴、细致周密,始终保持良好的防控形势,为贵阳独占"中秋节最热私家团目的地"榜单鳌头提供了良好条件,为我们高质量完成半年攻坚行动、加快推动"强省会"走实走深注入了强劲动力。

各地游客喜欢贵州,喜欢贵阳,到贵州来,到贵阳来,这无疑是大好事。只有用高质量的服务与之匹配,才能锦上添花,把好事办得更好。眼下离中秋节只有一个多星期,紧接着又是国庆节,贵州、贵阳将会迎来更多游客,我们要以更高标准全面做好服务,加大对旅游市场的管理力度,保障游客合法权益。大力倡导文明旅游,让文明旅游蔚然成风,让每一位到贵阳来的游客,都拥有更好的旅游体验。同时,近期多地相继发生输入性病例引发的本土聚集性疫情,表明疫情防控依然丝毫不能松懈,要从严从紧、抓细抓实防控工作,营造安全、有序的旅游环境。

人气就是底气,贵阳旅游的高人气反映出这座城市的生机与活力,折射出贵阳推动旅游产业化发展的坚定步伐和疫情防控常抓不懈的大好局面。让我们全力以赴做好接下来的节假日旅游服务和疫情防控工作,让广大游客玩得安全,玩得开心,努力实现后疫情时代贵阳旅游大丰收。

资料来源:潘朝选.切实做好节假日旅游接待服务[N].贵阳日报,2021-09-09(2).

第二节 旅游接待业的特点

一、覆盖范围大

旅游接待业综合性较强,覆盖旅游者在旅游目的地开展旅游活动需要涉及的诸多要素,是一项以综合休闲、游览为中心的综合性消费,包括食、住、行、游、购、娱等诸多方面。通过横向联合和纵向联合,旅游接待业可形成产业链,并在上下游不断扩充,最终实现产业链条发展。

二、产业融合广

旅游接待业除了包含食、住、行、游、购、娱六要素之外,还涉及康养医疗、卫生保健、运动探险、商务谈判、会议展览等多个领域,和人民生活息息相关,与其他多元产业融合具有天然优势。以文化产业为例,它与旅游产业在情感、内容、创意等诸多方面都存在互动共生的强关联性,这种产业强关联性,也体现在其他产业上。

三、人性理念重

旅游接待业是通过有形的设施,向旅游者提供无形服务,使旅游者获得物质享受的同时获得精神满足。服务过程中需要结合旅游者语言习惯、生活习惯、宗教信仰等,提供不同的服务,满足旅游者的心理需求,体现人性关怀。服务重视细节,旅游者才会有细致、周到、体贴入微的感觉,才能体现管理的规范、细致、严谨,这是提升旅游者满意程度的重要环节。

四、综合效益高

企业以盈利为目的,效益是接待业管理的重要议题,效益的高低直接影响其生存和发展的好坏。旅游接待业具有明显的经济属性,并且旅游目的地可以向旅游者提供旅游产品和服务获取经济利益。接待业管理中,不仅包含经济效益,还包含社会效益、生态效益等多方面,要做到实现多种效益兼顾,强调成本控制和效益目标结合、眼前效益和长远效益结合,尽可能实现接待业组织的整体效益。

五、外向拉动强

旅游接待业是旅游目的地为接待旅游者，向旅游者提供服务构建的产业集合。旅游接待业要结合旅游者的偏好，对旅游资源、旅游接待模式、旅游产业进行调整，具有明显的外向性。旅游接待业产生的文化效应、社会效应、经济效益也具有显著的外向性，并且可以实现人流、物流、信息流的交汇，有利于实现国内外循环畅通。

六、转型升级快

旅游接待业能够提升旅游业发展能力，优化旅游产业结构，推进旅游业转型升级、提质增效，实现可持续发展。旅游接待业的转型升级有利于盘活旅游资产、高效配置旅游资源、拓展区域旅游发展空间，带动广大乡村基础设施投资，改善道路、厕所环境，就地解决农民就业，增加农民收入，建立统一高效、平等有序的城乡旅游大市场，从而推进产业转型升级。

拓展阅读

文化和旅游部："五一"旅游市场特点可用"五个有"概括

2020年5月8日，国务院联防联控机制举行新闻发布会，介绍五一小长假期间交通、消费、旅游和疫情防控有关情况。文化和旅游部党组成员王晓峰表示，五一假期旅游市场呈现出"防控有力、落实有方、复苏有劲、安全有序、文明有礼"五大特点。

王晓峰介绍，刚刚过去的5天长假，对全国旅游市场是一个特殊的假期，不仅放假时间长、群众出游意愿高、旅游惠民措施多，同时景区开放限制严、疫情防控任务重。面对复杂因素交错的五一假期，全国文化和旅游系统认真落实习近平总书记重要指示批示精神，按照中央应对新冠肺炎疫情工作领导小组的要求，加强协调指导，组织督导检查、开展及时调度、压实各方责任，保障安全有序，可以从五个方面来概括"五一"旅游市场的特点。

一是防控有力。文化和旅游部指导各地把疫情防控与景区自身承载能力结合起来，按照景区接待游客不得超过最大承载量30%的要求，在实际工作中对每家景区实施具体指导，要求各景区严控三关：最大承载量30%、网上分时预约、关键节点及时疏导，为此，各景区普遍增加人员设施配备，完善疫情防控措施，从严抓好测体温、验绿码、保间距等防疫措施，对重要区域节点加强现场管控，总体做到了假日旅游的"限量开放、预约开放、错峰开放"。

二是落实有方。一方面，各地党委和政府充分发挥了主体责任作用，很多省区市的党政主要领导深入一线，指导做好景区开放管理各项工作，为推动工作落实提供了有力保障；另一方面，积极调动全国文化和旅游系统，建立多部门联动机制，将远端引导和现场疏导相结合，形成了景区开放管理的合力。

三是复苏有劲。在做好防控疫情和防止人员聚集前提下，积极满足人民群众出游的需求，扶持旅游企业复工复产复市，旅游市场得到了有力的恢复。据测算，5月1日至5日，全国累计接待国内游客1.15亿人次，累计实现国内旅游收入475.6亿元。与去年相比，在疫情常态化防控的前提下，旅游市场基本恢复了同期的50%，促进了旅游业消费回补和潜力释放。

四是安全有序。立足"早部署""早发现""早调度""早处理",对出现的一些苗头性安全问题和拥挤情况,能够迅速行动、及时调度、妥善解决。五一期间旅游市场未发生疫情,未发生重大涉旅安全事故和重大投诉案件。

五是文明有礼。文化和旅游部门推动旅行社、酒店等企业实施分餐、分批、分时就餐,引导游客使用公筷公勺、拒吃野味,树立文明用餐和绿色饮食新观念;广大游客自觉遵守旅游目的地和景区疫情防控制度,体现了文明旅游新风。

王晓峰表示,此次五一假期对文化和旅游部门是一次大考,也是一次推动旅游景区高质量发展的大练兵。通过积极探索和实践,文化和旅游部门摸索出了一套在疫情防控下旅游业复工复产复市的经验做法,为下一步统筹抓好疫情常态化防控与旅游业可持续发展,进一步推动旅游业复工复产复市,积累了经验,打下了基础,也提高了信心、增强了动力。

资料来源:文化和旅游部."五一"旅游市场特点可用"五个有"概括[EB/OL].[2020-05-08].https://www.mct.gov.cn/preview/special/8830/8831/202005/t20200508_853054.htm.

第三节　旅游接待业理念

新中国成立至今,国民经济和社会发展状况以至国际环境均发生了诸多变化,我国旅游接待业发展先后出现过以下发展理念与模式:①外事接待型理念(1949—1978年);②创汇产业理念(1979—1995年);③全面发展理念(1996—2014年);④全域旅游理念(2015年至今)。

现今我国旅游接待业理念主要有以下五方面。

一、全域发展理念

引入全域旅游理念,建立全域旅游顶层设计,从城下规划、项目实施多环节实践全域旅游理念,道路、厕所等基础设施及旅游咨询等服务都要有全域旅游理念的引领。联合工商、税务等部门打造现代旅游治理体系,事前预防,事中处理,事后反馈,推动旅游政策创新,创造和谐旅游发展环境,提升游客满意度。发展"旅游+"项目,从营销到实施均以"全域发展理念"为指导,树立品牌意识,建立旅游品牌形象。

二、人文理念

旅游接待业服务的核心是为旅游者提供休闲体验和服务享受,而旅游接待业发展主体是员工,是管理活动的核心,也是接待业最主要的资源。充分利用、开发旅游接待业的人力资源,服务旅游接待业企业内外的利益相关者,都需要人文理念指引。人文理念实施,不仅需要旅游接待业企业管理层确立制度,也需要从上至下的积极实施,主要从以下两方面进行:

(1)培育积极向上的旅游接待业文化。首先,积极向上的旅游接待业文化氛围会影响员工心理,增强员工归属感、敬业精神及忠诚心理。其次,积极向上的旅游接待业文化有利于建立和谐的上下级关系。最后,积极向上的旅游接待业文化有利于员工参与管理,提升员工主人翁意识,发挥主观能动性,实现员工的自我价值。

(2)提升旅游接待业员工服务技能和综合素养。加强管理层对员工的关心,创造机会提升员工技能,通过定期培训、不定期学习等途径,从而提升员工的服务意识、文化素质和服务技巧等综合素养。

三、环保理念

旅游接待业必须秉持环保理念,广泛应用环保科技,采用环保产品,开展环保营销,这是旅游接待企业实现可持续发展目标的根本途径。十九大之后,我国更加注重推动绿色产品和生态服务的资产化,发掘环保产品生产力,使绿水青山变为金山银山。首先,旅游接待业领域各企业都应深刻学习和领会习近平总书记对绿色发展观的重要阐述和对企业发展观的重要理论指导,充分认识到环保理念的重大意义,并全力提高企业全体员工对绿色发展观的认识,真正树立起企业的环保理念。其次,旅游接待企业要确立环保发展战略,环保理念是企业发展的核心要素。企业践行环保理念和采取环保营销举措,能帮助企业获得政府的支持和旅游者的好感,有利于树立良好的企业形象。

四、顾客关系理念

旅游接待业是为旅游者提供服务,因此,要以顾客至上理念为指引,与顾客建立良好关系,这是旅游接待业重要的无形资产。首先,了解旅游者真实需求。除了旅游者享受物超所值的服务外,还要进一步分析其需求的独特性,比如旅游动机是求同还是求异,以提供不同的服务。旅游接待业要根据旅游者不同需求,进行市场细分,针对性地实施顾客关系管理。其次,满足旅游者利益。旅游接待产品和服务的价格,接待设施条件、价格,大多数旅游者都较为关注,故人性化、个性化的亲情式服务是为旅游接待企业加分的法宝。

五、创新理念

创新是发展的根本动力,信息技术的迅猛发展为旅游接待业变革带来了有利契机,互联网及信息技术的升级,使得旅游接待业遇到发展机遇,因此,旅游接待业要紧抓信息技术浪潮,用创新理念引领。例如,阿里的无人酒店,海底捞的无人餐厅,都是紧紧抓住发展机遇的产物。"无人"能够降低用工成本40%,对于劳动密集型的旅游接待业来说,用工成本的降低,有利于产业结构调整,实现供给侧改革。大数据、云计算、人工智能,都是旅游接待业发展可以利用的利器,都应当用于旅游接待业变革中。但是,在追求创新的同时,也不能忘了文化积淀,这样才能走得更远更好。

拓展阅读

文旅部印发《"十四五"文化和旅游发展规划》

2021年6月3日,文化和旅游部召开第二季度例行新闻发布会。会议指出,为进一步推进文化事业、文化产业和旅游业繁荣发展,文化和旅游部编制了《"十四五"文化和旅游发展规划》。

"十四五"时期是我国全面建成小康社会、实现第一个百年奋斗目标之后,乘势而上开启全面建设社会主义现代化国家新征程、向第二个百年奋斗目标进军的第一个五年,也是社会主义文化强国建设的关键时期。为贯彻落实党的十九届五中全会精神和《中华人民共和国国民经济和社会发展第十四个五年规划和2035年远景目标纲要》,加快推进文化和旅游发展,文化和旅游部编制印发了《"十四五"文化和旅游发展规划》，并且即将陆续印发艺术创作、文物保护和科技创新、非遗保护传承、公共文化服务、文化产业发展、旅游业发展等 10 部专项规划。文化和旅游部党组高度重视"十四五"规划工作，党组书记、部长胡和平同志亲自谋划"十四五"文化和旅游发展蓝图，就规划提出重要指导意见。《"十四五"文化和旅游发展规划》从前期研究、专题调研到文本起草、征求意见，历时近两年编制完成，汇集了各方智慧，凝聚了广泛共识。在此，也通过媒体向社会公众的关注表示感谢！

在"十四五"规划编制过程中，我们着力贯彻落实三个方面的要求：一是将习近平总书记关于"十四五"规划、关于文化和旅游工作的一系列重要指示精神贯穿于规划全篇。二是注重把握新发展阶段、贯彻新发展理念、构建新发展格局，突出高质量发展的主题。三是结合"十三五"规划总结评估和人民群众意愿，坚持目标导向、问题导向和需求导向相统一，有针对性地提出"十四五"文化和旅游发展的思路举措。可以说，《"十四五"文化和旅游发展规划》集中体现了当前和今后一个时期文化和旅游发展的总体要求、发展目标、主要任务、重要举措等，是推进"十四五"文化和旅游各项工作的总抓手，也是加快建设社会主义文化强国的任务书。

"十四五"时期推进文化和旅游发展的总体思路，坚持以习近平新时代中国特色社会主义思想为指导，全面贯彻党的基本理论、基本路线、基本方略，紧紧围绕经济建设、政治建设、文化建设、社会建设和生态文明建设的总体布局和全面建设社会主义现代化国家、全面深化改革、全面依法治国、全面从严治党的战略布局，立足新发展阶段、贯彻新发展理念、构建新发展格局，紧紧围绕举旗帜、聚民心、育新人、兴文化、展形象的使命任务，坚定文化自信，增强文化自觉，坚持稳中求进工作总基调，以推动文化和旅游高质量发展为主题，以深化供给侧结构性改革为主线，以改革创新为根本动力，以满足人民日益增长的美好生活需要为根本目的，统筹发展和安全，大力实施社会文明促进和提升工程，着力建设新时代艺术创作体系、文化遗产保护传承利用体系、现代公共文化服务体系、现代文化产业体系、现代旅游业体系、现代文化和旅游市场体系、对外和对港澳台文化交流和旅游推广体系，推进文化铸魂、发挥文化赋能作用，推进旅游为民、发挥旅游带动作用，推进文旅融合、努力实现创新发展，为提高国家文化软实力、建设社会主义文化强国做出积极贡献。

锚定到 2035 年建成文化强国的远景目标，《"十四五"文化和旅游发展规划》提出，到 2025 年我国社会主义文化强国建设取得重大进展的"十四五"总体目标。主要表现在：文化事业、文化产业和旅游业高质量发展的体制机制更加完善，治理效能显著提升，人民精神文化生活日益丰富，中华文化影响力进一步提升，中华民族凝聚力进一步增强，文化铸魂、文化赋能和旅游为民、旅游带动作用全面凸显，文化事业、文化产业和旅游业成为经济社会发展和综合国力竞争的强大动力和重要支撑。

"十四五"时期文化和旅游发展的重点任务是全面推进"一个工程、七大体系"。一是实施社会文明促进和提升工程，重点是弘扬社会主义核心价值观，加强对中华文明的发掘研究和阐释，提高人民群众文明素养和审美水平等。二是构建新时代艺术创作体系，重点是加强对艺术创作的引导，实施文艺作品质量提升工程，大力培育讴歌新时代的精品力作。三是完善文化遗产保护传承利用体系，重点是加强文物、非物质文化遗产、古籍等系统性保护和合理利用，发挥文化遗产在传承中华文化、铸牢中华民族共同体意识方面的重要作用。四是健全现代公共文化服务体系，重点是统筹公共文化设施软硬件建设，创新实施文化惠民工程，加快公共数字文化建设,提高公共文化服务的覆盖面和实效性。五是健全现代文化产业体系,重点是实施文化产业数字化战略,加快发展新型文化企业、文化业态、文化消费模式,优化文化产业结构和布局,提高产业核心竞争力。六是完善现代旅游业体系,重点是发展大众旅游、智慧旅游,丰富优质旅游产品供给,推进"旅游十""十旅游",推动旅游业高质量发展。七是完善现代文化和旅游市场体系,重点是做优做强国内文化和旅游市场,激发市场主体活力,提高资源配置效率,提升市场监管能力,维护市场繁荣有序。八是建设对外和对港澳台文化交流和旅游推广体系,重点是加强中外文化交流,深化国际旅游合作,创新交流合作的机制、内容和方式,提高中华文化国际影响力。

另外,"十四五"时期,文化和旅游部还将持续推进文化和旅游深度融合、创新发展,不断提高文化和旅游发展的科技支撑水平,优化文化和旅游发展布局,建强文化和旅游人才队伍。聚焦这些重点任务,规划提出了一批设施投资、平台建设、项目扶持等方面的重点工程作为抓手,这些工程有利于补短板、强弱项、增后劲,将对规划实施起到有力的牵引带动作用。

公共文化服务方面

党的十八大以来,以习近平同志为核心的党中央高度重视公共文化服务体系建设。习近平总书记多次做出重要指示批示,要求着力提升公共文化服务水平,让人民享有更加充实、更为丰富、更高质量的精神文化生活。"十三五"期间,在党中央、国务院的高度重视下,我国公共文化服务体系建设取得重要成就,现代公共文化服务体系"四梁八柱"的制度框架基本建立,基本公共文化服务标准化均等化建设全面推进,覆盖城乡的公共文化设施网络更加健全,优质公共文化产品和服务日趋丰富。

"十四五"时期,我国进入新发展阶段,公共文化服务体系建设面临着新的发展形势和任务。党的十九届五中全会和国家"十四五"规划对公共文化服务体系建设做出了全面部署,一系列重要文件相继出台。今年3月,文化和旅游部、国家发展改革委、财政部等3部委出台了《关于推动公共文化服务高质量发展的意见》,国家发展改革委等21个部委印发了《国家基本公共服务标准(2021年版)》,明确了基本公共文化服务的重要内容。在此次发布的《"十四五"文化和旅游发展规划》中,专设"健全现代公共文化服务体系"一章,提出5方面重点工作任务和7项重大工程项目。同时,我们还研究编制了《"十四五"公共文化服务体系建设规划》,将于近期正式向社会发布。可以说,"十四五"时期公共文化服务的政策体系更加健全。下一步,我们将按照规划和有关政策文件要求,深刻认识和把握公共文化服务体系建设在文化和旅游发展全局中的地位和作用,以推动高质量发展为主题,以深化供给侧结构性改革为主线,进一步完善制度建设,提升治理能力,激发创新活力,努力提供更高质量、更有效率、更加公平、更可持续的公共文化服务,提升人民群众的文化获得感、幸福感。

文化产业方面

以习近平同志为核心的党中央高度重视文化产业发展,习近平总书记多次对文化产业发展发表重要论述,强调谋划"十四五"时期发展,要高度重视发展文化产业。党的十九届五中全会和国家"十四五"规划对"健全现代文化产业体系"做出全面部署。为了深入贯彻落实习近平总书记重要论述精神和党中央决策部署,《"十四五"文化和旅游发展规划》专章对文化产业发展进行部署。同时,我们还研究编制了《"十四五"文化产业发展规划》,作为指导文化产业工作的专项规划,也将于近期正式向社会发布。

"十三五"期间,我国文化产业实现繁荣发展,2015 年至 2019 年,全国文化及相关产业增加值从 2.7 万亿元增长到超过 4.4 万亿元,年均增速接近 13％,占同期国内生产总值比重从 3.95％上升到 4.5％,文化产业在促进国民经济转型升级和提质增效、满足人民精神文化生活新期待、提高中华文化影响力和国家文化软实力等方面发挥了重要作用。"十四五"期间,我们将立足新发展阶段,贯彻新发展理念,服务构建新发展格局,以推动文化产业高质量发展为主题,以深化供给侧结构性改革为主线,以文化创意、科技创新、产业融合催生新发展动能,提升产业链现代化水平和创新链效能,加快健全现代文化产业体系,提升文化产业整体实力和竞争力,充分发挥对国民经济增长的支撑和带动作用。

旅游方面

旅游是幸福产业,是人民生活水平提高的重要标志。"十三五"以来,在党中央坚强领导下,我们与相关部门紧密协作,以转型升级、提质增效为主题,出台系列政策文件,采取多项强有力措施,旅游景区、度假区建设成效显著,旅游新业态、新产品不断丰富,旅游业持续健康快速发展,较好地满足了人民群众的出游需求。

随着全面小康社会建成,人民群众对旅游产品多样化、特色化、高品质发展提出新的更高要求。习近平总书记多次对文旅融合、红色旅游、乡村旅游、生态旅游、文明旅游等做出批示指示,为旅游业高质量发展指明了方向、提出了要求。《中华人民共和国国民经济和社会发展第十四个五年规划和 2035 年远景目标纲要》对旅游给予了全面部署,提到"旅游"相关表述达到 38 处之多,是国家五年规划中对旅游着墨最多的一次,足以体现党中央国务院对旅游业的重视。

"十四五"期间,我们将牢固树立以人民为中心的发展思想,以深化旅游业供给侧结构性改革为主线,同时注重需求侧管理,完善现代旅游业体系,努力推动旅游业高质量发展,推进旅游为民,实施旅游带动,在国民经济发展和文化强国建设中发挥重要作用。

综合考虑,《"十四五"文化和旅游发展规划》关于"完善现代旅游业体系"一章共有 7 项任务:一是深入推进大众旅游,更好满足人民群众特色化、多层次旅游需求;二是积极发展智慧旅游,加快推进旅游业数字化、网络化、智能化发展;三是大力发展红色旅游,弘扬社会主义核心价值观;四是丰富优质旅游产品供给,深化旅游供给侧结构性改革;五是完善旅游公共设施,提高游客通达性、便利性;六是提升旅游服务质量,让游客游得舒心、开心;七是统筹推进国内旅游和入出境旅游发展,做强国内旅游,振兴入境旅游,规范出境旅游,助力以国内大循环为主体、国内国际双循环相互促进的新发展格局。

内容小结

本章从国内外学者们对旅游接待业概念、内涵和外延入手,对旅游接待业的概念进行了界定,并分析了旅游接待业的特点,同时旅游接待业发展应当以全域发展理念、人文理念、环保理念、顾客关系理念、创新理念为指引。

实务分析

让我们回顾一下本章导入案例涉及的两个问题:一是旅游业发展涉及的产业有哪些? 二是旅游接待研究的意义是什么? 现在我们对这些问题进行解析。

1. 依据《国家旅游及相关产业统计分类（2018）》，旅游业是指直接为游客提供出行、住宿、餐饮、游览、购物、娱乐等服务活动的集合；旅游相关产业是指为游客出行提供旅游辅助服务和政府旅游管理服务等活动的集合。其中，旅游业包括 7 个大类、21 个中类和 46 个小类；旅游相关产业包括 2 个大类、6 个中类和 19 个小类。

2. 旅游接待业研究通过对旅游市场结构、旅游产业发展、旅游行业协会管理与服务、旅游产业布局的认识，使旅游企业能认识自身特点、树立品牌意识、协同化发展，帮助旅游者防范旅游消费风险，这对国家、地方、行业、企业、旅游者、旅游教育发展均有重要意义。

第二章
旅游接待业市场

学习目标和要求

- 了解旅游接待业市场的概念及特征
- 了解旅游接待业市场划分的意义、原则和标准
- 了解旅游接待业市场体系
- 理解旅游接待业市场的功能
- 理解和掌握旅游接待业市场运行机制

案例导入

浙江模式对我国旅游经济发展战略的根本启示

浙江旅游业的发展具有"一好二强三高"（协调性好、内生性强、创新性强、市场化程度高、融合度高、开放度高）的特征,是健康、可持续的发展方式,实现了旅游业发展的重要突破,代表着旅游业发展的重要方向,具有重要的典型意义和示范意义。在构成浙江模式的市场基础、企业发展、政府作为、产品开发、目的地营销、人才培养、区域合作、旅游业和区域经济社会融合发展等核心要素中,市场机制是绕不过去的关键词。市场机制一方面体现在驱动旅游经济运行的核心力量是客源市场,特别是长江三角洲的客源市场的旅游消费需求;另一方面则是在发展旅游业所需要的资本、土地、自然资源、人才和技术诸要素聚合中,市场机制发挥极其重要的作用。也可以说,尊重旅游经济运行的客观规律,充分发挥市场机制在地方旅游形象、旅游市场推广、旅游资源开发、旅游企业培育和旅游公共服务中的主导作用,是浙江模式的核心,也是解读地方旅游业快速发展和制度创新的基石。当前和今后一个时期我国旅游业面临的主要矛盾仍然是人民群众日渐增长、不断变化的旅游需求与相对落后的旅游管理水平、相对滞后的商业模式之间的矛盾,矛盾主要方面是消费需求。市场的问题必须要用市场的手段去解决,政府不能和市场较劲。无论是国家旅游发展战略目标的实现,还是地方旅游业的增长与繁荣,当且仅当市场机制在资源配置中发挥更大作用的时候,我们的目标才能够有基础和保障。这是浙江模式的经济总结,也是对我国旅游经济发展战略的根本启示所在。

资料来源:戴斌.让市场机制在资源配置中发挥更大的作用:序《旅游业发展的浙江模式》[EB/OL]. [2010 - 12 - 28]. http://www.360doc.com/content/12/1006/07/10580899_239708249. shtml.

问题与思考

1.阅读案例后,说说你是如何理解浙江模式精髓的。

2.结合当前我国旅游业发展的现状,谈谈浙江模式对确定未来我国旅游接待业发展根本战略带来的启示。

第一节　旅游接待业市场的概念及特征

一、旅游接待业市场的概念

旅游接待业市场的概念与旅游接待业的发展紧密相连,随着旅游经济的发展和旅游产品生产与交换的扩大,旅游接待业不断发展,旅游接待业市场这一概念也不断发展,先后经历了有形地点概念、消费群体概念和无形关系概念三个发展阶段。

(一)有形地点概念

旅游接待业市场是指旅游产品交换的有形地点。在旅游活动的早期,从事旅游的人很少,可供交换的旅游产品品种和数量也较少,交换关系简单,旅游接待业发展水平很低,游客的游览活动空间有限,旅游接待也由数量稀少的景区,为数不多的客栈、酒肆,有限的拉载游客的车马组成。这就决定了最初的旅游接待业市场概念就是指旅游产品交换的有形地点,这个有形地点可以是一个具体地点或场所,也可以是一个区域。这一概念沿用至今,如在某个城市的展览馆举办一场旅游博览会,展览馆这个场所就是一个微型旅游接待业市场;去东南亚旅游一趟,那么东南亚这个区域就是一个较大的旅游接待业市场。

(二)消费群体概念

旅游接待业市场是指具有旅游产品购买欲望、旅游购买力并且有闲暇时间和消费权利的旅游消费者群体。这个概念来自现代旅游市场学,现代旅游市场学兴起于旅游接待业市场由卖方市场转变为买方市场这样的大背景下。在买方市场下,旅游消费者成为稀缺资源,只有以旅游消费者为中心,为其提供全方位的旅游服务,满足其旅游需求,旅游企业才能生存和发展。旅游消费者群体是旅游接待业存在和发展的根基,旅游消费者市场的开发与营销逐渐成为旅游企业经营活动的重中之重,所以旅游消费者群体是旅游接待业市场的概念就自然出现并流行开来。这个概念是以旅游消费者为导向,站在顾客的角度去认识旅游接待业市场的一种新理念。

现代旅游市场学所讲的旅游接待业市场是由旅游消费者、旅游购买力、旅游欲望和旅游消费权利四个要素构成。这四个要素相互制约,互为条件,缺一不可,共同组成旅游接待业市场。

1.旅游消费者

旅游消费者是旅游接待业市场上的主体之一,是组成旅游接待业市场的底子,没有一定数量的旅游消费者做底子,就难以形成一定规模的旅游接待业市场,旅游产品经营者将因利润太小而无法持续经营,旅游接待业就失去了存在的基础和理由。旅游接待业市场的规模由旅游消费者数量直接决定,而旅游消费者数量又取决于客源国家或地区的人口基数,一个国家或地区人口基数大,潜在的旅游消费者就多,旅游接待业市场的规模就大,因此,人口基数对于旅游接待业的市场规模至关重要。

2.旅游购买力

旅游购买力是指旅游消费者购买旅游产品时的支付能力。旅游购买力是旅游产品需求的基础,没有购买力,就无法产生对旅游产品的需求。旅游产品属于高档复合享受型消费品,其购买是由旅游消费者的个人可自由支配收入和闲暇时间决定的,与一个国家和地区的经济发达程度正相关。越是经济发达的国家和地区,人们可自由支配的收入水平越高,拥有的闲暇时间越多,购买旅游产品的可能性就越大,反之亦然。比如,美国、欧洲、日本、韩国等国家或地区,经济发达,国民收入水平很高,闲暇时间多,因而国民出游率高,成为世界上主要的国际旅游接待业市场;非洲虽然人口众多,但由于经济发展水平低,国民收入水平不高,出游人数较少,所以难以形成较大规模的国际旅游接待业市场。

3.旅游欲望

旅游欲望是旅游购买力得以实现的必不可少的条件,没有旅游欲望,旅游购买力再强也无法形成对旅游产品的需求。一个人在可自由支配收入和闲暇时间两个客观条件具备的情况下,还必须具有外出旅游的主观愿望,才有可能成为现实的旅游消费者,旅游接待业市场才可能形成。

4.旅游消费权利

旅游消费权利是指旅游消费者可以购买旅游产品的权利。旅游消费权利是旅游接待业市场,特别是国际旅游接待业市场存在的前提条件。旅游消费者在购买国际旅游产品时,由于国际复杂烦琐的关系,往往容易受到旅游目的地国或旅游客源国单方面的法律、制度、政治等因素的限制,无法购买旅游产品。例如,旅游目的地国和客源国之间的政治和外交关系不和谐,或者在国际旅游中所必需的护照、签证、语言、货币兑换等出现问题,都会导致旅游消费者丧失购买旅游目的地国旅游产品的权利,从而出现旅游障碍。这时候,即使人们有旅游消费欲望、支付能力和闲暇时间,但因旅游消费权利受阻而无法形成国际旅游接待业市场。因此旅游消费者还必须具备旅游消费权利,才能使潜在旅游接待业市场变成现实旅游接待业市场。

(三)无形关系概念

旅游接待业市场是指在旅游产品交换过程中所反映的各种经济行为和经济关系的总和。随着旅游经济活动的发展,旅游产品的交换范围日益扩大,为了适应旅游产品交换发展的需要,出现了专门为促进旅游产品交换的各种服务机构、服务设施和服务项目,如旅游景区、酒店、旅行社、旅游娱乐场所、旅游购物场所、旅游交通公司以及专门管理旅游的政府机构等;另外,社会上的银行、保险、储运、邮电、通信、海关、广告、商情咨询等机构也逐渐开始为游客的旅游活动提供各种辅助服务,从而也融入旅游接待活动中。这些直接的和间接的企业、机构以及服务设施和服务项目等构成旅游供给,并以旅游产品为纽带,向旅游消费者提供旅游接待服务。旅游供给者和旅游消费者之间的关系日益复杂,如旅游消费者和旅游经营者之间的关系,旅游经营者与政府之间的关系以及旅游经营者彼此之间的关系,这些经济行为和关系的总和构成了现代旅游接待业市场的概念。

旅游接待业市场是由旅游接待业市场的主体、客体和中介三方面构成。

1.主体

旅游接待业市场的主体包括旅游产品消费者和旅游产品经营者。旅游产品消费者是指参与旅游产品交换的买方,也就是旅游产品的最终使用者,即具有旅游欲望和闲暇时间,能够参与旅游活动的游客。旅游产品经营者是旅游产品的卖方,是以营利为目的,具有独立的经济利益和自主决策权。从事旅游经营活动的法人、公民和其他经济组织,即旅游产品的生产者和供应者。旅游产品消费者和旅游产品经营者之间互为交易对象,并通过旅游市场的纽带紧密地联系在一起。

2.客体

旅游接待业市场的客体是指为市场交换而提供的并能够满足人们旅游需求的旅游产品。旅游产品,是旅游经营者为满足旅游消费者的游览与休闲等旅游需求,通过开发、利用旅游资源而形成的旅游吸引物(旅游景点、旅游路线和游乐项目)、旅游购物品及相关的旅游服务组合。旅游产品可分为整体旅游产品和单项旅游产品。整体旅游产品是满足旅游者旅游活动中全部需要的产品或服务,如一条旅游路线、一个专项旅游项目。单项旅游产品则指住宿产品、饮食产品及交通、游览娱乐等方面的产品或服务。整体旅游产品由单项旅游产品构成。如果没有旅游产品作为交换客体,旅游接待业市场就不可能形成,旅游活动也不能有效开展,人们的旅游需求就无法得到满足,旅游经营者的经济收益也就没有保证。

3.中介

中介是指所有有效实现旅游产品在旅游消费者和旅游经营者之间进行交换的各种交换媒介和手段,如货币、广告信息媒体、场所等。这些媒介和手段都是旅游产品交换和旅游市场存在的重要条件。随着现代科学技术进步和市场经济发展,互联网、电话、电视、手机等逐渐成为旅游产品交换的重要手段和媒介。特别是在现代旅游接待业市场中,旅游价格和汇率变化、旅游信息充足程度、旅游中介机构的商誉,以及进行旅游产品交易的手段和设施的现代化程度等,都直接对旅游产品交换产生重要的影响,这些都构成旅游接待业市场的中介。

综上所述,人们对旅游接待业市场概念的认识经历了有形地点概念、消费群体概念和无形关系概念三个阶段,这是旅游接待业市场这一客观事物不断发展的必然结果,表现了旅游经济活动特有的发展过程。

二、旅游接待业市场的特征

(一)异地性

异地性是指旅游接待业市场通常远离旅游消费者惯常居住地。这是因为:①旅游活动求新、求奇、求异的特点决定了旅游消费者与其要购买的旅游接待地的旅游产品在空间上是必须分离的,不能处在同一个空间,因为熟悉的地方没有风景,所以旅游产品不可能像普通消费品一样当地生产、当地销售、当地消费。②旅游接待地的旅游产品具有不可移动性,使得旅游产品也不可能像普通消费品那样拿到旅游消费者惯常居住地去销售。这两点决定了旅游消费者只能前往旅游接待地去消费。旅游接待业市场的异地性特点增加了旅游企业经营的难度,要求旅游经营者必须随时随地关注市场变化与发展,开展动态市场营销。

（二）多样性

旅游消费者构成的复杂性导致了旅游需求的多样性，从而要求旅游接待业市场供给的多样性。这种多样性主要表现在两方面：①旅游产品种类的多样性。不同的国家和地区都有着不同的自然风光和人文景观，必然形成不同的旅游产品。有纯粹休闲类、观光类、度假类的直接型旅游产品，有附属于商务、会展、探亲访友的间接型旅游产品；有大众化旅游的经济型旅游产品，有小众化的特种型高档旅游产品。旅游产品只有具备多样性才能使得旅游消费者的多样需求得到很好的满足。②旅游产品购买形式的多样性。旅游产品可以零价购买单项旅游产品，也可以通过旅行社包价或半包价购买旅游产品，还可包价与零价相结合购买或半包价与零价相结合购买。旅游接待业市场的多样性不仅反映了旅游接待业市场发展变化的特点，而且在很大程度上决定着旅游接待业经营的效益。

（三）全球性

旅游接待业市场的全球性特点主要表现在两个方面：第一是旅游者的足迹遍布世界各大洲，不仅亚洲、欧洲、美洲、大洋洲、非洲五大洲早已被世界各国旅游者踏遍，就连南极洲和北极也留下了旅游者身影。第二是世界各国各地区都注重和积极支持旅游接待业的发展，把旅游接待业作为很重要的产业来经营和发展。旅游接待业市场的全球性是旅游接待业发展到一定阶段的必然产物。旅游接待业市场最初表现为国内市场；第二次世界大战之前，随着某些邻近国家间贸易往来的不断增加，跨国界的区域性接待业市场开始出现；第二次世界大战以后，随着科技的发展、交通条件的改善和社会经济的发展，逐渐形成了一个全球性的统一接待业市场。随着全球旅游接待业市场的形成，旅游者在全球的旅游变得非常便捷、顺畅，花费的时间和费用更少，旅游需求得到极大满足，这反过来又进一步强化了旅游接待业市场的全球性。

（四）季节性

旅游接待业市场具有非常明显的季节性，其原因来自旅游供给和旅游需求两方面。

（1）从供给方面来说，旅游产品经营以有一定吸引力的旅游资源为依托，而很多旅游资源受到自然条件、气候条件的影响，其吸引力具有明显的淡旺季差异，有的甚至在淡季无法开展，比如高山滑雪、海滨旅游、河流漂流、春秋赏花旅游等，导致旅游接待业市场出现随季节变化的淡旺季。

（2）从需求方面来说，旅游消费者的闲暇时间分布并不均衡，一些国家或地区的带薪假日往往与孩子的寒暑假安排一致，造成学生寒暑假时期成为旅游的旺季，而非寒暑假时期则为淡季。另外，一些国家或地区的传统节日全民放假，如中国的"五一""十一"和"春节"黄金周，西方的圣诞节假日，形成节假日旅游旺季，其余时间则为淡季，导致旅游接待业市场出现淡旺季。旅游接待业市场的季节性特点往往造成旅游接待地旺季人满为患，接待设施超负荷运转，淡季门可罗雀，设施闲置，造成资源浪费，总体上弊大于利。如何减少乃至消除季节性的影响，使旅游接待业市场向淡旺季均衡化方向发展是目前亟待解决的问题。

（五）波动性

所谓的波动性，是指旅游接待业市场在游客构成、旅游流向、旅游价格，甚至旅游者总人数方面出现明显起伏变化的现象，这主要是因为旅游接待业市场受太多因素影响，其中任何一个因素的变化，都会引起市场的起伏波动。波动性主要表现为三方面的原因：①由于旅游需求受到诸如薪水、外汇汇率、通货膨胀、世界局势、传统节假日、旅游消费者的偏好甚至国际油价的变化等多种因素影响,其中某一因素发生变化都会导致需求发生变化,从而导致接待业市场发生起伏波动。②旅游接待业对为其提供服务的建筑业、银行业、邮电业、商业、农业以及卫生、体育、纺织等行业和部门依赖性强,任何一个行业出现问题都会导致接待业市场发生起伏波动。③旅游接待业与自然、经济、人文和社会等方面的因素密切相关,这些因素诸如自然灾害、技术的进步、各国经济发展水平、人们对旅游的态度、旅游接待地对旅游接待业的态度以及旅游接待国与客源国之间的关系等会随时发生变动,导致旅游接待业市场出现波动。旅游接待业市场的波动性特点,要求旅游经营者随时关注影响旅游接待业市场变化的因素,科学评估其影响,并根据旅游接待业市场的变化适时、动态调整经营策略,以保持旅游接待业市场的稳定。

第二节　旅游接待业市场的划分

旅游接待业市场划分是以旅游消费者的需求差异为依据,将整个旅游接待业市场划分为若干不同的分市场,并选择具有发展潜力的分市场作为旅游企业目标市场的过程。

一、旅游接待业市场划分的意义

(一)有助于选择目标市场

在全球旅游接待业市场中有国内的不同人群,也有国际的不同国别和地区的人群,导致旅游消费者数量多、分布广、构成复杂、旅游需求差异大。因此,任何一个旅游经营者都没有能力接待市场上所有的旅游消费者,满足其旅游需求,只能选取其中的部分消费者作为自己的服务对象,为其提供旅游产品和服务。因此很有必要把整个旅游接待业市场按照不同的标准划分成各种不同类型的分市场,以方便旅游企业选取其中一个或若干个分市场作为企业经营的目标市场。旅游接待业市场划分后,各个分市场规模较小,市场情况容易了解,如某个分市场有哪些旅游消费需求,其中哪些已经得到了满足、满足程度如何,哪些还未得到满足或未得到充分满足、市场中的旅游消费者购买潜力如何等情况,都可以较小的成本较快地了解到。旅游企业可根据了解到的情况,结合自身的经营能力与特色,选择适合自己经营的目标市场。

(二)有助于有针对性地开发旅游产品

旅游企业通过市场划分选定目标市场后,就可以针对目标市场的具体需求集中人力、物力、财力开发设计适销对路的旅游产品。这样既很好地满足了旅游消费者的需求,也有效地提高了旅游企业的竞争力,使旅游企业获得成功。

(三)有助于有针对性地开展动态营销

每个旅游企业用于营销的经费都是有限的,不可能漫无边际地花费大量金钱进行旅游营销。对旅游接待业市场进行划分,旅游企业就可以对所选择的目标市场开展各种有针对性的市场营销活动,避免普遍撒网、盲目营销带来的浪费与损失。市场充满着变化,采用市场划分的旅游企业可以比较容易观测到目标市场的具体变化,这样就可以及时调整价格、销售渠道、促销方法等,对市场开展适时、动态的各种营销活动,从而提高企业的市场应变能力。

二、旅游接待业市场划分的原则

旅游接待业市场划分的目的就是为了确立目标市场,使旅游企业可以针对目标市场开发设计旅游产品、开展营销活动,取得经营的成功。为了达到这一目的,旅游企业在市场划分过程中必须遵循以下原则:

(一)可衡量性原则

可衡量性是指旅游接待业市场经过划分后,各个分市场的特征均能有明显的差异性,即这种差异性是具体可衡量的,而不是一个空泛模糊的概念。这就要求各分市场的消费行为特征、市场范围、购买能力、市场规模要清楚明确,能够以较准确的资料与数据具体描述。可衡量性是旅游企业确立目标市场的前提。

(二)可进入性原则

可进入性一方面是指旅游企业的财力、物力和人力能够开发设计并提供该分市场需要的旅游产品,并可以有效地进入和占领该分市场,另一方面是指该分市场没有被竞争对手完全控制,还有足够的市场空间使企业进入后能够有所作为,有进入价值。若该分市场已趋于饱和,没有多少剩余空间,企业进入后很难有所作为,从而没有必要考虑进入该分市场。

(三)可持续性原则

可持续性是指划分后的分市场具有相对长久的收益稳定性。这就要求该分市场有一定数量的旅游消费者和稳定的购买能力,以保证旅游企业进入其分市场后针对该市场的规模与购买力状况所提供的旅游产品在相当长的一段时间里能够较顺利地销售出去,使企业保持相对长久的良好经济收益。

(四)合法性原则

合法性指个别旅游消费者某些不良需求不能作为旅游企业划分市场的标准,必须予以抵制。比如吸毒、赌博、色情、迷信等不良需求,是不符合国家法律和道德规范的需求,用这些标准划分出的旅游接待业分市场,如色情旅游市场、赌博旅游市场、风水旅游市场、大麻旅游市场等,都是不合法的市场,是国家法律和道德规范不允许进入的。

三、旅游接待业市场划分的标准

旅游接待业市场是一个有机的整体,随着旅游经济的发展和旅游交换关系越来越广泛,接待业市场的情况也越来越复杂。本教材按照不同的标准将总体旅游接待业市场划分为各种不同的类型。

(一)以地域为标准,可划分为世界旅游接待业市场和区域旅游接待业市场

世界旅游接待业市场是一个以全球为范围的统一的市场,区域旅游接待业市场是根据旅游者来源地或国家的不同而划分的旅游分市场。世界旅游组织根据全球市场在地理位置、经济、文化、交通以及旅游者流向、流量和旅游者活动特点等方面的不同与联系,将整个世界旅游接待业市场划分为六个大的区域旅游接待业市场,即欧洲市场、美洲市场、东亚及太平洋市场、南亚市场、中东市场和非洲市场。这是一种沿用多年的经典市场划分方法,它反映了当今世界旅游接待业市场的基本格局。表 2-1 反映的是 1970—2020 年半个世纪六大区域旅游接待业

市场国际旅游者接待比例的情况。

表 2-1　1970—2020 年世界六大旅游接待业市场接待国际旅游者比例

年份	市场						
	欧洲市场/%	美洲市场/%	东亚及太平洋市场/%	非洲市场/%	中东市场/%	南亚市场/%	全世界/%
1970	70.5	23.0	3.0	1.5	1.4	0.6	100.0
1980	66.0	21.3	7.3	2.5	2.1	0.8	100.0
1990	62.4	20.5	11.5	3.3	1.6	0.7	100.0
2000	57.8	18.6	16.0	3.8	2.9	0.9	100.0
2010	53.0	17.0	22.0	3.0	4.0	1.0	100.0
2015	50.7	16.1	21.7	4.5	5.1	1.9	100.0
2020	58.9	17.4	12.5	4.7	4.6	1.9	100.0

从表 2-1 中的数据可看到,20 世纪欧洲与美洲两大市场一直占据了国际旅游接待业市场的主导地位,80% 以上的国际旅游者产生并流向于这两个市场。进入 21 世纪,这两大传统市场发展逐渐放缓,流量份额有所下滑。东亚及太平洋市场是六大市场中发展最快的市场,由 1970 年微不足道的 3%,发展到目前占比五分之一(2020 年受到新冠疫情的影响,占比暂时有所下降),发展速度令人惊讶。南亚、中东和非洲三大旅游接待业市场半个世纪来发展一直比较缓慢,所占市场份额相对较小。目前欧洲、美洲和东亚及太平洋三大市场成为世界旅游接待业的核心市场,占据了 90% 的流量份额。

(二)以国境为标准,可划分为国内旅游接待业市场和国际旅游接待业市场

国内旅游接待业市场是指一个国家国境线以内的市场,即主要是本国居民在国内各地进行旅游活动形成的区域市场;国际旅游接待业市场是指越过国境进行旅游形成的跨境市场,包括入境旅游接待业市场和出境旅游接待业市场两类。入境旅游接待业市场是指某一个国家接待境外旅游者到本国各地旅游形成的跨境市场;出境旅游接待业市场是指组织本国居民到境外进行各种旅游形成的跨境市场。国内旅游接待业市场与国际旅游接待业市场相互依存,密切联系,前者是后者的基础,后者是前者的延伸。表 2-2 反映的是从 2003 年到 2019 年我国入境旅游接待业市场、出境旅游接待业市场和国内旅游接待业市场接待旅游消费者人数的情况。

表 2-2　2003—2019 年中国入境旅游、出境旅游和国内旅游人数统计

年份	入境旅游		出境旅游		国内旅游	
	人数/万人次	增长率/%	人数/万人次	增长率/%	人数/万人次	增长率/%
2003	9166.21	−6.30	2022.19	21.80	87000.00	−0.90
2004	10903.82	18.96	2885.00	42.67	110200.00	26.67
2005	12029.23	10.32	3102.63	7.54	121200.00	9.98
2006	12494.21	3.87	3452.36	11.27	139400.00	15.02

续表

年份	入境旅游		出境旅游		国内旅游	
	人数/万人次	增长率/%	人数/万人次	增长率/%	人数/万人次	增长率/%
2007	13187.33	5.55	4095.40	18.63	161000.00	15.49
2008	13002.74	−1.40	4584.40	11.94	171200.00	6.34
2009	12647.59	−2.73	4765.62	3.95	190200.00	11.10
2010	13376.22	5.76	5738.65	20.42	210300.00	10.57
2011	13542.35	1.24	7025.00	22.42	264100.00	25.58
2012	13240.53	−2.23	8318.17	18.41	295700.00	11.97
2013	12907.78	−2.51	9818.52	18.04	326200.00	10.31
2014	12849.83	−0.45	11659.32	18.75	361100.00	10.70
2015	13382.04	4.14	12786.00	9.66	399000.00	10.50
2016	13844.38	3.45	13513.00	5.69	443500.00	11.15
2017	13948.24	0.75	14272.74	5.62	500100.00	12.76
2018	14119.83	1.23	16199.34	13.50	553900.00	10.76
2019	14530.78	2.91	16920.54	4.45	600600.00	8.43

从表2-2中的数据可看到,随着经济社会持续稳定发展,我国旅游接待业市场已经形成了国内旅游、出境旅游和入境旅游三大旅游接待业市场并行,国内旅游接待业市场占主导地位的格局。

我国国内旅游接待业市场从2003年以来一直保持强劲增长势头。从表2-2数据可看到,从2003年到2019年17年间我国国内旅游人数净增长量为51.36亿人次,年均增长率12.1%,2019年接待人数超过60亿人次。国内旅游持续高速增长是诸多有利因素综合作用的结果,这些因素主要有:国家经济实力的继续增强,城镇与农村居民收入的稳定增长,各级政府对旅游业发展更加重视,地方基础设施的持续扩建,旅游资源的大规模开发,黄金周的充分利用和社会生活的更加活跃,等等。国内旅游具有拉动内需促进国内消费、增加国家财政收入、回笼货币、增加就业、积累建设资金、带动相关产业发展、促进老边穷地区脱贫致富、增强国民文化道德素质和对外开放意识等方面的作用。目前我国的国内旅游市场仅仅开发了1/4,未来我国旅游接待业的发展空间主要将表现在国内旅游上,国内旅游接待业将会继续成为中国旅游接待业的主要增长点。

我国出境旅游市场也一直保持强劲增长势头。我国已经成为世界上出境旅游发展数量最大、增速最快、潜力最强的客源输出国之一,我国已经成为亚洲第一大客源输出国。从表2-2中的数据可看到,从2003年到2019年17年间我国出境旅游净增长量为1.50亿人次,年均增长率14.98%,在三大旅游接待业市场中增长速度最快。世界旅游组织曾预计到2020年我国出境旅游人数将达到1亿人次,实际上我国已在2014年提前达到。这些年我国国民经济的强劲发展,居民收入的快速增长,带薪休假制度的逐步推广,人民币的不断升值,出境环境的持续改善等诸多因素,是我国出境旅游快速发展的强大助推器。中国公民出境旅游是中国经济社会发展和对外开放的必然产物。我国高速增长的出境接待业市场对世界旅游接待业持续发展具有重大作用,我国出境旅游接待业的发展将进一步改变世界旅游格局,引领亚太地区旅游接待业的提升,进一步促进世界旅游重心继续向亚太地区转移。发展出境旅游可进一步提升中国旅游的国际地位,提高在国际旅游界中的话语权;可以扩大国民视野,提高国民的国际活动素质,增进人文交流和各国人民之间的友谊;可以提升我国文化软实力,推进人文领域交流与合作,完善中国的国际形象。

我国入境旅游接待业市场增长缓慢。从表2-2中的数据可看到,从2003年到2019年17年间,入境旅游人数年均增长率只有2.5%。其中从2005年到2015年11年接待人数竟然在1.2亿到1.3亿人次之间徘徊。2003年的非典、2008年的国际金融危机是重要的外部因素。入境旅游产品仍以观光游览为主,与国际上休闲度假为主的潮流不对接,不能充分满足境外游客个性化、自主式观光度假的需求;团队式的接待方式与国际上的散客潮、自由行、自驾游、邮轮游的趋势不吻合;对外旅游宣传推广创新不足,难以适应国际旅游业新的竞争态势,这些是重要的内部因素。从统计学角度看,增长的基数高了,增速也自然会减缓。入境旅游中长期存在的环境、市场、产品和营销方面的结构性、体制机制性问题,需要在深化改革开放中解决。

(三)以消费档次为标准,可划分为高端、标准和经济旅游接待业市场

在现实社会中,人们由于经济地位和社会地位的不同,表现出旅游需求取向的不同和旅游消费行为的不同,从而出现不同档次的旅游接待业市场,大致可以划分为高端、标准和经济旅游接待业市场三种。高端旅游接待业市场的消费主体是收入较高的人群,他们对旅游产品价格不敏感,非常注重旅游质量和旅游体验,喜欢出现在各种高档豪华的饭店、宴会和娱乐场所,在意旅游活动对自己身份、地位的体现。高端旅游接待业市场的规模很小,但对一国或一地的旅游消费走向和潮流影响很大。标准旅游接待业市场由数量众多的中产阶级构成,他们比较关心旅游价格,同时也注重旅游活动的内容和质量。经济旅游接待业市场由那些收入水平较低或没有固定收入的人构成,他们特别注重旅游价格的高低,强调"价廉"胜过"物美"。旅游经营者应根据自己确定的目标市场等级提供相应的旅游产品,科学地进行市场定位,努力增强市场吸引力,扩大市场占有率。

(四)以距离为标准,可划分为近距离、中距离和远程旅游接待业市场

这里的距离是指旅游目的地和旅游客源市场的距离。近距离指旅游目的地和旅游客源市场的距离非常近,一日即可往返。近距离旅游接待业市场以满足一日游需求为主,包括相邻国家或地区之间的边境旅游市场、周边城市的城市旅游市场和周边乡村的乡村旅游市场等。中距离通常指旅游者可以利用两三天的周末或传统节假日在客源地与旅游目的地往返的距离,中距离旅游接待业市场以满足旅游者周末休闲和短期休假需求为主。远程指客源地距离目的地较远,旅游者必须利用较长一段时间进行跨大洲、跨大洋或跨越若干国家和地区往返的距离,远程旅游接待业市场以满足旅游者利用带薪假日游览观光、休闲度假需求为主。

在今后相当长时间内,旅游活动以近距离旅游为主的局面将会持续下去,原因是:①所有旅游者都有舍远求近的偏好;②未来来自发展中国家和地区的旅游者将逐渐增多,由于消费能力和闲暇时间有限,多数人不得不选择各国国内旅游和边境一日游。由于近距离旅游是未来旅游的主导形式,因此今后近距离旅游接待业市场的竞争将是世界各国旅游竞争的焦点,哪个国家或地区能最大限度地开发近距离旅游接待业市场,尤其是近距离国际旅游接待业市场,其旅游接待业将得到快速发展。

（五）以旅游组织形式为标准,可划分为团体旅游接待业市场和散客旅游接待业市场

旅游组织形式可以分为团体旅游和散客旅游。团体旅游,也叫包价旅游,一般指由旅行社经过事先计划、组织和编排的参与人数在十五人以上的旅游活动。团体旅游的优点是旅游的各个环节已经事先安排好,旅游者只需随团旅游,省时省力省心,可将注意力全部集中在观光游览、体验旅游上,且价格便宜,安全系数高,语言障碍少。团队旅游的缺点是出行要与集体保持一致,受约束,不自由不灵活,不能很好地满足旅游者个人爱好与兴趣。散客旅游主要是指单个或自愿结伴的旅游者,按照其兴趣爱好自主进行的旅游活动,通常人数在十五人以下。散客旅游的优点是旅游者可以按照自己的兴趣爱好自由安排活动内容,也可以委托旅行社购买单项旅游产品或旅游线路中的部分项目,高度自由灵活,能最大限度地满足个人的兴趣爱好。散客旅游的缺点是:①旅游中的食、宿、行、游、购、娱事事都要自己操心,无法将注意力全部集中在观光游览、体验旅游上。②散客旅游往往因为缺乏经验或不熟悉旅游的情况而容易出现安排上的失误,没有团体旅游效率高。③散客旅游比团体旅游价格高,因为散客旅游者以零售价购买各单项旅游产品,而旅行社以批发价购买同样的各单项旅游产品。

团体旅游接待业市场在传统旅游接待业市场中占有相当重要的地位,但是随着经济的发展,以自由灵活见长的散客旅游接待业市场发展越来越快。散客旅游对旅游接待业有较高的要求。从"硬件"方面看,要求有发达的交通运输网,充足的住宿、餐饮、游览条件,多样化的能适应各种不同需求的旅游产品以及相应配套的基础设施、服务设施等。从"软件"方面看,要求有高水平的导游,强有力的市场促销队伍,极易获取的各种旅游信息,能满足每位游客需要的高水平的接待服务。只有具备这些条件的国家或地区,散客旅游才能发展起来,因此散客旅游接待业市场是否发达,已成为衡量一个国家或地区旅游接待业是否成熟与发达的重要标志。

（六）以旅游目的和内容为标准,可划分为不同性质的专项旅游接待业市场

在 20 世纪 50 年代以前的传统旅游中,根据旅游目的和内容,旅游可划分为观光旅游、度假旅游、商务旅游、会议旅游、文化旅游、宗教旅游等,也相应形成了各传统专项旅游接待业市场。自 20 世纪 50 年代以来,除了以上传统旅游外,又出现了一些新兴的专项旅游,如以加强运动、健体健身为目的的滑雪旅游、骑自行车旅游、狩猎旅游、钓鱼旅游、高尔夫球旅游、康体旅游、疗养保健旅游、候鸟旅游等;以增进技艺、增长知识、提高素质为目的的修学旅游、学艺旅游、务农旅游、工业旅游、小说旅游等;以追求享乐为目的的豪华列车旅游、豪华游船旅游、美食旅游等;以寻求心理刺激为目的的秘境旅游、海底旅游、峡谷旅游、火山旅游、沙漠旅游、地震旅游、惊险游艺旅游等,也就形成了与之相应的各新兴专项旅游接待业市场。

除上述旅游接待业市场的分类外,还可以依据其他标准划分旅游接待业市场,比如,以季节为标准可划分为淡季和旺季旅游接待业市场;以国别为标准可划分为不同国家的旅游接待业市场;以年龄为标准可划分为老年、中年、青年、儿童旅游接待业市场;以人口为标准可划分为男性旅游接待业市场和女性旅游接待业市场;以接待的旅游人数为标准可划分为主要、次要和机会旅游接待业市场;等等。

第三节　旅游接待业市场的功能与运行机制

一、旅游接待业市场体系

旅游接待业市场体系是指在市场经济条件下,由旅游需求市场子体系、旅游供给市场子体系、旅游产品市场子体系和旅游要素市场子体系四大子体系组成的相互联系、相互制约的有机统一体。它是按照旅游接待业内在联系,由横向的不同序列市场体系和纵向的不同层次市场体系编织成的纵横交错的市场体系网,是一个庞大而复杂的经济体系。旅游接待业市场体系是旅游产品交换发展到一定阶段的必然产物,是实现旅游资源科学配置的凭借和依赖。

(一)旅游需求市场子体系

旅游需求市场子体系是产生或输出旅游消费者的国家或地区的集合。旅游需求市场子体系是由众多旅游消费者构成的复杂、庞大的市场体系,消费者来自不同的国度,有着不同的性格、信仰、文化兴趣、旅游爱好,这是旅游需求市场朝着日益多样性、个性化、自主化方向发展的原动力。现代经济、技术的发展和社会的进步,是旅游需求市场发展的雄厚基础。传统的观光、度假、商务消费已经基本成熟,一些新的旅游活动,如探险旅游、体育旅游、海底旅游、会展旅游、网上旅游、虚拟旅游、太空旅游等不断产生并逐渐增长。整齐划一的包价旅游已经不能满足旅游消费者的需求,半包价型、自助型、主体型旅游将成为未来全球流行的旅游时尚。旅游需求市场的不断多样化发展和完善,不仅促进了旅游接待业市场的壮大和发展,也为旅游接待业市场体系的完善奠定了前提和基础。

(二)旅游供给市场子体系

旅游供给市场子体系是指在一定地域范围内向旅游消费者提供旅游产品的所有旅游和非旅游企业的集合。旅游供给市场子体系是旅游经济活动得以产生的基础之一。在旅游发展的早期阶段,旅游只表现为一种社会文化活动,其经济性质不明显。产业革命以后,一些发达国家出现了以营利为目的,由旅游交通运输业、饭店业及餐饮业等提供供给的旅游企业组成的旅游接待业,旅游经济活动才逐渐发展起来。旅游经济活动目前已成为一种世界性的经济活动,这与旅游供给市场体系的不断提高和发展是分不开的。此外,旅游供给市场子体系还反映了旅游接待业的综合规模和水平,并直接影响着旅游接待业市场体系的完善和发展。旅游供给市场子体系由三个层次构成:第一层为核心层,是基础部分,涉及食、宿、行、游、购、娱六个环节,包括旅行社、旅游饭店、旅游交通公司、旅游景区、旅游娱乐公司和旅游购物公司等;第二层为紧密层,是旅游接待业的发展保障部分,包括农业、工业、邮电通信业、保险业、医疗保健业等,这些产业不仅能为旅游接待业提供其所需的产品,而且能够和旅游接待业融合形成新的旅游形态如工业旅游、农业旅游、文化旅游、修学旅游、康复旅游等;第三层为相关层,包括园林绿化业、文化艺术业、教育业、培训机构、媒体等,这些行业虽处于旅游产业集群外围,却极大地影响着旅游接待业的发展。

(三)旅游产品市场子体系

旅游产品市场子体系指所有旅游产品经营者提供的旅游产品的总和,包括各种各样的整体旅游产品和单项旅游产品。旅游产品是旅游接待业一切经营活动的主体和核心,是连接旅游消费者市场和旅游经营者市场的纽带。旅游产品市场子体系在旅游接待业市场体系中处于基础的位置,是其他市场子体系发展的基础。旅游产品交换是旅游接待业市场的基本内容,在现代旅游产品市场体系中,从传统的观光旅游产品、文化旅游产品到现代度假旅游产品和特种旅游产品,不仅旅游产品的种类不断增加,而且每一类旅游产品的内涵也在不断扩大。如观光旅游产品从原来的自然风光游览,扩展到包括自然景观、文物古迹、民族风情、城市风光等在内的观光旅游产品。度假旅游产品从原来的温泉度假旅游,扩展到包括温泉疗养、湖滨休闲、海滩度假、乡村旅游、野营度假等在内的度假旅游产品。尤其是以商务旅游、会展旅游、康体旅游、生态旅游、业务旅游为内容的特种旅游产品的发展,不仅使旅游产品市场子体系的内容更加丰富多样,而且促进了旅游接待业市场体系的进一步完善。

(四)旅游要素市场子体系

对于任何旅游接待业市场来讲,要不断生产和提供旅游产品,必须有丰富的旅游资源、充裕的开发建设资金、较高水准的旅游人才以及现代生产技术和信息,这些资源构成了旅游接待业市场的生产要素。旅游生产要素,简而言之就是旅游经营活动所需要的各种社会资源。旅游生产要素市场体系,是指旅游生产要素在交换或流通过程中形成的各种市场组成的体系,包括自然与人文旅游资源市场、劳动力市场、旅游房地产市场、金融市场、技术市场与信息市场等。旅游生产要素市场体系是旅游接待业市场体系的子体系,是旅游产品市场子体系形成的基础,是旅游经济活动运转的基本条件。只有旅游产品市场子体系而无旅游要素市场子体系,市场机制配置资源的功能就难以发挥,这是因为当旅游产品价格变动时,旅游产品经营者就会扩大或减少生产,相应地就会在旅游资源市场、旅游房地产市场、金融市场增加或减少各种要素的使用,在劳动力市场增加或减少雇佣劳动力,这样就会使资本和劳动力等资源被配置到或转移出旅游行业,如果没有旅游要素市场子体系,价格机制就无法发挥配置资源的作用。

二、旅游接待业市场功能

旅游接待业市场是旅游接待业赖以生存和发展的条件,对旅游经济活动的有效运行起着十分重要的作用,其具体功能表现在以下几方面:

(一)要素资源配置功能

资源配置是指在社会经济活动中把各种稀缺的经济资源进行合理有效分配,从而生产出更多更好的人们需要的产品。所谓旅游接待业市场的资源配置功能是指通过市场机制把各种稀缺的旅游经济资源进行合理有效分配,促使旅游接待业市场中的食、宿、行、游、购、娱六大要素按比例协调发展,其外在表现就是自然和人文旅游资源、资金、土地、劳动、原材料、企业管理才能、技术、信息等生产要素不断在旅游接待业各部门、各企业之间合理流动和转移,实现旅游经济资源的科学配置。

在旅游经济活动发展的早期,旅游接待业市场属于卖方市场,旅游经营者处于核心地位,经营者完全可以无视市场,无论开发什么样的旅游资源,经营什么样的旅游产品都不愁销路,资源和产品地位至高无上,不可动摇。因此,利用市场机制科学配置旅游经济资源可有可无。当旅游接待业市场进入买方市场,旅游资源开发过剩,旅游产品销售困难成为常态时,人们逐渐意识到市场是核心,以市场为中心,提供市场所需要的旅游产品,旅游企业才能取得经营的成功。自然和人文旅游资源、资金、土地、劳动力、原材料、企业管理才能、技术、信息等各种旅游生产要素只有在市场机制的指挥下才能实现科学高效配置,旅游接待业市场机制成为资源配置的核心机制,发挥着强大有力的旅游要素资源配置功能。

(二)旅游产品交换功能

旅游产品交换功能包括购买和销售两个功能。旅游消费者和旅游产品经营者以旅游接待业市场为媒介,完成旅游产品的购买和销售功能,实现旅游产品的价值。旅游消费者在旅游接待业市场上选择旅游产品的经营者,与其讨价还价,决定要购买的旅游产品种类和数量,提出对旅游产品的质量、规格、式样的要求,商讨交易的方式和价格,安排旅游的时间,直至最后出行,完成旅游产品的购买,实现货币到旅游产品的转化,这是旅游接待业市场的购买功能。旅游产品经营者在旅游接待业市场上通过市场营销创造或唤起旅游需求,为旅游产品寻找到消费者,并对销售方式与价格等做出最优选择,最后接待旅游消费者,完成旅游销售,实现旅游产品到货币的转化,这是旅游接待业市场的销售功能。由此可见,旅游产品的交换功能只有依靠旅游接待业市场才能实现。

(三)市场信息传递功能

所谓市场信息是旅游经营者进行经营管理决策,旅游消费者进行消费决策所需要的情报、资料、数据等。旅游经济运行依赖于正确的市场信息,没有正确的市场信息,旅游经济就无法正常运行。在旅游接待业市场中,一切与市场交换双方利益相关的真实市场信息都被集中浓缩到市场价格中并通过市场价格在市场上准确、迅速、灵敏地传递,使得每个参与市场交换的个人和企业及时、准确、全面地获得简洁、清楚和有用的信息,有效避免信息传递的失误、延滞、偏差。旅游消费者通过货币支出变化影响旅游产品价格的变化,从而在旅游接待业市场表达自己的旅游需求;旅游经营者通过市场价格涨落传递的信息或组织生产新旅游产品,或进行原有产品的改进,或改变产品结构,或调整既有的旅游产品价格策略、渠道策略,或展开新的有针对性的营销举措。市场价格所具有的信息传递功能使其成为旅游经济活动的"晴雨表",综合地反映着旅游经济的发展状况。

(四)旅游供求调节功能

旅游接待业市场具有通过价格机制与竞争机制调节旅游供求平衡的功能。当旅游需求大于旅游供给时,出现超额旅游需求,触发竞争机制,旅游消费者彼此竞价,旅游产品的价格必然上升。价格的上升触发价格机制,一方面使旅游需求减少,另一方面使旅游供给增加,最终使得旅游需求与供给在新的价格水平上重新均衡;当旅游供给大于旅游需求时,出现超额旅游供给,触发竞争机制,旅游产品经营者彼此竞价,旅游产品的价格必然下降,价格的下降触发价格机制,一方面使旅游需求增加,另一方面使旅游供给减少,最终使得旅游供给与需求在新的价格水平上重新均衡。

(五)检验与督促功能

市场是一面镜子,旅游产品价格是否合理,旅游服务质量是高还是低,旅游住宿条件是好还是坏、旅游交通是否方便快捷以及旅游景点是否具有吸引力最终都必然由旅游市场来检验。只有得到市场认可,旅游企业才能持续经营下去;市场不认可,不买账,旅游企业经营必然无法经营下去。旅游企业只有认真调查研究自身经营管理方面的优势和劣势,充分总结和汲取成功的经验和失败的教训,不断改善和提高企业的经营管理水平和服务质量,才能在激烈的市场竞争中通过市场检验,获得生存和发展的空间。旅游接待业市场不仅可以检验旅游企业的经营管理和服务水平,而且有利于改善和提高旅游企业的服务质量和经营管理水平,提高旅游企业的经济效益,增强消费者满意度。

(六)利益分配功能

市场的利益分配功能是指旅游接待业市场通过价格、利率、汇率、税率、工资等经济杠杆信号强弱的变化,达到将经济利益在各接待业市场主体之间进行分配和再分配的机能。比如,价格信号的变化使旅游经营者与旅游消费者之间的收入和支出发生此消彼长的变化,使经济利益在旅游经营者与旅游消费者之间进行分配和再分配;利率的变化使经济利益在资金所有者与资金借贷者之间进行分配和再分配;工资的变化使市场中的劳动力与雇佣者之间的收入和支出发生变化,使经济利益在两者之间进行分配;税率的变化直接影响国家占有的国民收入和旅游企业、个人占有的国民收入比例的变化,从而发挥调节国家、旅游企业和个人之间经济利益再分配的功能。

旅游接待业市场的六种功能互为条件、相互制约,其中任何一种功能发生障碍,都会影响其他功能的正常发挥,甚至造成旅游经济活动的中断。旅游接待业市场功能并非一成不变,随着旅游市场经济的不断发展,市场功能还会不断增加、充实和完善。

三、旅游接待业市场运行机制

机制一词最早来源于工程学,其概念的形成与机器及其运转有关。机器都是由若干零部件构成的,各个零部件之间相互联结并按一定的方式运转。所以机制,简单地说就是机器的构造和工作原理,也就是机器运转过程中的各个零部件之间相互联系、互为因果的联结关系及运转方式。机制一词后被移植于生物学、生理学和医学中,用以说明有机生命体的内部构造及其运动生命原理。在现代社会,机制一词已被广泛应用于各个自然科学和社会科学,泛指某一复杂系统的内部结构、运动工作原理及其内在的规律性。应用于经济学领域,就有了"经济机制"的概念,表示组成经济有机体的各构成要素之间在有机联系的运行中发生相互作用、相互制约及相互调节的功能。

旅游接待业市场也是由多个要素构成,彼此相互作用、相互制约,从而推动整个市场有条不紊地运转,所以,我们也将"机制"这一概念引入旅游接待业市场的研究中。旅游接待业市场机制是接待业市场特有的自发调节旅游产品生产、分配、交换和消费的机制,即自发调节旅游生产要素配置、收入分配、交换比例、旅游消费行为的机制。

旅游接待业市场机制是由旅游价格机制、旅游产品供求机制、竞争机制和风险机制共同组成的一个系统,是以经济利益为动力,通过供求、价格、竞争和风险来调节旅游生产要素配置的一种经济运行机制。价格是接待业市场机制的信息系统,供求是接待业市场机制的作用对象,竞争是接待业市场机制的效应系统,风险是制约系统。其中任何一种机制要正常发挥作用,就必须依赖其他机制相互配合,才能使旅游接待业市场机制正常运行。

(一)价格机制

旅游价格机制是旅游接待业市场机制中最有效、最敏感、最活跃的机制,旅游价格机制对旅游接待业市场运行的作用是多方面的。

(1)价格机制可以传递旅游消费和生产信息。在旅游交易活动中,旅游产品的价格是交易双方经过协商最后形成的。这个价格信号是极其真实和及时的,会提示所有参与交易的现实和潜在的买卖双方,对于这样一个价格水平,是进行消费或是放弃消费,是进行生产还是退出生产。

(2)价格机制可以提供激励。旅游产品通过价格变动发出信号,激励旅游企业决定生产或不生产什么、生产多少以及如何生产。价格机制还激励旅游企业在经营活动中努力追求优质的管理和技术创新,因为只有优质的管理和技术创新才能生产出来质量优良、时髦新颖的旅游产品,从而获得市场的认可,最终可以高价销售,获得超额利润。价格变动也激励旅游消费者消费或不消费什么、消费多少以及如何消费。价格机制还激励旅游消费者以较低的价格获得较高的旅游产品效用,实现消费效用最大化。

(3)价格机制可以决定收入的分配。管理和技术水平较高的旅游企业能够给市场提供好的旅游产品,好的旅游产品就会有好的价格和好的销路并相应获得较高的利润,而管理和技术水平较低的旅游企业面临的情况刚好相反。这就使得国民收入向优秀企业倾斜,管理和技术水平较高的旅游企业获得的国民收入较多,较差的获得国民收入较少,从而实现国民收入的合理分配。

(二)供求机制

旅游供求机制是旅游产品供给与需求之间相互联系、相互依赖、相互对立、相互作用的制约机制。需求靠供给来满足,供给靠需求来实现,使之成为现实的供给。供给制约需求又适应需求,需求依赖供给又影响供给,两者互为因果,相辅相成。旅游供求机制存在于旅游接待业市场的各个方面,贯穿于市场活动的始终,在市场机制中占据重要的地位。它的作用具体表现在以下三个方面:

1.调节旅游产品生产和消费的关系

旅游产品生产不能脱离消费,消费也不能离开生产,两者互相依赖、相互作用、相互制约决定了两者要相互适应、相互平衡。生产的旅游产品太多消费不了或者生产的太少不够消费,都会造成旅游产品供求的不平衡,会给旅游产品经营者或消费者带来损失。这就使得旅游产品经营者必须按照市场供求关系及其变化调整自己的生产经营活动,同时也使得旅游消费者必须按照市场供求关系及其变化调整自己的消费结构,其结果必然促使旅游产品生产和消费趋于平衡。

2.调节旅游产品价格的变化

旅游产品价格是市场经济利益的直接体现,既影响供给,又影响需求。在接待业市场上,它会随着供求状况的变化而变化。旅游产品供求机制是调节市场价格的重要机制。如果供大于求,存在超额供给,旅游产品价格就会下跌;如果供小于求,存在超额需求,旅游产品价格就会上涨,而价格的涨落影响供求双方的经济利益,反过来又调节供求关系变化,促使供求达到平衡。

3.协调供需双方的利益

市场上的供求关系,表现为旅游产品经营者(卖者)和旅游消费者(买者)之间的关系,两者既对立又统一。没有卖者就没有买者,同样,没有买者就没有卖者。买的多就卖得多,同样,卖得多方能买得多,这是统一性。另一方面,买卖双方是对立的,存在卖者之间、买者之间、卖者和买者之间的竞争。卖者和买者之间,他们要进行讨价还价的竞争;卖者之间,他们要进行争夺优越销售条件的竞争;买者之间,他们为购买物美价廉的商品要竞相展开竞争。各种竞争的结果,会使旅游产品经营者通过向旅游消费者提供优质价廉的旅游产品获得经营利润最大化,旅游消费者通过购买优质价廉的旅游产品获得消费效用最大化。

4.实现资源配置的优化

价格反映资源的稀缺性,旅游市场通过需求与供给的力量自发决定旅游产品的价格,价格引导各类旅游生产要素在各旅游部门和企业之间流动,由经济效益差的旅游部门和企业流向经济效益好的旅游部门和企业,从供给过剩的旅游部门和企业流向供给不足的旅游部门和企业,达到资源在各旅游部门和企业的有效配置,从而适应社会需求的变化,达到资源的优化配置。

(三)竞争机制

旅游接待业市场竞争包括旅游经营者之间争夺客源的竞争,旅游者之间对供不应求的旅游产品的竞争,以及旅游者和旅游经营者之间在旅游产品质量、价格等方面的竞争等,旅游接待业市场竞争无处不在、无时不在。在旅游接待业市场中,市场主体之间的各种竞争其本质都是一种利益竞争。竞争的结果会直接或间接地引起旅游产品价格变动,引起供求关系的变化,引起资金、资源和劳动力的流动,并使旅游产品成本低、质量好的经营者获得更多的收益,从而获得发展;使那些旅游产品成本高、质量差的经营者获利少甚至亏损,从而难以发展甚至破产。竞争的主要作用是优胜劣汰,奖优罚劣,进而形成一种强大的推动力,达到对旅游生产资源的优化配置,有力地促进旅游接待业的发展。旅游竞争机制是旅游竞争同供求关系、价格变动、各种生产要素流动等在接待业市场运行中的有机联系和功能,是旅游生产要素资源有效配置的必要前提。在市场经济条件下,旅游竞争机制是客观存在的,是同旅游供求机制和价格机制紧密结合并共同发生作用的。

旅游竞争机制有如下特点:①进取性。竞争建立于利益关系上,利益是竞争的目的和动力。竞争是谋取自己利益的行为,又是解决利益矛盾的方式。竞争可以激发旅游企业的积极性和进取精神。②排他性。旅游产品经营者要力图排挤对手,取得优势地位;旅游消费者也要力图排挤其他旅游消费者,获得供不应求的旅游产品。③强制性。竞争存在于利益矛盾,而利益矛盾是客观的,因而竞争也表现为不以人的意志为转移的强制过程。旅游接待业市场主体无法回避市场竞争,市场主体把竞争强加给对方,同时也强加给自己。④风险性。竞争的结果会导致优胜劣汰,因此也就存在被淘汰的风险性。⑤自发性。自发性是旅游竞争的内在属性和特征,自发性源于旅游竞争者利己的本能,对自身利益的追求。自发性还与市场主体的独立性不可分,市场主体有了积极性、主动性也就有了自发性,旅游经济也就有了活力。自发性并不是盲目性,而是从事旅游生产经营活动的自觉性。

旅游竞争机制的作用有以下几个方面:

(1)动力作用。旅游竞争机制可以激发旅游企业的积极性、主动性和创造性,因为旅游竞争机制可以激励优胜者淘汰失败者,使旅游企业和员工具有危机感,从而推动旅游企业的发展壮大。

(2)调节作用。旅游竞争机制可以合理配置各种旅游生产要素,使要素资源流向效益好的旅游企业。旅游竞争机制可以平衡供求关系,通过旅游企业的竞争使价格下降,通过旅游消费者的竞争使价格回升,从而使旅游供求趋向平衡。旅游竞争机制可以调整接待业市场价格,接待业市场竞争的手段尽管是多种多样的,但最终都表现为旅游产品价格的变动,价格变动又会引起竞争者改变竞争策略,使旅游生产要素的流向发生变化,实现要素资源的优化配置。

(3)优化作用。旅游竞争机制可以优化旅游产品质量,优化旅游服务质量,提高旅游消费者的福利水平。质量竞争是市场竞争的重要手段之一,旅游竞争机制通过改进旅游企业的经营管理,优化员工素质,向市场提供更具竞争力的旅游产品和服务,实现其对经济利益的追求。竞争的结果还有利于旅游消费者利益的保护,有利于旅游企业的发展和员工素质的提高。

(4)创新作用。旅游竞争机制促使旅游企业和员工素质优化的过程也是企业创新的过程。创新包括技术创新也包括组织和管理创新,创新使旅游企业具有更高劳动生产率,具有更强的竞争能力,使企业在接待业市场中居于更有利的地位,具有更大的发展空间。

(四)风险机制

旅游企业在经营活动中,经常会遇到各种不确定性事件,这些事件发生的概率及其影响程度是无法事先预知的,这些事件一旦发生将对旅游经营活动产生影响,使企业实际收益小于预期收益,甚至发生亏损和破产,从而影响旅游企业目标的实现。这种在一定环境下和一定限期内客观存在的、影响旅游企业目标实现的各种不确定性事件就是旅游企业的经营风险。经营风险与竞争密不可分,没有竞争就不会有风险,没有风险也不需要竞争。竞争存在着风险,风险预示着竞争,两者密不可分。在利益的诱惑下,风险作为一种外在压力作用于旅游接待业市场主体,它以竞争可能带来的亏损乃至破产的巨大压力,促使每个旅游经营者行为的理性化,并按照旅游需求提供适销对路、物美价廉的旅游产品。

风险机制就是指经营风险通过影响旅游企业的利益而约束其行为的过程。风险机制是旅游接待业市场的约束机制。在市场经营中,任何旅游企业在从事生产经营中都会面临着亏损和破产的风险,都必须承担相应的利益风险,这是经济运行中一种最重要的约束力量。它涉及处于旅游接待业市场中不同层次的经济活动主体在以经济利益为主要动机的条件下,在风险和机会之间的权衡抉择。风险机制产生的利益吸引力和破产的压力作用于旅游接待业市场的各个经济主体,迫使他们慎重地选择自己的经济行为。风险机制与价格机制、竞争机制及供求机制共同作用,鞭策旅游接待业市场主体努力改善经营管理,增强市场竞争实力,提高自身对经营风险的调节能力和适应能力。没有风险机制,其他市场机制就会失去作用。

风险机制的作用主要表现在以下几个方面:

(1)风险机制有助于接待业市场主体决策的科学性。由于存在风险,各市场主体在经济决策时,必须仔细权衡机会和风险,从而减少决策的盲目性,提高决策的科学程度。

(2)风险机制有助于旅游企业的技术进步。由于风险往往与盈利成正比,承担风险越大,盈利的机会也越多,因而对旅游企业高新技术的形成和发展有着巨大的推动作用。同时,风险机制通过破产等形式,淘汰落后企业,也促使旅游企业加速技术改造,从而推动企业技术进步。

(3)风险机制有助于旅游生产要素的合理配置。风险机制以利益为动力、以破产为压力,促使旅游企业按照接待业市场的需求来安排生产经营活动,引导旅游生产要素在各个旅游部门和企业之间流动,实现要素资源的合理配置。

从以上分析,我们可以看到旅游接待业市场机制具有如下特点:

(1)自发性。旅游市场诸要素之间存在的内在有机联系能使接待业市场机制按其本性自然运行、自动耦合、自然发挥作用,实现旅游生产要素科学合理配置,不需要任何外力干预。

(2)客观性。旅游接待业市场机制及其变化有内在的规律性,只要存在相同的经济条件,在同样的旅游经济环境和经济状态下,相同的接待业市场机制必然发挥作用。接待业市场机制的这一过程是不以人们意志为转移的,它是客观经济规律发挥作用的必然结果。

(3)联系性。任何一个接待业市场机制的作用都会引起其他机制的连锁反应,并要求其他机制的配合。如果某一接待业市场机制出现呆滞,其他机制就难以正常发挥作用,从而影响到整个接待业市场经济机制作用的发挥。如旅游供求变化会引起旅游产品价格的涨落,价格涨落引起利润增减,利润增减则会刺激投资活动,投资的变化会使工资、利润、利率发生变动,直接影响旅游供求关系等。如果价格严重扭曲,就会影响供求对投资的调节作用。

(4)动态性。接待业市场机制总处于不断地发展变化过程之中,正是在这种不断地运动过程中接待业市场机制才能发挥其调节作用。比如,在接待业市场运行过程中价格由于受多种因素的影响而处于不断地变化过程之中,旅游产品价格高则反映该领域的资源配置不能满足社会总需求,会吸引更多资金流向该领域;价格低则反映该领域的资源配置过多,会导致更多资金流出该领域。价格的动态变化会使主体的决策行为不断调整,从而影响企业资金的流出与流入,最终使得旅游接待业市场取得供求均衡。

(5)不可替代性。市场经济条件下,接待业市场机制是唯一的主要经济运行方式。只有接待业市场机制才能实现旅游生产资源科学合理配置,除此之外,再无别的办法,旅游接待业机制具有不可替代性。接待业市场机制充分发挥作用的经济才是真正的经济。

内容小结

本章要求正确理解和把握旅游接待业市场的概念、构成要素以及五大特征,熟悉各类旅游接待业市场划分的原则和标准,认识构成旅游接待业市场的四大子体系和六大功能对旅游经济活动有效运行的重要意义,重点理解和体会旅游接待业市场实现其六大功能背后的供求、价格、竞争和风险四大市场机制。

实务分析

我们在本章开头导入的案例涉及的两个问题:一是浙江模式的精髓;二是浙江模式的启示。现在我们对这些问题进行解析。

1.浙江模式具有协调性好、内生性强、创新性强、市场化程度高、融合度高、开放度高的特征,是健康、可持续的旅游业发展模式。浙江模式的精髓是树立市场观念,以旅游消费需求为基础,充分发挥市场机制在旅游产品开发、旅游目的地营销、旅游人才培养、旅游接待业和区域经济社会融合发展等环节的重要作用,尊重旅游市场运行规律。

2.浙江模式带给我们的启示是:第一,我国旅游接待业要实现可持续发展,就要在旅游接待业发展中引入市场机制。市场机制是实现旅游资源合理配置的有效手段之一。尊重旅游经济运行的客观规律,充分发挥市场机制在地方旅游形象、旅游市场推广、旅游资源开发、旅游企业培育和旅游公共服务等方面的主导作用,这是浙江模式的核心,也是解读地方旅游业快速发展和制度创新的基石。第二,市场机制有利于调动旅游企业和员工的积极性。第三,市场机制有利于旅游接待业的协调发展。无论是国家旅游发展战略目标的实现,还是地方旅游接待业的增长与繁荣,当市场机制在资源配置中发挥决定性作用的时候,我们的目标才能够有基础和保障,这是浙江模式的经济总结,也是对确立我国旅游接待业发展战略的根本启示。

第三章
旅游接待业管理部门及组织

学习目标和要求

- 了解旅游接待企业的概念和特点
- 了解旅游接待企业的分类
- 了解旅游接待政府管理部门
- 了解境外旅游接待行业协会的主要类型
- 了解旅游接待国际组织名称及主要工作内容

案例导入

中小旅游企业：推动旅游经济健康增长的重要力量

赫尔曼·西蒙曾提出著名的"隐形冠军理论"，指出一个国家出口贸易和经济的持续发展，主要得益于中小企业，尤其在国际市场上处于领先地位却籍籍无名的中小企业。旅游业是中小企业集聚的产业，也是容纳大量就业的行业。

一、中小企业是旅游市场的主体

从旅游住宿业看，据《2019 中国大住宿业发展报告》内容可知，2018 年全国各类住宿设施共 482603 家，其中四、五星级酒店占 0.75％；全国酒店集团 50 强企业占 5.4％，其他住宿设施均为中小型企业。从旅行社行业看，2019 年上半年，全国旅行社共 37794 家，因进入门槛较低，主要以单一门店为主的中小微企业为主。从景区行业看，2017 年全国共有 A 级景区 9450家，其中 5A 级景区 246 家，4A 级景区 3021 家，3A 及以下的景区占 65％左右，主要为中小景区。除此之外，还有大量中小型、未进入 A 级范围的景区，它们是旅游景区的重要组成。综合旅游住宿业、旅行社和旅游景区，中小企业成为中国旅游市场的主体。

二、中小企业是旅游创业创新的主力军

旅游业是高度市场化的产业，也是与消费需求关联最为密切的产业。近年来，在旅游创业热潮以及旅游业态、旅游产品和服务持续创新的背后，正是不断涌现的中小企业。据预测，在高峰时段，旅游中小企业和涉旅企业有 100 万家以上，在 2000 万全国中小企业中占到 1/20。在线旅游行业是创业、创新最为活跃的领域，中小微企业凭借对旅游市场消费需求的敏锐捕捉，成为这种新业态的创建者和新产品、新服务的提供者。有少数创业型企业如携程、同程、美团点评等经过多年发展,已成长为行业领军型的大型企业,从早期的在线旅游综合性平台逐渐发展成为专门性预订平台,并根据消费者需求创新出租车、短租、餐饮、旅游社区、C2C导游、户外游、亲子游、周边游、定制游等在线旅游专业服务产品。

三、中小企业是旅游产业转型升级的重要推动者

中小企业多为民营企业,作为市场经济的产物,他们对市场需求的变化更加敏锐,对利润的追求更加原始,经营制度上更加灵活,在产品和服务创新方面也更加迫切,是旅游产业转型升级的重要推动者和参与者。如在星级酒店的标准化产品和服务之外,以个性化、多样化、特色化和亲和力为特点的民宿开始出现,从北京的鹅和鸭、上海的宿予到浙江莫干山各具特色的民宿群体,民宿的出现满足了当代人对多元和品质住宿的需求,而中小企业是民宿的主要投资者和运营者。又如在国内跟团游比例仅占4%的当下,旅行社业务亟须升级。六人游、无二之旅等定制游企业的出现,是对传统旅行社业务的创新升级。再如将生活方式和书店相结合的钟书阁、言几又等新式书店,是对传统新华书店的业态升级,升级后的生活方式书店也成为重要的旅游吸引物,成为旅游产业的一部分。

从以上可知,中小企业是旅游新业态、新产品、新服务的积极创造者和实验者,也是旅游产业转型升级和健康、持续发展的重要推动者。旅游产业的健康、持续发展,同样离不开专注于细分市场变化、创新能力强、具有明显成本优势的广大中小企业的发展,它们是旅游行业重要的贡献者和旅游经济活力的重要源泉。

问题与思考

1. 旅游企业作为旅游接待市场的主体,在旅游业发展过程中起到了哪些作用?

2. 结合现实生活,谈一谈你对"中小旅游企业是旅游创业创新主力军"的理解。

第一节　旅游接待企业

人类的旅游活动是随着社会生存力水平的提高而产生和发展起来的。在市场经济条件下,人们收入水平的提高以及闲暇时间的增多,使得其对旅游活动的需求进一步提升,这时在旅游市场中逐渐出现专门为旅游者服务的机构,这些机构被统称为旅游接待企业。

一、旅游接待企业的概念

旅游接待企业是支撑旅游产业发展的重要组成部分,旅游产业与其他产业不同,它不是一个单一的产业,而是包括满足旅游者在旅游活动中的食、住、行、游、购、娱等需要的综合性服务产业,因此旅游产业的概念和范围存在模糊性和不确定性。

由于旅游接待产业概念和范围的模糊性,导致学者们对旅游接待企业的概念还没有一个统一的界定。李昕(2005)认为,旅游接待企业凭借旅游资源,以旅游设施为条件,以旅游者为对象,为人们的旅行游览提供所需商品和服务,并从中取得经济收益。苏志平(2010)从供应链的角度认为旅游接待企业参与旅游产品生产的所有单个企业的集成。每一个单独的旅游接待企业都无法满足旅游者的所有需求,必须通过相互间的有效协作来完成。尹美群等(2015)认为旅游接待企业是以旅游资源和旅游设施为依托,以旅游者为对象,

以提供有形产品和无形服务为手段,通过旅游经营活动获取收益,并进行独立核算的经济单位。

借鉴其他学者们研究的成果,并考虑旅游产业的特殊性,本教材将旅游接待企业定义为:在法律和政策允许的范围内,以旅游资源和设施为依托,以营利为目的,以旅游者为对象,以提供有形产品和无形服务为手段,独立核算、自主经营、自负盈亏的经济组织,主要包括旅游景区企业、旅游住宿企业、旅游餐饮企业、旅行社、旅游交通企业等。

二、旅游接待企业的特点

(一)企业的基本特点

在市场经济中,企业是指从事商品生产、流通与服务等经济活动,通过满足社会需要来达到营利的目的,并具有法人资格的经济组织。

企业作为产品的生产者与经营者,一般具有一些基本特征。

1.企业具有明确的产权归属关系

市场经济的实质是产品产权的转让,在产品和产权转让过程中,企业必须遵循"谁投资谁受益,谁生产谁承担风险"的原则,反之企业则很难参与市场经济活动。

2.企业是法律上和经济上独立自主的实体,是具有一定权利和义务的法人

首先,企业必须具有法人资格,依据法律和法定程序成立,拥有自己的经营财产,有明确的组织机构、名称和场所,并能够独立承担民事与经济责任。其次,企业是独立自主的经济实体,拥有自主经营和发展的各种权利,但必须按规定缴纳各种税费并遵守各种法律、政策。

3.企业与其他交易者之间的地位平等,权利平等

企业在市场上的交易活动是双方一致同意的,交易必须遵循"自愿平等,等价交换"的原则。

4.企业是一个自负盈亏的经济实体

在市场经济条件下,企业是一个自负盈亏的经济实体,企业的生产目的就是为了交换,通过商品的买卖来实现商品的使用价值和交换价值,最终获得盈利。所以,企业实现盈利的目标,决定了企业必须以市场为导向,按照市场的需求生产商品。

5.企业生产和经营活动的风险性

市场竞争激烈,企业竞争优胜劣汰,适者生存。产品市场瞬息万变,产业发展中不可控制的内外因素很多,企业的经营者稍有不慎,就可能使企业濒临破产。极高的风险给企业的经营者带来很大的压力和挑战,也正是由于风险的存在促使了企业经营者不断进取,改善管理,提高技术,从而提高企业的生存能力。

(二)旅游接待企业的特点

旅游企业属于企业范畴,但因为旅游活动本身的特征决定了旅游接待企业与其他类型的企业相比还具有一些独特的属性,主要体现在以下三个方面。

1.旅游接待企业经营业务的综合性

旅游接待企业的服务对象为旅游者,在旅游者游览过程中,旅游接待企业需要解决旅游者

吃、住、行、游、购、娱等方面的需求,从而使得其经营业务具有综合性的特征。这也为旅游企业与其他产业融合发展提供市场机会。

2.旅游接待企业产品生产的季节性

季节性主要源于吸引物的"季节性质",这会导致旅游供应商所供应的产品数量和产品价格在不同的季节具有较大的反差,从而有旅游淡旺季之分。如冬天对于海南三亚市的旅游酒店业属于旅游旺季,旅游者在寒冷的冬日依然能够享受到夏天的海风和阳光。

3.旅游接待企业生产环境的敏感性

旅游企业所提供的旅游产品会受到政治、经济、文化、社会、技术等外部宏观环境的影响。这些环境一旦发生变化,对旅游产品的影响就会十分明显,如2020年新冠肺炎疫情。除此之外,战争、经济危机、自然灾害、政局混乱等也会对旅游企业的生产造成影响。

拓展阅读

2020年新冠肺炎疫情对我国旅游业的影响

旅游已成为一种新"年俗",春节黄金周本应是旅游人流最盛之际。仅2019年春节黄金周全国出游人数达到4.15亿人次,旅游收入达到5139亿元。2020年春节黄金周,因新冠肺炎疫情的暴发,人们外出的旅游需求受到抑制,这对我国旅游企业、出入境旅游、旅游各领域以及旅游收入等方面产生重要的负面影响。

(1)旅游企业面临生存危机。新冠肺炎疫情影响范围广,消费者出行意愿崩塌式下降,很多涉旅企业及其关联产业无法展开,资金流出现"断链",旅游从业人员被迫"失业"。加上处于歇业或停业状态下旅游企业依然需要面临支付员工工资、偿还贷款及旅游者退款等问题,这造成中小型企业经营出现困难。

(2)出入境旅游人数直线下降。自2020年1月30日世界卫生组织宣布将新冠肺炎疫情列为国际关注的突发公共卫生事件后,多国对来华旅游发出预警,并采取减少或者取消航班、停发签证、加强出入境检验、限制来自中国地区人员入境等措施,全球20多家航空公司暂停中国航线。中国出入境旅游,尤其是入境旅游受到很大影响。

(3)旅游业各领域全面受损。疫情暴发后,从中央到地方均采取了坚决果断的措施,旅游行业反应尤为迅速。景区景点全部关闭,旅行社或OTA(在线旅游商)企业退团退款现象普遍,酒店和民宿等几乎全部进入"冰冻",旅游文化演艺停业,旅游餐饮和购物等无人问津,旅游交通停运等。旅游业几乎所有要素、领域均受到影响并近乎"停摆",与旅游业相关的农副产品生产销售、手工艺制作销售等也受影响。

(4)旅游经济受损严重。以云南为例,云南向来是中国旅游的热门旅游目的地之一,尤其云南是"避寒、避霾、避沙尘暴"的四季旅游胜地,春节黄金周向来是"一床难求""一票难求"。2019年春节黄金周,云南接待游客464万人次,实现旅游收入240多亿元。参照2019年春节黄金周数据,新冠肺炎疫情对2020年云南旅游业造成的经济损失在250亿元左右。

资料来源:明庆忠,赵建平.新冠肺炎疫情对旅游业的影响及应对策略[J].学术探索,2020(3):124-131.

三、旅游接待企业的分类

旅游活动以旅游者的需求为主体展开,主要包括吃、住、行、游、购、娱等六个基本要素。旅游接待企业作为旅游活动的供应者,往往会根据自身所拥有的资源,为旅游者提供综合的或单一的旅游产品。因此,从不同的角度或标准出发,对旅游接待企业的分类也有所不同。

(一)按照功能划分的旅游接待企业

旅游接待企业按照功能的不同,可划分为旅游供给企业、旅游招揽企业和旅游平台企业三大类。

1.旅游供给企业

旅游供给企业是指直接面向旅游者提供旅游产品和服务的经济组织,主要包括旅游景区接待企业、旅游住宿餐饮接待企业、旅游购物娱乐接待企业等。

(1)旅游景区接待企业。旅游景区接待企业是指开发和经营景区(点)的企业,主要满足旅游者"游"的需求。该类企业主要经营的对象包括旅游度假区、风景名胜区、森林公园、自然保护区、历史文化保护单位以及主题公园等。按照国家旅游局2012年制定的《旅游景区质量等级管理办法》中规定,旅游景区质量等级从低到高依次划分为A、AA、AAA、AAAA和AAAAA级5个等级。凡在中华人民共和国境内正式开业一年以上的旅游景区,均可以申请质量等级,由国家和地方两级对景区质量等级进行评定工作。旅游景区质量等级评定后,由国家旅游行政主管部门统一制作并颁发等级标志、标牌、证书。

(2)旅游住宿餐饮接待企业。旅游住宿餐饮接待企业是指为旅游者提供住宿、餐饮及多种综合服务的企业,主要满足旅游者"住"和"吃"的需求。目前人们对于旅游住宿餐饮接待企业有着不同的称谓,如宾馆、饭店、酒店、客栈、度假村等。

(3)旅游购物娱乐接待企业。旅游购物娱乐接待企业是指为旅游者提供购物、娱乐及多种综合服务的企业,以满足旅游者"购"和"娱"的需求。旅游购物娱乐接待企业又分为购物企业和娱乐企业。其中旅游购物企业包括旅游商品生产企业、旅游商品专营企业、大型商场(商店)、纪念品经营摊点、传统手工艺制作销售门市、旅游用品生产经营企业和旅游商品鉴定机构等。旅游娱乐企业按照旅游娱乐活动的不同,主要包括剧院、夜总会、健身场馆、博彩娱乐场所等。

2.旅游招揽企业

旅游招揽企业是指经政府主管部门批准,以营利为目的,吸引和组织旅游者参与旅游活动的经营企业,如旅行社和旅游交通企业。

(1)旅行社。在我国《旅行社管理条例》中,明确指出旅行社的主要业务包括旅游者代办出入境,招揽、接待旅游者,为旅游者安排食宿等。欧美发达国家按照旅行社的业务范围通常将旅行社划分为旅游批发商、旅游经营商和旅游零售商三大类。其中旅游批发商主要从事旅游产品的组织、宣传和推销旅游团等包价旅游业务;旅游经营商除了包含旅游批发商的基本业务外,还拥有自己经营的零售网点。旅游零售商指专门提供代办服务的旅行社,按照零售商经营范围的不同还可以划分为"A""B""C"三类。A类可以经营一切旅游业务;B类只可在国内经营各项旅游业务;而C类只能代售机票,不能从事其他旅游代办业务和组团活动。

(2)旅游交通企业。旅游交通企业主要是依托各种交通工具,在旅游活动中专门从事旅游运输或游览服务的企业,如航空企业、铁路运输企业、旅游汽车企业和水路运输企业等。旅游交通企业不同于一般的交通企业,除了向旅游者提供从客源地到目的地之间的空间位置的转移服务之外,更关注旅游交通线路的游览性、旅游交通工具的舒适性和旅游目的地的季节性。

3.旅游平台企业

旅游平台企业通常是不直接拥有旅游资产,而是吸引旅游类资产所有者通过自己的网络运营平台向消费者提供机票、酒店、景区门票、旅游度假等产品的企业。一般来说,按照企业运营方式和服务内容的不同,旅游平台企业主要包括在线旅游企业和在线旅游支付结算企业。

(1)在线旅游企业是指利用互联网以预订、销售旅游产品和服务为主营业务的企业。在线旅游企业作为旅游产品销售渠道的中间商,位于旅游者与上游旅游供应商之间。该类型企业通过互联网汇集旅游者的需求信息,向上游旅游供应企业申请较低的折扣价格,再以比线下更有优势的价格销售给旅游者,从中赚取中间差价,如艺龙、同程、携程等。

(2)在线旅游支付结算企业是指为旅游者或其他旅游接待企业提供结算业务的电子支付平台。根据支付公司合利宝发布的《2019年全球跨境支付报告》,全球范围内众多第三方支付公司在不同区域的跨境支付行业取得巨大成功,如中国的支付宝和微信、北美的 PayPal、欧洲的 SOFORT Banking 等,电子支付已经成为全球旅游消费跨境结算的主要支付方式。

(二)按照旅游活动所使用的主要经营资源划分

旅游企业按照从事旅游活动所使用的主要经营资源进行划分,可分为劳动密集型旅游企业和资本密集型旅游企业。

1.劳动密集型旅游企业

劳动密集型旅游企业是指技术设备程度较低、投资少、用人多、产品或服务成本中活劳动消耗比重大的旅游企业。如旅行社、旅游商店、旅游配套企业中的部分旅游产品生产企业、副产品和食品原材料生产企业等。

2.资本密集型旅游企业

资本密集型旅游企业是指相对于劳动密集型旅游企业而言,技术装备程度高、用人相对少的旅游企业。在我国旅游企业中,酒店、涉外酒店、主题公园等大多属于资本密集型企业。

所以,判断旅游企业是劳动密集型还是资本密集型,最主要的评判标准体现在三个方面:一是企业中每个劳动力占固定资产的比例;二是企业生产经营成本中活劳动消耗所占比重;三是企业资本有机构成的比例。

第二节　旅游接待行业协会

一、旅游行业协会的形式

旅游行业协会是国内外旅游接待行业组织的重要形式,在旅游目的地治理中发挥着至关重要的作用。目前,旅游行业协会主要有四种形式:以美国为代表的民间行业协会,以德国、法国为代表的辅助型行业协会,以日本为代表的政府型行业协会,以我国香港为代表的半官半民型行业协会。

（一）以美国为代表的民间行业协会

美国旅游业的管理机构为美国商务部下设的旅游办公室,该办公室的主要职责为参与制定相关的联邦旅游政策,但对美国旅游企业不具备管理的职能。美国的行业协会大多数是私营的非营利组织,在行业监管和治理过程中担任着重要角色。美国影响力较大的旅游协会主要有美国旅游协会、美国旅游批发商协会和美国旅游代理商协会等。这些旅游行业协会需要在官方部门注册,注册后由参加者自愿组织起来以处理日常事务并为成员提供相应的服务。以美国旅游协会为例,其主要工作职责有:开展旅游市场调研,为旅游企业提供信息咨询,促进旅游企业之间的交流,编制旅游供给与市场开发计划,代表美国旅游业向美国政府提出大力促进旅游业发展的建设性意见。

（二）以德国、法国为代表的辅助型行业协会

德国的社会市场经济是介于纯粹的市场经济和纯粹的集中管理经济之间的混合体系。德国旅游协会作为连接旅游行业和政府部门的纽带,除了具备行政管理的职能之外,还需要配合政府对德国旅游产业的发展进行监管和治理。德国旅游协会的主要职责有:能够向相关政府管理部门提出行业诉求;提高旅游行业的服务水平、推进产业升级;推行诸如星级评定等专门化的行业标准;同德意志联邦经济部门合作;进行旅游领域的研究等。

法国旅游发展署是一个公共非营利组织,它具备政府公共管理单位的性质,其下属事务局的员工是公务员,由法律赋予其特许的权力之外,还会履行部分政府的职责。法国旅游发展署的主要职责有:旅游市场的营销与宣传推广;企业资质标准的制定和认可;制定旅游住宿酒店级别标准的参考框架;策划旅游工程项目,协调法国国内旅游企业同国际旅游企业的合作关系,研究包括旅游政策制定、旅游开发方案以及旅游投资规划等内容;通过竞争检测、经济形势分析,对特定行业、旅游目的地或者客户群体划分进行市场研究引导,从而激发产品创新和产品质量的提高。

（三）以日本为代表的政府型行业协会

自 20 世纪 90 年代以来,日本着手进行行政改革,将政府最初担负的一些经济职能下放到私营部门和社会组织,由地方自治体负责当地事务。日本旅游行业协会主要有国际观光振兴会、日本旅行代理商协会。通常日本旅游行业协会采用会员制,制定协会章程对会员进行管理。日本旅游业协会的日常工作事务主要有:①为协会会员提供服务,包括提供国内外旅游行业信息、帮助企业培养人才、指导企业进行管理、加强行业内部或者旅游相关行业间交流等。②对旅游行业发展进行调研。协会针对国内外旅游产业发展情况进行调查。③充当政府智库。协会派代表出席政府各类会议,为地方政府旅游政策制定提供意见和建议。④行业协会受国家委托组织导游资格考试等,使行业协会能及时准确地把握行业动态。

（四）以我国香港为代表的半官半民型行业协会

我国香港对旅游产业进行管理的部门主要有 3 个:香港特别行政区政府旅游事务署(政府机构)、香港旅游发展局(半官方机构)和香港旅游业议会(行业自律组织)等。其中,香港旅游发展局成立于 2001 年 4 月 1 日,前身是 1957 年设立的香港旅游协会。其主要职能是在世界各地宣传和推广香港为旅游胜地,以及丰富旅客在香港的旅游体验。香港旅游发展局是香港政府资助的机构,机构内共有 20 位成员,均由香港特别行政区行政长官委任,并有旅游客运商、旅馆营运人、持牌旅行代理商、旅游经营商、零售商及餐饮营运人等代表。香港旅游发展局主要

工作内容为:①收集访港旅客各方面的资料加上旅游业的最新趋势和发展模式、国际机构所作的分析及预测,制定合适的香港旅游推广策略;②全年采用不同形式的宣传,举办各项大型活动,向全球各地的旅游业界、媒体及消费者推广香港旅游品牌,丰富旅客的在港旅游体验,为香港旅游业界创造商机;③就香港旅游设施的种类和质量定期向香港政府和相关部门提出意见和建议。

香港旅游业议会属于行业自律组织,成立于1978年,其目的在于保持旅游行业专业水准,保护旅客和旅游从业者的双重利益。该议会的主要工作内容为:①提供会员服务。其包括授予会员企业会员证书并提供证书更新服务、修改会员信息、征收印花费及负责印花机的维修保养、为旅游公司成员提供培训课程等。②为旅游者提供服务。其包括解决旅游者投诉,帮助有需要的人士向旅游业申请赔偿基金、旅行团意外紧急援助基金申请特惠补偿等。目前,香港旅游业议会拥有8个属会和1400多家成员旅行社,议会内部设置的机构包括理事会、16个专业委员会、3个小组委员会以及议会办事处等,除议会办事处外,其他内设机构均属于非常设性机构。

二、境内旅游行业协会

我国旅游行业协会是成立最早的一批协会,其主要职责为:对本行业的发展进行长期规划,协调行业内部各企业之间的关系;制定本行业规范,维护行业利益和形象。详见表3-1中我国政府有关政策对旅游行业协会职能的规定。

表3-1　我国政府有关政策中对旅游行业协会职能的规定

序号	发文时间	发文机关	文件标题	相关内容
1	2015-06-11	国家旅游局等联合发文	关于治理规范旅游市场秩序的通知	旅游协会等中介组织将制定评价旅行社、导游、饭店、景区的服务标准
2	2015-09-30	国家旅游局	关于打击组织"不合理低价游"的意见	各地要积极推动旅游行业协会制定和公布以核算旅游线路成本为参考的诚信旅游指导价,加强行业自律,倡议会员相互监督,积极举报"不合理低价"行为
3	2016-02-04	国务院办公厅	关于加强旅游市场综合监管的通知	发挥社会公众的监督作用。要充分发挥旅游行业协会的自律作用,引导旅游经营者注重质量和诚信
4	2016-12-07	国务院办公厅	"十三五"旅游业发展规划	建立健全旅游诚信体系,发挥旅游行业协会的自律作用,引导旅游经营者诚信经营
5	2017-03-06	国家旅游局	"十三五"全国旅游公共服务规划	优化旅游公共行政服务,充分发挥旅游行业协会的自律作用,引导旅游经营者诚信经营,旅客文明旅游
6	2017-03-14	国家旅游局	国家级旅游业改革创新先行区建设管理办法	改革创新旅游中介组织发展机制,加快推进旅游领域政企分开、政社分开,充分发挥各类旅游行业协会的作用

续表

序号	发文时间	发文机关	文件标题	相关内容
7	2017-07-19	国家旅游局	促进乡村旅游发展提质升级行动方案	强化政府引导,充分发挥市场在资源配置中的决定性作用,积极调动行业协会等社会组织的积极性……引导乡村旅游投资者、经营者和村集体共同组成地区性行业协会、联合会等,发挥协会作用,加强行业自律
8	2017-08-19	国家旅游局	关于深化导游体制改革加强导游队伍建设的意见	支持导游行业组织可持续发展。按照社会化、市场化改革方向,促进和引导行业协会自主运行、有序发展
9	2018-03-09	国务院办公厅	关于促进全域旅游发展指导意见	推进旅游管理体制改革。发挥旅游行业协会的自律作用,完善旅游监管服务平台,健全旅游诚信体系
10	2018-12-21	国家文化和旅游部	旅游市场黑名单管理办法(试行)	支持行业协会对列入旅游市场黑名单的会员进行警告、通报批评、公开谴责,并采取取消评优创先资格等惩戒措施。鼓励社会组织和个人对列入旅游市场黑名单的主体进行监督。鼓励行业协会参与信用风险提示和信用修复工作
11	2019-01-16	国家文化和旅游部	关于实施旅游服务质量提升计划的指导意见	旅游协会等行业组织应创新活动形式,通过活动、培训、研讨会、行业评奖等多种形式,大力倡导依法规范经营

资料来源:刘海玲,骆晶晶.境外旅游行业协会的治理经验与启示[J].人文天下,2019(7):3-4.

我国旅游行业协会主要有以下几个。

(一)中国旅游协会

中国旅游协会(China Tourism Association,CTA)是由中国旅游行业相关的企事业单位、社会团体自愿结成的全国性、行业性、非营利性社团组织,是经由国家民政部核准登记的独立社团法人。中国旅游协会作为国务院批准正式成立的第一个旅游全行业组织,自1986年1月30日成立以来,秉承"依法设立、自主办会、服务为本、治理规范、行业自律"的宗旨,发挥政府与行业的桥梁和纽带作用,搭建行业资源对接平台,促进旅游业发展。截至2018年11月协会共有会员单位200余家,主要包括大型综合性旅游集团、传统细分业态中的龙头企业、大型涉旅企业、新兴业态中具有发展潜力的创新型企业、省级旅游协会和重要旅游城市旅游协会、与旅游业关联度较高的国家级行业协会等。同时,中国旅游协会下设18家分支机构,分别为妇女旅游委员会、民航旅游专业委员会、旅游教育分会、温泉旅游分会、休闲农业与乡村旅游分会、休闲度假分会、旅游商品与装备分会、民宿客栈与精品酒店分会、探险旅游分会、亲子游与青少年营地分会、健康旅游分会、文旅投资分会、旅游营销分会、金钥匙分会、文化体育旅游分会、智慧旅游分会、地学旅游分会和最美小镇分会等。

（二）中国旅行社协会

中国旅行社协会（China Association of Travel Services, CATS）成立于 1997 年 10 月, 是由我国境内的旅行社、各地区性旅行社协会等单位按照平等自愿的原则结成的全国旅行社行业的专业性协会。中国旅行社协会是在国家民政部门登记注册的全国性社团组织, 具有独立的社团法人资格。

1. 中国旅行社协会的宗旨

中国旅行社协会代表和维护旅行社行业的共同利益和会员的合法权益, 努力为会员与行业服务, 在政府和会员之间发挥桥梁和纽带作用, 为中国旅行社行业的健康发展作出贡献。

2. 中国旅行社协会会员及组织设置

中国旅行社协会实行团体会员制, 所有在中国境内依法设立、守法经营、无不良信誉的旅行社与旅行社经营业务密切相关的单位和各地区性旅行社协会或其他同类协会, 承认和拥护本协会的章程、遵守协会章程、履行应尽业务均可申请加入协会。协会对会员实行年度注册公告制度, 每年年初协会会员单位必须进行注册登记, 协会对符合会员条件的会员名单向社会公告。中国旅行社协会的最高权力机构是会员代表大会, 每四年举行一次。协会设立理事会和常务理事会。其中, 理事会对会员代表大会负责, 是会员大会的执行机构, 在会员代表大会闭会期间领导协会、负责协会的日常管理工作; 常务理事会对理事会负责, 在理事会闭会期间行使其职权。

3. 中国旅行社协会主要的工作内容

中国旅行社协会主要的工作内容是宣传贯彻国家旅游业的发展方针和旅行社行业的政策法规, 积极反映行业诉求, 总结交流旅行社的工作经验; 在国家旅游局和民政部门的监督指导下, 组织会员单位开展调研、培训、学习、研讨、交流、考察等一系列活动。

（三）中国旅游饭店业协会

中国旅游饭店业协会（China Tourist Hotel Association, CTHA）成立于 1986 年 2 月, 是由中国境内的旅游饭店、饭店管理公司（集团）、饭店业主公司、为饭店提供服务或与饭店主营业务紧密相关的企事业单位及各级相关社会团体自愿结成的全国性、行业性社会团体, 是非营利性社会组织。

1. 中国旅游饭店业协会的宗旨

其宗旨是代表和维护中国旅游饭店行业的共同利益, 维护会员的合法权益, 为会员服务, 为行业服务, 在政府与会员之间发挥桥梁和纽带的作用。

2. 中国旅游饭店业协会的组织设置

中国旅游饭店业协会最高权力机构为会员代表大会, 由参加协会的全体会员单位代表组成。会员大会的执行机构为理事会, 对会员大会负责。理事会在会员代表大会闭会期间负责领导协会开展日常工作。理事会闭会期间, 常务理事会行使理事会职责。2018 年 1 月, 中国旅游饭店业协会建立了新闻发言人制度, 协会设有 2 名新闻发言人（由监事会成员担任）。中国旅游饭店业协会日常办事机构为秘书处, 秘书处设秘书长 1 名, 下设办公室、财务部、大型活动部、会员部、综合部、星级饭店评定办公室等 6 个部门。截至 2018 年 4 月中国旅游饭店业协会共有会员 1000 余家, 现有副会长 19 名, 常务理事单位 20 家, 理事单位 389 家。

3.中国旅游饭店业协会的主要工作内容

中国旅游饭店业协会接受管理机关、党建领导机关、有关行业管理部门的业务指导和监督管理。其主要工作内容有:通过对饭店行业数据进行科学统计和分析,对行业发展现状和趋势作出判断和预测,引导和规范市场;组织饭店专业研讨、培训及考察;开展与海外相关协会的交流与合作;利用中国饭店网和中国旅游饭店业协会官方微信向会员提供快捷资讯,为饭店提供专业资讯服务。

(四)中国航空运输协会

中国航空运输协会(China Air Transport Association,CATA)成立于2005年9月9日,是依照我国有关法律规定,经国家民政部核准登记注册,以民用航空公司为主体,由企事业法人和社团法人自愿参加组成的行业性的、不以营利为目的的全国性社团法人。其行业主管部门为中国民用航空局。截至2022年4月,协会会员单位984家,其中本级会员125家,分支机构会员859家。

1.中国航空运输协会组织设置

其协会设理事长、副理事长、秘书长等领导职务,常务副理事长为法人代表,协会下设综合人事部、财务部、研究部、市场部、培训部、交流部6个部门;分支机构有航空安全工作委员会、通用航空分会、航空运输销售代理分会、航空食品分会、航空油料分会、教育培训和文化分会、客舱乘务委员会、法律委员会、财务金融审计工作委员会、收入会计工作委员会、航空环境保护委员会、科技和信息化委员会、航空物流委员会、海峡两岸航空运输交流委员会、航空物流发展基金管理委员会等。

2.中国航空运输协会主要工作内容

其工作内容为认真落实民航总体工作部署,紧密围绕行业发展和会员需要开展工作,促进科学发展、促进持续安全,维护会员权益、维护市场秩序,强化科技教育、强化合作交流,充分发挥引导协调、支持保证和桥梁纽带作用,努力建设研究型、协同型、服务型社会组织。

第三节 旅游接待国际组织

一、联合国世界旅游组织

联合国世界旅游组织(UNWTO)是当今全球旅游领域最知名且最有影响力的国际组织。世界旅游组织的前身为国际官方旅游宣传组织联盟(International Union of Official Tourist Publicity Organizations,IUOTPO),此联盟于1925年在海牙成立。在二战后,该联盟总部迁至日内瓦,并更名为国际官方旅游组织联盟(International Union of Official Tourist Organizations,IUOTO)。国际官方旅游组织联盟后更名为世界旅游组织,并于1975年5月在西班牙马德里召开首届全体大会,随后世界旅游组织将秘书处设在马德里。2003年10月世界旅游组织成为联合国一个专门机构,总部设在马德里。作为联合国的专门机构,世界旅游组织实行自治,拥有自己的规章、预算、管理委员会、职员以及出版业务。它们每年一次或每两年一次向联合国经济与社会理事会报告工作。目前世界旅游组织的成员包括160个国家,6个准成员和500多个代表私营部门、教育机构、旅游协会和地方旅游局等的成员。我国于 1983 年 10 月 5 日加入,即在该组织第五届全体大会上成为第 106 个正式成员国。

世界旅游组织的主要职能:①负责全球旅游产业的调研和统计工作。对全球不同国家或地区的旅游发展情况进行调研,测算旅游产业对各国经济的影响,预测旅游发展趋势并编写和出版全球旅游发展调研报告。②教育规划及人力资源开发。由全球顶尖旅游教育、培训和研究机构组成世界旅游组织教育委员会负责教育规划工作,制定旅游教育标准、促进旅游课程标准化,对旅游教育机构进行资质认证,对旅游专业毕业生能力进行测试,为成员国的旅游官员举办报告会、远程教育课程以及实习课程等。③传播旅游知识,促进旅游业的可持续发展。世界旅游组织向发展中国家传播旅游知识,利用其在旅游领域积累的经验帮助世界各国实现旅游业的可持续发展。④促进旅游产业对减少贫困、加快经济发展的贡献。世界旅游组织作为各国旅游主管机构和联合国开发计划署之间联系的纽带,将旅游产业作为区域经济振兴的工具,最大限度地通过可持续旅游来减少或消除贫困。⑤建立伙伴关系。世界旅游组织与全球私营部门、区域和地方旅游组织、学术界和研究机构、民间团体和联合国其他部门合作,促进地区旅游开发或推广;组织地区性会议或专题讨论会,促进成员国之间相互交流,为实现共同目标而努力。

二、世界旅行与旅游理事会

世界旅行及旅游理事会(World Travel & Tourism Council,WTTC)是全球商界领袖旅游论坛组织。其成员包括 170 多名来自世界各地、涵盖各行各业的全球领先的旅游公司的首席执行官、董事长和总裁等。

世界旅行及旅游理事会成立于 1990 年,其领导机构是由 19 个成员组成的执行委员会,该委员会每年召开两次会议并在所有成员参加的年度会议上做报告。委员会日常管理和运营由会长和驻伦敦的职员负责。

1.世界旅行及旅游理事会的主要任务

(1)增强人们对旅游业的经济和社会贡献的认识。

(2)与各国政府合作制定旅游政策,挖掘区域旅游产业发展潜力,增加就业机会并促进经济发展。

2.世界旅行及旅游理事会的主要活动

(1)全球性活动。为了应对全球旅游业发展所面临的挑战及机遇,该理事会成员授权它与世界各国政府进行对话,宣传政府及私人企业在旅游产业发展过程中的成功经验。

(2)地方性活动。通过与各国政府、地区领导人或理事会其他地区成员的合作,帮助那些旅游业潜力巨大但难以实现发展的地区,帮助其消除阻碍地区旅游产业发展的因素。

(3)经济研究。世界旅行与旅游理事会聘用牛津经济预测有限公司进行大量的研究,通过广泛的研究确定旅游业的总规模和对世界、国家和地区经济的贡献。世界旅行与旅游理事会的预测结果说明,旅游业是世界上规模最大的产业,旅游业的发展速度超过了其他绝大多数的产业。

三、世界旅游联盟

世界旅游联盟(World Tourism Alliance,WTA)是全球旅游领域的一个非政府、非营利性、世界性组织。2017 年 9 月 12 日,世界旅游联盟在中国成都举行成立仪式,现联盟总部和秘书处设在中国杭州。截至目前,世界旅游联盟共有218个会员,会员包括各国全国性旅游协会,有影响力的旅游企业、城市、学界、媒体、个人及特别会员等。世界旅游联盟以"旅游让世界和生活更美好"为宗旨,以旅游促进和平、旅游促进发展、旅游促进减贫为使命,致力于在非政府层面推动全球旅游业的互联互通和共享共治。世界旅游联盟的主要工作内容有:搭建会员之间对话、交流与合作平台,促进会员之间的合作和经验分享;与联合国世界旅游组织等其他相关国际组织沟通协调,促进国际旅游之间的合作;组建高层次旅游研究和咨询机构,研究全球旅游发展的趋势;收集、分析和发布旅游数据,为政府及企业提供规划编制、决策咨询及业务培训;建立会员之间的旅游市场互惠机制,促进资源共享,开展旅游市场宣传;举办联盟年会、博览会等活动,为民间和政府搭建交流与合作的平台。

世界旅游联盟的组织机构包括会员大会、理事会和秘书处。其中,会员大会是世界旅游联盟的最高权力机构,其主要职权为:制定和修改联盟章程、选举和罢免理事、审议理事会的工作报告和财务报告、制定和修改会费标准、讨论会员提出的提案、讨论下一届会员大会的举办地、决定终止事宜、决定其他重大事项等。理事会是会员大会的执行机构,在会员大会闭会期间领导本联盟并开展日常工作,对会员大会负责。理事会人数不超过全体会员的30%,人数为单数,会员每届任期4年,可连选连任。理事会每年至少召开一次会议,特殊情况也可采用通信方式召开。

内容小结

本章在总结相关学者们的研究成果,考虑旅游产业的特点并结合企业内涵的基础上,对旅游接待企业的概念、特征和类型进行了总结;将旅游行业协会划分为四种主要类型,即以美国为代表的民间行业协会,以德国、法国为代表的辅助型行业协会,以日本为代表的政府型行业协会,以我国香港为代表的半官半民型行业协会。同时对境内主要旅游行业协会,如中国旅游协会、中国旅行社协会、中国旅游饭店业协会、中国航空运输协会等组织的设置、主要工作内容等进行概括性的介绍。对旅游国际组织的发展历程等进行了概括性的阐述。

实务分析

让我们回顾一下本章导入案例涉及的两个问题:一是分析旅游接待企业在旅游市场中发挥的主要作用;二是分析在目前旅游市场环境下中小旅游企业成为创业、创新主力军的原因。现在我们对这些问题进行解析。

1.旅游接待中小企业在旅游市场中发挥的主要作用体现在:中小企业是旅游产业创业创新的主力军,是旅游产业转型升级的重要推动者等方面。

2.在目前旅游市场环境下中小旅游企业成为创业、创新主力军的主要原因:①旅游产业进入门槛较低,中小企业是旅游市场的创业主体。②旅游细分市场不断变化,中小微企业对旅游市场消费需求的敏锐捕捉,使其成为旅游产业新业态的创建者和新产品、新服务的提供者。③相对于大的旅游企业,中小旅游企业具有明显成本优势。

第二篇

行业篇

第四章
旅游住宿接待业务管理

学习目标和要求

- 了解旅游住宿的概念及范围
- 了解我国目前对旅游住宿业的类型
- 掌握旅游住宿服务接待管理的概念及内容
- 了解前厅接待服务流程
- 了解客房接待服务流程

案例导入

酒店如何不"过分依赖"OTA？

在 OTA 越发壮大的今天,酒店和 OTA 之间的关系也越来越微妙。

在酒店业发展迅猛的当下,OTA 贡献十分明显。首先,OTA 将更广泛的客户资源及网络流量带给酒店,对于酒店尤其是新酒店的广泛传播和市场宣传功不可没。其次,OTA 可以帮助酒店更清晰地进行市场细分及市场定位。

在 OTA 平台上,客人可通过价格预算、五星五钻、服务特色、关键词等搜索入口,快速找到符合预期的酒店。对于酒店而言,不仅可积累一定的客户资源,还可以通过大数据分析明晰企业的市场地位。最后,相比聘请一名销售人员,OTA 的作用更加突出,很多酒店管理者将OTA 视为"编外"主力销售部门。

任何事物的存在都有两面性,在 OTA 越发壮大的今天,酒店和 OTA 之间的关系也越来越微妙。2015 年 4 月华住酒店集团曾对几大主流 OTA 平台"全面断开线上线下合作"。而除了华住,如家与铂涛集团也曾联合对国内几家主要 OTA 提出"停止返现"的要求。其中的主要问题是 OTA 平台对于酒店佣金的一再上调。

除此之外,由于 OTA 对酒店占有率和把控力的加强,酒店自身的定价权受到挑战。比如,某些 OTA 平台要求酒店必须提供"外网"最优价才能参与平台优惠,或者以必须参与某些促销活动才能增加流量为由要求酒店给予一定区间的定价权。长此以往,酒店自身的定价将越来越受制于 OTA,一旦失去 OTA 的辅助,生意可能一落千丈。那么,如何加强自身直销渠道建设、如何平衡酒店和 OTA 之间的关系？笔者提出以下五点建议。

1. 搭建微信商城

为顺应市场需求,酒店微信商城运营支持商应运而生。他们可以为合作酒店提供包括运营支持、渠道流量连接、广告策划及投放、数据统计分析等全方位服务,帮助合作酒店高效获取直客,优化管理效率、提升服务质量、扩宽品宣效果。

酒店如果与其合作搭建微信商城平台,利用 OTA 吸引新客户,再利用微信订房转化客户的"二次消费",在价格和增值服务上做足文章,将分销渠道的客户变成自有渠道的忠诚客户。那么,低廉的服务费和更利于管理的直接客户档案,一定会比分销渠道高额的佣金以及"抓不住"的客户信息对酒店来说更为划算和便利。当然,如果酒店有足够的自有流量和运营能力,还可以直接找微信小程序开发商搭建微信商城平台,一次性搭建更能直接减免运营支持商的持续佣金,让酒店拥有更高的自主经营权。

2.完善会员体系及积分制度

客户忠诚计划和奖励体系是留住客户最直接的手段。建立良好的会员发展体系并为会员提供有吸引力的奖励计划是一个具有持续性、稳定性的互动式营销模式,是对酒店营销管理有益的补充与完善,可为酒店开辟新的客源市场。当一名客户愿意成为酒店的会员,也就意味着客户对这家酒店的认可。

做到这一点,就要求酒店必须提升服务质量,提高员工的服务意识,给客户提供难忘的消费体验,让客户成为酒店的有效会员。同时,完善的奖励体系可以提高客户的持续消费力度,利用客户求实惠、求面子的心理,给予会员特殊待遇并且利用积分兑奖等方法加强客户的持续消费力,增加酒店收益的同时奠定良好的客源基础。

3.提供差异化服务

实践中,一些酒店为了获取客户在 OTA 平台上的点赞,往往会将一些特别服务给予OTA 的客户,以便于提高 OTA 客户的入住体验,赢得客户好评,进而吸引更多 OTA 客户。但是,这种做法往往伤害了一部分直销客户的利益,同时也不利于酒店把 OTA 客户转换为直接客户,反而间接地促进了 OTA 客户与平台的关系。

笔者建议,酒店应该在优待 OTA 客户的同时也给予直接与酒店订房的客户一定的价格优惠或者增值服务。如免费的早餐、升级、代金券等,同时也可以给予 OTA 客户下次通过酒店直接订房可享受"回头礼"等优惠待遇,用以巩固直接客户群体。

4.以联盟形式加强合作

强强联合也是壮大自身的一个有效手段。对于一些连锁酒店来说,他们拥有强大的会员体系,连锁酒店就要利用好这一优势,配合集团做促销、发展会员,将集团其他成员酒店的客户发展成自己的客户。未加入连锁酒店的单体酒店在品牌号召力和财力上会受到一定限制,但是可以通过发展酒店联盟的方式发展壮大。

例如国内一部分青年旅舍以加入"旅行黑卡"成为其会员的形式进行合作。持有"旅行黑卡"的客人入住相关的青年旅舍,可以享受旺季八折、淡季五折的优惠,这个价格低于 OTA 平台上的价格。目前,加入"旅行黑卡"的青年旅舍已达 50 家,该组织计划在短期内吸引两三百家青年旅舍入驻。还有 2014 年底成立的"中国精品酒店联盟",这些都是减少对 OTA 平台过分依赖的有效举措。

5.强化自媒体宣传

OTA 还有一大优势就是流量共享,它可以利用其他酒店积累的流量和客户给新上线酒店带来流量,进行流量共享。这是目前国内大部分单体酒店无法企及的。所以,加强酒店自身的广告投放和自媒体宣传非常有必要。特别是在新媒体时代,抖音、小红书、微博都加快了信息的传播速度,"网红"酒店成为众多年轻人的"打卡圣地"。

当然,这些流量无论在影响覆盖面还是针对性上,都无法与 OTA 的流量相提并论。但是,如果这样一家极具口碑和影响力的酒店没有在 OTA 上线,也在一定程度上削减了 OTA 平台上酒店的覆盖率,而这正是酒店与 OTA 平台谈判的筹码。

综上所述,酒店应强化自身宣传、苦练内功,把产品做出特色,让酒店"自带客源流量",从而减少对 OTA 平台的过分依赖。

问题与思考

OTA 的出现,对酒店业有什么样的影响?

第一节 旅游住宿接待管理概述

一、旅游住宿接待的概念和范围

(一)旅游住宿接待的概念

住宿业是一个古老的行业。在现代旅游出现以前,住宿业便随着商旅活动、政治活动而出现。在中国古代,住宿设施可以分为官办和私营民间饭店两大类。官办的住宿设施主要是驿站,驿站是历史上古老的一种官办住宿设施,它始于商代中期,止于清光绪年间"大清邮政"的兴办,它专门接待往来信使和公差人员并为其提供车、马交通工具和食宿设施。

中国古代民间私营住宿设施出现于战国时期,主要满足商业贸易者、僧侣等住宿需求。科举考试以后,在各省城和京城出现了专门接待各地赴试学子的会馆,亦成为当时住宿业的一部分。这些住宿设施不仅提供客房,还提供酒菜饭食,晚上还有热水洗澡,可以说,这些民间的客店和旅馆是现代意义上住宿业的雏形。

西方国家住宿业发展和我国类似,在工业社会以前,称作小客栈时期,大多设在古道边、车马道路边,设施简陋,仅提供基本食宿,声誉差,被认为是赖以糊口谋生的低级行业,使用者为贸易者、传教士。工业革命以后,出现了豪华饭店,以 1850 年巴黎大饭店为标志,规模宏大,建筑与设施豪华,装饰讲究,内部分工协作明确,要求严格,讲究服务质量,且饭店内部出现了专门管理机构。

19 世纪末,西方国家出现了商业饭店。商业饭店的服务对象是一般的平民,主要以接待商务客人为主,规模较大,设施设备完善,服务项目齐全,讲求舒适、清洁、安全,不追求豪华与奢侈;实行低价格政策,使顾客感到收费合理,钱花所值;饭店经营者与拥有者逐渐分离,饭店经营活动完全商品化,讲究经济效益,以盈利为目的;饭店管理逐步科学化和效率化,注重市场调研和市场目标选择,注意训练员工和提高工作效率。1908 年建设的斯塔特勒饭店是商业饭店的代表。斯塔特勒提出的"客人永远是正确的",迄今仍为饭店业主们所推崇恪守。

在西方国家,与住宿业相关的概念包括 lodging、accommodation、hotel、hospitality 等。其中,"lodging"指借宿、租住、为(某人)提供住宿,可以是商业性的,也可以是非商业性的。"accommodation"指住宿、膳宿,包括住宿和餐饮。"hospitality"指接待服务业,住宿业是接待服务业的一个组成部分。"hotel"指酒店。一般认为,酒店业是住宿业的主体,住宿业比酒店业包含的范围广一些。酒店业主要是企业形态,住宿业有许多非企业形态。

根据我国《国民经济行业分类》,住宿业指为旅行者提供短期留宿场所的活动,有些单位只提供住宿,也有些单位提供集住宿、饮食、商务、娱乐于一体的服务。

(二)旅游住宿业范围

按照联合国《国际标准行业分类》(*International Standard Industrial Classification of All Economic Activities*),住宿业属于第Ⅰ大类"食宿服务活动",具体又分为以下三类:

(1)短期住宿活动(short term accommodation activities)。

(2)露营地、娱乐车辆停车场和活动停车场(camping grounds,recreational vehicle parks and trailer parks)。

(3)其他住宿(other accommodation)。

其中,短期住宿活动又可以具体分为很多类型,如表4-1所示。

表4-1 短期住宿类型

短期住宿活动	short term accommodation activities
宾馆	hotels
度假宾馆	resort hotels
套间/公寓酒店	suite / apartment hotels
汽车旅馆	motels
汽车酒店	motor hotels
家庭宾馆	guesthouses
膳宿公寓	pensions
住宿加早餐单位	bed and breakfast units
参观者公寓和平房	visitor flats and bungalows
时租单位	time-share units
度假别墅	holiday homes
休假小屋、家政村舍和小屋	chalets,housekeeping cottages and cabins
青年招待所和山上庇护所	youth hostels and mountain refuges

在我国,改革开放以后,为了接待外国旅游者,出现了"涉外旅游饭店",因此我国住宿业的划分和国外有所不同。我国住宿业分为以下三类:

1.旅游饭店

旅游饭店包括以下几种:

(1)旅游星级饭店住宿服务:五星级饭店住宿服务、四星级饭店住宿服务、三星级饭店住宿服务、二星级饭店住宿服务、一星级饭店住宿服务。

(2)旅游非星级住宿服务:会议中心住宿服务、会所(俱乐部)住宿服务、公寓饭店住宿服务、商务饭店住宿服务、度假村住宿服务、其他旅游非星级住宿服务。

（3）具有旅游饭店服务同等水平的宾馆、饭店、酒店、旅馆。

（4）具有旅游饭店服务同等水平的公寓式饭店、商务饭店。

（5）具有旅游饭店服务同等水平的度假村、避暑山庄。

（6）各单位办的具有旅游饭店服务同等水平的招待所。

（7）以对外提供住宿服务（提供给散客、团组的旅游、出差、商务、休闲等住宿）为主，具有旅游饭店服务同等水平的会议中心、会所（俱乐部）、培训中心、疗养所。

2.一般旅馆

一般旅馆指不具备评定旅游饭店和同等水平饭店的一般旅馆。一般旅馆包括旅馆住宿服务、招待所住宿服务、青年旅社住宿服务、汽车旅馆住宿服务、其他经济型住宿服务。

3.其他住宿业

其他住宿业指上述未列明的住宿服务，包括学生公寓住宿服务、城市家庭住宿服务、农家住宿服务、车船住宿服务、露营地住宿服务、提供房车场地服务、分时度假住宿服务、其他未列明住宿服务。

二、旅游住宿接待管理的概念及内容

（一）旅游住宿接待管理的概念

旅游住宿接待管理是指住宿企业管理者对所有的服务接待活动进行管理的过程。

（二）旅游住宿接待管理的内容

住宿接待单位规模有大有小，业务也有所不同，一般以住宿为核心功能，如近些年的经济型酒店，基本上只保留客房住宿功能，但是一些高等级的住宿单位，不仅有住宿功能，还有餐饮、康乐等多种功能。因此，其接待管理涉及的范围不同。

一般来说，旅游住宿接待从客人预订到登记入住，再到离店，这个过程涉及预订服务、接送服务、礼宾服务、问询服务、行李服务、客房服务、餐饮服务、娱乐与康体健身服务等。在传统的住宿企业中，一般是把业务部门划分为前厅、客房、餐饮、康乐四个部门，为住店客人提供服务。其中，餐饮、康乐服务虽然并非住宿业的核心功能，但是在我国高等级酒店标准中，餐饮和康乐服务一直是评定四星级以上酒店的重要指标。

1.前厅接待管理

前厅部处于酒店接待工作的最前列，是酒店最先迎接客人和最后送别客人的地方，前厅服务是使客人对酒店产生第一印象和留下最后印象的重要环节。客人总是带着第一印象来评价酒店的服务质量，而最后印象则在客人的脑海里停留时间最长，留下的记忆也最为深刻。毋庸置疑，前厅部是赢得客人好感的重要阵地。作为酒店的门面，前厅部的环境气氛、服务质量水平在客人心目中代表着酒店的总体水平及形象，这不仅包括大堂的建筑设计、装饰、陈设布置，也包括前厅部员工的精神面貌、仪容仪表、服务态度、服务技巧、服务效率及组织纪律等。

前厅接待包括预订服务、接待服务、收银服务、行李服务、礼宾服务、问询服务、电话总机服务，有些酒店的车队、购物中心也隶属于前厅部门。

2.客房接待管理

客房的接待服务是酒店服务的主体。客人入住酒店后,绝大部分的接待服务工作是在楼层完成的。楼层接待服务,不仅要用整洁、舒适、安全和具有魅力的客房迎接客人,而且还要随时提供主动、热情、耐心和周到的服务,使客人"高兴而来,满意而归"。

客房接待服务包括客房清洁、洗衣擦鞋、点餐送餐等。

3.餐饮接待管理

餐饮部门是许多高档酒店主要的创收部门之一。在四星级以上酒店中,餐饮业的营业收入可能占据酒店总收入的 $40\%\sim50\%$ 。在酒店市场竞争日趋激烈的今天,餐饮质量的好坏和康乐活动的多寡直接影响到酒店声誉和生意的好坏。酒店可以根据自己的情况设置餐厅。餐饮部包括中餐厅、咖啡厅、宴会厅、酒吧等,相应地有中餐服务、西餐服务、宴会服务、酒吧服务等。

4.康乐接待管理

康乐部是四星级、五星级旅游酒店必不可少的部门。在我国,根据《旅游饭店星级的划分与评定》规定,五星级酒店必须要有会议、康乐项目设备,并提供相应服务。歌舞厅、健身中心、保健按摩室、桑拿浴室、游泳池、网球场、美容美发室及多功能娱乐厅等是五星级酒店的选择项目中的特色类别。

三、接待服务的基本要求

按照《旅游饭店星级的划分与评定》,酒店接待服务的基本要求如下:

(一)服务基本原则

(1)对宾客礼貌、热情、亲切、友好、一视同仁。

(2)密切关注并尽量满足宾客的需求,高效率地完成对客服务。

(3)遵守国家法律法规,保护宾客的合法权益。

(4)尊重宾客的信仰与风俗习惯,不损害民族尊严。

(二)员工仪容仪表要求

(1)遵守饭店的仪容仪表规范,端庄、大方、整洁。

(2)着工装、佩工牌上岗。

(3)服务过程中表情自然、亲切,热情适度,提倡微笑服务。

(三)员工言行举止要求

(1)语言文明、简洁、清晰,符合礼仪规范。

(2)站、坐、行姿符合各岗位的规范与要求,主动服务,有职业风范。

(3)以协调适宜的自然语言和身体语言对客服务,使宾客感到尊重舒适。

(4)对宾客提出的问题应予以耐心解释,不推诿和应付。

第二节　前厅接待管理

一、前厅接待概述

（一）前厅部的重要性

前厅部是招徕并接待客人，为客人推销客房及餐饮等酒店服务，并提供各种综合服务的部门。前厅部的工作对酒店市场形象、服务质量乃至管理水平和经济效益有至关重要的影响。

前厅是酒店内外联系的总枢纽，也是酒店的门面，它给顾客留下第一印象。宾客最先和最后接触的都是前厅，宾客进出的流量由前厅来控制，前厅负责对宾客来迎、去送。同时，前厅是酒店的信息中心和业务调度中心。

（二）前厅接待业务

根据酒店规模、档次、类型的不同，前厅部的业务有所不同。一般来说，前厅部负责酒店的预订和接待业务，由此衍生出门迎、行李、问询等相关服务。在大部分酒店，销售业务和电话总机也隶属于前厅部管理。此外，很多高等级酒店还会有商务中心、车队、购物中心，其一般在管理上隶属于前厅部，也有酒店将商务中心、购物外包给第三方独立经营。

1. 预订业务

预订业务主要负责酒店的订房业务，接受客人的预订；负责与有关公司、旅行社等建立业务关系；与前台接待保持密切的联系，及时向前厅部经理及前台有关部门提供有关客房的预订资料和数据，向上级提供 VIP 信息；编制报表；参与制订全年客房预订计划。

2. 礼宾服务

礼宾服务主要有：在门厅或机场、车站迎送客人；负责客人行李的运送、寄存及安全；寄存和出租雨伞；帮助客人在公共区域找人；陪同散客进房并介绍服务；分送客用报纸、信件；代客召唤出租车；协助管理和指挥门厅入口处的车辆停靠，确保畅通和安全；回答客人问询，为客人指引方向；传达有关通知单；负责客人其他的委托代办事项。

3. 入住登记和接待

入住登记和接待主要负责接待住店客人，为客人办理入住登记手续，分配房间，掌握住店客人动态及信息资料，控制房间状态；编制客房营业日报等表格；协调对客服务，接待其他消费客人以及来访客人等。

4. 账务和收银

账务和收银负责处理客人账务，为客人办理离店结账手续，包括收回房间钥匙、核实客人信用卡、负责应收账款的转账等。在很多酒店，收银和账务人员虽然在前厅部工作，但隶属于财务部。

5. 信息管理

前厅部掌握着客户登记信息，因此前厅部也成为信息收集、加工、处理和传递的中心，如开房率，营业收入及客人的投诉、表扬，客人的住店、离店、预订以及在有关部门的消费情况等。有些酒店还收集相关外部经营信息，如旅游业发展状况、国内及世界经济信息、游客的消费心理、人均消费水平、年龄构成等。前厅部不仅要收集这类信息,而且要对其加工、整理,并将其传递到客房、餐饮等酒店经营部门和管理部门。

6. 酒店产品销售

除了酒店营销部对外销售产品以外,前厅部的预订处和总台接待处也要负责推销酒店产品的工作。在受理客人预订的过程中,随时向没有预订的客人推销客房等酒店产品和服务。

7. 电话总机

电话总机负责接转电话,为客人提供请勿打扰电话服务、提供叫醒服务、回答电话问询、接受电话投诉、电话找人、电话留言、办理长途电话事项、传播或解除紧急通知或说明等。

(三) 前厅机构设置及人员

酒店规模大小不同,前厅部组织机构可以有很大区别。一般来说,大酒店管理层次多,而小酒店层次少。大酒店组织机构多,而小酒店机构少。大酒店可能有自己独立的车队、商务中心,而小型酒店没有此类功能。大酒店前厅部有很多职能是分开的,而小酒店则合并部分功能,如大酒店有独立的销售部,小酒店可能隶属于前厅部。

1. 办公室

前厅办公室主要负责前厅部的日常性事务及与其他部门联络、协调等事宜。一般由前厅经理、前厅副经理、前厅秘书(助理)等组成。

2. 预订处

预订处是前厅专门负责酒店订房业务的部门,其人员配备由预订主管、领班和订房员组成。

3. 接待处

接待处又称开房处,通常配备有前厅接待主管(经理)、领班和接待员。

4. 收银处

收银处亦称结账处,一般由领班、收银员和外币兑换员组成。

5. 礼宾部

礼宾服务人员一般由大厅服务主管、领班、迎宾员、行李员等组成。

6. 问询处

问讯处通常配有主管、领班和问讯员。此外,也有酒店的问询处属于礼宾部。

7. 电话总机

电话总机一般由总机主管、领班和话务员组成。

二、前厅预订服务

(一)预订的渠道与方式

1. 预订的渠道

宾客向酒店订房一般通过两大类渠道,一类为直接渠道,另一类为间接渠道。直接渠道是指宾客不经过中介机构直接与酒店预订处联系,办理订房手续。间接渠道是订房人由旅行社等中介机构代为办理订房手续,具体又可细分为:通过旅行社订房;通过连锁饭店或合作饭店网络订房;通过与饭店签订商务合同的单位订房;通过政府机构或事业单位订房;通过网络公司订房;通过航空公司订房。

2.预订的方式

客房预订方式有电话预订、传真预订、网络预订、信函订房、当面预订、合同订房等。随着时代的发展,目前信函预订等方式基本上很少用了,比较多的是电话预订和网络预订。

（二）预订业务流程

预订业务的流程为:①无论是电话预订还是当面预订,接待客人先向客人致意,同时报出服务岗位;②提供酒店房型信息,正确描述房型差异（位置、大小、房内设施）;③如无客人要求的房型,主动提供其他选择,说明房价及所含内容;④询问并核实客人预订的房型、数量、抵离店时间、客人姓名、地址、联系方法和结算方式等信息;⑤向客人提供预订服务联系电话、联系人和地址;⑥预订结束后,向客人致谢道别。

（三）接受预订和拒绝预订

订房员接受客人预订时,首先要查阅预订簿或电脑,将客人的预订要求与酒店未来时期客房的利用情况进行对照,决定是否能够接受客人的预订,如果可以接受,就要对客人的预订加以确认。确认预订的方式通常有两种,即口头确认（包括电话确认）和书面确认。书面确认需要填写预订单,该表通常印有客人姓名、抵离店日期及时间、房间类型、价格、结算方式以及餐食标准、种类等项内容。

如果酒店无法接受客人的预订,应对预订加以婉拒,婉拒预订时不能因为未能符合客人的最初要求而终止服务,而应该主动提出一系列可供客人选择的建议。

（四）预订的核对和取消

在客人到店前（尤其是在旅游旺季）,预订人员要通过电话等方式与客人进行多次核对,问清客人是否能够如期抵店,住宿人数、时间和要求等是否有变化。一些酒店的核对工作通常要进行三次。

由于各种缘故,客人可能在预订抵店之前取消订房。取消订房是非常常见的现象,服务人员接受订房的取消时,不能在电话里表露出不愉快。

拓展阅读

超额预订

超额预订最初是由美国航空业发展而来,当时航空业面临亏损状态,原因是很多客人因各种原因临时取消行程,这导致整个航班出现了空座,从而使航空经营困难,此时超额预订也就顺势而生,成功将当时艰难的航空业扭亏为盈。航空业和酒店服务业其实是类似行业,都是属于服务业,自然有很多的共性。超额预订在航空业成功运用,也为酒店行业运用提供了成功的实践案例。

酒店超额预订是指酒店在订房已满的情况下,再适当增加订房的数量以弥补少数客人临时取消预订而出现的客房闲置。之所以如此操作,是因为几百个客人中总有一小部分预订了酒店但是并未到达的情况。如果不实行超额预订,那么可能导致房间空置,对酒店造成损失。

如果超额预订的比例在一定限度内,可以尽可能保证开房率,避免空置浪费。

例如,某酒店有 200 间空房,如果已经全部预订出去了,此时有预订,酒店是否接受呢? 如果根据历史统计数据,酒店有大约 5% 的预订客人因故不能到达,那么酒店可以大胆把客房预订给后来者,把这个超额预订的比例控制在一定范围即可。如接受了 210 间房的预订,超额预订 10 间。

超额预订虽然可以让酒店空房率降低,收益最大化,但同时也会带来一些风险,比如由于超额预订导致客人没有房间可以住。因此,酒店一般会事先做好超额预订的一些风险应对计划。当客房不够时,前厅部经理首先会安抚客人然后联系附近同等级酒店,免费送客人到预备酒店并且全额支付房费。

三、前厅礼宾服务

(一)前厅礼宾服务的内容

每家酒店大厅礼宾服务的管辖范围及提供的服务项目并不完全一致。大厅服务人员一般可由大厅服务主管、领班、应接员、行李员、委托代办员等组成。酒店大厅礼宾服务实际上就是酒店在宾客下榻酒店时和离店时向客人提供的迎送宾客服务以及为客人提供行李和其他的一些服务。

(二)门童迎宾服务

门童的岗位职责包括:迎宾、指挥门前交通、做好门前保安工作、回答客人问讯、送客等。门童要求形象好、记忆力强、目光敏锐、接待经验丰富、知识面广。门童服务操作应符合以下要求:

(1)客人抵离酒店大堂时,主动为客人开拉大堂门扇,恭候客人进出,热情问候或向客人道别。

(2)客人车辆抵离大堂前门时,主动为客人开拉车门,恭候客人上下车,待客人坐稳或下车离开时,向客人热情问候或道别,然后关好车门。

(3)客人抵达时,主动为客人联系行李员。

(4)对老弱病残客人,应随时提供帮助。

(5)如遇雨雪天气,应适时为客人提供雨具或撑伞服务。

(6)熟知酒店各部门服务功能概况,认真回答客人询问,满足客人合理要求。

(三)行李服务

酒店应提供散客行李服务和团队行李服务。行李员不仅负责为客人搬运行李,还要向客人介绍店内服务项目及当地旅游景点,帮助客人熟悉周围环境,有时还需帮助客人跑差、传递留言、递送物品,替客人预约出租车等。行李服务操作应符合以下要求:

(1)行李装卸服务。帮助客人从车上卸下行李,检查行李有无破损,并请客人核对行李件数和状况。

(2)行李入店服务和引导服务。引导客人到总台办理入住手续并将行李送至大堂等候,客人登记完毕后,协助客人及时将行李送到房间,提醒客人自己提拿贵重物品和易损物品;到客房时,先按门铃后敲门,用钥匙打开房门,打开房灯;将行李放在行李架上或客人指定的地方,请客人清点行李;退出房间并向客人致意。

(3)行李存放服务。请客人出示住房卡,并确认客人身份;检查行李外观有无破损,有无上锁,核对行李件数,标记易碎物品;登记并收存行李;请客人出示行李寄存凭据;根据行李寄存凭据并当面向客人核对清点行李,与客人共同确认无误并签字后,将行李交给客人,收回行李牌。

(4)行李出店服务。准确核实并登记客人房号、姓名、行李件数、离店时间;行李多时,视情况准备行李车;准时抵达客人房间提拿行李,提醒客人带齐物品;客人结账并把房间钥匙交还总台后,随客人将行李送到门前;如客人还有寄存行李,协助客人到行李房提取行李;如客人乘车离店,应把行李装上车,并及时与客人当面核对无误后,向客人致意道别。

(5)机场、车站迎宾。高档酒店对于一些 VIP 客人,可能在机场、车站进行迎宾,这也是礼宾服务的一部分。有些酒店在机场、火车站等设有固定的接待点,委派专职"机场代表"长期接待 VIP 客人,在客人到达城市第一时间致以亲切问候,热情协助他们去酒店或送客离去。

(6)其他服务。酒店代表应掌握来客预期抵达的情况,及时了解航班、车次的更改、取消等,落实客人抵达前的准备工作;在客人出口处,展示酒店标志牌,穿着体现酒店形象的制服,便于客人识别;向抵达的客人做自我介绍,用恰当的敬语表示欢迎;协助客人上车及搬运行李;向酒店大厅行李处报告抵达客人的情况,如客人的姓名、人数、行李件数、乘坐的车号等,以便酒店前厅做好迎接工作。

(四)问询服务

有些酒店会单独设置一个问询服务处,为宾客提供问询、咨询、代客联络、代客找人、会客、代转留言和函件等服务。如果设置了礼宾部,一般将问询服务归礼宾部职能。礼宾/问询服务操作应符合以下要求:

(1)上门预订 30 秒内招呼客人,并向客人致意。

(2)电话预订 10 秒之内应答,用中英文向客人致意,同时报出服务岗位。

(3)准确解答客人有关酒店的问询和咨询,同时协助客人查询其他服务信息。

(五)委托代办服务

除了迎送客人、协助搬运行李以外,客人住店期间可能还会有一些需要酒店协助办理的服务,一般这些服务也是由礼宾部负责:①委托订车。提供各类豪华轿车、商务用车、旅游巴士订车与租赁服务。②票务服务。提供机票、车票代购及要票确认、改签服务。③订餐服务。提供酒店内、外各类餐饮预订服务。④物品代购。提供商务用品、日用品、鲜花、地方特产代购服务。⑤修补服务。提供鞋、服装、皮箱等修补服务。⑥邮寄托运。提供邮寄、托运及快递服务。⑦其他服务。胶卷冲洗、代印名片等商务服务。对于这些服务,酒店可以视情况采取收费的方式,提供代办服务。

礼宾部提供这些服务时,工作标准及需要注意的事项主要有:①了解客人要求。礼宾员热情友好地问候宾客,详细了解宾客须购买物品的标准。对于可能产生的费用应与宾客当面说清楚,如来往交通费、代办费、购买物品费。②填写代办委托书。请宾客配合礼宾员在委托书上填写手机号码、姓名、房号并请宾客签字。③尽快为客人联系办理相关事务。如果当天无法立刻解决,请求宾客给予一定时间,合理进行解释。④为宾客外出办事时一定开好必要的发票,并立刻返回,尽量为宾客节省费用。

拓展阅读

金钥匙礼宾服务

"CONCIERGE"是一个非常法国化的单词,通常被译为酒店里的"礼宾司"。1929年10月6日,11位来自巴黎各大酒店的礼宾司聚集在一起,建立友谊和协作,这就是金钥匙组织的雏形。1952年4月25日,欧洲金钥匙组织成立,1972年该组织发展成为一个国际性的组织,目前,国际金钥匙组织共有34个国家和地区参加,约有会员3500人。

国际金钥匙组织的标志为垂直交叉的两把金钥匙,代表两种主要的职能:一把金钥匙用于开启酒店综合服务的大门;另一把金钥匙用于开启城市综合服务的大门。也就是说,酒店金钥匙成为酒店内外综合服务的总代理。

中国是国际金钥匙组织的第31个成员国,会员数量已将近500名。而在中国旅行的客人正在继续加深对酒店金钥匙的认识,以便知道如何获得酒店金钥匙的帮助。在中国一些大城市里,金钥匙委托代办服务被设置在酒店大堂,他们除了照常管理和协调好行李员和门童的工作外,还负责许多其他的礼宾职责。

1.酒店金钥匙服务理念

(1)酒店金钥匙的服务宗旨:在不违反法律和道德的前提下,为客人解决一切困难。

(2)酒店金钥匙为客人排忧解难,"尽管不是无所不能,但是也是竭尽所能",要有强烈的为客人服务意识和奉献精神。

(3)为客人提供满意加惊喜的个性化服务。

(4)酒店金钥匙组织的工作口号是"友谊、协作、服务"。

(5)酒店金钥匙的人生哲学:在客人的惊喜中找到富有乐趣的人生。

酒店金钥匙的一条龙服务正是围绕着宾客的需要而开展的。例如,接客人订房、安排车到机场、车站、码头接客人;根据客人的要求介绍各特色餐厅,并为其预订座位;联系旅行社为客人安排好导游;当客人需要购买礼品时帮客人在地图上标明各购物点;当客人要离开时,在酒店里帮助客人买好车、船、机票,并帮客人托运行李物品;如果客人需要的话,还可以订好下一站的酒店并与下一城市酒店的金钥匙落实好客人所需的相应服务。让客人从接触到酒店开始,一直到离开酒店,自始至终,都感受到一种无微不至的关怀。至此,人们不难想象酒店金钥匙对城市旅游服务体系、酒店本身和旅游者带来的影响。

酒店金钥匙对中外商务旅游者而言,他们是酒店内外综合服务的总代理,一个在旅途中可以信赖的人,一个充满友谊的忠实朋友,一个解决麻烦问题的人,一个个性化服务的专家。

酒店金钥匙服务对高星级酒店而言,是一种管理水平和服务水平成熟的标志。它是在酒店具有高水平的设施、设备以及完善的操作流程基础上,更高层次酒店经营管理艺术的体现。

2.申请中国酒店金钥匙会员资格的条件

(1)酒店大堂柜台前工作的前台部或礼宾部的高级职员;

(2)21岁以上,人品优良,相貌端正;

(3)在酒店从业5年以上,其中必须有3年是在酒店大堂工作,为住店客人提供服务的;

(4)两位中国酒店金钥匙组织正式会员的推荐信;

(5)一封申请人所在酒店总经理的推荐信;

(6)过去和现在从事酒店前台服务工作的证明文件；

(7)掌握一门以上的外语；

(8)参加过由中国酒店金钥匙安排组织的服务培训。

四、前厅入住接待服务

接待处又称开房处，通常配备有主管、领班和接待员。接待和收银通常位于一个区域。收银处亦称结账处，主要职能为负责处理客人账务，为客人办理离店结账手续，包括收回房间钥匙、核实客人信用卡、负责应收账款的转账等。

收银处通常隶属于酒店财务部管辖。但由于收银处位于总台，与总台接待处、问讯处等岗位有着不可分割的联系，直接面对面地为客人提供服务，是总台的重要组成部分。

(一)接待业务程序控制

1.识别预订

宾客抵店时，首先询问宾客是否预订。若宾客已订房，则核实其订房主要内容并办理手续。

对于未经预订直接抵店的宾客，首先应该询问宾客的住宿要求，同时查看当天的客房预订状况及可售客房的情况，再根据宾客需要向其介绍客房情况。

2.办理入住登记

对于散客，要请其填写有关内容并签名，形成入住登记记录。

对于预订的 VIP、常客，可根据客人的订房单及客史档案中的内容，提前填写登记表及房卡等，客人抵店只要核对证件，签名后即可入住。贵宾还可以享受先进客房，在客房内签字登记的礼遇规格。

预订的团体会议客人，可以根据其具体接待要求，提前将登记表交给陪同或会务组的人员，以便客人抵店在大堂指定区域或在客房内填写。

3.分房和确定价格

分房也称排房，接待员根据宾客的实际需求，考虑到宾客的心理特点以及酒店可供出客房的实际情况(位置、风格特色、档次、价格、朝向等)，尽可能将适合宾客需要的客房分配给宾客，正确灵活的分房方法和技巧，不仅能满足宾客的需要，而且能充分合理利用客房。通常情况下，分房服务要注意以下三个原则：

(1)针对性原则。根据宾客的特点，进行有针对性的排房。如，贵宾一般要安排较好或者豪华的客房；同一团体的宾客要尽可能安排在同一层楼的同标准客房。

(2)特殊性原则。根据宾客的生活习惯、宗教信仰以及习俗来排房。风俗习惯、宗教信仰不同的宾客的房间要尽可能分楼层安排，并注意楼层号、房间号与宗教禁忌的关系。

(3)方便性原则。根据饭店经营管理和服务的需求来安排客房，如长住客尽可能集中在一个楼层，且在较低楼层。

4.确定付款方式

客人常采用的付款方式有信用卡、现金及转账等。对于采用信用卡结账的客人，接待员应首先确认客人所持信用卡是否是酒店所接受的信用卡，信用卡是否完好无损，并在有效期内。对于转账方式付款的客人，一般都是在订房时就向酒店提出要求，并已获批准的。

5.完成住宿登记手续

完成住宿登记手续后接待员制作房卡,并请客人在房卡上签名,提醒客人注意房卡上的客人须知内容,最后将制作好的房卡钥匙交给客人,同时安排行李员运送客人行李,并将客房楼层与电梯位置告诉客人,祝客人住店期间愉快。

(二)前厅收银业务

前台收银服务操作应符合以下基本要求:①30秒内招呼客人;②接待客人先向客人致意;③确认客人姓名、房号,收回钥匙或房卡;④出示详细账单,与客人核实确认所有消费;⑤及时、准确办理结账手续,并向客人致谢道别。

五、前厅电话总机服务

电话总机是酒店内外联系的通信枢纽,是酒店与宾客交流信息的桥梁,是反映酒店服务质量的窗口。大部分酒店将电话总机设置在前厅部,为宾客提供各种话务服务,其服务质量的高低,直接影响着宾客对酒店的评价,甚至影响到酒店的经济效益。电话总机的服务范围,随着酒店的类型、规模及程控电话交换机的功能等有所不同。常见的服务有:

(一)电话转接服务

话务员的服务态度、语言艺术和操作水平决定了话务服务的质量,影响着酒店的形象和宾客对酒店的印象。

(1)铃响三声内必须接起电话,主动问候,自报店名和身份。

(2)根据来电人提供的姓名和房号,迅速准确地转接电话。

(3)当电话占线时,及时向来电人说明占线情况,请宾客稍候再试或留言。

(4)如无人接听,向来电人说明电话没人接的情况;主动征询宾客是否愿意稍候再接或留言。

(5)如果来电人只提供受话人的姓名,请宾客稍等,在电脑上查询到房号后,将电话转接过去,但不能告诉来电人宾客房号。

(6)如果来电人只提供房号,则应核实身份,查询宾客是否有特殊要求,如房号保密、电话请勿打扰等。

(7)挂断电话前,要等宾客先挂断,才能切断电路。

(二)电话叫醒服务

酒店向宾客提供叫醒服务分为人工叫醒和自动叫醒。在采用功能齐全的程控交换机的酒店,多选择电话自动叫醒。以下为自动叫醒工作程序:

(1)接到宾客要求叫醒服务的电话,话务员要问清宾客的房号、姓名及叫醒时间。

(2)话务员复述一遍宾客的要求,以获宾客的确认,并祝宾客晚安。

(3)把叫醒要求输入程控交换机。

(4)填写"电话叫醒记录单",记录宾客的房号、叫醒时间及话务员姓名。

(5)叫醒时间到,程控交换机会自动接通房间电话,并打印叫醒记录。

(6)话务员注意查看叫醒记录,对于没有应答的房间应采取人工叫醒,如再无人应答,应通知房务中心派服务员去叫醒。

（7）若是需要人工叫醒，则接到宾客叫醒的电话后，核对一下信息确认无误后，在叫醒记录上填写清楚，并在电话或钟表上定零以提示叫醒时间到。

（8）当叫醒时按照标准的叫醒语言："早上好，张先生！现在是北京时间7：00整，这是您的叫醒服务，今天天气很好祝您工作愉快！请问您还需要第二次叫醒吗？"

（9）当叫醒后认真地在叫醒记录表上填写清楚叫醒时间及叫醒人员。若无人应答，则应立即派人去房间查看一下情况。

（三）电话问讯服务

（1）酒店内外的宾客常常会直接向酒店拨打电话咨询各种信息，话务员应对城市及酒店信息深入了解，及时、准确地回答宾客的问题。

（2）在铃响三次之内，接听电话，清晰地报出所在部门，表示愿意为宾客提供帮助。

（3）仔细聆听宾客所讲的问题，必要时，请宾客重复某些细节或含混不清之处，重述宾客问询内容，以便宾客确认。

（4）若能立即回答宾客，及时给宾客满意的答复。

（5）若需进一步查询方能找到答案，请宾客稍候，在电脑储存的信息中查找宾客问询内容，找到准确答案。

（6）待宾客听清后，征询宾客是否还有其他疑问之处，表示愿意提供帮助。

（7）如果查不到宾客需要的信息，在征求宾客意见后，可以将电话转到问询处。

（四）电话留言服务

（1）当宾客来电找不到受话人时，话务员应主动向来电人建议，是否需要留言。

（2）当客房电话无人接听，来电人要求留言时，话务员认真核对来电人要找的住店宾客姓名。

（3）核对宾客是否正在住店，是否预抵但尚未登记入住。除非宾客已结账离店，否则一般均应做留言。

（4）在便笺上记录来电人姓名、电话号码；是从何处打来的电话；记录留言内容。

（5）将来电人姓名、住客姓名、电话号码及留言内容重复一遍以确认。

（6）将留言内容输入电脑，然后将留言在打印机中打印出来。一联交前台问讯处保管，一联由行李员送到客房，一联放入留言袋内。

（7）通过电话系统打开宾客房间内电话上的留言灯，以便通知宾客来查询留言。

（8）当宾客收到留言后应将电脑中的留言取消掉；关闭留言灯，从留言袋中取出留言销毁。

（9）如果酒店采用电话语音留言系统，来电人会根据电话语音提示，将留言存入程控交换机；宾客回房间后可凭密码按照电话语音提示回放来电人的语音留言。

第三节　客房接待管理

一、客房接待概述

（一）客房部地位

一般来讲，饭店中设有客房部，其具体负责管理客房事务，客房部在酒店具有重要的地位。

1.客房是酒店的基础

客房是酒店必不可少的基本设施,无论现代酒店拓展了多少新功能,满足客人的住宿需求仍是所有酒店最基本、最重要的功能。

2.客房是酒店资产和收入的主体

在酒店建筑面积中,客房一般占70%～80%;酒店的固定资产,也绝大部分在客房,酒店经营活动所必需的各种物资设备和物料用品,亦大部分在客房,所以说客房是酒店的主要组成部分。就收入来说,一般酒店的客房收入在60%以上,四五星级酒店餐饮和康乐收入比例高一些,但客房收入一般在50%左右。

3.酒店的等级水平主要是由客房服务水平决定的

人们衡量酒店的等级水平,主要依据酒店的设备和服务。设备无论从外观、数量或是使用来说,都主要体现在客房,因为旅客在客房呆的时间较长,较易于感受,因而客房服务水平常常被认定为是衡量酒店等级水平的标准。

(二)客房业务

客房业务包括饭店中所有客房和整个公共区域的清洁和保养工作,同时还为客房配备各种设备、供应各种生活用品,提供各类服务项目,从而为客人创造一个清洁、美观、舒适、安全的理想住宿环境。

(三)客房机构设置及人员

1.经理办公室

经理办公室一般设经理、副经理、秘书(助理)各一名,主要负责客房部的日常性事物及与其他部门联络、协调等事宜。

2.客房服务中心

客房服务中心设主管一名,值班员若干名。客房服务中心主要负责处理客房部信息,包括向客人提供服务信息和内部工作信息的传递,同时还调节对客服务,控制员工出勤,管理工作钥匙,处理客人失物和遗留物品等,相当于客房部的信息中心和调度中心,主要职能是统一协调指挥客房部对客服务。

3.客房楼层服务

客房楼层服务设主管一名,领班、服务员(吧员)、清扫员若干名,负责所有住客楼层的客房、楼道、电梯口的清洁卫生,客人接待服务工作及客房内用品的替换、清洁等。

4.公共区域服务

公共区域服务设主管一名,园艺员一名,地毯清洗工一名,领班、清扫员若干名,主要负责酒店各部门办公区域、公共洗手间、衣帽间、大堂、各通道、楼梯、花园和门窗等公共区域清洁卫生工作。

5.布草房

布草房设主管、领班各一名,缝补工若干名,主要负责酒店所有工作人员的制服,以及餐厅和客房所有布草的收发、分类和保管;并对有损坏的制服和布草及时进行修补,并储备足够的制服和布草以供周转使用。

6.洗衣房

洗衣房设主管一名,领班若干名,下设客衣组、湿洗组、干洗组、熨衣组。主要负责收洗客衣及洗涤员工制服和对客服务的所有布草。

二、客房卫生清洁服务

(一)客房清洁类型

客房部是为客人提供服务的主要部门之一,其主要任务就是"生产"清洁、卫生、舒适的客房商品,为客人提供热情周到的服务。根据客房状态,客房清洁包括客人退房以后的走客房清洁服务,客人入住期间的住客房清洁服务等。其相应的清洁标准和流程是不一样的。

走客房是客人结账后留下的脏客房,不具备再次销售条件,因此,需要按照"客房清洁流程"对客房进行全面、细致的清洁,并更换床铺及卫生间所有布草和更换该客房口杯、茶杯,补充客房用品,使之完全具备 OK 房,从而可交付前台销售。

住客房是该客房客人仍然继续使用的房间,因此,不需要每天对该客房干净的布草进行更换,更多的是做好清洁、整理、抹尘工作。

拓展阅读

客房状态

(1)住客房(occupied,简写为 OCC):即客人正在住用的房间。

(2)走客房(check out,简写为 C/O):表示客人已结账并已离开客房。

(3)未清扫房(vacant dirty,简写为 VD):表示该客房为没有经过打扫的空房。

(4)空房(vacant,简写为 V):昨日暂时无人租用的房间。

(5)已清扫房(vacant clean,简写为 VC):表示该客房已清扫完毕,可以重新出租,亦称 OK 房。

(6)维修房(out of order,简写为 OOO):表示该客房因设施设备发生故障,暂不能出租。

(7)请即打扫房(make up room,简写为 MUR):表示该客房住客因会客或其他原因需要服务员立即打扫。

(8)请勿打扰房(do not disturb,简写为 DND):表示该客房的旅客因睡眠或其他原因而不愿有人打扰的房间。

(9)贵宾房(very important person,简写为 VIP):表示该客房住客是饭店的重要客人。

(10)长住房(long staying guest,简写为 LSG):长期有客人包租的房间,又称长包房。

(11)预退房(expected departure,简写为 E/D):表示该客房将于本日退房,但现在还未结账。

(12)加床房(extra bed,简写为 EB):表示该客房有加床。

(13)饭店自用房(house use,简写为 HU):表示酒店管理人员占用酒店客房。

(14)外宿房(slept out,简写为 S/O):表示客房已被租用,但住客昨夜未归。

(15)无行李房(no baggage,简写为 N/B):表示该房间住客无行李。

(16)轻行李房(light baggage,简写为 L/B):表示该客房的住客行李很少。

（二）客房清洁顺序

当服务人员需要清洁多个客房的时候，要遵循一定的顺序。以更好满足客人需求，提高效率，保证前台销售。客房一般按以下顺序进行清洁。

（1）请即打扫房，挂有"请即打扫"的房间或客人口头上要求打扫的房间，应优先安排清洁整理，满足客人的要求。

（2）总台、房务中心或部门负责人要求打扫的房间。

（3）VIP 房间。

（4）走客房。

（5）普通住客房。

（6）空房。

（7）长住房应与客人协调，定时打扫。

（三）客房清洁流程

1. 准备工作

得到台班通知清扫客房的信息，准备清扫客房工作车，检查工作车上客用品及工具是否齐全。

2. 进房

（1）首先检查一下房门是否挂着"请勿打扰"牌或上"双锁"。如果有，可以在日报表上注明，可以隔一会再去确认。

（2）轻轻敲三下门，声音不要太大，以客人听到为标准，同时报身份"服务员"（housekeeping）并观察是否挂有防盗链。

（3）在门外等候 5 秒钟，倾听房内动静，如无反应，可以重复以上程序两遍。

（4）在确认房内无动静后，使用钥匙将门轻轻打开 2～3 厘米报明自己的身份，询问"可以进来吗？"后方可进入。

（5）如果客人在房内，要等客人开门后或经客人同意后方可进入并向客人问候，询问客人"我是客房服务员，请问我能现在进来为您清洁房间吗？"。

（6）尊重客人意见。如果客人不方便，问明需要清理房间时间后把房号记在报表上。

3. 放置工作车和吸尘器

把工作车推到客房门口，客人在房间时，工作车挡住门口 1/2，房内无客人，工作车挡住房门。把吸尘机斜靠在走廊靠心房一侧的墙上，吸管不能卧放在走廊地毯上。

4. 开窗户、开灯

拉开窗帘窗纱，打开窗户。白天光线充足时需把灯关闭，避免浪费，晚上开灯清理。

5. 撤餐具、杯具、垃圾

（1）将房内的垃圾桶及烟缸内的垃圾拿出倒掉前，应检查一下垃圾桶内是否有文件或有价值的物品，烟缸内是否有未熄灭的烟头；检查时需小心玻璃和刀片等锋利物品。

（2）清洁垃圾桶，确保垃圾桶干净无污迹。

（3）检查杯具内是否有放着客人的假牙、隐形眼镜等物品，茶杯内茶水倒尽后茶叶才可以倒入工作车上的垃圾袋内。

6.撤布草

(1)换下床上的床单、被套,连同浴室内需要更换的四巾(浴巾、面巾、小方巾和足巾)一起,分类点清放入工作车的布草袋内,发现有破损的布草和毛巾,分开存放。

(2)取出有客衣的洗衣袋,从工作车带进干净的布草。

7.做床

做床是清洁客房过程中一个相对重要,并且具有技术含量的环节。流程如下:

(1)拉床垫。站在床的尾部,根据个人情况调整距离,弯腰下蹲双手将床垫稍抬高,慢慢拉出,离床头板大约50厘米。

(2)开单。用左手抓住床单一头,用右手提住床单头,并将其抛向床头边缘,顺势打开床单。

(3)甩单。两手相距80～100厘米,手心向下,抓住床单头,提起约70厘米高,身体稍向前倾,用力甩出去床单四周均匀垂下,床单应正面朝上中线居中。

(4)包角。包床头时,应将床头下垂的床单掖进床垫下面;包角,右手将右侧下垂床单拉起折角,左手将角部折成直角,然后将右角折角向下垂直拉紧,包成直角,右手将余出下垂的床单掖入床垫下面,每个角要紧实。

(5)套被套。被套展开一次到位,被子四角以饱满为准。

(6)铺被子。被子与床头间距约30厘米,被头折回25厘米,距床头约55厘米,两侧自然下垂。

(7)套枕芯。套好的枕芯必须四周饱满平整,枕芯不外露。

(8)放枕头。将两个枕头放置床头居中,根据不同床型要求,摆放枕头的位置,枕袋破口反向床头柜。

(9)铺床尾布。将床尾巾平铺于床尾,不偏离中线,距床体尾部20 cm,两侧自然下垂距离相等。

(10)将床复位。弯腰将做好的床调至合适位置,并扯平、整理好床上棉织品的位置,保持无折无皱,平展挺括。

8.抹尘

(1)抹布折成手掌大小按顺序从内到外、先上后下,从门框开始,使用抹布对房间的家具、设备、地角线逐项擦拭,擦到窗台时至少应清洗一次抹布,达到清洁无异物。

(2)抹尘时应一手持干布,一手持湿布,要求有三湿一干抹布:一条湿布用来擦家具、脸盆、浴缸,一条湿布用来擦餐具、饮料罐口,一条湿布用来擦马桶、地板。

(3)抹布要折数层,使用中适时调换干净工作面,以保证家具清洁。

(4)电器灯罩及家具靠墙部位、床头板、画框、镜面及电镀制品部分用干抹布擦(也可用纸巾头),湿抹布不可碰及墙面,以免留下污痕。

(5)使用消毒剂擦拭电话。

(6)擦拭各种物件后,随手将用过的茶、酒具和客用物品放到工作车上。

(7)擦尘时检查及按规格摆放各种设施设备,记录所缺用品方便补充。

9.清洁卫生间

(1)准备工作。带好清洁用具,如小垫毯一块、擦布四块、清洁筐。

(2)撤布草。撤掉脏布巾;所有脏物放入垃圾桶的塑料袋中,将塑料袋放入工作车的垃圾袋中。

(3)洗杯子、皂碟、烟缸。内外刷洗,洗好后倒扣在洗脸台面上,让水自然流干,留意有否破裂。

(4)清洁面盆、台面及两侧墙面。用不同的清洁剂,喷洒卫生间不同的区域;用专用工具擦洗面盆、两侧墙面、台面和洁具并擦干;注意面盆塞和溢水口也要清洁。

(5)清洁镜面和玻璃。将玻璃清洁剂均匀地喷洒在镜面;用干抹布从上至下将镜面擦干、擦净、擦亮;用干抹布将金属件擦干、擦亮注意不要使用酸性清洁剂。

(6)清洗淋浴区。用专用工具清洁玻璃墙面、水龙头、淋浴喷头、防滑垫等;清洗完毕后用清水清洗、擦干,做到无水迹、无皂垢、无毛发。

(7)清洁恭桶。使用专用的马桶清洁剂;使用专用的刷子从上至下对恭桶内壁、出水孔、底部进行清洁;将恭桶外部刷洗干净并擦干。

(8)清洁地面。在地面喷洒少量万能清洁剂;从里至外,沿墙角平行,边退边擦净地面(注意对卫生间地漏的清洁及除味)。

10.补充客用品

按照规定的数量补齐客用物品,同时记下所缺物品待改变房态前及时补入。

11.吸尘、关窗

(1)确定不再进房以后,用吸尘器从里往外,顺方向吸净地毯灰尘、碎屑、毛发;最后吸卫生间地板和门外走廊地毯,及时准确地用清洁剂清除地毯污渍。

(2)关窗,检查窗帘无污渍、无破损、无皱褶、滑动灵活,并整理好窗帘,拉合窗纱,防止阳光照入房间。

12.检查房间

检查房间物品配备是否齐全,所有电器是否正常;检查卫生间是否干净;布草是否柔软有弹性;检查天花板上有无灰尘,地面有无虫类,房间卫生间通风情况;如无问题,关上房门,取下清洁牌;在客房部清洁日记表上填写出房时间、备品数等。

(四)开夜床服务

1.什么是开夜床服务?

早期的高档星级酒店一般采用西式铺床,床上铺有床罩,并且上面的毛毯都是用床单包住的。服务员将上面的床罩撤走,然后将上面的毛毯连上面一层床单打开一个角呈 35～45 度,以方便客人入睡。

夜床服务的时间,一般从晚 5:30 或 6:00 开始或按客人要求做,一般在晚 9 点之前做完,因为 9 点以后再去敲门为客人做开夜床服务势必打扰客人休息。

围绕着夜床服务必要性,一直存在着颇多争议。比如标准间有两张床,在不确定客人偏好的情况下,到底开哪张床?但是高等级酒店坚持这项服务。近些年,关于夜床服务有一定的创新,一般包括简单的客房整理及物品补充。

2.夜床服务流程

(1)进门服务前应按门铃或轻敲门,用中英文自报服务岗位,如遇客人在房间,先向客人致意,并征求客人同意后,进房服务。

(2)清理客人用过的玻璃杯、茶杯、烟缸等,并放置整齐,简单整理客房卫生,收走垃圾。

(3)将卫生间客人用过的口杯、烟缸、毛巾、浴巾、面巾等物品清洁、整理、补齐,简单清洗面盆、浴盆、马桶,铺上防滑垫,脚垫巾,拉好浴帘。

(4)检查房间酒吧酒水饮料,开好酒单,补充酒水,冰桶加冰块。

(5)电视机调到待机状态。

(6)收好床罩,开被子(毛毯),铺脚巾,摆好拖鞋。

(7)摆放晚安卡或礼品、绿色客房棉织品使用说明,将早餐单置放在指定位置。

(8)关上窗帘,把空调调节至适宜温度,同时打开夜灯或床头灯。

(9)服务完毕,如客人在房间,向客人致歉并道晚安后,退出房间。

三、客房其他服务

(一)客房洗衣服务

高等级酒店一般设置独立的洗衣房,为客人提供洗衣服务。也有一部分酒店和社会洗衣店合作提供该项服务。按洗涤方式分为水洗、干洗、熨烫。按服务时间分为普通服务、加急服务两种。洗衣服务流程如下:

(1)洗衣单内容清晰明了,有明确的服务时间、价格、送回方式;四五星级饭店应采用布制洗衣袋。

(2)收取洗衣时,应先检查客人洗衣单是否填写,核对衣物名称、数量是否正确,确认客人的洗涤要求。

(3)逐件检查,看清客衣是否有破损、污点或脱扣问题,注意检查口袋是否有遗留物品。

(4)做好登记工作。房号准确,件数准确,客人的其他特殊要求等。

(5)客衣的分发。把握好时间,衣物应使用特制盛具交还,并根据宾客要求折叠或悬挂,最后做好签收手续。

(6)客衣出现差错或损坏应及时与洗衣房联系,查清原因,并做好汇报,请示处理方法和意见。

(7)加急服务在注明的时间范围内,自收取衣物开始3～5小时交还宾客。

(二)点餐送餐服务

随着时代的发展,越来越多的客人选择在客房就餐。为此,酒店推出客房点餐送餐服务是趋势,客房应备有送餐菜单。送餐服务操作应达到以下基本要求:

(1)订餐。电话预订10秒之内应答,用中英文向客人致意,同时报出服务岗位;准确记录订送餐客人房号、姓名、菜点名称、数量和送餐时间及要求,向客人复述并确认记录内容并告知客人送达时间;准确填写送餐通知单,通知厨房和送餐员准备相关服务。

（2）按客人要求,及时送达房间。

（3）进房前,核对房号,敲门或按门铃,用中英文报称送餐服务。

（4）向客人致意,与客人核对无误后,视情提供用餐服务,并祝客人用餐愉快。

（5）接到客人撤餐电话,应及时回收,结账收款要准确无误。

（三）物品租借服务

客人入住期间,可能会租借一些物品。常见的如手机充电器、电熨斗及烫板、接线板、网线、体温计、热水袋、各种文具用品等。有些物品可以配备在客房,如手机充电器可以采用收费式,有些不常用的物品,客房中心应该准备供客人租借使用。物品租借服务应注意以下问题:

（1）楼层服务员在接到通知后,到前台领取客人所要的物品,并填写宾客免费借物单,同时在楼层工作表上注明房号、时间、物品名称,做好交接记录。

（2）随时了解客人使用情况,到归还时间服务员应主动与客人联系,礼貌问询客人是否继续使用。

（3）客人使用完毕后,服务员应及时收回,并在楼层工作表上注明已归还,下班时送回前台。

（4）如发现租借物品有损坏时,应及时上报,尽快维修;如系客人损坏或遗失,要请其按规定赔偿。

（四）迷你吧服务

客房迷你吧实质上是一个小冰箱,里面陈放一些客人可能消费的物品,包括酒水、小食品等。提供迷你吧服务,一方面可以方便客人,另一方面可以增加客房经济收入。迷你吧有以下工作要求:

（1）服务员每日检查住客房酒吧,清点饮料、洋酒、小食品数量,填写饮料收费单,并及时补齐。

（2）服务员将收费单一联留给客人,一联转交前台收银记账,一联汇总至房务中心。

（五）访客服务

（1）问清客人来访人数（以便加椅）、时间,是否准备饮料、鲜花,有无特别要求。来访前半小时做好准备工作。

（2）协助住客将访客引到客人房间（事先应通知客人）。

（3）如客人没有提前通知,看到有访客进入客人房间,要及时送加椅和茶水。

（4）及时续水或加饮料。

（5）访客离开后及时撤出加椅、茶具等,并整理房间卫生。

（6）做好访客进出房间的记录,如已超过访问时间（一般晚 11:30 后）,访客还未离开,根据酒店规定,可先用电话联络、提醒客人,以免发生不安全事故。

（六）遗留物品处理

（1）服务员捡到客人遗留的物品应及时上交房务中心,并填写客人遗留物品登记表,要详细记录拾到物品的地点、时间、物品名称、品牌、特征、拾物人姓名等信息,楼层与中心均要做好交接。

（2）房务中心要对遗留物品妥善保管，定期核对。

（3）客人认领物品时，要将客人提供的信息与实物核对无误后请客人出示证件才可办理领取手续。

内容小结

本章从住宿业概念入手，对国内外住宿业的产业边界进行了探讨。在此基础上提出了住宿接待管理的概念和内容，并详细介绍了前厅和客房业务部门的接待管理具体流程，包括预订服务、礼宾服务、问询服务、接待服务、电话总机、客房清洁等。

实务分析

我们在本章开头导入的案例主要探讨了OTA和酒店业关系问题。

OTA就是在线旅游，英文全称是"online travel agency"，指"旅游消费者通过网络向旅游服务提供商预订旅游产品或服务，并通过网上支付或者线下付费，即各旅游主体可以通过网络进行产品营销或产品销售"。

随着互联网技术的发展，近些年国内产生了携程、去哪儿、同程、艺龙、驴妈妈等多个OTA平台，通过OTA销售酒店产品是近些年酒店业的一个重要趋势。

酒店传统的销售方式主要是官网销售和前台销售，模式单一且不方便。许多中小型酒店并不具有自身的官网，或者官网的知名度低，用户体验不好。OTA作为新的平台，作为中间商来进行销售，提供给顾客自主下单的权利，让顾客便捷地获取相关信息，轻松地对比同等酒店的优劣势，同时带给了顾客新鲜的用户体验。对于酒店来说，可以借助OTA平台的推广获得大量客户，促进销售。

因此在过去的十几年，OTA的出现改变了中国酒店的预订方式，对酒店业产生了重要影响。但是随着OTA平台的寡头化，OTA平台逐渐在和酒店的业务当中占据主动地位，有些平台收取过高的佣金，造成酒店苦不堪言的局面。主要原因在于OTA平台的寡头集中，而酒店力量比较分散，在和OTA的讨价还价过程中处于劣势。如果酒店过度依靠OTA，可能会给自身带来风险。

对于酒店来说，不能完全依靠OTA，仍需要依靠自己的销售团队建立自己的客户群，否则当市场环境发生变化的时候，可能很难承受相应的风险。

第五章 旅游餐饮接待业务管理

学习目标和要求

- 了解旅游餐饮接待的概念及特征
- 了解我国目前对旅游餐饮的分类
- 掌握旅游餐饮接待服务管理的概念及内容

案例导入

演艺产品:饭店创新产品和服务的新尝试

诗和远方的结合必然会催生新的业务形态,演艺进饭店就是文化产业与饭店业在文旅融合大背景下,适应消费需求变化,打破固有行业界限,相互交融、横向合作,创新产品与服务的一种方法。

1. 何为演艺进饭店

通常意义上,演艺业是指由演艺产品的创作、生产、表演、销售、消费及经纪代理、艺术表演场所等配套服务共同构成的产业体系。演艺产品的具体形态包括音乐、歌舞、戏剧、戏曲、曲艺、杂技等多种类型。

演艺进饭店是指以专业的文艺团体为产品主创者,依据饭店服务属性和基本功能的要求,适应饭店经营消费需要,以饭店空间为舞台、以演艺产品深度体验为亮点,为饭店营造浓郁的场景氛围,从而强化饭店服务产品价值的一种主题性演出活动。本文所说的演艺进饭店是一种狭义的概念,特指专业文艺团体或专业表演者进入饭店空间所提供的产品。

与饭店自行组织、员工参与的店内业余表演不同,演艺进饭店所提供的演艺产品由专业的文艺团体创作、生产和表演,必须符合和满足文艺作品生产的艺术规律和审美要求,具有更高的艺术性、专业性、娱乐性、互动性。

和剧场内的常规性演出不同,演艺进饭店是在酒店空间中开展的一种专业性演出活动。无论演出组织、演艺内容、规模、时间等方面,还是表演形式、观看方式等方面,都有其独特的特点,即符合和满足饭店的经营与消费需要,其演艺产品成为饭店产品的组成部分,融入饭店整体服务产品体系之中。而这就要求演艺进饭店开展过程中,必须根据其特殊性,不断总结、提炼、形成一套科学的创作原则与运行方式。

我们应该清晰地认识到,在文旅深度融合的形势下,演艺进饭店将最具仪式感与体验性的两大行业——演艺业与饭店业连接起来,构成一种新型的"亚文化产业形态",以沉浸式艺术体验为特色,既符合文化消费的时代需要,也符合住宿消费的体验需要,具有很高的社会、文化和经济价值,同时也是饭店差异经营的一个创新领域。因此,在文旅融合背景下,开展演艺进饭店很有必要。

2. 演艺场景的新开拓

从原始、朦胧的歌之舞之、足之蹈之开始,到古希腊的戏剧、印度的梵剧、中国的戏曲以及后期各种形式的演艺活动,演艺作品承载着不同民族的情感与审美,成为民族文化中最灿烂的一部分。人们通过演艺活动,在人为的虚拟场景中,希冀与自然沟通、与神灵对话、与他人交流,从而抒发自己的情绪,表达自身的认知。因而,在人类文明发展历程中,演艺活动成为颇具仪式感和聚众性的群体活动,在社会生活中发挥着十分重要的社交礼仪与宣传教化作用。同时,作为人类文明演进的标尺,不同时代、不同的文明形态总会要求并产生与时代相适应的演艺活动,这是表演艺术发展与进步最本质的内在规律。进入 21 世纪以来,随着文化消费特征的变化,人们的审美需要更加多元化,一些消费者希望打破传统的演员在舞台上表演、观众在舞台下观看的单一模式,重新定义观众与演出的"空间"逻辑。因此,我们看到,除了传统的剧场演艺空间以外,社区演艺空间、城市大型综合体演艺空间、公共设施演艺空间、景区演艺空间等新型的演艺活动空间被不断开发与建立起来,在极大地丰富人们社会文化生活的同时,更拓展了演艺活动的空间范畴。演艺进饭店正是此类实践的形式之一。

在休闲度假时代,饭店成为旅游目的地的核心与纽带。作为人流量与消费量的集中地,饭店是现代社会生活与经济活动的重要场所,演艺进饭店适应上述发展趋势,建构起一种新型的演艺空间逻辑,从而进一步强化了演艺活动的社会生活契合度。

从目前的旅游演艺的整体情况看,无论是依托景区的"印象"系列,还是以城市为背景的"又见平遥"以及置身博物馆等城市公共设施的"声入姑苏·平江"等演艺产品,均与传统的剧院式演出形成差异。新的空间逻辑决定了作品叙事方式的变革,在极大丰富创作素材,让作品呈现出百花齐放、百家争鸣的繁盛状态的同时,参与、互动式演出更在演员与观众之间建立起一种无间距的体验关系。演艺进饭店作为一种小型化的"微演艺"活动,对推动演艺作品的多样化创新,传播地域文化,丰富演艺作品的内涵与形式,无疑将产生积极的促进作用。

3. 转型升级的新空间

演艺产业是文化产业体系中的核心产业之一。随着时代的发展,演艺活动面临的挑战不仅来源于演艺本身,更来源于复杂的产业和市场环境。推动演艺活动可持续高质量发展,既需要深入挖掘演艺产品的文化内涵、创新演艺形式,更需要对产业环境和市场形成深刻的理解和认知。为此,2018 年国务院办公厅《关于促进全域旅游发展的指导意见》要求,"推动剧场、演艺、游乐、动漫等产业与旅游业融合开展文化体验旅游"。2019 年,文化和旅游部《关于促进旅游演艺发展的指导意见》明确"要把发展旅游演艺作为推进文化和旅游融合发展的重要工作内容,推动纳入当地经济社会发展总体规划及考核评价体系"。

旅游演艺通常指常驻于旅游景区或目的地,以游客为主要受众,综合运用多种艺术表现形式,结合声光电效果,以表现特色文化背景或民俗风情为主要内容的主题商业演艺活动。按照演出场所,分为实景旅游演艺、主题公园旅游演艺以及剧场旅游演艺。近年来,旅游演艺市场迎来爆发式增长。然而,也出现了表演形式雷同单一、高成本大制作、参与互动性不强等问题,导致旅游演艺市场出现疲软态势。根据相关数据,2019年,受多方面因素影响,演艺领域投资热情下降。2020年受新冠肺炎疫情影响,演艺市场遭受一定冲击,投资者信心受到影响。截至2020年10月,演艺产业当年投资金额仅2.15亿元,尽管近期情况有所好转,但演出产业前景仍然不容乐观。由此,相比大成本、大制作、老套路的旅游演艺,作为一种小型化、主题化、特色化、定制化的"微演艺",演艺进饭店拥有更旺盛的生命力和可持续发展性,有望因其特有的互动体验、主题场景、艺术情调和专属功能受到市场欢迎,从而拓展旅游演艺的市场范围,开拓旅游演艺的创作领域,丰富旅游演艺的表现形式,降低旅游演艺的制作成本,成为旅游演艺转型升级的新空间。

4.产品迭代的新形式

追求高品质的休闲化需要、追求时尚的体验性需要和追求人性回归的怀旧式需要,都要求饭店创造场景空间,提供更具仪式性与体验感的文化性主题产品。

作为饭店文化主题产品的一种独特形式,演艺活动通过在饭店服务中讲述中国故事、展现在地文化,使饭店成为城市文化事业的重要组成部分,从而强化饭店的社会公共服务属性,提升饭店的综合效益和存在价值。作为一种"活化产品",演艺产品是饭店服务方式创新的重要方式,能够形成饭店最具魅力、最具参与性、最具记忆性的仪式化产品,从而丰富饭店产品内涵的深度和广度,完善饭店产品的体验价值,为饭店产品迭代升级提供积极帮助。

作为饭店产品中的"嘉年华",演艺活动具有典礼性、仪式性、狂欢性等鲜明特点,能够有效地塑造和传递饭店独特的艺术气质和美学品位,构成饭店产品的特色与爆点,从而提高饭店的经营效益,为饭店品牌形象建设发挥重要作用。因此,演艺进饭店活动是酒店创新迭代,提升产品文化性、趣味性、故事性、娱乐性价值的有效方式,也就是说,演艺产品是饭店服务仪式化的高级层次。

综上所述,在文旅融合背景下,演艺进饭店具有极为重要的意义,业者应在遵循市场文化与住宿消费规律的基础上,根据饭店的经营实际,在安全、经济、环保、效益的前提下进一步深入研究演艺进饭店的内在逻辑和运作方式。

资料来源:李原.演艺产品:饭店创新产品和服务创新尝试[N].中国旅游报,2021-02-25.

问题与思考

1.根据以上案例,在文旅融合背景下,为何演艺业可以打开饭店业的大门?
2.旅游演艺进入饭店,最大的看点是什么?又应如何适应饭店业的生存规律?

第一节　旅游餐饮接待管理概述

一、旅游餐饮接待的概念和特征

餐饮是旅游产品的重要组成部分,居于旅游六大要素首位,也是旅游者感知旅游服务优劣的基本要素,协调、控制好旅游餐饮质量是促进旅游接待业发展的重要环节。目前,餐饮的概念主要有两种:一是饮食,二是指提供餐饮的行业或餐饮企业,即提供餐饮产品以满足食客的饮食需求并从中获取相应收入的行业或企业。

《旅游业基础术语》(GB/T 16766—2010)将旅游餐饮(tourist catering)定义为：为旅游者旅行游览过程中提供的餐饮服务。

旅游餐饮是基于社会化餐饮的基础上，通过对当地的文化、餐饮产品进行糅合设计来满足旅游者对当地特色文化的精神享受。所以，旅游餐饮具有地方性(旅游目的地餐饮文化特色)、社会性(立足于大众餐饮)和全面性(贯穿旅游活动的全程)等特征。

(一)旅游餐饮接待的概念

旅游餐饮接待是旅游服务质量水平的直接反映，服务接待质量又直接反映了该区域的旅游竞争力水平。因此，重视旅游餐饮接待并对其进行有效管理是旅游业综合管理活动的重要内容。

旅游餐饮接待是旅游餐饮企业通过营造就餐氛围和提供菜肴，向旅游者提供多种形式的餐饮服务，来满足旅游者生理等多方面的需求。从这一概念可知，旅游餐饮接待是由有形服务和无形服务组成。高质量有形服务是餐饮企业提供优质服务的基础，如餐厅环境舒适、餐饮精美等。无形服务也是旅游餐饮接待中的关键环节，如厨师技艺、服务员讲礼仪和餐中服务等。提高无形服务质量，便能有效提高旅游者满意度。有形服务和无形服务二者相辅相成，只有有效结合起来，才能提升效益，更好地满足旅游者需求。

(二)旅游餐饮接待的特征

旅游餐饮接待从本质上讲就是为旅游者提供餐饮服务，以服务为本，其服务设施和服务质量构成餐饮企业的生命线。因此，旅游餐饮接待具有以下特征。

1.无形性

旅游餐饮接待是通过有形的设施向旅游者提供有形和无形的服务产品，即向旅游者提供有形的设施和产品，如菜肴、酒水饮料等，以及无形的服务，如接待服务、礼貌等。旅游餐饮接待的无形性指餐饮服务无法以形状、大小、质地等标准去衡量或描述，旅游者也无法通过嗅觉、触觉和视觉等直接感官来感受旅游餐饮接待产品。虽然旅游者在特定的用餐时间可以感受到接待服务所带来的享受或体验，但这种体验感很难清晰地察觉或抽象地表达，并且随着接待服务的结束也就此结束。

2.生产与消费的同步性

一般的实物产品从生产到消费要经过流通环节才能最终到达消费者手中，产品的生产过程与顾客的消费是分离的，消费者看到和感受到的只是最终产品。而旅游餐饮企业的消费对象主要为旅游者。旅游餐饮提供的接待过程，也是旅游者消费的过程，即生产与消费过程是同时进行的。只有旅游者在旅游目的地的餐饮企业购买餐饮产品并消费时，旅游餐饮接待服务才能实现。

3.不可储存性

旅游餐饮产品如菜肴、酒水饮料可以打包带走，但旅游餐饮接待不能发生转让与转移。旅游者购买的只是用餐时间内的服务使用权，价值实现的机会如果在规定时间内消失，就会一去不复返，因此旅游餐饮接待具有不可储存的特点。

4.不可转移性

一般实物产品都可以在一地生产而在另一地消费，而旅游餐饮接待的无形性，使其只能在菜肴的生产现场,即旅游餐饮企业内消费。餐饮接待在服务效用上的无形性,使其不同于菜肴、酒水等有形产品,单从色泽、大小、形状、质地等方面就能判别其质量好坏,旅游餐饮服务只能通过就餐旅游者购买、消费、享受服务之后所得到的亲身感受来评价其好坏,具有不可转移性。

5.差异性

对于不同种类的旅游目的地,与之配套的旅游餐饮种类也各不相同。旅游餐饮的规模、等级、接待量和配套设施完善程度等与旅游目的地的等级有关,如 5A 级旅游目的地接待量大、声誉高、配套设施完善,从而配套的旅游餐饮数量多、规格高、服务水平优;旅游餐饮主题风格也与旅游目的地主题风格有关,如乡村旅游地的旅游餐饮会经营以乡土气息为主的农家餐饮等。旅游餐饮作为旅游目的地接待的一部分,要与目的地主题相符,因此,旅游餐饮接待也具有差异性。

二、旅游餐饮接待管理的概念及内容

(一)旅游餐饮接待业务管理的概念

旅游餐饮接待业务管理是指旅游餐饮接待个人或企业以旅游者为主要经营对象,在特定的经营环境下,紧紧围绕经营管理的各项目标和任务,采用一定的管理学理论和方法,运用和整合企业人力、物力、资本及信息等资源,通过决策、计划、组织、执行、控制等职能组织餐饮产品的生产与销售的实践性活动。

(二)旅游餐饮接待业务管理的内容

按照旅游餐饮企业不同岗位职能划分,旅游餐饮接待业务管理主要包括餐饮清洁卫生管理、餐饮生产管理、餐饮成本管理、菜单筹划管理和餐饮服务管理五部分内容。

1.餐饮卫生管理

餐饮卫生是旅游餐饮企业提供服务的重要部分,不仅影响游客的健康,还关系到旅游餐饮企业的声誉与发展。餐饮卫生的管理涉及对菜肴的生产过程、从业人员和餐饮接待环境的卫生管理,贯穿于旅游餐饮企业接待流程的始终。旅游餐饮企业要结合自身的经营状况和旅游市场的发展要求,严格遵循卫生部门的监管标准,使卫生管理工作朝着更规范化的程度迈进。

2.餐饮生产管理

餐饮生产管理包括食品原材料采购、验收、存储、菜肴生产四个环节。餐饮原材料采购目的在于以合理的价格,在适当的时间,从安全可靠的渠道,按标准规格和预订数量来采购餐饮生产所需的各种食品原料,保证餐饮生产顺利进行;餐饮原材料验收关系到生产质量和服务质量,并对生产成本和服务成本产生直接影响;餐饮原材料存储因原材料的保质期不同,需要根据不同原材料的特点选择适当的存储方式,采取有效的库存控制手段;餐饮原材料生产是在厨房进行的,因此厨房要具备相应的工作人员、生产设备、生产空间、烹饪原料等。

3.餐饮成本管理

餐饮成本管理包括餐饮成本核算、餐饮成本分析和餐饮成本控制。餐饮成本核算是将一定时间内旅游餐饮企业经营过程中所发生的费用,进行分类、汇总,计算出该时间内各岗位所产生的实际成本,提供正确的成本数据,为旅游餐饮企业经营提供依据;餐饮成本分析指按照一定的原则,采用相应的方法,利用成本核算、控制和其他有关材料,分析成本目的的执行情况,查明成本偏差的原因,寻求成本控制的有效途径,以达到最大经济效益;餐饮成本控制包括对原材料成本、人工成本和其他消耗成本的控制,成本控制的关键取决于旅游餐饮企业的经营水平,经营水平直接关系到旅游餐饮企业的营收和利润,为保证其利益,必须加强成本控制。

4.菜单筹划管理

菜单作为旅游餐饮企业特定的餐饮产品销售工具,决定了整个餐饮运行工作。菜单筹划管理包括菜单设计和菜单定价。菜单设计要与市场供需相适应,体现市场营销目标,反映餐饮企业的经营特色;菜单定价要反映餐饮企业在旅游市场中的定位,考虑不同的定价影响因素,采取合适合理的定价策略。

5.餐饮服务管理

由于旅游形式的多样化,如自由行、跟团游、半包价游等多种旅游形式,也影响着游客就餐形式的不同。餐饮服务管理是要针对不同的游客提供形式多样的餐饮接待服务,具体可以划分为散餐、团队用餐、自助餐和宴会服务,每种用餐的形式都有相应的接待服务流程与内容。

(三)旅游餐饮接待业务管理的原则

1.以人为本原则

以人为本原则是管理的出发点和落脚点,既是餐饮企业的经营理念,又是使企业在市场竞争中立于不败之地的主要因素。

在餐饮接待管理过程中,餐饮企业在管理上要倡导顾客至上、重视服务的提供者,以员工为本,让员工满意;以社会为本,兼顾所在旅游目的地的利益,主动承担社会责任,为旅游目的地多做贡献。

2.专业化原则

随着旅游接待服务设施逐渐信息化、现代化,如设施设备安全系统、收银派单等电脑操作系统等被广泛应用,这就需要各种各样的专业人才工作于餐饮服务的不同岗位,如技术人员、会计人员、电力维护等专业人员。

餐饮接待业务管理需要科学安排各个岗位的人员数量与人员的专业技能相匹配,充分利用员工的优势,把专业性强的工作交给相关专业人员去做,充分发挥各个岗位人员的作用和专长。

3.效益原则

效益原则指旅游餐饮企业用较少的投入换取最大的收益。餐饮接待业务管理的效益原则主要体现在经济效益、社会效益和环境效益三方面。首先,经济效益原则是指餐饮企业经营者在实施餐饮服务管理目标时,必须立足于企业的经济效益,把经济效益放在首位,并与经营成本相比较,只有低耗高收益的经营方式才能长久。其次,餐饮接待管理也必须注重社会效益。符合社会效益的餐饮经营才能健康可持续的发展,餐饮接待管理必须符合旅游业发展的目标与行业规范,与旅游业相辅相成。最后,环境效益也是餐饮接待管理的重要环节。近年来旅游业逐渐向生态文明建设转型发展,因此在餐饮接待管理中,降低对餐饮企业服务的能耗、物耗,不仅是餐饮企业自身节约经营管理成本的需要,也是降低餐饮接待服务对旅游环境的占有与消耗,减轻餐饮服务对旅游资源、环境的压力,从而有利于旅游资源的可持续发展,实现餐饮服务的环境效益。

4.优化原则

优化原则是指为达到最佳效益,餐饮管理人员应综合各方面考虑,运用技术经济的分析方法,比较所有可能实施的各种方案,从中确定最佳方案并付诸实施。优化原则是科学管理的核心。

在旅游餐饮接待管理中,餐饮企业管理者应该具备灵敏地适应旅游外部环境的能力和反馈控制调节能力,以便在决策实施过程中捕捉各种旅游动态和反馈信息,从而进行监控并及时地做出相应调整。

拓展阅读

以游客满意为导向　推进景区餐饮标准化

在旅游六要素中,"吃"是影响游客获得感、满意度重要的一环,用好了是"名片",更是"请柬"。

近年来,四川省甘孜藏族自治州在创建全域旅游示范区过程中,创新性开展景区景点餐饮服务标准化建设,以游客满意为导向,重构评价体系,进行了有益的探索,值得与业界分享交流。

一是工作项目化,解决"破题难"。坚持以高质量旅游服务供给,不断提升游客满意度。甘孜州启动景区景点餐饮服务标准化建设试点工作开展以来,在全州范围内遴选了基础较好的10家不同区域、不同规模、不同类型、不同业态的旅游餐饮经营企业作为试点,结合实际经营管理需要和自身特色,制定服务规范、出菜标准和特色菜单,向消费者提供特色化、标准化的餐饮服务。通过试点期间"望、闻、问、切",搜集了五类共计21个问题,逐一"对症下药",不断规范服务行为、优化服务流程、提升服务实效。

二是推进全域化,解决"答题难"。坚持以制定菜品标准、规范餐饮服务、提升游客满意度和获得感为出发点,出台《甘孜州旅游餐饮服务标准化建设工作方案》,按照动员摸底、全面实施、验收考核、固化成果四个阶段,今年4月,在全州18个县市和景区景点全面推进,细化责任分工,推出可量化、考评的"12345"建设标准,实行台账清单和销号管理。同时,及时启用金融"政策工具箱",出台《金融支持甘孜州旅游餐饮业服务标准化建设的十条措施》,助力景区景点餐饮服务标准化建设。目前,全州在营的6732户旅游餐饮企业整体开展标准化建设工作,既为全州餐饮企业"壮筋骨",又为游客食品安全加上"护身符"。

三是要素特色化,解决"应用难"。紧紧扭住菜品标准化这个核心,结合甘孜实际,注重后厨出菜标准和前台标准化菜单制作,对食材的来源,烹饪方式、流程,原料及调味料的种类、分量、质量、菜品价格、口味等进行量化和明确,并用汉语、藏语等多种文字进行标注,确保游客对消费内容可知可感。同时,充分运用信息化管理手段,注重菜单的特色化、个性化设计,注重线上线下推出电子菜单,让游客消费更加快捷便利舒心。

总之,景区景点餐饮标准化建设应既符合国家和省(市)标准、行业标准又体现本地、本企业特色,应坚持以常态化推进、及时固化建设成果,进而通过标准化服务引领促进消费模式、理念、需求的转型升级。

资料来源:冯俊锋.以游客满意为导向　推进景区餐饮标准化[N].中国旅游报,2021-08-25.

第二节 旅游餐饮卫生管理

旅游餐饮在人们的旅游活动中一直占据着重要位置。随着旅游者对旅游食品安全意识的加强，旅游目的地各级政府相继出台有关旅游餐饮食品安全的各项政策、制度，因此餐饮卫生管理成为旅游餐饮接待业务管理的重要内容。

拓展阅读

《食品安全国家标准 餐饮服务通用卫生规范》(GB 31654—2021)亮点解读

2021年2月22日，国家卫生健康委、国家市场监管总局联合发布《食品安全国家标准 餐饮服务通用卫生规范》(GB 31654—2021)(以下简称《标准》)。该标准是我国首部餐饮服务行业规范类食品安全国家标准，对于提升我国餐饮业安全水平、保障消费者饮食安全、适应人民群众日益增长的餐饮消费需求具有重要意义。《标准》于2022年2月22日实施，餐饮企业应充分掌握其中的内容，保证合规经营。

《标准》包括术语和定义，场所与布局，设施与设备，原料采购、运输、验收与贮存，加工过程的食品安全控制，供餐要求，配送要求，清洁维护与废弃物管理，有害生物防治，人员健康与卫生，培训，食品安全管理等内容。

亮点一：明确了餐饮服务的定义。《标准》规定，餐饮服务，指通过即时加工制作、商业销售和服务性劳动等，向消费者提供食品或食品和消费设施的服务活动。《标准》提出餐饮服务的定义，比较明确地解释了餐饮服务的内容。

亮点二：指出半成品为非直接入口的食品。《标准》规定，半成品指经初步或者部分加工，尚需进一步加工的非直接入口食品。这排除了一些未形成销售包装的直接入口食品。

亮点三：专间和专用操作区域操作的食品以业态进行区分。《标准》规定，中央厨房和集体用餐配送单位直接入口易腐食品的冷却和分装、分切等操作应在专间内进行，除以上两种业态的餐饮服务提供者的直接入口易腐食品的冷却和分装、分切等操作应在专间或专用操作区进行。

亮点四：新增生食蔬菜、水果清洗消毒方法。《标准》新增了生食蔬菜、水果清洗消毒的方法。《标准》规定，生食蔬菜、水果和生食水产品原料应在专用区域内或设施内清洗处理，必要时消毒。附录A规定了生食蔬菜、水果的清洗消毒方法。

亮点五：再加热和供餐的危险温度范围表述为冷藏温度以上、60 ℃以下。《标准》规定，烹饪后的易腐食品，在冷藏温度以上、60 ℃以下存放2 h以上，未发生感官性状变化的，食用前应进行再加热。《标准》规定，烹饪后的易腐食品，在冷藏温度以上、60 ℃以下的存放时间不应超过2 h；存放时间超过2 h的，应按《标准》6.7要求再加热或者废弃；烹饪完毕至食用时间需超过2 h的，应在60 ℃以上保存，或按《标准》6.6的要求冷却后进行冷藏。

亮点六：集体用餐配送单位配送的食品标注信息增加单位信息等。《标准》规定，集体用餐配送单位配送的食品，应在包装、容器或者配送箱上标注集体用餐配送单位信息、加工时间和食用时限,冷藏保存的食品还应标注保存条件和食用方法。

亮点七:委托集中消毒服务单位提供清洗消毒服务的,应当查验、留存相关合格证明文件。《标准》规定,委托餐(饮)具集中消毒服务单位提供清洗消毒服务的,应当查验、留存餐(饮)具集中消毒服务单位的营业执照复印件和消毒合格证明。保存期限不应少于消毒餐(饮)具使用期限到期后6个月。

亮点八:强制要求食品处理区的从业人员不应化妆。《标准》规定,食品处理区内从业人员不应留长指甲、涂指甲油,不应化妆。

亮点九:佩戴口罩的从业人员范围扩大。《标准》规定,专间和专用操作区内的从业人员操作时,应佩戴清洁的口罩。口罩应遮住口鼻。

亮点十:对于留样的要求仅限定为特定业态的餐饮服务提供者,留样产品为易腐食品。《标准》规定,学校(含托幼机构)食堂、养老机构食堂、医疗机构食堂、建筑工地食堂等集中用餐单位的食堂,以及中央厨房、集体用餐配送单位、一次性集体聚餐人数超过100人的餐饮服务提供者,应按规定对每餐次或批次的易腐食品成品进行留样。每个品种的留样量应不少于125 g。根据该项规定,只有条款中的餐饮业态需要进行留样,并且只需对易腐食品进行留样,其他食品则无须留样。

资料来源:中华人民共和国国家卫生健康委员会,国家市场监督管理总局.食品安全国家标准 餐饮服务通用卫生规范(GB 31654—2021)[S].北京:中国质检出版社,2021.

一、餐饮卫生管理概述

(一)餐饮卫生管理的概念

餐饮卫生涉及对菜肴的生产过程、餐饮接待环境和从业人员的卫生管理,贯穿餐饮接待服务过程始终。餐饮卫生管理是对以上过程进行监督、协调与完善的工作,以确保旅游者的健康和餐饮企业的声誉,是餐饮接待服务管理的重要环节。

(二)餐饮卫生管理要求

餐饮卫生管理在旅游餐饮运营的整个过程中,与其他管理、绩效考核活动有着密切联系,是相辅相成、结合进行的。

1.权责分明、简化程序

卫生问题虽看起来无足轻重,但问题一旦发生,则会涉及或损害多方利益。因此餐饮企业需要明确各部门的责任,将卫生管理细化、落实到前厅、后厨、采购等每个部门,甚至落实到每位员工身上,从而保证餐饮清洁卫生管理工作有序开展。

餐饮卫生管理相较于其他管理,其程序化、标准化、规范化的要求更高。在饭店运营初始,就要明确餐饮卫生的规范与操作程序,并执行至餐饮企业运营过程结束。同时,还要简化程序,做到简单明了、直观具体。直观简洁的标准化程序,便于员工理解,可使培训、执行和督导的效果更加明显。

2.监督得当、奖罚分明

企业餐饮卫生,既需要各岗位的员工尽职尽责、主动积极,也离不开管理人员有序、严格、及时的督查。在管理卫生监督上,各层级要实行自上而下的监督与管理,做到检查全面无死角,杜绝卫生漏洞。在卫生的奖罚上,对于员工的不同表现,应及时给予精神或物质层面的奖赏回馈或惩罚。检查情况应与员工绩效挂钩,力求将保持餐饮卫生融入每位员工的日常行为习惯中。奖罚应直达个人,并及时兑现。

二、餐饮卫生管理的内容

餐饮卫生管理包括生产卫生管理、人员卫生管理和接待环境卫生管理三部分。

(一)餐饮生产卫生管理

按照菜肴制作流程,餐饮生产卫生管理包括原料加工和菜品生产卫生管理两个方面。

1.原料加工卫生管理

原料加工卫生是最终销售菜品是否卫生的决定性因素和首要环节。原料加工阶段的卫生管理涉及食品原料采购的卫生管控、原料验收的卫生检查及原料储存的质量与卫生。

(1)原料采购。从原料采购开始,就要严格控制其卫生质量。采购人员要具备全面的卫生知识,严格检查食材。采购原料时,要充分了解原料的信息及来源,并索取原料检验合格证等。采购的原料遵循适量原则,确保原料新鲜和卫生质量,避免不必要的损失。

(2)原料验收。原料验收是对已购入的原材料进行腐烂、破损的二次检查,然后再进行生产或储存。任何疑似或已出现发霉、异味、浑浊的原料都不可再次使用。

(3)原料储存。不同的原料要采取不同的储存方法。储存库房应符合卫生要求,库内保持通风、干燥,避免阳光直射,并保持干净卫生。

2.菜品生产卫生管理

菜品生产卫生管理是餐饮卫生的难点与重点。这个阶段既包括较复杂的生产环节,又包括各种生产设施设备的卫生管理。

(1)生产卫生管理。菜品生产过程中,对于罐类、易腐类、带壳类等不同种类的原料要有针对性的操作手段,使用相应的工具处理原料,并保证取出的原料干净、不被污染。配菜准备好后,应尽量减少配菜的等待、闲置时间。菜品出锅后,不同的菜品应使用不同的容器,并要保持餐具清洁卫生。把握好冷菜的卫生,是菜品制作的重要环节。厨师必须勤洗手、勤消毒、勤换工衣。不能立即出餐的菜品应用保鲜膜密封,并放置冷藏室。

(2)设施设备卫生管理。菜品生产的设施设备包括冷餐设备、加热设备、切割设备等。对各类设备的清洁需要不同的管理原则,如使用频繁的锅铲、灶台和餐具等要做到每日清洁;烤炉、蒸箱等大型设备需定期清洁。重视设施设备卫生管理,保持设备长久的清洁,才能延长设备的使用期限,减少维修费用,保证食品卫生安全。

(二)餐饮人员卫生管理

《中华人民共和国食品安全法》《中华人民共和国食品安全法实施条例》和《餐饮服务食品安全操作规范》等中都明确规定了餐饮人员卫生管理。

(1)从业人员应保持良好的个人卫生,操作时应穿戴清洁的工作服、工作帽,头发不得外露,不得留长指甲、涂指甲油、佩戴饰物。专间操作人员还应戴口罩,每名从业人员至少配备2套工作服。

（2）从业人员操作前手部应洗净,操作时应保持清洁。接触直接入口食品前,手部还应进行消毒。

（3）专间操作人员进入专间时应再次更换专间内专用工作衣帽并佩戴口罩,操作前双手严格进行清洗消毒,操作中应适时地消毒双手。不得穿戴专间工作衣帽从事与专间内操作无关的工作。

（4）工作服应定期更换,保持清洁。接触直接入口食品的从业人员的工作服应每天更换。

（三）餐饮接待环境卫生管理

餐厅接待环境主要包括大厅、楼梯、电梯间以及卫生间等公共区域。大厅地面应保持干净,不得有杂物堆放。餐桌摆放整齐,餐具清洁干净,不得有油污。门帘无油渍,玻璃明亮、无手印。楼梯、电梯间要保持墙面干净、无手印,随时打扫,无异味。客用通道不应与服务人员共同使用。通道内设立应急装置,并对电梯进行定时检查与维护。卫生间要保持干净、整洁,洗手液、纸巾及时供应,常通风、无异味。

第三节　旅游餐饮生产管理

旅游餐饮生产管理包括原材料采购管理、原材料验收管理、原材料存储管理和菜品生产管理四个部分。

一、原材料采购管理

食品原材料采购管理是餐饮生产活动的首要环节。采购的食材质量直接影响后续生产制作、菜品质量及餐饮企业效益。

（一）采购工作

由于餐饮采购所需的食材、原料种类多,采购工作繁杂、细碎,餐饮市场鱼龙混杂,因此要制定采购工作方针来指导采购业务,把控采购质量与价格,保证采购工作顺利进行。采购工作应遵循以下原则:制订采购计划;了解市场机制;保证采购质量;降低采购成本;遵守市场规范。

（二）采购方式

原材料的采购方式因原料不同而采取不同的采购类型,如单独采购、短期多次采购、统一采购、临时采购、固定派送采购等。具体采购类型、适合的原材料类型及具有的特点如表5-1所示。

表5-1　食品原材料采购方式

采购方式	原材料的类型	特点
单独采购	蔬菜、蛋奶、瓜果、海鲜、肉类,购入后可直接进入厨房生产	1.每日或隔日采购。购买种类多,但数量少 2.必须保证新鲜和品质,防止腐坏 3.购入方式简单,易于操作,受市场变化影响大
短期多次采购	速冻品、半成品等需要保鲜并可以短期储存的原料	1.隔周或半月采购一次,小批量采购 2.需货比三家后最终确定供货商 3.采购程序固定、流程化

续表

采购方式	原材料的类型	特点
统一采购	粮油、调料、干货等储存期限较长的食材,贵重的原料等	1.购入数量大、存储时间长、种类少 2.一次性购入价格较高,开支大 3.可招标竞价确定供货商
临时采购	客人临时要求的食材	1.种类少、数量少、供应不全、采购复杂 2.厨师临时需要,进价、质量视情况而定 3.时间紧张,要求高效购入,尽可能节约时间
固定派送采购	酒水、饮料、香烟等,品牌、种类固定,可以统一固定某一供货商	1.需求量大、集中供应 2.公开招标、购货渠道固定 3.派送时间固定、及时,进价低于市场价

(三)采购程序

采购程序是采购工作的核心。原材料采购的最大特点就是种类繁多,工作细碎,市场行情波动大等。由此,原材料采购管理程序可分为五个步骤。

1.制订采购计划

制订以月为单位的月度采购计划。在每月的最后一周,餐饮负责人根据上月情况,分析下月所需的原材料与旅游者偏好、点菜率等内容,制订下月原材料的采购计划。

2.递交采购申请

不同的原材料有不同的采购申请和审批程序。易腐、需保鲜的原材料由总厨师长根据上周情况,做出计划,提出申请;定期储存的原料根据库管人员清点结果,做出计划,提出申请。

3.规范采购审批

易腐、需保鲜的原材料,需经常进货,将采购申请单交给采购负责人确认签字后,可直接移交专员采购;对于需定期储存的原料,采购的审批流程较复杂,首先要交给采购负责人确认,最后向总经理报备批准后方可采购。

4.采购控制管理

(1)做好价格管理。采购必须要注重价格控制,把握好进价标准与价格波动变化,进行实时价格管理。

(2)做好质量管理。原材料质量直接影响后续餐饮企业生产及顾客消费的质量,要把好质量关。

(3)采购数量管理。实际采购过程中要严格按照采购申请单上批准的数量采购,其实际采购数量应在申请采购数量±5%范围内。

5.按时组织采购

采购申请一经批准,应立刻安排采购工作,避免因进货不及时带来后厨生产停滞现象。采购后及时入库储存,进行严格验收。

二、原材料验收管理

采购是餐饮接待服务获取生产原材料的必要前提,原料验收则关系到生产的质量和服务质量,并对生产成本和服务成本产生直接影响。

(1)根据订购单验收。验收时要依据订货单进行检查,符合后再进行其他方面的验收,验收不合格时可拒绝入库。

(2)根据送货发票验收。发票是付款的主要凭证,也标明了原材料的数量和价格。根据发票上的数量、重量、价格再次清点。

(3)拒收不合格原料。对于验收不合格的原材料应退货处理。退货时标注退货原因,要求相关负责人及送货员签字,随后交给供货商。

(4)签字转交。验收合格的原材料应及时入库存储,将货品交由库管人员处理,完成验收工作的整个程序。

三、原材料存储管理

原料存储是生产和销售的准备阶段,高效的存储管理可以使餐饮生产与销售持续、正常地运行。由于餐饮食材种类多、使用期限不同,因此要采取针对性的存储方法,使原材料处于最佳存储状态。

(1)控制温度。干藏库通常不需要制冷设施,适宜温度在15～20 ℃;冷藏库应设置冰箱、冰柜温度在3～5 ℃范围内;冻藏库的温度应在−18～−23 ℃,但冻藏食材的保质期也不是无限期的,应注意各原材料的冷冻期限,如表5-2所示。

表5-2　原材料冷冻保质期

原材料	冷冻保质期
海鲜类、肠类	1～3 个月
禽类	6～12 个月
果蔬类	半月之内
猪肉	3～6 个月
牛羊肉	6～9 个月

(2)控制湿度。湿度过高,易引起微生物、细菌繁殖,使原料迅速变质、腐烂;湿度过低,会引起食材干瘪、不新鲜。不同种类的食材有不同的湿度存储要求,如表5-3所示。

表5-3　食品冷藏温度、湿度

原材料	温度	湿度
肉类、禽类	0～2 ℃	75%～85%
海鲜类	−1～1 ℃	75%～85%
果蔬类	2～7 ℃	85%～95%
奶制品	3～8 ℃	75%～85%

（3）通风条件。库房应始终保持通风、干燥。原材料的放置不能贴墙或密集堆放。存放时应留有空隙,加大通风的程度。

（4）卫生条件。冷库设备定期除霜,不同类型食品应分类存放,合理使用清洁剂、提高库管卫生质量。

四、菜品生产管理

菜品生产是餐饮生产管理的最终环节,由于菜品制作过程繁杂,不同类别食材有相应的制作方式,生产管理难度较大。菜品生产管理指在生产过程中,对原材料加工和菜品制作两方面工作采取针对性的管理方法,从而提高管理效率。

(一)菜品生产管理特点

（1）生产过程繁杂。后厨的生产过程经过配菜、烹饪、装盘、出餐等环节,每个环节都有不同的人员参与、不同的加工要求。菜品制作的过程是以厨师的手工制作为主,只有少量的制作是以机器设备来辅助,加大了生产强度。管理人员应合理安排不同菜品的生产流程,防止后厨生产无序。

（2）生产及时性与菜品脆弱性。菜品是由顾客当场点单,随后需要立即生产制作,生产、消费在同一时间内发生,具有较强的时间性。菜品出餐后,如没有及时给顾客上菜或顾客没有及时用餐,菜品可能会受影响。因此生产管理要注重效率,保质保量。

（3）品种与利润各异。原材料种类各式各样,同一种材料有不同的加工方法,可制作出不同的菜品。生产管理要加强成本核算与价格把控管理,针对不同类产品制定不同利润要求,提升生产管理水平。

（4）生产制约因素多,随机性大。旅游餐饮产品受淡旺季、季节、气候、地理位置、交通条件等多种因素影响,使得闲时与忙时生产差别大。生产管理要掌握好市场变化规律,做好备菜计划,防止信息获取迟钝带来的经济损失。

(二)原材料加工管理

1.检查原材料质量

（1）粗加工原材料质量检查。每天随机检查,主要检查加工过程中挑拣、清洗、解冻等工作是否到位,加工方法是否合规。

（2）精加工原材料质量检查。加工后的食材大小、形状、规格是否符合要求。加工方法是否合理,如有问题及时指正。

2.原材料加工方法

由于原材料种类、用途、制作程序不同,其加工方法和条件不同,如表5-4所示。

表 5 - 4　原材料加工内容与方法

原材料	工作内容与方法	操作人员
果蔬类	挑拣、清洗、去壳/去籽,加工成一定形状	配菜徒工
活物类	宰杀、刮鳞、去毛皮、去内脏	水台岗厨师
肉类	根据不同部位、肥瘦、用途加工切割	打荷岗
冷冻类	流水冲洗解冻、切割、加工	砧板岗
干货	提前泡发,除掉杂毛、沙砾	砧板岗、打荷岗

3.及时配送原材料

加工好的原材料应第一时间交给厨房生产,并做好交接记录,以保证厨房的供应顺畅。

4.保证加工卫生

加工原材料会产生较多的厨余垃圾,如下脚料、血渍、沙砾等。所以,每日、每次加工工作完成后要及时清理厨房,冲洗地面,擦抹操作台,及时倾倒垃圾,做好厨房消毒工作。

(三)菜品制作管理

1.冷菜

冷菜作为开胃菜,是客人对菜品及本店第一印象的关键,具有造型独特、精致的特点。

(1)要讲究原料选择,保质保量。选择要精、质量要优,特别是可生吃的食材要保证质量与卫生,严格挑选。

(2)卫生消毒工作是关键。冷菜未经高温处理,甚至有可生吃的食材,因此保证操作卫生是关键环节。厨师须勤洗手,操作台必须经常消毒擦拭。

(3)提前制作,分类烹制。冷菜与热菜最大的区别就是要提前制作。

(4)造型别致美观。冷菜讲究厨师的刀工技艺,刀法要细腻、整齐,可用不同食材来配合造型,增进顾客食欲。

2.热菜

热菜是客人就餐的主要部分,直接影响客人对本店的印象与评价。

(1)做好准备工作。厨师提前收拾好台灶,将备用食材及所需调料、刀具、餐具准备就绪。

(2)严格配菜,标准化烹制。主料、配菜要按标准搭配,调料可由厨师掌握,降低烹制过程的随意性,并可控制成本、减少消耗。

(3)加强出餐管理。菜品制作完成后由厨房送到传菜员手中,再送至客人餐桌,其过程必须协调、流畅,减少客人等待时间。

(4)加强现场监控,临危不乱。上客高峰期往往是热菜烹制集中的时间,每位厨师连续制作数道菜,容易引起混乱,需厨师长做好现场指挥工作,保证厨房管理有条不紊地进行。

3.面点

(1)和面。和面所需的软硬度、弹性需要精准掌握,厨师要合理用料,做好和面工作,检查质量,为面点制作做好准备。

（2）调料。做好面点，调料是十分重要的环节，它直接影响面点的口味与质量。为此，调料应由专业的面点师傅负责，保证配料比例，揉面要充分。

（3）醒发与造型。面的醒发工作十分考验面点师傅的经验水平，而面点造型考验师傅的技艺水平。醒发的时间要适当，面团要柔软适度，造型应美观大气，表面均匀平滑。厨师长应及时检查与指正。

（4）烘烤与烹制。面点可以成批烘烤或烹制，分批生产须严格按照计划。不同的面点要由不同的厨师负责监制，以确保质量，降低成本消耗。

4.汤类

汤的制作水平是热菜制作水平的直接反映，也是厨师技艺的体现。

（1）严格选料，保证风味。每一类汤品都有较为固定的主料和配料，要严格选料、配料精准。掌握好用料比例，严格搭配。

（2）精细加工，掌握火候。一些鱼汤、海鲜汤等菜品需要精细化加工。不同汤类菜品，随着食材的不断加入，火候要多次调整，因此掌握好火候是汤类制作的关键。

（3）提前制作，保证供应。汤类制作时间较长，需要慢炖的汤品甚至需要 1～2 个小时，因此要提前制作，保证及时供应。

第四节　旅游餐饮成本管理

一、餐饮成本管理概述

（一）餐饮成本概念

餐饮成本指餐饮企业为生产即销售餐饮商品（菜肴、酒水等）发生的支出、人员支出和其他支出（租金、水电、餐损等）的总和。

（二）餐饮成本构成

按照餐饮成本的定义可知，餐饮成本主要包括餐饮产品成本、人工消耗和其他消耗。其中，餐饮产品成本是餐饮成本的重要组成内容，包括菜肴成本和酒水饮料的费用，如图 5-1 所示。

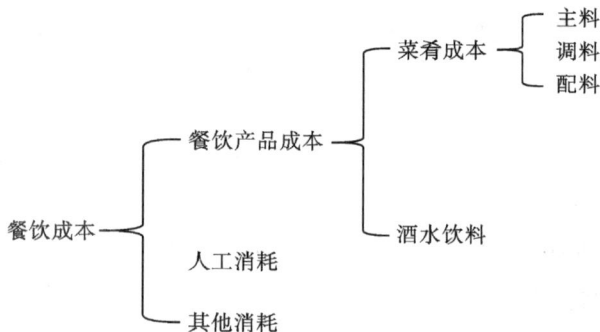

图 5-1　餐饮成本构成

(三)餐饮成本管理

餐饮成本管理是指餐饮企业在保证产品和服务质量的基础上,为达到降低成本、减少浪费的目的,进行餐饮成本核算、成本分析和成本控制三方面工作。

二、餐饮成本核算方法

餐饮成本核算方法主要有原料加工成本、产品生产、团体用餐和每日成本核算方法四部分内容。

(一)原料加工成本核算方法

餐饮成本核算是从原料加工核算开始的。原料加工成本核算的目的是为厨房产品配置、生产提供定价依据。由于原料种类、加工方式的不同,核算原材料加工成本的方法也不同。目前原材料加工成本的计算主要有三种方法,即一料一档计算法、一料多档计算法和多料一档计算法。

1.一料一档计算

"一料"指原料,"一档"指加工后得到的一种净料,一料一档指原料(毛料)经过加工处理后,只能得到一种净料,而没有可以利用的下脚料。如一捆芹菜清洗、摘叶、制作后只剩芹菜本身可作为原材料,摘去的芹菜叶不能使用则为废料,此时一捆芹菜为"一料",芹菜本身为"一档"。此种情况下,可用毛料总值除以净料重量,即求得净料单位成本。其计算公式如下:

$$净料成本＝毛料总值÷净料重量$$

2.一料多档计算

一料多档指原料经加工处理后,得到两种或两种以上的净料,则应分开计算每一种净料的成本。质量好的净料成本高,质量差的净料成本较低。如一只活鸡经过宰杀、洗涤,会得到鸡爪、鸡腿、鸡翅、鸡胗等原材料,活鸡则为"一料",鸡爪、鸡腿、鸡翅、鸡胗等为"多档"。

(1)当所有的净料成本未知时,可根据净料重量确定成本,即各档成本之和等于进货总值。

$$进货总值＝净料1价值＋净料2价值＋……＋净料n价值$$
$$净料价值＝净料重量×净料成本$$

例:带骨头的羊排7千克,每千克14元,经过分档加工后得到精肉4千克,肥肉1.5千克,皮0.5千克,骨头0.7千克,损耗0.3千克。根据市场价值确定n个净料的单位成本,即精肉20元,肥肉9.27元,皮4元,骨头3元。计算进货总值。

解:进货总值＝20×4＋9.27×1.5＋4×0.5＋3×0.7＝98(元)

(2)当只有一种净料成本未知时,其他净料成本已知,则先计算已知净料成本,然后从进货总值中扣除已知净料成本,再确定未知净料成本。

某档原料净料成本＝[毛料总值－(其他各档原料总价值＋下脚料总价值)]÷某档原料净料重量

例:一只鸡重2.5千克,每千克5.6元,经加工洗得光鸡1.75千克。准备取肉分档使用,其中鸡脯肉占20％;鸡腿肉和其他部位占40％,每千克6元;下脚料占40％,每千克3元。计算鸡脯肉单位成本。

解：鸡脯肉成本＝[2.5×5.6−(1.75×40％×6＋1.75×40％×3)]÷(1.75×20％)＝22(元/千克)

3.多料一档计算

"多料"指多种原料，"一档"指加工后得到的一种净料。多料一档指多种原料经加工后混合成一种净料。混合净料成本计算公式如下：

$$混合净料成本＝(毛料1进价×毛料重量＋毛料2进价×毛料重量＋……＋$$
$$毛料n进价×毛料重量)÷混合净料重量$$

例：厨房加工生产一批馅饼，馅料用量如表5−5，经加工处理，得到馅料25千克，计算馅料成本。

表5−5 馅饼生产成本记录表

原料	用料/千克	单价/元	成本/元
肉	15	8.6	129
肉皮	3	3.9	11.7
油	0.6	17.2	10.32
味精	0.04	78.8	3.152
姜	0.05	3.2	0.16
黑胡椒	0.04	35.3	1.412
酱油	1.7	1.4	2.38
其他	—	—	6.876
合计			165

解：馅料成本＝165÷25＝6.6(元/千克)

(二)产品生产成本核算方法

1.随机抽样法

由于厨房每天制作的菜品种类、数量多，不能计算每道菜的成本，因此要用抽样方法监督和控制餐饮产品的实际生产成本。随机抽样法首先要制定一个标准成本，作为实际成本的依据，控制成本消耗。通过随机抽样几道菜品，测定其实际成本消耗，根据抽样所得数据计算出成本偏差，随后分析产生偏差原因，并督促厨房加以改进，从而控制实际生产消耗成本。

2.系数计算法

成本系数指单位净料成本与毛料价格之比。系数计算优势在于可减轻日常工作量，具体计算方法分为三个步骤：首先要分别计算每个原料加工后的净料系数，然后运用抽样法，测定实际成本消耗，分析成本偏差。最后根据偏差分析原因，找出问题，并积极改正。成本系数的计算公式如下。

$$成本系数＝单位成本÷毛料进价$$
$$产品成本＝进价×成本系数×净料使用量$$

（三）团体用餐成本核算方法

团体用餐成本核算指旅游餐饮企业在掌握游客团体用餐具体情况后（就餐人数、餐标等），核算出团餐的基本收入和可容成本，再根据可容成本来组织厨房生产、控制消耗。其计算方式如下：

$$基本收入＝人数×餐标×用餐次数＋酒水花费$$
$$可容成本＝基本收入×（1－毛利率）$$

（四）每日成本核算方法

1. 原材料采购成本核算

原材料采购成本核算是成本核算的起始环节，也是控制成本、降低消耗的关键环节。核算人员根据采购凭证，逐一审核采购凭证，确认后按照凭证和原料种类逐一记录、核算原料采购的实际发生额。

2. 库房成本核算

库房成本每月核算一次较为适宜，可以更好地加快资金周转。通过审核每月盘点记录和统计表，掌握库房每月入库金额。以平均库存、库存周转天数、原料资金周转天数和月度成本总额这四个指标为核算依据，核算库房原材料的资金占用情况和周转情况。

3. 餐厅每日成本核算

餐厅每日成本核算是为了掌握每日实际成本消耗与成本变动情况，从而更好地控制成本消耗，其计算公式如下：

$$餐厅每日成本＝昨日库存＋进货数量－本日盘存$$

三、餐饮成本分析

餐饮成本分析是指按照一定的原则，采用相应的方法，利用成本计划、成本核算和其他有关资料，分析成本目标的执行情况，查明成本偏差的原因，寻求成本控制的有效途径，达到最大的经济效益。

（一）内容

一切的餐饮活动都存在成本控制问题，只要这一问题存在，就要进行成本分析。成本分析涉及餐饮企业经营的方方面面，是对餐饮管理业务全面具体的成本分析，包括原材料采购成本分析、验收成本分析、库管成本分析、加工生产成本分析、酒水成本分析、市场成本分析、资金分配成本分析、用工成本分析、折旧残损成本分析等。

（二）方法

成本分析方法多样，需要按照餐饮企业自身规模与运营状况选择合适的方法。

（1）直接分析法。直接分析法是通过直接观察员工工作状态、各部门之间联系情况、物资消耗情况、市场波动状况等，进行成本分析。

（2）间接分析法。间接分析法是通过检查资金流、物流、生产过程等各个部门运转情况来进行成本分析，发现问题，解决问题。

（3）比较分析法。比较分析法是根据同一市场内其他餐饮企业的运营状况，不同市场内相同规模、档次的企业进行比较分析，积极关注竞争对手动态，完善自身不足，提升竞争力。

四、餐饮成本控制

餐饮成本控制指在餐饮企业经营过程中对原材料、人工和其他消耗成本的控制,通过比较、分析标准成本与实际成本之间的偏差,找出问题、及时控制,从而实现利益最大化。

(一)内容

(1)原材料成本控制。原材料成本控制包括对采购成本、库管成本、加工成本、餐厅成本四个方面的控制。

(2)人工成本控制。人工成本控制包括对工资、员工福利等的控制。

(3)其他消耗成本控制。除了原材料和人工成本两大主要方面外,还包括水、电、燃料、租金、各类用品、管理费用、装修费用、维修费用、折旧费用等,涉及餐饮企业方方面面,需要不同部门和不同岗位负责人针对性地监督控制。

(二)步骤

(1)确定餐饮成本标准是成本控制的首要工作。要根据餐饮企业运营过程中各类餐饮业务分别制定标准成本,包括采购标准成本、后厨生产标准成本、餐厅销售标准成本等。除此之外还包括企业运营等其他细碎的项目,如水电能源消耗标准成本、餐具餐损标准成本、人工服务标准成本等。

(2)要把握每个环节,控制成本消耗。在餐饮企业日常生产运营过程中,都会产生实际的成本消耗,如厨房菜肴制作时产生的原料成本、水电消耗等。只有把握好每日每个环节的实际成本,才能及时发现问题,解决问题。

(3)找出偏差,分析差额。实际运用中的成本与标准成本不可能完全一致,必然存在偏差。只有分析差额,才能发现管理是否到位、原料损耗是否正常等现象,从而为成本控制的制定和改进提供依据。

(4)积极提出改进措施,完善不足。在分析成本偏差时,要找准问题的具体原因。是外部市场波动影响的偏差,还是内部管理者管理不当、员工自身疏忽,或者成本标准制定不合理而造成的。改进措施要针对某个具体环节,加强针对性,才能不断完善成本控制,提升餐饮企业管理水平和经济效益。

第五节　菜单筹划管理

菜单筹划管理指餐饮企业经营者通过分析市场供需状况、自身实力情况等因素,确定自身的市场定位、经营内容后,对菜单进行设计、菜品定价两方面工作。

一、菜单概述

(一)菜单的定义

菜单是餐饮企业向客人推销菜品、实现交易的目录。装饰精美、图文并茂、合理排版的菜单,可供客人选择自己喜欢的菜品。菜单是市场需求与餐饮企业产品供给的纽带和桥梁,是与客人交流的工具。

(二)菜单的作用

1.反映市场定位

菜单可以直接反映出餐饮企业的市场定位,菜单一经确定,其消费对象、消费层次就随之确定。旅游餐饮企业经营者可以根据菜单开展生产经营活动,招揽旅游者。

2.反映市场供需关系

在制定菜单前,经营者应根据市场需求分析要经营哪种风格、风味的餐饮以及定价标准。从供给方面看,菜单上的菜品、口味、价格必须与自身的实力、资质相匹配。两者应有机结合,才能制定出科学合理的菜单。

3.企业宣传的一种形式

菜单通过其装饰、内容、形式等来吸引顾客,扩大客源市场,更好地推广与销售菜品。

4.客人消费行为的参考

菜单包括不同类型菜品,并且在价格上分为不同档次,客人可以根据自身情况自由选择,满足不同客人的消费需求。

5.生产经营活动的依据

菜单一经确定,其口味、烹制技术、价格等都随之确定,不会轻易更改。餐饮企业经营者以菜单为依据来采购原料、组织安排生产。

(三)菜单种类

餐饮企业的市场定位、经营方式、消费群体、经营目的等的不同,使得餐饮企业的菜单类型及形式也有所差别。一般来说,餐饮企业的菜单主要有零点菜单、套餐菜单、宴会菜单、团体菜单等四种类型。

1.零点菜单

零点菜单是供客人自主选择、自由搭配的菜单,客人点菜的自由度高,可以按照自身需求搭配,选择余地较大,零点菜单的特征及内涵如表 5-6 所示。

表 5-6　零点菜单的特征及内涵

特征	内涵
风格鲜明	风味明确,招牌菜醒目
种类搭配合理	冷菜、热菜、荤菜、素菜、主食均配备完整
菜品展示直观	标明菜品价格、菜名,甚至口味与所用食材
菜品相对固定	原材料供应充分,上菜速度较快

2.套餐菜单

套餐菜单主要适用于团队、会议等就餐形式,搭配固定,价格比零点菜品优惠。团体套餐在制定时要依据就餐对象进行适当的调整,根据就餐对象的具体情况进行生产制作。

3.宴会菜单

宴会菜单是依据宴会主办方的要求专门制定的菜单,更注重风格、品质,大多是档次较高、有特定主题或目的,宴会菜单的特征及内涵如表5-7所示。

表5-7 宴会菜单的特征及内涵

特征	内涵
菜单变化大	根据季节、节日会不断翻新菜单,符合当季主题
讲究艺术性	宴会菜品档次较高,菜品要求也高
以顾客为中心	菜单因顾客的需求而制定专门的菜单,讲求服务

4.团体菜单

团体菜单是指通过一定形式组合起来,按固定进餐标准提供餐食的一种集体就餐形式。团体就餐人数多且固定,就餐时间相对集中,就餐标准固定、菜式统一。

四种菜单的特点如表5-8所示。

表5-8 菜单种类及其特点

类型	主要特点
零点菜单	1.菜品种类多、品种齐全,可以适应不同层次的消费者,组合方式自由、多样,明码标价 2.菜单设计精美,内容上突出推荐菜品、特色菜品,具有独特性
套餐菜单	1.菜品种类较少且固定,按不同档次将套餐分类,顾客选择较少 2.套餐只表明最终价格,每道菜的价格不做标注 3.档次区分度大,分为中、西式套餐
宴会菜单	1.按顾客的预订来定制菜单,档次较高,菜单设计精美 2.菜单根据客人的要求而变化,菜单上无明确标价
团体菜单	1.档次区别大,菜单无定价 2.具体以团队、会议类型客人为对象,每顿餐食固定,每天菜品不重样

二、菜单筹划管理内容

(一)菜单设计

1.设计原则

(1)风格明确,凸显特色。餐饮企业要找准自身在市场中的定位,树立鲜明特色,区别于其他企业,才能在消费者心中树立鲜明形象特征。根据自身实力来确定菜单设计风格、菜品种类等,扬长避短,以增强竞争力。如以内蒙古民族特色为主的餐饮企业菜单设计风格以蒙古族特色为主,增加牛羊、草原和蒙古包等元素,彰显风格,菜品种类以牛羊肉为主。

(2)符合市场需求。不同地区有不同的饮食习惯和地域文化,在菜单制定前要充分了解当地人口味与偏好、地方习俗等,迎合市场需求,才能制定出普遍大众能接受的菜单。

(3)合理搭配、营养均衡。菜单设计要讲究食材营养搭配、选料科学,烹饪出强身健体的营养菜点。

(4)符合餐饮企业自身实力。菜单制定要以后厨的制作水平、配套的设施设备、企业的技术力量为依据,这些因素都会很大程度上影响菜品的规格和质量。

2.设计要求

(1)明确市场定位,确定菜单种类与规格。依据餐饮企业的经营状况确定菜单的种类,在时间上有早餐菜单、午餐菜单、晚餐菜单和宵夜菜单;在方式上有零点菜单、套餐菜单、宴会菜单、团体菜单、自助菜单。根据餐饮企业规格确定菜单规格。餐饮企业规格越高,菜单规格也越高,菜单设计就越精致,菜品的要求就越高。

(2)明确经营主题,确定菜单内容与结构。在经营主题方面,可分为中餐、西餐、日料、韩餐和其他国家的特色菜。菜单的设计要有明确的主题,不能既有西餐,又有中餐。在菜单设计上,菜单内容与结构设计是重点。因此要注意以下几个方面。

①控制菜品数量。菜品数量要结合原料供应能力、厨房生产能力和消费者需求,不能一味地将所有能生产出的菜品都呈现到菜单上。

②精简菜品种类。选择最具代表性的,不同种类下都有几个代表菜,并各有侧重。

③把握菜品结构。菜单结构设计方面包括冷菜、热菜、主食、汤菜的结构;价格高、中、低的结构;菜品盈利能力强、中、弱的结构。只有科学排布菜品结构,确定不同类菜品的比例,才能吸引顾客,增加利润。

(3)进行排版设计,合理安排菜品顺序。

①菜品顺序上,中餐菜单可以根据冷菜、热炒、主食、甜品、酒水的顺序排布;西餐可以按照开胃菜、汤品、荤素来排列。

②菜品推销上,可以将特色菜用特殊的符号凸显出来,也可以将特色菜放置菜单最显眼的位置,引起顾客的注意和兴趣。

③适当地对菜品备注。菜品可以配有参考文字,将口味、主要原材料标注到菜单上,照顾客人的忌口与喜好。

④核算成本,合理定价。在市场竞争中,价格是影响产品销售的关键因素。要精确核算每道菜成本,根据不同菜品的盈利能力合理搭配。既要有利润高的菜品,也应有利润低的菜品。

3.设计内容

(1)外观造型上,要与餐饮企业自身风格相适应。装帧根据餐饮企业的规格和风格,设计出与自身相符的菜单,能与餐饮企业相呼应、混为一体,综合运用艺术的手法。

(2)图案设计上,要与文字相呼应。菜单上不能只有文字介绍,川菜可以附有巴蜀文化的图案,民族餐厅可以带有民族风格的装饰画等。结合图片展示,顾客可以直观地看到菜品的食材、口味,更能引起客人的食欲。

(3)色彩搭配上,要主次分明。首先要确定好主色调或底色,再选择装饰色彩,切忌运用所有颜色,容易使人眼花缭乱,没有层次。

(4)材料选择上,要耐用不易破损。菜单要长期使用,要选择不易破、耐用的材料,否则时间长就会卷边、缺角、被污渍沾染,让客人看到没有了食欲。

(二)菜单定价

1.考虑因素

不同餐饮店依据其档次、规模,考虑的因素也不同,大体上需要考虑以下几个因素。

（1）消费者因素。不同的顾客会选择不同档次和价位的餐饮店,收入水平一般的顾客会去经济实惠的餐饮店。因此要根据目标消费者的消费水平进行定价,考虑目标消费者对产品的支付能力,评估顾客对菜品及附加值的接受程度,从而满足顾客的心理需求,让顾客感到物有所值。

（2）整体价值因素。通常人们会认为,只有菜单上的菜品才是利润的来源,因此致力于材料、烹制水平的研究。但除了菜品本身,顾客越来越注重餐饮店的整体氛围感,享受餐饮企业提供的环境与服务。餐饮店的设施、装修、餐具样式、墙面的图案设计、优美整洁的环境、服务质量、停车便利程度等,这些无形和有形的因素都是广义上的商品,而菜单上菜品的价格应是上述各自因素的总和。因此在定价时应考虑顾客对商品与价值之间的联想。

（3）地理位置因素。餐饮店所处的地理位置让顾客对原材料的认知差异也影响着菜品的价格。如内陆地区的海鲜产品较为稀缺,因此价格较高,在内陆餐饮店里就可能成为高档菜。要根据所处的地理位置和该区域的物产情况来制定菜品价格的高低,随行就市。

（4）同行竞争因素。餐饮行业经常会遇到同一区域内相似类型、相同等级的其他餐饮店的挑战。要熟悉和了解同行的菜单,了解同行的特色菜品和定价。

2.定价策略

（1）新产品定价策略。新产品定价策略包括撇脂定价策略、渗透定价策略、满意定价策略三种。

①撇脂定价策略是以高价菜品进入市场,争取在短时间内收回全部成本,获取利润。其适用于特色餐饮企业,业内目前没有可替代的餐饮企业,易于获取预期利润、掌握餐饮行业主动权、树立高档企业的形象。

②渗透定价策略是通过较低的菜品定价,从而吸引顾客,扩大销售,实现盈利。有利于迅速打开销路、在竞争中占优势地位。

③满意定价策略介于撇脂定价和渗透定价策略之间,较适合多数产品,其价格稳定、利润稳定。

（2）折扣定价策略。折扣定价策略包括一次性折扣、累计折扣、折扣券、限时折扣。一次性折扣是在节假日或对首次就餐的顾客,推出短期促销定价活动,利于带动人气,提升业绩;累计折扣是为多次到店就餐的顾客提供一定优惠,满目标积分后送代金券、饮料小吃等,利于稳定消费者群体;折扣券折扣是消费者可通过折扣券直接享受优惠,可以刺激消费欲望,吸引新的消费者;限时折扣指上新季节性菜品,在营业时段的高、低峰期,对部分菜品进行促销。

（3）心理定价策略。心理定价策略包括尾数定价策略、吉祥定价策略、声望定价策略、招徕定价策略。尾数定价策略指菜品定价时保留价格尾数,如 39.8 元,而不定 40 元,给人便宜实惠的感觉;吉祥定价策略指利用人们求吉祥如意的心理,定价时采用吉祥的数字,如 28、38、48、66、68 等,满足顾客在价格方面对美好寓意的追求;声望定价策略指利用顾客"一分价钱一分货"的心理,对于部分菜品可以定价较高,满足顾客价格认知心理;招徕定价策略指根据顾客求便宜心理,在一定时期内,将一些菜品价格定低,或开展加 1 元得一道菜/饮品的活动,借助部分低价菜品带动和扩大其他正常价格菜品的销售。

（4）产品组合定价策略。产品组合定价策略包括附带定价策略和组合定价策略。附带定价策略指一次消费满多少元就送一份小吃或饮品,点某些特色菜加一元可以再送一道菜等策略,促进其他菜品销售;组合定价策略指餐饮企业推出双人餐、3～5人餐等形式,将菜品组合在一起,并制定一个比单点更低的价格,进行统一销售。

3.定价方法

(1)随行就市法。随行就市法是一种比较简单、易于操作的定价方法,定价时可依据行业内相似规模的餐饮企业菜单的价格定价。但要参考经营状况良好的餐饮企业,避免参考不成功的案例。还有在节假日、周末推出特惠活动等,都属于随行就市的定价方法。

(2)毛利定价法。以毛利率为基数的定价方法称为毛利定价法。菜品定价要根据餐饮企业内部要求的毛利率,毛利率源于经营者的目标和经营中统计出的平均水平,然后计算出菜品成本。一般毛利率在50%左右。

(3)系数定价法。通常在定价时,大多关注原料成本,往往忽视了人工成本。采用系数定价法不仅要考虑原材料成本,也要考虑人工成本、费用等其他因素。用系数定价法,首先须将所有菜肴按加工制作时的难易程度进行划分,不同的难易程度消耗不同的人工成本。在生产制作时所占用的人工成本越多,销售收入就越高,反之越低。

(4)附加常数定价法。附加常数定价法就是在系数定价法的基础上,加上附加定价常数,这个常数是根据菜品的销售份数获得的。附加定价常数是生产和销售每份菜品所发生的固定费用。

案例

《菜单赢利规划指南》:无规划,不菜单;有规划,更赢利

王小白出身于广告行业,做过媒体投放、电商,后开始创业,探索互联网社群领域,聚焦餐饮,开创菜单学,用菜单来规划餐厅的结构模型,指导经营。学员客户有海底捞、西贝莜面村、眉州东坡、九毛九、巴奴、五芳斋等著名企业。在网络上查找菜单结构规划,90%以上的内容可以追溯到王小白。她完善了菜单结构规划这个课题。

王小白认为菜单不仅是让顾客点餐,引导顾客点出一桌好菜这么简单。在菜单上可以看出大量的经营数据,比如点选率、客单价、复购率等,这些数据都以作为餐厅运营的分析基础。研究越深入,王小白越发现,菜单规划背后隐藏的规律指向的正是餐厅的经营结构。王小白逐渐形成认识:菜单实际上是一家餐厅的结构脉络——把以往繁复的餐厅经营聚焦在一本具体的菜单上,很多难以理清的问题就变得清晰可见。她也让业界明白了一件事——菜单是一门学问。现在,王小白为客户做菜单规划,短则一两个月,长则半年,必须把餐厅方方面面了解透彻,"其实已经是在帮他解决经营结构的问题了"。在王小白的菜单学里,菜单规划实际上是一家餐厅经营模型的具体脉络,应该在开餐厅的前期就建立起来,从中可以知道各项成本,人工、房租、利润是多少,都可以事先规划。在如今的市场上,大部分餐饮人不具备菜单规划和管理的意识,有些行业领军者自发地开始注重菜单,但对其意义和方向也不太明确,相比于已经逐渐受到很多餐饮企业重视的品类选择和经营场景,菜单背后所代表的经营模型还缺乏关注。王小白认为这将是未来餐饮人的认知体系里的一条分水岭。也因为怀有这样意识的人少,那么觉醒者就会获得先行的优势,在餐饮行业无处不在的竞争中脱颖而出。

这两年,我们常常在一起讨论菜单,思想上的碰撞,专业上的探讨,落地时的执行,给企业带来了很大的成效。一份小小的菜单,聚集了宇宙般的能量。

——梁棣(眉州东坡总裁)

餐厅的一切经营活动都是围绕菜单展开的,菜单体现了餐厅的战略。衷心希望像王小白这样对餐饮行业有无限热情的研究者能越来越多。作为一名餐饮老兵,我对此充满期待。

——贾国龙(西贝莜面村董事长)

好的菜单会"说话"。菜单是餐饮企业连接消费者的一个重要窗口,同时考验着企业对品牌的理解和运营的功力。

——杜中兵(巴奴毛肚火锅创始人)

大多数餐饮人并不真正理解菜单对一家餐饮店的重要意义,可以说菜单才是一家餐饮店的核心。老板最重要的事情就是不断地对菜单进行优化,因为它影响餐厅的毛利、品牌的定位、人员的效率。我在菜单赢利规划课上受益良多,希望它能帮助更多的餐饮人走出困境,提升效率,助力中国餐饮品牌走向世界。

——薛国巍(仔皇煲创始人)

思考:

(1)通过这个案例,你认为菜单结构规划的意义是什么?

(2)如果你是餐饮经营者,你的菜单将如何设计?

资料来源:王小白.餐饮世界[J].北京:机械工业出版社,2019.

第六节 餐饮服务管理

一、餐饮服务管理概述

餐饮服务是餐饮企业服务人员向就餐顾客提供食品、酒水、服务等一系列行为的总称。餐饮服务的内容包括设施设备、菜品、有形服务和无形服务。

餐饮管理既包括经营又包括管理,作为一个合格餐饮企业管理者,应同时做好经营和管理两件事。经营是企业针对外部的行为,是面向全局的战略,需要经营者立足当前,考虑长远。经营的主要任务是竞争,目的在于获得收益;管理是企业针对内部的行为,是经营者对餐饮企业内所拥有的人力、物力资源进行有效的计划、组织、领导和控制,目的在于提高效率、维持餐饮企业持续健康运行。

二、餐饮服务管理的类型

餐饮服务管理按照就餐形式分为散餐服务管理、团队用餐服务管理、自助餐服务管理和宴会服务管理四部分。

散餐服务是生活中最常见的就餐形式,餐饮企业通常对到店内用餐的散客服务称为散餐服务。散餐服务管理是餐饮企业为散客提供餐前、餐中、餐后及个性化服务的同时,并不断地对服务质量进行分析和完善,从而提升管理水平。

团餐是由一个人或者一个组织发起的聚餐,人数不限,但必须是一个组织或团体的聚餐。常见的团餐有会议包餐、旅游包餐、学生包餐等。团餐服务是面向组织或团体供应的餐饮服务形式,指为相对固定的人群以相对固定的模式批量提供餐饮服务。团餐服务管理指餐饮企业为固定团体提供服务时,协调团餐预订、餐中服务和餐后结算等过程,组织各部门分工与协作,建立良好的服务机制。

自助餐服务是餐饮企业为客人提供的一种非正式的宴会,在商务活动中较为常见。自助餐服务管理指在顾客到店用餐后,协调前厅、后厨等部门进行迎客、提供食品和换取餐具等环节,使服务更具成效,保证服务畅通无阻。

宴会服务是规格高、消费高、出品和服务要求都比较高的顾客用餐和服务方式,因习俗和社交需求而举行的宴饮聚会,是除电话、书信外重要的社交工具。宴会服务管理是组织协调餐饮企业各部门为特定群体提供高质量餐饮的服务,服务质量好坏体现餐饮企业的整体管理水平。

(一)散餐服务

1.特点

散餐服务的特点主要是通过服务对象就餐的不同要求来体现的,表现为就餐时间随意性、就餐要求多样性和就餐场所的选择性三个特点。

就餐时间随意性是散客到店用餐时间不一,时间上不固定。就餐要求多样性是指每位顾客的口味、环境与服务等方面有不同的要求,因此应尽可能满足每位顾客的需求。就餐场所的选择性是指不同层次的客人会依据自身的经济条件、口味喜好、聚餐形式选择不同的餐饮企业。

2.服务流程

(1)餐前服务。岗前列队安排工作计划、整理并布置餐厅、准备餐厅用具、摆台、召开班前会和全面检查准备工作等。

(2)开餐服务。其包括主动迎客、合理安排就座、拉椅让座、送茶递巾、递送菜单、接受点菜、酒水服务及为客人打开餐巾等。

(3)席间服务。其包括斟酒、上菜、撤换台具、巡台等。

(4)餐后服务。其包括结账、拉椅送客、整理餐厅等。

(二)团队用餐服务

1.特点

(1)旅游团或参加会议的客人,少则十几人,多则几十甚至上百人,有时几个团队同时进餐,所以人数较多。由于每个团体的人数变化不大,因此就餐人数变化不大。

(2)就餐时间相对集中。旅游团体或会议都是按照事先安排好的日程进行活动,所以就餐时间较固定,到了开餐时间,客人就集中到餐厅就餐。要求迅速服务,这一点与散餐或宴会的要求有所不同。所以要集中人力、物力做好餐前的服务工作。

(3)就餐标准、菜式统一。无论是旅游团体还是会议,每天的用餐标准是固定的,每餐的菜式也是统一的。

(4)人数多、口味差别大。餐厅只能根据包餐客人的籍贯、地区、职业、年龄等特点来制定菜单,照顾到大多数客人的口味和要求。

2.餐饮服务管理流程

(1)核对菜单。菜单一般都是提前拟订好的,每次开餐前,服务员都要将本餐的菜单与台号、包餐单位、桌数、人数进行核对,做到准确无误。

（2）布置餐厅。根据包餐团体的数量,分配布置好每一团体的就餐位置,并配好必要的标志(桌号牌、席次牌)等。同时在餐厅可写出告示牌,放在客人入口处,以便客人辨认自己的就餐方位。

（3）迎宾。待客入座的一切准备工作应在预订开餐时间的前5分钟内做完,服务员按各自的工作岗位站立就位恭候客人到来,当客人来到餐厅后,服务员要主动上前询问并准确迅速地将客人引到准备好的座位上,为顺利开餐做好准备。

（4）开餐服务。负责团体包餐的服务员,在开餐前做好核对就座人数,做到心中有数。客人到齐后应迅速通知厨房准备起菜,如规定开餐时间已到,而有个别顾客未到,服务员应主动征求主办单位的意见,在得到主办单位许可后方可开餐。

（5）看台、上菜。应设有专门看台的服务员,以保证及时为顾客提供有关方面的服务,如斟酒、更换餐用具、递送菜肴食品、及时整理餐台。

（6）礼貌送客。客人用餐完毕,服务员要站立恭候,随时送客。顾客离席后,要及时整理餐台,检查是否有遗留物或丢失物品,一经发现上述问题,做到及时、妥善处理。

（三）自助餐服务

1.特点

菜品种类丰盛,选择余地大;不受限制,随时来吃;进餐速度较快,餐位周转率高;用餐标准固定,价格便宜,经济实惠。

2.服务流程

（1）餐前服务。安排自助餐台、布置台面、餐桌摆台、摆放食品。

（2）就餐服务。餐台服务人员要热情迎客,向客人介绍菜品,递送餐盘。看桌服务员及时询问客人要求;餐中帮助客人取餐、用餐;客人走后及时清理桌面,更换餐具。

3.服务原则

（1）餐厅布置原则。个性鲜明,突出主题,合理分区;餐台相应分区,如水果区、海鲜区、甜品区,以保证客人迅速取餐;根据食品种类和客人数量,留出合理空间,避免拥挤。

（2）用餐时间固定原则。自助餐涉及早餐、中餐、晚餐,有固定的接待时间,通常为两小时左右。因此在这时间内,要合理安排客人,对于来晚的客人要合理解释,妥善处理。

（3）节约原则。餐厅内要随处可见节约粮食、随吃随拿的温馨提示牌,服务员在接待客人时也要秉持这一原则,合理提醒顾客,避免造成浪费和增加餐饮成本。

（四）宴会服务

1.特点

（1）群集性。宴会是众人聚餐的一种群集性餐饮消费方式。

（2）社交性。不同的宴会有不同的目的和主题,人们把宴会称之为"除电话、书信外的重要的社交工具"。

（3）正规性。宴会具有安排周密、讲究规格氛围的特征。

2.服务流程

（1）准备工作。开餐半小时前做好准备工作,随后服务业和迎宾员到各自岗位迎候客人。

（2）迎接客人。热情主动迎客,使用敬语、将客人引至桌前、为客人拉开餐椅、在客人右侧为客人铺好餐巾并准备茶水。

(3)餐中服务。询问客人需要什么茶水,然后在右侧斟倒。需要时帮客人分餐,及时添加茶水、更换骨碟。上水果前要清台,将客人不用的餐具全部撤下。

(4)餐后服务。结账、拉椅送客、整理餐厅等。

内容小结

本章从对旅游餐饮接待概念和特征入手,对旅游餐饮接待管理的概念进行了界定,并按照餐饮接待具体的工作内容,将旅游餐饮接待管理划分为清洁卫生管理、生产管理、成本管理、菜单筹划管理和服务管理。

实务分析

让我们回顾一下本章导入案例涉及的两个问题:一是根据以上案例,在文旅融合背景下,为何演艺业可以打开饭店业的大门? 二是旅游演艺进入饭店,最大的看点是什么? 又应如何适应饭店业的生存规律? 现在我们对这些问题进行解析。

1.除了传统的剧场演艺空间以外,社区演艺空间、城市大型综合体演艺空间、公共设施演艺空间、景区演艺空间等新型的演艺活动空间被不断开发与建立起来,在极大地丰富人们社会文化生活的同时,更拓展了演艺活动的空间范畴。演艺进酒店正是此类实践的形式之一,新的空间逻辑决定了作品叙事方式的变革,在极大丰富创作素材,让作品呈现出百花齐放、百家争鸣的繁盛状态的同时,参与、互动式演出更在演员与观众之间建立起一种无间距的体验关系。演艺进饭店作为一种小型化的"微演艺"活动,对推动演艺作品的多样化创新,传播地域文化,丰富演艺作品的内涵与形式,无疑将产生积极的促进作用。

2.最大的看点:其特有的互动体验、主题场景、艺术情调、专属功能和游客喜爱的沉浸式表演的乐趣。

如何适应:进入餐饮饭店后要不断创新迭代,提升产品文化性、趣味性、故事性、娱乐性价值,最终目的是使演艺产品成为饭店服务仪式化的高级层次。

第六章
旅游景区接待业务管理

学习目标和要求

- 了解旅游景区的概念及特征
- 了解我国目前对旅游景区的分类
- 掌握旅游景区服务接待管理的概念及内容
- 了解旅游景区服务接待管理的概念
- 掌握旅游景区接待业务管理的内容

案例导入

景区提质扩容要以游客体验为中心

十一长假临近,景区将迎来旅游旺季,也是对其接待能力的大考。此前,国务院办公厅印发的《关于进一步激发文化和旅游消费潜力的意见》(以下简称《意见》)提出,推动旅游景区提质扩容。

以游客为中心的时代已经到来。随着我国旅游买方市场已经形成,旅游供给与需求的矛盾始终存在,在节假日期间尤为激烈。景区提质扩容既是解决旅游供给与需求矛盾的需要,也是满足人们收入水平提高,旅游消费结构改变的需要。2018 年,我国人均国民总收入达到 9732 美元,高于中等收入国家平均水平。国民收入对旅游消费的推动作用巨大,游客至上时代正在到来。它意味着旅游消费从注重质量和旅游产品的效率,转向游客体验、游客价值与游客满意。游客层次的需求发生变迁,高层次需求成为更大驱动力,包括其社会文化需求、自我实现和自我超越需求以及高峰体验需求等。景区要树立市场营销观念,摒弃推销观,潜心研究游客需求,把提质扩容落到实处,以高质量文化和旅游供给增强人民群众获得感、幸福感。只有以游客体验为中心,才能真正实现打造一批高品质旅游景区、重点线路和特色旅游目的地目标。

把旅游体验的舒适度和满意度作为重点。近日,高德地图发布基于旅游大数据、交通大数据的景区"适游指数"。这些数据为游客选择旅游体验度较高的景区景点提供了参考,同时对减轻热门景区压力,起到了客流分流作用。

把游客旅游体验的舒适度和满意度作为重点,要求强调游客价值。游客价值是旅游者的利益与支出成本之间的差额。提升游客价值,可以从增加利益与降低成本两方面着手。随着经济全球化,旅游业推动全球人口流动与资源、社会财富不断再分配。对于旅游者来说,他们是否能在不同地区间自由流动,决定了旅游体验水平与游客价值高低。

在旅游线路方面,江南古镇联合申遗为文化遗产旅游线路整合提供了基础。在景区布局方面,特色小镇创建打破传统行政区划束缚,发展特色产业,实施旅游产业集聚,产生新的集聚效应。在组织变革方面,许多地方建立了以核心资源和景区为基础的中介组织。以新疆为例,就有北疆东线、西线区域合作旅游联盟,东天山旅游联盟等。跨省市文化和旅游合作机制正在组建,不同地区与景区实现资源共享、优势互补,或开展品牌联盟、线路重组,或进行联合行销、联合传播,促进旅游一体化发展。旅游业组织变革,打破了原有区域或组织界限,打破了地方旅游市场分工,归根到底是游客价值的提升。

消除信息不对称,降低游客成本。目前,游客成本高的一个主要问题是信息不对称。由于信息不对称,游客不了解旅游目的地状况,旅游决策具有很大不确定性,从而耗费大量时间与精力。而从供给角度看,信息不对称也给景区带来巨大交易成本。特别是在节假日,大量旅游消费需求释放,导致景区应接不暇。《意见》提出"到2022年5A级国有景区全面实行门票预约制度",就是源于这样一种考虑。预约可以提前预见市场需求,促进双方信息沟通,极大改善旅游信息的不对称,缓解假日旅游供需矛盾。

目前,一些景区和旅行社建立了智能系统,为游客提供旅游路线和服务的个性化选择,成为游客旅游决策的参谋。如杭州几年前就利用大数据推出实时查询模块,将旅游重点区域拥挤程度通过微信平台发布,指导游客合理规划和出行。越来越多的景区通过第三方平台和自己建立的智能系统,为游客带来便利。

发掘游客个性与高层次需求。一些西方国家从20世纪80年代开始研究游客的特殊需求。相对而言,我国这方面研究相对滞后。从今后10年发展趋势判断,绿色旅游、低碳旅游、生态旅游将迎来大发展。例如乡村旅游,如何引导其向纵深发展是一大课题。根据文化和旅游部测算,今年上半年,乡村旅游规模达到15.1亿人次,同比增长10.2%。随着我国旅游业发展,开发更多景区景点是新时期一项重要任务。浙江提出"万村景区化"的发展目标,就是扩大景区资源,增加旅游供给的有效路径。

发展乡村旅游还有很大的潜力。比如发展绿道旅游,就可以把城市和乡村的景点串联起来,既满足了人们运动健身需要,又可以把一些游人稀少的景区利用起来。景区产品创新与项目升级,可以融入休闲度假、创意娱乐、旅游演艺、自驾旅居等旅游项目,结合运用虚拟现实、人工智能等技术成果,发展沉浸式旅游体验。

总之,景区扩容的目的是提质,这个"质"就是体验。景区提质扩容实质上就是景区升级与游客体验、游客价值的增值,是景区与游客、社会的多赢举措。

资料来源:张苗荧.景区提质扩容要以游客体验为中心[N].中国旅游报,2019-09-25(3).

问题与思考

1. 根据以上案例可知景区扩容的目的是为了"提质",这个"质"指的是什么?

2. 以你所熟悉的旅游景区为例,谈谈该景区为了提升旅游者的体验,采取了哪些措施?

第一节　旅游景区接待管理概述

一、旅游景区接待概念和特征

旅游景区又称为景区或景点。在英文中,旅游景区通常使用 visitor attractions、tourist attractions 或 attractions 等词表述,另外也有 places of interest、site 等非正式的表达。目前,国内外学者们对旅游景区的概念理解尚没有统一的界定。如苏格兰旅游委员会在 1991 年对旅游景区下的定义是:"一个长久性的旅游目的地,公众可以随时进入,而不需要提前预订。该旅游景区不仅能够吸引旅游者,还能对当地居民具有吸引力,能让公众得到消遣的机会,做感兴趣的事情,或受到教育。"英国学者斯奥布鲁斯在 1995 年提出,"旅游景区应该是一个独立的单位、一个专门的场所,或者是一个有明确界限、范围不大的区域,该景区交通便利,可以吸引旅游者闲暇时间来这里做短期访问。"英国学者库珀等提出,"旅游景区可以由自然馈赠和人工建造两个部分组成,前者包括景观、气候、植被、森林和野生动物等,后者包括历史和文化、主题公园和人造乐设施等。"除此之外,我国文化和旅游部编制的《旅游景区服务指南》中,将旅游景区定义为:以满足旅游者出游目的为主要功能(包括参观游览、审美体验、休闲度假、康乐健身等),并具备相应旅游服务设施,提供相应旅游服务的独立管理区。该管理区应有统一的经营管理机构和明确的地域范围。

综上所述,旅游景区可以定义为:具有吸引国内外旅游者前往游览的、范围明确的区域场所,能够满足旅游者游览观光、消遣娱乐、康体健身、探索求知等旅游需求,有统一管理机构,并提供必要服务设施的地域空间。

目前国内学者们从不同的视角对旅游景区进行分类,这有助于了解旅游景区的性质并提高旅游景区服务管理效率和水平。

(1)按照旅游景区质量等级分类,可以分为 5A 级、4A 级、3A 级、2A 级和 1A 级 5 个等级。

(2)按照旅游资源类型体系分类,可分为自然景观类和人文景观类,如表 6-1 所示。

(3)按照旅游景区主导功能分类,可以分为观光类、度假类、科考类和游乐类旅游景区。

(4)按照旅游资源的属性进行分类,可以分为自然类、人文类、主题公园类和社会类旅游景区。

表 6-1　旅游景区的基本类型

类型	主要景观
自然景观类	地文景观、水域风光、生物景观、天象与气候景观
人文景观类	遗址遗迹、建筑与设施、旅游商品、人文活动

(一)旅游景区接待概念

旅游景区接待体现了旅游景区的服务质量水平,服务接待质量又是景区旅游竞争力的一个重要体现。因此,重视旅游景区的接待并对其进行有效的管理是景区经营管理活动的重要内容。

旅游景区接待是旅游服务的一种形式,它利用景区内拥有的旅游资源、设施和服务人员的服务技能,为旅游者提供服务接待,以满足旅游者观光游览、休闲度假等目的。从这一概念可知,旅游景区接待由有形的旅游资源、设施和无形的人员服务组合而成,其中无形的人员服务是旅游景区服务产品的核心内容,而有形的旅游资源、设施仅是景区服务的基础和前提,所以旅游景区服务质量的高低取决于景区员工的服务技能和素养。根据服务的英文单词"service",可以得出景区对员工服务的七个基本要求,如表6-2所示。

表6-2 旅游景区员工服务的基本要求

要求	内容	具体含义
S	微笑服务	员工必须以微笑来接待所有的游客,使旅游景区更具亲和力
E	优质服务	为游客提供优质的服务,力求每项工作都做得十分出色
R	快捷服务	员工应该随时做好一切服务的准备工作,按照游客的需求提供快捷的服务
V	游客至上	员工要树立游客至上的原则
I	热情款待	员工在面对游客时要热情招呼、接待,热心为游客解决困难
C	创新能力	员工应根据游客的具体需求,在自身权限和能力范围内为其提供创新性服务
E	热情目光	员工以热情的目光关注游客,准确预测游客需求,及时提供个性化的服务

(二)旅游景区接待的特征

服务接待是旅游景区最重要的工作内容,其具体服务内容繁杂,最终以满足旅游者的需求为目标,具有广泛性、关联性、多样性和复杂性等特点。

(1)广泛性。旅游者购票进入景区直至游览完毕走出景区,景区各项服务工作都贯穿于此过程之中,从旅游者购票、验票,为其提供导游服务、咨询服务,到处理旅游者反馈意见等都属于景区服务接待的具体工作。由此可见,景区接待的内容是非常广泛的。

(2)关联性。景区服务的具体工作之间不是彼此孤立的,而是相互关联的,各个具体服务接待工作按照为旅游者服务时间的先后顺序衔接在一起,为旅游者提供完整的服务接待,如果任何一个环节出现差错势必会影响到旅游者对景区的整体印象和满意度。

(3)多样性。景区接待的方式不是一成不变的,而是会根据景区的类型、所处的时代背景而采取不同的服务方式。如景区门票,娱乐型的主题公园往往采用通票,旅游者所购门票中包含景区内所有的体验游乐项目。对于其他型景区,则更多地采用单个项目门票方式。又如景区的导游服务,可以是导游人员讲解服务,也可利用电子解说设备或微信平台等方式,旅游者可根据自身的需求选择。

(4)复杂性。景区接待的对象是来自五湖四海的旅游者,旅游者的需求因性别、年龄、职业、教育程度、个人兴趣、文化背景等原因千差万别,可谓众口难调,让每一个旅游者满意是一项非常复杂的工程。

二、旅游景区接待管理概念及内容

（一）旅游景区接待管理的概念

旅游景区接待管理是指景区管理者对景区内所有的服务接待活动进行管理的过程。

（二）旅游景区接待管理的内容

接待服务是旅游景区服务产品的核心，不同类型的旅游风景区、主题公园、旅游度假地等除了具有一些相同的服务接待工作外，也有各自的一些特点。总体而言，旅游景区接待管理的内容主要包括景区票务接待管理、景区排队接待管理、景区咨询接待管理、景区解说接待管理和景区配套商业设施接待管理等工作内容。

（1）景区票务接待管理。景区门票是旅游者被允许进入景区的凭证，是景区接待旅游者的第一个窗口。因此，景区票务服务管理至关重要。景区票务管理主要包括售票前准备、售票、验票、交款及统计等四个部分。

（2）景区排队接待管理。旅游产品相对于其他消费品具有生产和消费同一性的特性。旅游需求存在明显的淡季和旺季阶段。特别是在旅游旺季，由于旅游者集中到达，导致景区排队现象的发生。景区如何解决旅游者排队问题，做好旅游者分流，这关系到旅游者在景区游览体验的质量。景区排队管理主要包括排队队形安排、排队规则及排队中的服务。

（3）景区咨询接待管理。景区咨询管理主要是景区管理服务人员通过电话、现场和网络等渠道为旅游者提供咨询服务的全过程。根据员工为旅游者咨询信息的渠道，可将景区咨询服务管理分为电话咨询服务管理、现场咨询服务管理和网络咨询服务管理三种类型。

（4）景区解说接待管理。景区解说是景区所提供接待服务的必要组成部分，景区通过提供现场导游的讲解、电子解说设备、公共微信平台或标准公共信息图形符号、语音等解说系统，让旅游者更加深刻地认识景区旅游资源，了解到其背后所依托的自然风貌特征、历史文化、人文风俗等，进而影响到旅游者旅行游览体验的效果。景区解说服务管理是通过提供和规范景区内解说服务系统，提高景区解说服务的质量，增加旅游者的满意度。景区解说服务管理主要包括向导式解说服务管理和自助式解说服务管理两个部分。

（5）景区配套商业设施接待管理。根据旅游过程的六要素可知，旅游过程中需要满足旅游者吃、住、行、游、购、娱等活动。景区配套商业服务是指依托景区的住宿、交通、游览、餐饮、娱乐、购物等设施设备为旅游者提供服务，满足旅游者六个方面需求。所以，完善景区配套的商业服务设施是发展旅游景区的物质基础，也为满足旅游者需求提供重要的物质保障。景区配套商业管理主要包括景区配套商业设施的规划与设计、相关服务标准的拟定与管理以及服务人员的配置与培训等方面。

拓展阅读

旅游景区服务接待管理的创意化趋势

目前，旅游景区已经迈入创意化生存时代，主题创意及产品创意含量关系到景区的生存状况与发展质量。在新时期，旅游景区管理已从售卖资源、等客上门的资源依托型发展模式转变为创意驱动型发展模式。在此阶段，旅游景区管理者强化创意意识，更好地满足旅游者需要，提升旅游产品的创意含量,增加了景区的核心竞争力。

(1)强化创意意识,培养创意思维。观念决定方向,思路决定出路,创意决定效益。旅游景区管理者充分认识创意对景区主题定位、形象塑造以及旅游产品开发的决定性影响,通过会议、宣传栏、网络、手机终端、主题演讲、知识竞赛、专题培训、案例分析等手段宣传创意和创意思维对景区发展的重要性,在人才管理培养方面,将创意能力列为员工聘用与选拔的重要评价因素,从体制、机制、制度、环境、人才、资金等方面采取切实措施,促进景区全体员工树立创意意识、培养创意思维、努力成为创意工作者,形成"重创意、讲创意、比创意"的工作氛围和"创意无价、创意无限"的企业文化。

(2)增强创意能力,健全创意机制。景区应结合机构改革,考虑设立创意总监或首席创意官,有条件的景区可以单独设立创意策划部,或在市场部的基础上成立企划部,负责创意管理工作。在具体工作中,可以采取创意小组通过头脑风暴会等形式,综合运用 Ideafisher、Mind-Manager 等辅助工具,完成创意的催化、收集、评估、转化工作。为了规范创意管理、确保持续性,应健全激励和约束机制,明确考核和奖励办法,并探索促进创意共享、将个人(团队)创意转化为组织创意、促进创意商业化的方法。除了激发内部员工的创造力、实施全员创意之外,景区还可以根据需要邀请专业机构以委托策划形式提供创意,结合营销活动面向社会公众有奖征集点子,或者根据需要吸引创意阶层前来景区进行研究、设计或创作。

(3)完善创意链条,提升创意含量。在景区服务、经营与管理过程中,旅游景区应结合自身所处的生命周期阶段以及自身存在的发展短板,在区分主次、突出重点的前提下,做好文化资源梳理、科学技术运用、市场研究和思想采购工作,完善包括主题、景观、活动、设施、商品、形象、项目、业态、营销、服务、运营、管理等在内的创意链条,提高创意的系统性、覆盖面和有效度,全面提升景区的创意含量,让景区具有独特、丰富、深刻的意义,并与时俱进地进行有意义的创新。

(4)防控抄袭剽窃,注重产权保护。旅游创意活动不仅风险大,还存在保护难的问题,原来流行的"旅游(产品)无专利"就揭示了旅游创意易被模仿,难以通过专利等传统手段进行保护的现象。景区管理层应熟悉知识产权保护的法律规章,借鉴台北故宫、苹果公司、迪士尼等机构的成功经验,通过商标注册、专利申请、版权保护、商业秘密保护等方式,防止创意被抄袭、剽窃。同时,积极探索将景区发展经历或创始人故事融入创意,依托垄断资源形成创意产品,鼓励游客参与生产,有奖举报"山寨"产品等方式,保护景区的创意产权和创意活动的积极性。

资料来源:李庆雷,张艳萍.旅游景区发展的创意化趋势[N].中国旅游报,2018-09-18(3).

第二节　旅游景区票务接待管理

门票是景区收入的主要来源。目前我国景区门票有两种形式,即传统纸质门票和现代电子门票。随着我国信息化应用的日益成熟和智慧景区的建成,极大地推动了景区门票的电子化进程。旅游网站购票,银联、支付宝、微信等在线支付,二维码、身份证等识别手段的应用,提高了景区门票服务管理的水平,节省了景区的人力成本,使旅游者能够快速通关,避免购票排队。本节主要讲解传统纸质门票的票务服务,分为售票前准备工作、售票工作、验票工作、交款及统计工作等。

拓展阅读

旅游景区电子门票的兴起

旅游出行高峰时期,在一些热点景区游客大量聚集,排"长龙"等待检票进景区的场景屡见不鲜,这既增加了景区的管理负担,也影响了游客的旅游质量,是人们在旅游过程中最不愿意遇到的情形之一。电子门票的推广使景区的关口通过效率大大提升,这种拥挤、低质的旅游状态也有望得到大幅的改善。启用电子门票,还可以对"倒票""卖假票"等违法犯罪行为起到遏制作用。一直以来,一些著名景区是游客热衷的旅游目的地,也是部分"黄牛党"生财发家的"福地"。纸质门票因多数采用不记名方式销售,无疑方便了"黄牛"的倒买倒卖和假票的制作传播,给其违法犯罪行为提供了可乘之机。全面采用电子门票,倒卖和制假的成本必然增加,对此类非法牟利的行为必然形成一种有效的打击。不仅如此,启用电子门票还有助于景区的管理运营走向规范化、技术化之路。在电子门票包含的信息中,对游客的购买时间、进门时间、游览时长甚至游客身份信息等都有详细的记录。据此,景区在避免超负荷运营、合理规划管理力量和服务人员配置等方面可以有很多改进,电子门票对于景区分析客流情况、提升服务管理水平的巨大益处得到充分体现。另外,一旦发生各类事件,景区和相关部门也可以依据电子门票记载的相关信息,追查处理问题,将极大改善热门景区混乱的人员管理状态。

故宫电子门票的启用,迈出了大型旅游景区管理依靠科技,走向规范化、技术化的第一步。如能对电子门票加以合理推广和改良,依据采集到的数据,发挥其科学便利性,电子门票还能产生更多更有益的作用。先进、规范的管理运营方式,必将促使旅游市场服务质量的提升和服务秩序不断好转,最终推动旅游业持续健康发展。

资料来源:侯坤.电子门票让景区管理更规范[N].中国旅游报,2014-04-21(2).

一、售票前准备工作

传统纸质门票的售票工作相对比较枯燥,但责任重大,一旦发现差错会对景区及员工个人造成一定的负面影响。因此售票人员除了具有较强的工作责任心和较好的职业道德外,还需具备一定的会计、出纳知识和相应的服务技巧。在每天售票前,景区售票人员需要做好以下准备工作:

(1)严格遵守景区的劳动纪律和相关管理规定,准时上下班,签到(签退),着工装,佩工卡,仪容整齐,化妆得体。

(2)查看票房门窗、保险柜、验钞机、话筒等设备是否正常。

(3)做好票房内及售票窗外的卫生清洁。

(4)开园前明示当日门票的价格牌,若由于特殊原因当日景区票价发生变动,应及时挂出新价格牌并公示变动原因。

(5)对于传统纸质门票,售票人员根据前日票房门票的结余数量及当日对旅游者数量的预测,填写"门票申请表",到财务部票库领取当日所需各种门票,票种、数量点清无误后领出门票并根据需要到财务部兑换所需零钞。对于电子门票,需了解当日网络购票人数,预估景区客流情况。

二、售票工作

(1)当旅游者走进售票窗口,售票人员应该主动向旅游者问候"欢迎光临",并向旅游者询问需要购买的票种及票数。

（2）售票人员根据景区门票价格及优惠办法，向旅游者出售门票，主动解释优惠票价的享受条件，售票时应该热情礼貌并唱收唱付。

（3）售票结束时，售票人员向旅游者说"谢谢"或"欢迎下次光临"等。

（4）向闭园前一小时内购票的旅游者提醒闭园时间及景区内仍有的主要活动。

（5）如旅游者购错票或多购票，在售票处办理退票手续。售票人员应根据实际情况办理并填写退票通知单，以便清点核对。

（6）根据旅游者需要，实事求是地开具发票。

（7）交接班时认真核对票、款数量，核对门票编号。

（8）售票过程中，如票、款出现差错，应及时向上一级领导反映，长款上交，短款自补。

（9）热情待客，耐心解答，如旅游者出现冲动或失礼的情况，售票人员应保持克制态度，不能恶语相向。

（10）耐心听取旅游者的批评及建议，并及时向上一级领导反映。

（11）如发现窗口有炒票现象应及时制止，并报告景区安保部门。

三、验票工作

（1）严格遵守景区的劳动纪律和相关管理规定，准时上下班，签到（签退），着工装，佩工卡，仪容整齐，化妆得体。

（2）开园前打扫好入园闸口周边的卫生，备好导游图，做好开园准备。

（3）开园后工作人员站在检票位，精神饱满，面带微笑，用标准普通话热情礼貌地回答旅游者询问，掌握票价、景区名称、礼貌用语等简单英语对话。

（4）对于纸质门票，旅游者入闸时，工作人员要求旅游者人手一票，并认真查验，经查验有效的，撕下门票副券，将门票交还旅游者。如发现持有无效门票的旅游者，应主动说明此票无效的原因，并要求旅游者办理购票或补票手续。对于电子门票，协助旅游者通过二维码、身份证等有效识别方式快速通过闸口。当自动检票机出现故障时，应立即采取人工检票，不得出现漏票、逃票、无票放人等现象。

（5）熟悉景区门票价格及优惠办法，能够辨识景区单票、联票、老人票、儿童票、半价票、旅行社票等多种类型门票的真实性，并应按照景区的有关规定做好登记工作。

（6）对于残疾或老年旅游者，应予以协助入园。

四、交款及统计工作

（1）做好每日每月盘点工作，保证账、票、款三者相符，做到准确无误，认真填写相应的票务盘点表，并和钱款一起上交景区财务部门。

（2）结束当日营业之后，认真填写当日售票日报表、票房售票数量与入园人次对比表。

案例

收进假钞我们自己要赔

以下是一位大学生旅游者小王的投诉：

周末我邀请同学小朱一起去A景区游玩。我们来到景区售票厅购买门票，在售票处坐着两位中年妇女，其中一位没有穿制服。在售票处窗口玻璃上贴着"景区门票10元/张，1.4米以下儿童半票"。我和我的同学共两人,没有零钱,于是就给了一张50元,我只有一张50元,外观有些破旧,但没有想到会发生后面的不愉快。售票员伸手接过我递过来的50元钱,仔细摸着钱并转身对另一中年妇女说:"你看看这一张钱?……"然后,她又将50元钱递出窗口并说:"这张是假钞,换一张!"我接过钱,很生气并否认这是假钱。售票员冷漠地看着我并说:"换一张,按照公司要求如收到假钱,我们必须自己赔。"这时我感到很屈辱,但为了避免在朋友面前丢面子,我很不情愿地从钱包里掏出另一张崭新的100元给了售票员。她接过钱时,脸上那种得意胜利的笑容,像是对我极大的讽刺。这次游玩让我非常失望,也很气愤,景区售票员凭什么怀疑我的钱是假的? 不过,我更在乎的是售票人员的处理方法,这让我感觉自己的人格受到了侮辱,我要投诉她!

思考:

(1)在这个案例中,你认为景区售票服务是否存在问题呢?

(2)如果你是旅游者"小王",你在买门票过程中的心理是怎样的?

(3)如果你是景区售票员,你会如何妥善处理"假钞"的问题呢?

(4)如果你是景区售票员,当遇到已证实是假钞但拒不调换的旅游者,你会怎么办呢?

资料来源:王昆欣.旅游景区服务与管理案例[M].北京:旅游教育出版社,2018.

第三节 旅游景区排队接待管理

在旅游高峰期,旅游者进入景区后不可避免地接受的景区最主要服务之一就是"排队服务"。根据 David Maister 等学者对等待心理的实验研究发现,长时间的等待会使人感觉焦虑并产生身体的不适感。所以,排队服务质量的高低会直接影响到旅游者对景区管理的客观评价,进而影响景区口碑。

一、排队队形安排

让旅游者采取哪种形式的队形排队,取决于当日旅游者的流量、集中分布的区域、热衷的项目以及等待地点的地形,符合客流规律的队形有助于提高旅游者进入的效率,减少旅游者焦虑的心情。在景区入口,一般会采取五种导入队形,即单列单人型、单列多人型、多列单人型、多列多人型和综合队列等,具体形式及特点如表6-3所示。

表6-3 旅游景区入口导入队形的类型及特点

排队队形	示意图	特点	改进措施
单列单人型	$\Rightarrow \boxed{1} \Rightarrow$	优点:成本低; 缺点:等待过程中,旅游者在排队的过程中有视觉障碍,使等待时间难以确定	设置座位或栏杆,尽可能标明等待时间
单列多人型	$\boxed{1} \Rightarrow$ $\Rightarrow \boxed{2} \Rightarrow$ …… $\boxed{n} \Rightarrow$	优点:速度较快; 缺点:人工成本较高,旅游者在排队过程中有视觉障碍	设置座位或栏杆,队列由纵向改为横向

续表

排队队形	示意图	特点	改进措施
多列单人型		优点:人工成本较低,旅游者排队过程中视觉障碍有所缓和; 缺点:栏杆等设施成本增加,旅游者需要选择进入哪一队	外部队列位置从纵向改为横向,改善视觉进入感
多列多人型		优点:速度较快,旅游者排队过程中视觉障碍有所缓和; 缺点:人工成本较高,各队列速度可能不一致	不设栏杆,改善旅游者视觉进入感
综合队列		优点:旅游者排队过程中视觉障碍有所改善,有信息展示的空间和时间,硬件齐全; 缺点:增加设施购入成本	单列变双列

二、排队中的优先原则

旅游景区在旅游高峰期为了维护游客队伍中的公正性,一般会遵循以下原则:

(1)预订者优先。对于提前预订的旅游者,应该实行优先服务,如香港迪士尼乐园采取的"FASTPASS"系统。

(2)先到者优先。对先到达的旅游者提供优先服务,杜绝插队现象。

(3)旅游团队优先。旅行社是景区长期合作伙伴,旅游团队的消费规模较大,所需服务时间相对较短,如景区餐饮场所提供的团队餐。因此在不违反其他原则的情况下,景区对旅游团队实行优先服务。

(4)特殊人群优先。对于老人、幼儿、残障人士、军人等社会特殊群体,在景区排队时享受优先照顾的权利。

三、排队中的服务

(1)建立"分时预约"制度。利用现代先进手段,推行游客网上实名购票、提前"分时预约",旅游者按照预约时间入园,避免排队。如长白山景区从 2019 年 3 月 1 日起,开始严格执行"分时分段"预约入区,预约成功后游客在规定时间段内刷二维码或身份证入区,避免了游客到现场换票的二次排队。同时游客必须遵照预约时间游览,提前或延后均无法入区游览,这样缓解了景区拥堵并提升了旅游者游览的舒适度。

(2)提供良好的排队环境。在排队区域为旅游者提供舒适的座椅,播放舒缓、优美的音乐或具有吸引力的视频,摆放丰富阅读材料,使旅游者在等候时变得愉快,让旅游者在不知不觉之中度过等待时间。

(3)制造开始服务的感觉。为旅游者送上景区宣传册,介绍景区特色旅游项目,或为旅游者表演小节目等,制造开始服务的感觉,分散旅游者注意力,缓解或消除旅游者等待中的焦虑情绪。

(4)告知旅游者等候的时间。及时告知旅游者可能等待的时间,让旅游者对等待有充足的思想准备。如等待时间较长,可鼓励旅游者先去其他景点游玩,避开旅游高峰时段。

案例

北京欢乐谷"加塞儿"问题的措施

"加塞儿"是景区最常见的不文明现象,若处理不当会引起旅游者与景区之间的矛盾。在北京欢乐谷景区,这种现象同样存在。欢乐谷景区处理"加塞儿"问题,主要采取以下措施:①加强景区保安力量,维护排队秩序;②增加排队等候区休闲座椅数量,保证旅游者休息;③及时通过广播、提示牌、LED等方式告知旅游者需要排队的时间;④引导旅游者分流,避免扎堆儿;⑤在排队区增加歌舞、幽默滑稽表演等活动,使旅游者在排队的时候也感觉不到枯燥,同时减少了旅游者"加塞儿"的现象。

第四节 旅游景区咨询接待管理

咨询服务是旅游景区服务的一种主要类型,对于景区每位员工来说,服务游客,人人有责。但一般来说,承担咨询服务的景区部门主要是游客中心,以解决旅游者在游览中的疑问,处理旅游者所反映的问题。景区咨询接待管理有现场咨询、电话咨询和网络咨询等三种主要形式。

一、现场咨询

(一)工作要求

(1)准时上班,按照景区规定着装,佩戴工作牌,化妆得体。

(2)打扫游客中心内的卫生,以饱满的精神状态迎接旅游者的到来。

(3)阅读工作日志,了解前一日旅游者咨询的主要内容。

(4)了解景区最新动态信息(景区内开展活动的内容、时间和参加办法,游览景点线路、购物和休息等信息),为旅游者在景区游览做好参谋。

(二)咨询服务技巧

(1)倾听。在接受旅游者问询时,双目平视对方,全神贯注,专心倾听旅游者对问题的阐述。

(2)耐心。咨询服务人员应具备较高的旅游综合知识,耐心、详细地回复旅游者关于本地及周边景区情况的问题。

(3)有问必答。咨询服务人员答复旅游者的问询时,要做到有问必答,用词得当,简洁明了。不能说"也许""大概"之类含糊不清的话。

(三)咨询服务的注意事项

(1)接待旅游者时应该谈吐得当,在咨询中不探询对方隐私,避免夸张言论。

(2)工作时不与他人闲聊或大声说话,有急事不慌张、不奔跑,以免造成旅游者心理紧张。

(3)同时接待多名旅游者时,不要与一位旅游者说话太久而忽略其他需要服务的旅游者。

(4)对于前来咨询的旅游者,应一视同仁,不以貌取人。

二、电话咨询

(1)常备纸笔,随时准备处理来电。电话咨询时,电话机旁需要常备记录用的纸笔,确保能够及时记录旅游者所提问题。在电话铃响两声内接听电话并迅速作答,这能充分体现出景区咨询服务人员的工作效率。

(2)直接亮明身份或景区部门名称。按照电话礼仪的要求,咨询人员无论是在接听还是打电话,都应及时报上自己的身份或景区部门名称。

(3)谈话语气柔和,紧紧围绕对方提出的问题。咨询人员在接听电话时,说话语气要柔和。如果没有听清对方的姓名或所提问题,应该礼貌地问:"对不起,先生(女士),抱歉我没有听清您的名字(抱歉我没有听清楚您所提的问题),您能再重复一遍吗?"在谈话中,应紧紧围绕对方所提问题,帮助其妥善解决问题。

(4)吐字清晰、语速适中。

(5)语气友好,应答自然。接听电话时要面带笑容通话。

(6)记录留言,确保信息的准确性。接听咨询电话时,如对方需要留言时,记录留言信息并读一遍给对方听,确保信息的准确性并保证把留言传到。

(7)咨询结束时,要向对方讲一句"谢谢您的来电"。

三、网络咨询

(1)严格遵守网络信息安全要求,具备相应的职业操守。

(2)熟悉 E-Booking 管理系统,受理第三方预订平台的订单需求,与第三方预订员建立良好的联系。

(3)负责网站的在线咨询预订服务,对网上访客的咨询及时给予回复,语言专业规范,耐心细致地解答相关问题。

(4)对网站上访客提出的常见问题进行整理、汇总。

第五节　旅游景区解说接待管理

"解说"一词起源于 20 世纪早期的欧美国家公园,1957 年 Tilden 在 *Interpreting Our Heritage* 一书中首次提出了关于解说的定义。随后美国解说自然主义者协会与西部解说员协会的成立,标志着"解说"得到了专业的认可。在我国《国家 1A—5A 级旅游景区标准》中,旅游解说系统被规定为旅游景区的重要组成部分。随着国内游客旅游意识的增强,游客对于旅游地的环境、历史和文化的解说需求日益增多,2011 年我国 80% 的景区中就已经具备解说系统。

景区解说是运用某种媒体和表达方式,为旅游者提供景区基本信息和导向服务,帮助旅游者了解景区资源和价值,并起到信息服务和教育的基本功能。因此,解说是景区特别是人文遗产类景区的重要组成部分,既可以帮助游客提升游憩体验,又能帮助管理者有效地管理资源,在旅游开发实践中得到了广泛的重视和应用。按照解说媒介的特征,景区解说可分为向导式解说系统和自导式解说系统两大类。

一、向导式解说系统

向导式解说系统一般由景区专业的讲解人员完成,其向旅游者主动提供有关景区各个景点的动态信息。向导式解说相对于自导式,更依赖于解说人员和游客的信息互动,更具有灵活性和复杂性。所以,向导式解说服务质量的高低与景区讲解人员背景特征、解说技能以及职业技能等密切相关。

景区讲解人员是指受旅游景区讲解服务单位的委派,在核定的旅游景区景点范围内为旅游者提供向导、讲解服务的人员。景区讲解人员的从业资格、服务内容和服务技能应该具备如下要求。

1. 从业资格

(1)硬件要求。景区讲解,普通话为普遍使用的语言;位于民族地区的景区,宜根据客源情况提供民族语言和普通话的双语讲解服务;有条件的景区,宜根据客源情况提供多语种的讲解服务。

(2)个人条件。景区讲解人员应五官端正、身体健康、性格开朗、语言表达沟通能力强。

(3)知识素养。景区讲解人员应具有相应的文化素养和较为广博的知识,并努力学习和把握与讲解内容有关的政治、经济、历史、地理、法律法规、政策知识,熟悉相关的自然和人文知识及风土习俗,从而将其运用于讲解工作。

(4)个人修养。景区讲解人员应有较强的事业心和团队合作精神,同时还要做到爱岗敬业、遵纪守法。

(5)其他能力。景区讲解人员应具有相应的应变能力和组织协调能力。

2. 服务内容

(1)迎接旅游者进入景区。讲解人员带领旅游者进入景区,简单对自我和景区背景进行介绍。

(2)科学讲解各景点知识。引导旅游者游览,科学地讲解景区、景点相关的知识,解答旅游者问题。

(3)执行景区讲解计划。按照景区所制订的讲解计划,带领旅游者游览计划中所规定的景点。

(4)注意旅游者安全。讲解过程中,讲解人员应该提醒旅游者注意安全,特别要关照老弱病残的旅游者,及时处理游览过程中发生的突发事件。

(5)结合景点,进行宣传教育。在讲解过程中结合景点、景观内容,融入可持续发展理念,向旅游者宣传生态保护、环境保护、自然与文化遗产等知识。

3. 服务技能

由于讲解服务具有对象复杂、工作内容广泛等特点,这要求景区讲解人员在平时工作的闲暇之余通过阅读增加自己的知识面,在实践中不断摸索、总结,从而丰富和完善自己的知识与技能。

(1)语言运用技能。景区讲解人员在讲解过程中,应注重语言表述正确、条理清晰:①对旅游资源(自然景观和人文景观),相关历史事件的解说、描述及评价都应以客观事实为依据,向旅游者传递正确信息,切不可信口开河、凭空捏造;②景区讲解人员服务的对象是旅游者,所以在讲解时语言表达应条理清晰、层次分明,让旅游者易于听懂,不至于云里雾里,不知所云。

（2）景区讲解技能。景区讲解人员讲解时，应针对旅游者心理，灵活运用各种导游方法与技巧（虚实结合、触景生情、制造悬念及问答式、类别法等），突出景区（点）个性特色，分析和诠释其背后的文化内涵，以科学的态度分析并讲出自己的见解，引起旅游者浓厚的参观兴趣，保证旅游者在旅游过程中有看头、有说头，回去之后有想头、有念头。

（3）心理服务技能。景区讲解人员不仅需要向旅游者提供讲解服务，还需要注重旅游者的心理，使其在精神上留下美好的印象。首先，景区讲解人员在提供服务时需尊重旅游者、保持较高的服务热情、礼貌待客、微笑服务、热情倾听旅游者的意见和要求。其次，景区讲解人员需学会使用柔性语言，表现为语气亲切、语调柔和、措辞委婉，多用商讨的语气，这样的语言能使旅游者愉悦亲切，有较强的征服力，能达到以柔克刚的效果。最后，景区讲解人员在讲解时，针对旅游者的特别需求提供个性化的服务，使旅游者能够感到自己受到了优待，产生自豪感，从而提高他们的满意度。

二、自导式解说系统

自导式解说系统是指由书面材料、标准公共信息图形符号、语音等设施、设备向旅游者提供静态的、被动的、非人员解说的信息服务。自导式解说服务系统的形式多样，主要包括标示牌、宣传资料和电子导游等三种形式。

1.标示牌

标示牌是一种由图案、符号、文字说明等内容组成的功能牌，具有介绍、警示、引导、提醒以及说明等作用。景区常见的标示牌有景区（点）介绍牌、道路（地点）指引牌、安全警示牌、旅游资源（活动）说明牌等。

2.宣传资料

景区宣传资料是利用纸质或视听资料达到传递景区旅游信息目的的解说形式。景区宣传资料的种类较多，主要有静态和动态两种类型：①静态宣传资料，是以纸质材料为主，具有保留时间长、阅读层次广的特点，主要包括景区交通图、景区内导游图、解说手册、服务指南、景区风光图片、书籍画册以及旅游活动的广告宣传品等。②动态宣传资料，主要是通过影视片、光盘、幻灯片、影像、音像资料来宣传景区、传递旅游信息，主要包括景区有代表性的自然风光、标志性景观、人物传记、民俗风光、地方特产等视听资料，这不仅起到推介景区的目的，还方便旅游者购买、携带。

3.电子导游

电子导游是一种利用数码语音技术制作出的自助型服务设备，可以让旅游者在参观游览的过程中，通过个人操作、定点感应、导游控制等自动或人为地选择有关景点或展品的讲解信息。目前电子导游主要包括录音解说、感应式电子导游、无线接收和微信语音导览等类型。

📚 **案例**

一问三不知的景区讲解员

小刘是杭州岳王庙景区的一个实习景区讲解员，他整天捧着导游词死记硬背，对各个景点的介绍熟背于心。有一天，他接待了一个教师旅游团。他按照要求带领这个团在景区进行游览,当他介绍到岳王庙的历史时说:"岳王庙始建于北宋,原为智果观音院的旧址……"他的话还没有说完,旅游团中一名老师提出疑问:"岳飞是南宋的抗金名将,为什么埋葬岳飞的岳王庙却在北宋的时候建立呢?……"小刘听后,一时语塞。

当走到正殿时,小刘讲解道:"这天花板上画的是松鹤图,共372只仙鹤,在苍松翠柏之间飞舞,寓意岳飞精忠报国的精神万古长青。"一个游客听到后问道:"为什么是372只仙鹤,而不是371只或323只呢? 有什么讲究呢?"这时,小刘回答说:"对不起,这个我也不清楚,应该没有什么讲究吧!"

来到景区的碑廊区,小刘指着墙上"尽忠报国"四个字说,这是明代书法家洪珠所写,团中一位青年人不解地问道:"为什么前面正殿墙上写着'精忠报国',而这里却是'尽忠报国'呢?"小刘考虑了一会,然后支支吾吾到:"这两个词应该没有什么区别,反正都是赞扬岳飞的。"那个游客还想说些什么,小刘却喊道:"走了、走了,我们去看看岳飞墓……"

思考:

(1)在此案例中,实习讲解员小刘在讲解的过程中遇到了什么问题?

(2)对小刘的这次讲解服务,请你进行客观评价。

(3)如果你是一名讲解人员,如果有旅游者打扰到你的讲解,你会怎么办?

资料来源:王昆欣.旅游景区服务与管理案例[M].北京:旅游教育出版社,2018.

第六节　旅游景区配套商业设施接待管理

旅游景区配套商业服务是指依托景区的餐饮、住宿、交通、游览、娱乐、购物等设备设施以满足旅游者吃、住、行、游、购、娱等方面需求。其中,吃和住能够满足景区旅游者的基本需求,而购、娱则能满足景区旅游者的深层次需求。旅游景区配套商业服务内容丰富、形式多样,其不仅能够增加景区的经济效益,也能加强旅游者在景区的旅游体验。由于景区的餐饮和住宿与酒店业提供的服务具有较多的相似性,所以本章节主要阐述景区娱乐服务和景区购物服务这两种类型。

一、景区娱乐服务

(一)景区娱乐服务的内容

景区娱乐是借助景区工作人员和景区活动设施向旅游者提供表演欣赏、参与性活动,可使旅游者得到视觉及身心的愉悦。综合各类旅游景区的娱乐服务,本书将景区娱乐服务的性质分为景区娱乐设施和景区娱乐活动两大类。

1.景区娱乐服务设施

景区娱乐服务设施主要是指景区特别是主题公园,为旅游者提供的娱乐服务的设施设备。常见的景区娱乐服务设施有碰碰船、过山车、摩天轮、自由落体、旋转木马等。

2.景区娱乐服务活动

景区娱乐服务活动主要是指旅游景区根据当地的艺术特色、民俗风情、旅游资源等定期举办的各种活动,这些活动不仅能够营造热闹的景区气氛,也能够向旅游者展示当地的旅游特色,宣传景区的旅游文化,并让旅游者体会到原汁原味的民族风情。目前在我国景区中,景区娱乐服务活动主要有小型常规娱乐服务和大型主题娱乐服务。

(1)小型常规娱乐服务。小型常规娱乐服务是指景区长期提供的娱乐活动,具有规模较小、服务时间短、占用员工较少等特点。此类娱乐服务按照形式可分为表演演示类、游戏游艺类和参与健身类等三种类型,如表6-4所示。

表6-4 旅游景区小型常规娱乐服务类型

类型	细分	举例
表演演示类	地方艺术类	陕北腰鼓、川剧"变脸"、皮影戏等
	古代艺术类	唐乐舞、昆曲、华阴老腔等
	风俗民情类	对歌求偶、绣球招亲等
	动物表演类	赛马、斗鸡、动物表演等
游戏游艺类	游戏类	竹竿舞、摆手舞、秧歌等
	游艺类	踩气球、单足赛跑、猜谜语等
参与健身类	人与动物	骑骆驼、骑马、钓鱼等
	人与自然	滑沙、游泳、温泉疗养、潜水、攀岩、滑雪等
	人与人	高尔夫球、网球、手工艺品制作、烧烤等

(2)大型主题娱乐服务。大型主题娱乐服务是指景区针对旅游者需求和景区特色,精心策划、组织的,动用大量员工和设备推出的大规模表演性活动,具有规模大、策划及服务时间较长、占用员工多等特点。按照活动呈现的具体方式,可将其分为大型山水实景演出型、室内豪华舞台型、花卉队列巡游型和分散荟萃型等四种类型。

①大型山水实景演出型。如陕西临潼华清池景区推出的大型实景历史舞剧《长恨歌》,其以骊山山体为背景,以华清池九龙湖做舞台,以亭、榭、廊、殿、垂柳、湖水为舞美元素,运用高科技灯光音响及特效手段,将历史故事与实景演出相结合,对白居易的传世名篇《长恨歌》所表现的爱情主题给予艺术再造,展示了大唐盛世的恢宏气象和千古绝唱的爱情传奇。

②室内豪华舞台型。如陕西华夏文旅推出的室内舞台剧《驼铃传奇》,该剧场设计为一座长142米,宽128米,高约50米的大型椭球体建筑物,可容纳3000人同时观看演出。剧场中央巧妙设计并修建一座可移动观众席,打破了世界单一舞台演出模式,通过旋转行走看台将观众送至最佳观演位置,带给观众全新的视听享受。

③花卉队列巡游型。以香港迪士尼乐园每天下午三点和晚上七点半的"花车巡游"为代表。"花车巡游"采用行进式队列方式,在景区内的主要街道和广场进行,该活动将花车和舞蹈演艺、互动活动、设备特效与白雪公主、米老鼠、唐老鸭等经典的迪士尼人物结合起来,成为各地迪士尼乐园全天游乐的高潮部分。

④分散荟萃型。景区以举行一定的节庆活动为契机,在景区内同一时间共同推出众多、小型的表演或参与性活动,从而形成一个大型的主题娱乐活动。

(二)景区娱乐服务工作流程

现代景区娱乐项目数量众多,类型多样且更新周期较快,这造成景区娱乐服务工作程序较为复杂。因此,景区员工需要严格按照工作服务流程,注重旅游者安全,认真仔细地为旅游者服务。

1. 准备服务阶段

(1)员工应比规定的时间提前到岗,换好工作服之后考勤上岗。

(2)员工认真检查娱乐设备设施的电源、动力和传动等部位,确认设备设施情况完全正常。

(3)打扫负责娱乐项目所在场地的卫生,擦拭设备。

2. 服务阶段

(1)营业时间一到,打开围栏门,主动问候前来消费的旅游者并请其出示票券,在核对票券后请旅游者进入。

(2)如果是需要旅游者坐下的设备,员工应该主动引导旅游者入座并提示其系好安全带,在设备设施运行前,员工必须再次确认旅游者安全带是否系好并关好仓门、别好门闩;如果是不需要旅游者坐下的设备如蹦极等,员工应该主动帮助旅游者系好保险绳,经检查确认无误后再进入下一程序。

(3)娱乐设备开始运行后,员工应该随时观察设备运行状况及旅游者的动向,如出现设备异常,应该立即按动紧急制动钮,如有旅游者出现剧烈呕吐、休克等不适现象,应主动参与救治。

(4)旅游者有疑难时,员工应主动帮助其解决问题。如果出现旅游者对规定不理解的现象,需要员工耐心向旅游者解释,如解决不了,应及时上报主管领导。

(5)娱乐设备运行结束,员工应主动为旅游者打开舱门,解下安全带或保险绳,指引旅游者离开活动场地。

3. 服务结束阶段

(1)旅游者临走前,员工应主动与旅游者告别。

(2)营业结束后,员工应该再次擦拭、保养设备,清理场地卫生,为下一日营业做好准备。

二、景区购物服务

目前,我国景区内的收入主要来源于门票和景区客运收入(索道、景区观光车),一般占景区总营业收入的50%以上,如2017年四川峨眉山景区的游山门票收入和客运索道收入占总营收比高达69.36%。2018年的全国旅游工作会议明确提出,我国旅游业已经到了从高速旅游增长阶段转向优质旅游发展阶段的关键节点,并将发展优质旅游列为2018年度的重点工作之一。我国旅游业迎来黄金发展期,"发展优质旅游,降低景区门票,让百姓更有获得感"已成为我国旅游业发展的主要方向。在景区门票收入逐渐下降的大背景下,旅游购物消费将成为景区收入增长的主要途径,欧美、日韩等发达国家旅游购物收入一般占旅游总收入的比例已超过48%,而我国旅游购物收入只占旅游总收入的20%左右。相比发达国家,我国旅游购物作为旅游产业"食、住、行、游、购、娱"六大要素之一,发展较为缓慢、关联带动作用不足。

(一)旅游商品的概念和特点

在旅游产业中,旅游商品是旅游六要素中"购"的重要内容,旅游商品的消费是旅游总消费中重要的一部分,旅游商品的发展也是旅游产业发展的关键要素之一。旅游商品概念一直是旅游研究中较为模糊的概念,中山大学保继刚教授等学者们归纳出旅游商品在需求者、供给者与商品流通三种不同维度的概念性定义。

(1)从供给者角度出发,旅游商品是指由旅游生产系统供应的,具有"旅游"内涵(可以为旅游者提供旅游体验)的有形商品。

(2)从需求者角度出发,旅游商品是旅游者在旅游活动中所购买的有形商品。

(3)从商品流通角度出发,旅游商品是在面向旅游者开放的市场上流通的有形商品。

(二)景区旅游购物服务现状

(1)旅游景区商品缺乏地方特色,同质化程度高。我国景区旅游商品同质化程度较高,绝大多数景区旅游商品主要为玉器类商品、木雕根雕类商品、仿水晶类商品、书画类商品等,体现本景区及当地特色的旅游商品较少,无法吸引旅游者的购买欲望。

(2)旅游购物缺乏内涵文化,购物体验感不足。景区内各商家各自为营,售卖的旅游商品全凭商家个人喜好,与景区主题结合较差,脱离了景区的文化大环境。景区内体验型商品较少、整体购物品质较低,导致旅游者购物体验感不足。

(3)旅游购物诚信服务意识差,购物"陷阱"多。我国景区内旅游购物商店一般为私人个人承包,旅游景区及相关旅游行政管理部门对这些旅游商店缺乏统一的监督和管理,旅游购物商店、导游和旅游车司机互相勾结欺诈旅游者现象屡禁不止,旅游景区诚信购物环境缺失使得旅游者对旅游景区购物欲望低下。

(4)旅游商品售后服务不完善,投诉管理水平低。我国很多景区售卖的旅游商品都遵循"离柜后概不退换"的原则,不能提供售后的维修、保养及退换等服务。加之很多旅游者在景区购买旅游商品没有索要发票的习惯,当地管理部门处理投诉程序复杂、效率低下,这些原因都导致了旅游者购买不合格旅游商品后难退换、难投诉的问题。

拓展阅读

景区开发旅游购物和旅游商品时应注意的问题

景区发展旅游购物和旅游商品开发要注意以下五个问题:一是需要结合景区的特点、旅游购物和旅游商品的规律做出科学的判断,避免花费了很大力气游客还不买账。二是要结合景区的布局安排适量的、符合景区游览、休闲的购物场所。三是销售适合该景区销售的商品,但不一定是景区自己开发的商品。四是开发有景区特色的旅游商品,但不限于纪念品、工艺品。五是一些适合旅游购物和旅游商品开发的新建景区,不能等建成以后,再去想开发什么旅游商品,而是在设计时就要把旅游购物、旅游商品开发融入进去。景区旅游商品开发不能一厢情愿,不能一刀切,要按景区不同的规律、不同的特点、不同的规模、不同的游客、不同的消费,选择不同的旅游购物模式和旅游商品开发方式。总之,景区发展旅游购物和旅游商品开发千万不能盲目,要慎重一点。

资料来源:陈斌.景区发展旅游购物要慎重一点[N].中国青年报,2016-08-25(8).

(三)旅游者购物动机

(1)旅游者对物品的需求。旅游者对物品的需求动机主要在于商品的物理和审美特征,与商品相关的经历或知识,商品的价格,商品的原真性等,如表6-5所示。

表 6-5　4 种类型的旅游者购买商品的倾向与选择标准

旅游者类型	民族文化艺术与当地居民导向的旅游者	历史与自然美景导向的旅游者	城市休闲导向的旅游者	户外活动导向的旅游者
购买的商品类型	介绍当地的书本,手工艺品,特产食品	介绍当地的书本,手工艺品,特产食品,系列的收藏品	T恤衫、运动衫以及其他有当地名称或Logo的衣物,笔、钥匙链等小的纪念品	T恤衫、运动衫以及其他有当地名称或Logo的衣物
选择标准	颜色,设计,工艺或质量,可以作为好的礼物,独一无二,奇思妙想,可以作为收藏,由知名手工艺人制作,有制作者的签名或标志	颜色,设计,工艺或质量,可以在家里展示,可以作为好的礼物,独一无二,奇思妙想,可以作为收藏,容易携带,容易保护与清洁,目的地的名称或Logo	可以在家里展示,价格,可以作为好的礼物,独一无二,奇思妙想,可以作为收藏,容易携带,容易保护与清洁,目的地的名称或Logo,由知名手工艺人制作,有制作者的签名或标志	独一无二,目的地的名称或Logo,由知名手工艺人制作,有制作者的签名或标志

资料来源:卢凯翔,保继刚.旅游商品的概念辨析与研究框架[J].旅游学刊,2017(5):116-127.

(2)旅游者对待购物体验的需求。购物活动主要包含了商品分类、对比、询问价格、挑选款式、浏览商品、行走、与其他人交流等活动。因此,旅游者对待购物体验的需求动机不仅能获得新的商品,还包含除了获得物品之外的服务性需求,包括社交、感受期望以及与亲人和朋友在一起度过休闲时光等。

(四)旅游购物推销技巧

1.距离服务

一般来说,旅游者刚一进店,服务人员不可过早的同旅游者打招呼。因为过早接近旅游者,会使旅游者产生"戒心",过迟则会使旅游者感觉购物场所服务较差,缺乏热情,使旅游者丧失购买欲望,即"距离服务"。旅游者进入店中,在没有提出明确购物要求之前,服务人员应该与旅游者保持约三米的距离,以便旅游者能够更好地浏览、斟酌、选择或体验旅游商品。当旅游者喜欢某件商品或出现感兴趣的表情时,应马上微笑着向旅游者打招呼。

旅游者喜欢某件商品时,通常的表情如下:

(1)旅游者长时间凝视某一商品。

(2)旅游者从注意到的商品上抬头寻找服务人员。

(3)当旅游者用手触摸某件商品时。

(4)当旅游者的目光与服务人员目光相碰时。

2.展示商品

接近旅游者后,服务人员的工作就是向旅游者展示商品。展示商品是一项技术性较高的工作,需要服务人员具有丰富的商品知识和熟练的展示技巧,在展示商品时动作需要敏捷、稳当,拿递、摆放、操作示范等动作不可草率、粗鲁。服务人员展示商品最终的目的就是让旅游者能够看清商品的特征,从而对商品质量产生信任。

3.投其所好

投其所好就是在分析旅游者心理需求的基础上,热情地、实事求是地介绍商品,如名称、种类、价格、特性、产地、原料、款式、颜色、重量、大小、使用方法、工艺等。

服务人员向旅游者介绍旅游商品的要求标准:

(1)应严格遵守商业职业道德规范,维护旅游者利益,实事求是地介绍商品。

(2)不能为了迎合旅游者需求,以次充好,张冠李戴。

(3)尊重旅游者习惯、兴趣,有针对性地介绍商品,不盲目介绍或过分纠缠,以免给旅游者造成强买强卖的感觉。

(4)言语简洁、语气诚恳礼貌,留给旅游者独自思考和选择的空间。

内容小结

本章从国内外学者们对旅游景区概念、类型和特征入手,对旅游景区接待管理的概念进行了界定,并按照景区内具体的工作内容,将旅游景区接待管理划分为票务接待管理、排队接待管理、咨询接待管理、解说接待管理和配套商业设施接待管理。

实务分析

让我们回顾一下本章导入案例涉及的两个问题:一是分析景区扩容的目的是为了"提质",这个"质"指的是什么? 二是分析各个景区采取了哪些措施,以提升旅游者在景区的体验? 现在我们对这些问题进行解析。

1.旅游景区实现提质扩容中的"质"指提升旅游景区服务质量,以游客体验为中心,打造一批高品质旅游景区、重点线路和特色旅游目的地目标。

2.景区之间建立区域合作旅游联盟,使不同地区与景区实现资源共享、优势互补,或开展品牌联盟、线路重组,或进行联合行销、联合传播;基于交通大数据的景区"适游指数",这些数据为游客选择旅游体验度较高的景区景点提供了参考,同时减轻热门景区压力,起到了客流分流作用;建立门票预约制度,提前预见市场需求,缓解假日旅游供需矛盾;和旅行社建立了智能系统,为游客提供旅游路线和服务的个性化选择,成为游客旅游决策的参谋。

第七章
旅行社接待业务管理

学习目标和要求

- 了解旅行社的概念
- 了解我国对于旅行社的分类
- 掌握旅行社接待业务的概念及内容
- 了解领队、全陪、地陪的工作流程

案例导入

传统旅行社变革与发展

旅行社企业"市场下沉"

2018 年三、四、五线城市的说法在旅行社行业还是小范围流行,但到了 2019 年,这些城市已成为旅行社的主攻市场,"市场下沉"已经成为旅行社行业的发展趋势,也成为旅行社行业内流行的术语。旅游接待业界内专家们普遍认为,在一线城市旅行社市场已经饱和的情况下,非一线城市存在很大发展空间。这是因为在一线城市的旅游者积攒了足够多的旅游经验,同时对旅游产品的个性化要求越来越高,传统的旅行社运营理念已经不能满足其需求。但在非一线城市,居民收入持续增长,生活追求发生了明显变化,出门旅游的流行度越来越高,但由于自身旅游经验的不足,他们更需要旅行社的支持。在一些小城镇,传统旅行社甚至成为当地居民的社交场所,朋友们在此互通信息,一起出行。

传统旅行社面临的三大挑战

当前的传统旅行社仍然面临着三个方面的挑战。第一个方面的挑战来自线上旅游企业的压力。实体旅行社和旅游电商都属于"中间商"性质,是旅游分销渠道的成员,二者在旅游产业链条中处于相同的位置,在功能上确实有相同之处,但是二者的营销能力和运营能力相差甚远。传统旅行社曾经一度灰心以为自己将被旅游电商所取代。但随着时间的推移,传统旅行社从业者有必要重新考虑旅游电商和实体旅行社之间的关系,二者之间不但有竞争关系,更有互补合作的可能。旅行社有必要在完善自身运营能力的基础上考虑与旅游电商之间的合作,拓宽销售渠道。第二个方面的挑战来自旅游者的要求。新一代的旅游者在性价比方面更追求"花钱买服务",对旅游产品是否能达到自己的预期水平更加重视,小规模定制团和精品团的出现主要是为了满足这一部分市场的要求。随着时代的发展,对个性化和质量的追求将是大势所趋,旅行社不能仅仅满足于运用传承下来的工作经验,最后限于价格战而不能自拔,这与当今旅游市场对专业化的追求背道而驰。旅行社有必要考虑市场需求的变化,设计有针对性的产品,吸引更多的新兴市场,尤其是不断成长起来的青年市场。第三个方面的挑战来自"科学管理"。大多数旅行社企业规模较小,管理的规范化水平较低,企业经营比较粗糙,在人力资源管理、营销管理和战略管理等方面基础薄弱,导致旅行社企业创意有限,产品设计和实现水平较低,服务粗放,缺少设计感。然而,当前社会的发展,对各行各业的专业化都提出了比较高的要求,旅行社如果不能在管理方面有所改进,则会限制行业整体的进步空间。有必要考虑将旅行社行业内部的垂直分工固化下来,将各个环节的运营模式进行规范化升级,提高旅行社运营的专业化水平。

互联网为旅行社的发展提供了新空间

旅行社的创新不仅体现在运营模式、管理手段和产品设计上。与互联网达成和解,通过互联网开展销售和营销活动是新兴旅行社的创新做法。目前,旅行社的大多数经营管理人员都很年轻,他们"很懂"当前青年市场的消费习惯和信息获取渠道。例如,很多旅行社入驻大型电商平台,通过对平台流量的引流获得自己的消费者。又如旅行社积极参加网络平台提供的"直播活动""网红带货",效果超出预期,来自互联网的消费需求得以充分释放。

问题与思考

1. 传统旅行社在变革与发展中主要面临哪些挑战?
2. 旅行社应该在哪些方面进行创新?

第一节　旅行社接待管理概述

一、旅行社的概念和分类

我国第一家旅行社成立于 20 世纪 20 年代,但是中国旅行社业的形成却是在 1978 年改革开放以后。在实行改革开放政策后的 40 多年时间里,我国的旅行社业从无到有、从小到大,并随着市场经济改革的深入进行而不断得以发展。截至 2019 年 12 月 31 日,我国旅行社总数为38943 家,比 2018 年增长 8.17%。2019 年度全国旅行社营业收入 7103.38 亿元,营业利润32.10 亿元。2019 年度全国旅行社出境旅游组织 6288.06 万人次,国内旅游组织 17666.29 万人次。

(一)旅行社的概念

旅行社是指为旅游者提供各种服务的专业机构。针对旅行社的概念,不同的组织和地区有着不同的界定。如世界旅游组织将旅行社定义为:零售代理机构向公众提供的旅行、居住及其他相关服务,包括服务酬金和条件的信息;旅行组织者、制作商或批发商在旅游需求提出前,通过组织交通工具,预订住宿以及其他服务为旅行和旅居做准备的行业机构。美洲旅行社协会将旅行社定义为:接受一个或一个以上"法人"委托,从事旅游销售业务或提供有关服务的个人或公司。

2009年我国国务院出台的《旅行社条例》规定：旅行社是指从事招徕、组织、接待旅游者活动，为旅游者提供相关的旅游服务，开展国内旅游业务、入境旅游业务和出境旅游业务的企业法人。

(二)旅行社业分工体系及类型

各国经济发展水平及旅行社分工体系的不同，决定了旅行社分类标准存在一定的差异性。其中，旅行社的分工体系是指不同类别的旅行商，在旅游市场和旅游产品流通环节中所承担的角色及彼此之间的关系。目前，世界上存在三种分工体系，即以中国为代表的"水平分工体系"、以欧美国家为代表的"垂直分工体系"和以日本为代表的"混合型分工体系"。

1. 以中国为代表的"水平分工体系"

所谓"水平分工体系"是按照旅行社的经营内容和业务范围进行分工，我国以及大多数亚洲国家的旅行社一般都采用此分工体系。我国旅行社于20世纪80年代，将旅行社划分为一类、二类和三类，简称为三分法。其中一类、二类社以招徕和接待入境旅游为主，三类社专门经营承包国内旅游业务。进入20世纪90年代，以我国《旅行社管理暂行条例》为依据，将旅行社划分为国际旅行社和国内旅行社。2009年《旅行社条例》颁布实施，旅行社被划分为国内旅游业务和出境旅游业务。我国"三分法"和"二分法"的两种不同划分方法的本质都是在水平基础上的分工体系，各旅行社除了在目标市场方面有所不同之外，在业务上则是涉及从产品开发到组团乃至接待全方位，并无批发、零售的主营差异。每类旅行社的经营活动都涉及从生产、设计、开发旅游产品到旅游接待的各个环节。

2. 以欧美国家为代表的"垂直分工体系"

"垂直分工体系"是指内生于市场经济体制中的自然形成的分工体系，简而言之，它是市场机制的产物。这种分工体系主要有"二分法"和"三分法"。前者指人们按照旅行社业务范围将旅行社划分为旅游批发经营者和旅游零售商两类；后者是指按业务范围划分为旅游经营商、旅游批发商和旅游零售商三类。这种分工体系是在市场机制的作用下，各旅行社根据自身的实力、内部结构、规模及竞争情况与市场需求，自动地形成了专业化分工，从设计、生产到销售旅游产品各司其职。

3. 以日本为代表的"混合型分工体系"

日本旅行社的分类制度则是水平分工与垂直分工的混合体系。一方面人为地规定了各类旅行社的经营范围；另一方面又"以旅行社和旅行社代理店两大类别名称进行注册登记"，明显地体现出垂直分工的特点。其实质是一种带有明显的水平分工痕迹的垂直分工体系。这种分工模式与日本的"公司资本主义市场经济模式"有着内在联系。在这种市场经济模式中，一方面，市场机制是完善的并且市场竞争是比较充分的；另一方面，政府的力量是强大的，通过产业政策、计划、发展战略等各种手段，强有力地引导着市场经济的运作方向。在旅行社的一系列法规上也体现了这种自由竞争和政府的强大控制力量，这势必也会影响到旅行社的分工体系。

二、旅行社接待业务的概念及内容

(一)旅行社接待业务的概念

旅行社的接待业务是旅行社为潜在的或者已经购买了旅行社产品的客户提供系列旅游服务的一项综合性工作。

（二）旅行社接待业务的内容

旅行社接待业务涵盖了吃、住、行、游、购、娱等方方面面的内容,既有导游服务也有生活服务。总体而言,旅行社接待业务主要包括以下三个方面。

1.门市接待业务

旅行社门市部是指旅行社在注册地点、县行政区域以内设立的不具备独立法人资格,为招徕游客并提供咨询、宣传等服务的分支机构。

2.团体旅游接待业务

团体旅游是指由旅行社将购买同一旅游路线或旅游项目的 10 名以上(含 10 名)游客组成旅游团队进行集体活动的旅游形式。团体旅游一般以包价形式出现,具有便捷、价格便宜、相对安全等优点,但缺陷是游客的自由度小。团体旅游接待业务是指旅行社根据事先同其他旅游企业(如交通企业、景区及酒店等)签订的销售合同,对旅游团体在整个旅游过程中的交通、住宿、购物、参观游览和娱乐等活动提供具体组织和安排落实的过程。

3.散客旅游接待业务

散客旅游是由游客自行安排旅游行程,零星现付各项旅游费用的旅游形式。散客旅游通常又被称为自助或半自助旅游,在国外称为自主旅游。对于散客旅游来讲,游客自由度大,旅游人数规定在 9 人以下。

（三）旅行社接待业务的特点

1.综合性和时效性

接待一个旅游者(团)需要在几天或者更长的时间里,由不同城市的多家旅行社按预订程序提供相应的服务才能完成,因而它是一项比较复杂的工作。

2.规范化和个性化

为了保证服务质量,接待过程应规范化,也就是要按时、按质、按量地完成已销售出的各项服务。个性化则是指在提供规范化服务的同时要按照合理而可能的不同需求,给予既热情又有差别的服务。

3.文化性和趣味性

现代旅游不仅是一种休闲度假活动,而且包含着了解异国他乡的文化和增长阅历的动机,因此要通过健康的导游内容和趣味性的导游方式相结合来达成目的。

4.热情友好和坚持原则

要正确处理好热情友好和坚持原则的关系,在接待过程中,既要对旅游者充满热情,又要坚持基本原则。

第二节　门市部旅游接待管理

一、旅行社门市部的概念

旅行社门市部是旅行社在注册地的市、县行政区域以内设立的不具备独立法人资格,为旅行社招徕游客并提供咨询、宣传等服务的网点。

旅行社设立门市部,应征得拟设地的县级以上旅游行政管理部门同意,领取"旅行社门市部登记证",并在办理完工商登记注册手续之日起的 30 个工作日内,报原审批的旅游行政管理部门、主管的旅游行政管理部门和门市部所在地的旅游行政管理部门备案。

二、门市部地点的选择

门市部是旅行社的形象,是第一窗口,是有形的广告,旅行社做好门市接待工作对于整个旅行社的经营具有不可替代的意义。门市部的地理位置尤其重要,好的地理位置,才能更好地实现有效推广和销售。旅行社门市部若想找到一个理想的店址,需要从以下五个影响因素入手对其进行综合考察。

1. 目标市场

旅行社门市顾客的来源有两个方面:一是流动客户,指那些偶尔经过的人群,这部分人群不在门市的服务辐射范围之内。二是固定客户,指来自门市附近的住宅区、商业区的顾客。这些顾客在出行或者返回时大多会经过该门市,并且习惯在此旅行社购买旅游产品。

2. 竞争环境

竞争环境因素对旅行社来说是一把双刃剑。从其积极的方面来说,如果旅行社门市相对集中,同行之间会相互比较,这样可以借鉴同行的经验,促使门市在改善产品质量、提高服务水平、降低经营成本等方面下大力气,以吸引更多的旅游者。而从其消极的方面来说,如果门市相对集中,那么门市之间的竞争激烈程度将会增大,适当的竞争有利于提高门市部的服务水平,但是如果产生恶性竞争,对于门市而言会产生不良的影响。

3. 顾客出入的便利程度

旅行社需要自己的市场定位,门市选址就是要根据相应的市场定位,为本旅行社的潜在目标顾客咨询、预订和购买提供最大的便利。从这个因素出发,门市部的选址需要在交通方便以及符合客流和流向规律的人群集散地段。此外,标准的门市地形形状应该是矩形,与道路的连接性要好,这样可以方便顾客进出。

4. 人流量

人流量是指门市所靠近的道路在特定的时间内的行人数量。为保证得到最新的数据,旅行社需要从多方面搜集有关资料来进行综合分析,同时要在选址附近路段做行人流量统计。门市部的选址尽可能要靠近人流量大的地方。

5. 投资成本

在旅行社选址时,考虑到上述的 4 种因素之外,我们要知道这个选址最终的目的还是为了更好地实现旅行社的经济目的,所以我们要注意在某个特定地方设立门市部所需要的花费也就是投资成本。繁华的商业区或交通枢纽处必定是热门之选,但是这样的地方往往寸土寸金,地价较高,费用大且竞争性强。因此,在这样的地方选址,需要进行实地调查,将调查来的数据进行分析,目的就是要考虑成本的投入是否能够得到预期的收益。投资成本除了门市的地价与租金外,还应该考虑硬件设施的投资与工作人员的投资以及宣传所要花费的费用。当这些都被计算在内,能够获得比投资成本更大的收益时,就可以在某地建立门市部。

综上所述，首先门市部的选址应在考虑投资花费的基础上，尽量建立在繁华的商业区、写字楼、星级酒店附近以便吸引商务客流，同时片区内应该拥有便捷的交通、足够的停车场。其次，旅行社门市部进入同行林立的商业区有利于形成规模市场效应，但旅行社应注意提升自己的服务质量，做出自己的个性化产品，尽量避免同行的激烈竞争。再次旅行社门市部应靠近中层或者高层收入家庭集中的社区，以便接触客户，为顾客提供方便，招徕更多游客。旅行社门市部位置不能太隐蔽，应当便于顾客寻找，尽量选择主干道和一楼临街位置。最后，旅行社门市部选址时应注意面对最广泛的目标客户，不能只限制在单一目标客户范围内。否则市场的轻微变动会导致客源的中断，旅行社也就难以持续经营。

三、门市部接待业务的流程

(一)进门问候

旅游咨询者走进来后，门市的前台服务人员应当转向旅游者，用和蔼的眼神和亲切的微笑表示关注和欢迎，注目礼的距离以五步为宜，在距离三步的时候就要面带微笑，并且向咨询者问候："您好，欢迎光临，请问有什么可以帮到您的？"

(二)及时沟通，主动了解旅游咨询者的需求

当旅游咨询者进门后，一般分为以下两种情况，第一种是咨询者没有走到旅游线路陈列架，而是直接走向旅游咨询柜台时，前台工作人员应当微笑示意，并用手势敬请咨询者坐下，并问候："您好，有什么可以帮到您的？"此时，咨询者一般会把自己的需求告诉接待员，如果咨询者还没确定自己的选择时，接待人员应主动了解顾客意愿。

第二种情况是，咨询者进门后，先是选择走到旅游线路陈列架前，接待人员此时更好的做法是要找机会同顾客接触搭话，但是不要搭话太早，会引起顾客的戒心和防备心，甚至会由于不好意思而离开。打招呼或者搭话的最好时机是在顾客从发现商品到观察了解之间，因为这时顾客已经对产品有了兴趣，希望可以进行更进一步的了解。

(三)出示旅游产品，解答旅游咨询者的相关疑问

当顾客明确表示自己对某旅游产品感兴趣时，接待员应尽快取出该产品的相关资料。出示旅游产品的同时，门市接待人员应当相对客观地介绍和说明旅游产品的一些相关信息和特色所在，这也是抓住顾客对感兴趣的旅游产品的信任，坚定顾客的购买决心。在此过程中，要充分了解顾客的顾虑和问题，耐心地为其解答。但是不能一味地催促顾客进行购买，因为这有可能引起顾客反感。

(四)结尾工作

当顾客确定购买某项旅游产品时，门市接待人员应与顾客签订旅游合同，并收取费用，为顾客开好发票。除了收取现金，现在很多旅行社也可以进行网上支付，门市接待人员应注意金额是否正确。付款后，把相应的收据留给客人。

在结束销售后，接待人员应提醒顾客出发前和游览过程中的注意事项，以及什么时候与导游取得联系等。顾客离开时，门市接待人员应主动表示感谢，为其开门和表示欢迎下次光临。

天津查处两家旅游黑门市　三招识破"黑旅行社"伎俩

"我们这是答谢老客户,公司补贴费用回馈客户,所以价格才这么低,机会难得。""咱们这么多年的交情,我骗谁也不能骗您啊!""我们做宣传,只要积够 30 个赞,就免费赠送港澳游名额!"市旅游质量监督所负责人提示市民,这些言之凿凿看似理由充分的承诺并不能掩盖其"黑旅行社"的本质。与此同时,只要消费者细心,识破"黑旅行社"伎俩并不难,下面三招可以让多数"黑旅行社"无所遁形。

第一,查看证照是否齐全。按照相关规定只有同时具备工商行政主管部门的营业执照和旅游行政主管部门的经营许可证后才能经营旅游业务。特别提醒,"证照"需要悬挂在经营场所中位置比较明显的地方,一般都悬挂在接待游客报名、咨询的地方。如果游客发现旅行社没有按规定悬挂这些证照,就要当心。不要轻信黑旅行社的证照在"总部"或者"老板抽屉里"之类托词。

第二,签订正式的旅游合同。旅游合同是旅行社和游客双方权利义务约定的最直接和有效的表现形式,所以参团旅游一定要签订正式的旅游合同。按照相关法规规定,旅游行程单是合同的组成部分,所以一定要加盖印章确认约定的行程与最终行程一致。特别提醒:游客应特别注意签订合同的单位、印章与先前的证照是否一致,以免造成出现问题"踢皮球"。

第三,看好你的"钱袋子"。在没有确认相关证照、签订合同前,不管谁怎么"忽悠"绝不掏钱。付款前一定仔细确认行程中酒店挂牌星级、交通方式及标准、购物次数及停留时间、景区及游览时间。付款后一定索要正式发票或者带章的收据。在旅途中购物对于自己没有把握的物品特别是贵重物品一定谨慎出手,一旦回来后再想退换货真的会很麻烦。

第三节　团体旅游接待管理

一、团体旅游接待概述

(一)团体旅游的概念

团体旅游是以旅行社为主体的集体旅游方式,由旅行社或中介机构对旅行进行行程安排和计划,团体成员遵从旅行社安排统一进行旅行,采用包价方式一次性提前支付旅费,并在某些项目上可享受团队折扣优惠的新型旅游方式。团体旅游通常是指 10 人以上的团体共同出游。

(二)团体旅游的类型

1.入境团体旅游

入境团体旅游指旅游目的地国家或地区的旅行社通过客源地旅游中间商招徕、组织的海外旅游团队,到该旅游目的地国家境内旅行游览的活动。入境旅游团体由境外启程,在旅游目的地国家的口岸入境,并在其境内进行一段时间的游览参观活动,最后从入境的口岸或另外的开放口岸出境返回原出发地。

2．出境团体旅游

出境团体旅游指的是旅游客源地国家或地区的旅行社招徕本国公民，以一定的方式将他们组织成旅游团队，前往其他国家或地区进行旅游活动。出境旅游团体由本国或本地区启程，在旅游目的地国家或地区的口岸入境，并在其境内进行一段时间的旅行游览活动，最后从入境的口岸或另外的开放口岸出境返回本国或本地区。

3．国内团体旅游

国内团体旅游指一个国家的旅行社招徕本国公民，并将他们组织成旅游团队，前往国内的某个或某些旅游目的地进行旅游活动。国内团体旅游的类型比较多，包括客源地附近的周末旅游、省内的短途旅游和跨省的省际旅游。

二、团体旅游的特点

（一）入境团体旅游特点

1．入境停留时间长

入境游客到其他国家或地区旅游，距离一般较远，特别是远距离的跨洲旅游，因此他们需要支付昂贵的交通费用，所以他们更倾向于在旅游目的地停留较长时间。从我国多年接待境外旅游团队的经验而言，入境旅游团队在旅游目的地停留的时间一般比较长，少则一周，多则十几天甚至数月。停留时间较长，意味着在旅游目的地的各项活动以及消费较多，从而给旅游目的地带来巨大的经济效益。

2．以外国游客为主

入境旅游团队大多以外国游客为主，另外还包括我国香港、澳门和台湾地区的游客。外国游客的生活习惯、文化传统、价值观念、使用语言以及审美情趣等都与旅游目的地国家相差较大。即使是由华侨或外籍华人组成的旅游团队，也会由于他们大多长期居住在国外，在生活习惯和语言等方面不可避免地会受到影响，因此要求旅行社在接待时，应从尊重客的角度出发，选派熟悉旅游团队各种习惯，并且外语水平较高的导游人员进行接待，目的是为了提高游客的满意度和服务质量。

3．预订时间较长

入境团体旅游要在旅游目的地停留较长时间，所以组团社和旅游目的地旅行社需要就团体的旅游活动进行安排，以及对一些特殊要求进行统计和安排。另外，旅游中间商要为团队成员办理交通票预订，护照申请、领取和签证等手续，组织散落在各地的游客按时到达集合点，然后搭乘交通工具到达旅游目的地。因此，入境旅游团体的预订期一般比较长。

4．旅游接待计划复杂

入境旅游团体参观游览的地点比较多，其旅游活动的安排涉及旅游目的地的各种相关的旅游服务供应部门和企业。为了提高接待服务水平，旅行社必须认真、仔细地落实接待计划，制定完整的接待活动日程，并逐项对每个环节进行把控，避免在接待过程中出现事故。

(二)出境团体旅游特点

1. 活动日程安排稳定

由于国家法律法规的相关规定,组织出境旅游团的旅行社以及目的地旅行社必须严格按照事先同旅游者达成的协议,安排各项旅游活动。组织出境旅游的旅行社应委派具有丰富经验的导游员担任出境领队,负责整个旅游团的各项活动安排,配合和监督旅游合同的履行,保障游客的合法权益。

2. 对消费需求有较高的要求

我国出境旅游起步较晚,出境旅游团队的成员收入水平一般较高,所以其消费水平也比较高,主要体现在对住宿、交通工具以及餐饮等基本消费需求有较高的要求。此外,出境旅游团的购物欲望强烈。

3. 外语水平低

出境旅游团队除个别旅游者以外,大多数旅游者的外语水平较低。很多游客会存在语言交流方面的障碍。

(三)国内团体旅游特点

1. 预订期较短

受我国休假制度的限制且无须办理护照和签证等手续,从游客进行旅游咨询到成团出发,往往在一周左右,所以国内团体旅游的预订期一般比较短。

2. 活动日程安排稳定

国内旅游者大多数情况下对前往的旅游目的地具有一定程度的了解,并能够在报名参加旅游团时对旅游活动日程作出比较理智和符合自己情况的选择,因此他们很少在旅游过程中提出改变活动日程的要求。

3. 消费水平差别较大

不同生活水平的游客在旅游消费水平方面存在差异,参加国内旅游团的旅游者生活水平参差不齐,既有收入较高的个体或企业家、外企高级管理人员或工程人员,也有中等收入水平的工薪阶层,还有在校的学生。

4. 讲解难度小

国内游客在语言和文化方面差异较小,并且对前往的旅游目的地自然和人文资源具有一定的了解,能够听懂导游人员在讲解过程中使用的历史典故和谚语。因此,导游人员在讲解过程中可以充分运用各种讲解技巧,生动形象地向游客介绍景点的情况。

三、团体接待业务流程

团体旅游接待管理按照工作内容划分,主要包括领队工作管理、全陪工作管理和地陪工作管理。

(一)领队工作流程

领队是从事出境旅游团队全程陪同服务,并协调督促境外接待社履行旅游行程计划等工作的人员,在旅行社接待业务中起着重要的纽带作用。领队的工作流程如下。

1.出团前的准备工作

首先,领队需要听取计调人员介绍团队情况,包括团队成员构成和重点成员情况,团队完整行程,团队名单表和行前说明会时间等。其次,领队编制团队分房表,阅读并核对本团队的接待计划,核对内容主要包括团队出发时间和返回时间是否正确,团队名单与机票名单是否一致,计划航班时间和实际航班时间是否一致,团队人数和酒店房间数是否对应等。再次,领队需要对个人形象和所需物品如领队证、社旗等进行准备;还需要对目的地的国家概况,各景点的知识以及民俗、信仰等方面的知识进行准备。最后,领队需要提前联系接车司机和酒店工作人员,确保做好接待工作。

2.召开行前说明会

领队要召集本团队旅游者开一次"出国旅游者说明会"。内容主要包括:

(1)代表旅行社致欢迎辞。

(2)旅游行程说明,主要包括出境、入境手续与注意事项,以及出游目的地的旅游日程。

(3)介绍旅游目的地基本情况及风俗习惯。

(4)确认出团资料、旅游证件、护照以及签证等。

(5)落实有关分房、交款及特殊要求等事项。

(6)了解特别旅客的膳食安排。

3.出团当日的工作流程

出团日,领队必须提前到达集合地点并准时集合、清点旅游团人数,带领全团办理登机手续,协助团员托运行李。登机时领队需要集合或组织游客登机,所有游客登机后自己再登机。到达目的地国后,领队要带领旅游团办理好证件查验和海关检查等入境手续。抵达目的地后,领队应立即与当地接待社的导游人员接洽,清点行李与团员人数。到达入住酒店后,领队要负责办理入住手续和分配房间,检查行李是否送到客人房间,并协助团员解决入住后的相关问题。

4.核对、商定日程

领队需要与境外旅游目的地导游人员核对旅游接待计划是否一致。如有不一致要注意以下两点:第一是当遇到境外导游人员擅自修改旅游日程时,应坚持"调整顺序可以,减少项目不行"的原则,必要时应及时报告国内组团社;第二是当境外导游人员推荐自费项目时,要征求并取得全体旅游团成员同意。

5.参观游览过程中的工作

游览中,领队必须时刻留意游客的动向,防止各种事故的发生,与当地导游人员密切合作,妥善处理各种事故和问题,消除不良影响。如果出现当地导游人员过多安排购物次数或延长购物时间的情况,领队要及时交涉;旅游团队在进行购物时,领队要提醒游客注意商品的质量和价格,谨防假货和次品。领队还应维护旅游团内部的团结,协助游客之间妥善处理矛盾。

6.送团后的总结

送团后,领队需要当天向旅行社汇报团队情况,旅行社负责人需将汇报内容整理成文字汇总。领队需要及时报账,并归还所借物品,及时填写"游客意见反馈书"及领队日志。最后,领队需要认真总结经验教训,及时补充所欠缺的知识,不断丰富自己。

(二)全陪工作流程

全陪导游是负责按照旅游合同约定实施组团旅行社的接待计划,监督各地接待社的履约情况和接待质量,负责旅游活动过程中与旅行社的联络,做好各站交接工作,协调处理旅游活动中的问题,保障旅游团的安全。因此,全陪作为组团社的代表,应时刻参与旅游团的活动,负责旅游团移动中各环节的衔接,监督接待计划的实施,协调领队、地陪、司机等旅游接待人员的协作关系。

1.出团前的准备工作

迎接旅游团前,全陪需要了解团体旅游的人数、特殊照顾对象、客人所属行业、姓名、性别、年龄、宗教信仰、生活习惯等情况。同时,全陪也要携带必备的证件和有关资料,对自己的形象、语言和心理方面进行准备。此外,全陪应及时取得与行李员、司机和地接导游的联系,进行提前沟通。

2.出团当日的工作

在出团当日,全陪首先应提前半小时到接站地点迎候旅游团。其次,在全陪接到旅游团后,快速且礼貌清点人数,告知游客作为全陪导游的职责与任务。全陪应代表组团社和个人向旅游团致欢迎辞。在地陪接到旅行团后,全陪与地陪进行交接,核对行程,角色互换。

在游客入住酒店时,全陪导游应当办理旅游团的住店手续,并热情引导旅游者进入房间,还应协助有关人员随时处理旅游者进店过程中可能出现的问题,使旅游者进入酒店后尽快完成住宿登记手续,并进住客房,取得行李。另外,全陪还需要做好巡房工作,检查房间内设施设备是否齐全,游客是否有不满情况等。在游客就餐时,全陪应注意游客用餐情况,询问口味如何,及时与地陪沟通和调整。

3.游览过程中的全陪服务

(1)配合地接导游保持团队行动一致,不掉队。

(2)提醒游客集合时间,时刻清点人数。

(3)注意旅游团中游客的需求,保障参观游览过程的安全性。

4.返程服务

全陪应提前提醒地陪落实离站的交通票据及时间,协助地陪妥善办理离店事宜,认真做好旅游团搭乘交通工具的服务保障。在返程过程中,全陪应提醒游客注意人身和物品安全,协助安排好饮食和休息。

在当次旅行结束时,全陪应提醒游客带好自己的贵重物品和证件,征求游客对接待工作的意见和建议,对旅途中的合作表示感谢,并欢迎再次光临。

下团后,全陪应认真处理好旅游团的遗留问题,并认真、按时填写《全陪日志》或其他旅游行政管理部门(或组团社)所要求的资料。

(三)地陪的工作流程

地陪是指地方陪同服务人员,即受接待旅行社委派,代表接待社实施旅行计划,为游客提供当地旅游活动安排、讲解、翻译等工作的服务人员。地陪服务是旅游计划的具体执行者,对确保旅游计划的顺利实行具有重要作用。地陪的工作流程主要包括以下3个方面:

1. 准备阶段

(1)熟悉接待计划。地陪应在旅游团到达前三天领取旅游团接待计划,并且认真阅读接待计划和有关资料,详细且准确地了解该旅游团的服务项目和要求,对于重要事项需要做好记录。

(2)落实接待事宜。地陪在旅游团抵达的前一天,应与各有关部门或人员落实、核查旅游团的交通、食宿、行李运输等事宜。

(3)做好物质准备,知识准备,心理准备以及良好的形象准备等。例如,地陪要带好接待计划、导游证、胸卡、导游旗、接站牌、结算凭证等物品。地陪需要对接待计划中涉及的景点进行知识准备,还要做好面对突发情况的心理准备等。

(4)接站服务。根据实际情况,在接团当天或前一天,再次联系全陪,确认旅游团是否准时出发,人数是否有变化,游客是否有特殊要求等情况,核对接站地点,确认旅游团所乘交通工具的准确抵达时间。地陪还应该提前与司机和入住酒店的行李员取得联系,做好充分的接站工作。在接站当天,地陪应提前半小时抵达接站地点,在出站口醒目区域迎接游客。

2. 旅游团抵达后的服务阶段

(1)旅游团出站后。如旅游团中有领队或全陪,地陪应及时与领队、全陪接洽,确认行李无误后,组织游客集合和上车。游客上车时,地陪应恭候车门旁。游客上车后,地陪应协助游客就座,礼貌清点人数。行车过程中,地陪应向旅游团致欢迎辞,欢迎辞内容应包括:代表个人和所在接待社欢迎游客光临本地,介绍自己姓名及所属单位,介绍司机,表示提供服务的诚挚愿望,预祝本次旅行愉快顺利。另外还需要简单介绍本地概况,比如本地的历史沿革、民俗风情、地理气候特征等和将要入住的酒店情况。

(2)入店服务。旅游团抵达酒店后,地陪要向酒店说明预订的旅行社名称,并向旅游者介绍酒店内的就餐地点、娱乐设施和公共卫生间等情况,并告知住店的注意事项,询问游客行李是否有遗漏。最后,在结束当天活动离开酒店前,地陪要告知游客接下来的活动安排、集合时间和地点。

(3)核对、商定活动日程。旅游团开始参观游览之前,地陪应与领队、全陪核对、商定本地的活动安排,并及时通知每一位游客。在本地旅行期间,如有游客临时脱团,务必请游客写出书面证明,并请游客本人和全陪签字。

(4)参观游览服务。参观游览服务是接待过程中最重要也是最辛苦的,同时也是最能够体现地陪工作能力的环节。

首先,地陪应提前做好出发前的各项准备。出发游览当天,应提前到达集合地点,并督促旅游车司机做好各项准备工作。游客上车后,再次清点人数,并向游客介绍当天的天气情况及当天的活动安排。

其次,在前往景点的途中,地陪应向游客介绍本地的风土人情以及自然景观,回答游客提出的问题。在快要抵达景点时,地陪应向游客介绍景点的简要情况,尤其是景点的历史价值和特色。

最后,在抵达景点后,地陪应告知游客在景点停留的时间,以及参观游览结束后集合的时间和地点,还应向游客讲明游览过程中的有关注意事项。在游览过程中,地陪应对景点进行讲解。讲解内容应有繁有简,语言应生动,富有表达力。注意从游客的兴趣出发结合景点特色由浅入深地进行讲解。地陪应保证在计划的时间与费用内,游客能充分地游览和观赏,做到讲解与引导游览相结合,适当集中与分散相结合,劳逸适度,并应特别关照老弱病残的游客。另外在参观游览过程中,地陪应时刻注意游客安全,自始至终与游客在一起活动,并随时清点人数,以防游客走失。

(5)其他服务。旅游团就餐时,地陪应简单介绍餐馆及其菜肴的特色,引导入座并向游客说明酒水的类别以及解答游客在用餐过程中的提问,及时解决游客出现的问题。

观看文娱节目时,地陪应简单介绍节目内容及其特点,在旅游团观看节目过程中,地陪应自始至终坚守岗位。

结束当日活动时,地陪应询问其对当日活动安排的反应,并告知次日的活动日程、出发时间及其他有关事项。

3.送站服务

旅游团结束在本地的参观游览活动后,地陪应确保游客顺利、安全离站。旅游团离站的前一天,地陪应确认交通票据及离站时间,告知游客整理好行李和贵重物品,协助酒店结清与游客有关的账目并致欢送辞,欢送辞的内容简单来说应包含五个方面,分别是表示惜别、感谢合作、回顾旅程、征求意见和期待重逢。最后,地陪应在旅游团所乘交通工具起动后方可离开。下团后,地陪应认真填写带团小结、客户资料、报账单等旅行社要求填写的相关资料,根据接待计划和游客的要求,认真处理好旅游团遗留下的问题。

案例

如此的"三星级饭店客房"

一个16人的北京老年旅游团在全陪小关的陪同下赴深圳、香港、澳门和珠海旅游。该团午后抵达深圳,地陪便带领全团游览了市容并用完晚餐。之后,旅游团回到了地陪安排的住处——深圳某农机站招待所。游客进房时,发现房间设备既简陋又破旧,连一把座椅也没有,浴室很小,淋浴喷头紧挨洗面盆,中间又无浴帘分隔。游客对此意见很大,其中一对老年夫妇见后拒绝进房,并质问全陪小关:你看看,这样的房间就是你们合同上声称的三星级饭店客房吗?

思考:

如果你是该团全陪导游人员,你将如何处理?

第四节 散客旅游接待管理

散客旅游是指由游客自主安排旅游行程,零星现付各项旅游费用的旅游形式。散客旅游兴起的原因主要有以下几个方面,首先是随着旅游者经验的积累和知识水平的提高,旅游者变得更加对旅游活动充满信心,他们不再长期拘束于自己的生长地方,而是对自己生长以外的其他地方有强烈的好奇心。其次是旅游者的心理需求进入更高层次。旅游者的旅游行为动机从传统的观光型向多主题转变,探险、修学、科考、生态等特种旅游蓬勃兴起,旅游的目标上升到体验人生、完善自我和实现自我价值的高度。但是传统跟团的旅游模式已经不能满足游客个性化的需要。最后是我们正处于信息化社会,交通和通信飞速发展,旅游景区的服务设施更加智能化。这也使得旅游者出行更加便捷和有保障。

一、散客旅游接待的特点

1.批量少,批次多

散客旅游多为游客本人单独出行或者与家人、朋友结伴而行,因此与团体旅游相比,规模要小。对旅行社来说的话,接待散客旅游的批量也比接待团体旅游的批量少。批次多指的是旅行社在向散客提供服务的时候,散客要求旅行社提供的服务不是一次性的,有时同一散客多次要求旅行社为其提供服务。

2.预订期短

散客旅游大多数涉及的是一项或几项服务,而不是全套的旅游服务,所以他们要求旅行社能在短时间内快速且高效地安排旅游服务。散客旅游出行比较随意,不需要受到其他团队或组织的限制,并且变动性强,因此预订期也比较短。

3.要求多,自由度大

不同散客的想法具有多样性和易变性,在安排旅游计划时因为缺少经验,或者缺乏周全的考虑,从而导致他们容易在出发前或者在游览途中,突然改变自己的计划并要求旅行社为其预订新的旅游项目。在散客旅游中,一部分收入消费水平较高的游客,他们往往追求高品质的旅游,从而提出一系列要求。散客不受团队的制约,自主性大,可以根据自己的想法和意愿来进行安排旅游活动,因此自由度较大。

二、散客旅游产品类型

根据散客旅游业务的性质,散客旅游产品大致分为单项委托业务,旅游咨询业务和选择性旅游业务等3种类型。

(一)单项委托业务

单项委托业务是旅行社经营的一项重要的散客旅游产品,主要包括受理散客来本地旅游的委托、办散客赴外地旅游的委托和受理散客在本地的单项旅游服务委托。

1.受理散客来本地旅游的委托业务

这项业务指的是旅游者委托本地的旅行社办理前来本地旅游的业务,并且要求本地的旅行社提供该旅游者在本地旅游活动的接待或其他旅游服务。

2.办理散客赴外地旅游的委托业务

为散客旅游者办理赴外地旅游的委托业务,多数旅行社规定,散客应在离开本地前三天到旅行社办理赴外地旅游的委托申请手续。旅行社散客部在接到委托申请后,需要耐心询问旅游者的旅游要求以及检查旅游者的身份证件。

3.受理散客在本地的各种单项服务委托

散客在到达旅游目的地前,可能事先并没有办理任何旅游委托手续,当散客到达旅游目的地后,他可能需要到旅行社申请办理在当地的单项旅游委托手续。单项服务委托主要有抵离接送,行李提取、保管和托运,代订机、车票和饭店,代租汽车,代向海关办理申报检验手续等。

（二）旅游咨询业务

旅游咨询业务是旅行社散客部的工作人员向旅游者提供各种与旅游有关的信息和建议的服务。这些信息和建议包含的范围很广,主要有食宿餐饮、旅游景点知识、旅游交通、旅游产品价格、旅行社产品种类等。旅行社在提供旅游咨询服务时不需要向旅游者收取费用,而是通过提供咨询服务来引导旅游者购买旅行社产品。旅游咨询业务主要分为电话咨询服务、信件咨询服务和人员咨询服务。

（三）选择性旅游业务

选择性旅游业务是指由旅行社为散客旅游者组织的短期旅游活动,如小包价旅游可选择部分,散客的市内游览、晚间文娱活动、风味品尝、到近郊及邻近城市旅游景点的一日游、半日游、多日游等项目。

三、散客旅游接待流程

旅行社散客旅游接待服务的程序是受组团社的委托,根据双方的长期协议或者临时约定,由地方接待旅行社向外地组团社发来的散客团体提供的旅游接待服务。只要是组团社发送来的散客,一人也可以享受散客团的待遇。散客接待的流程有以下几个方面:

（一）咨询洽谈

旅游者在购买旅游产品前会通过各种方式向旅行社的工作人员去咨询,比如通过电话以及人员咨询。所以在这个阶段,旅行社的接待人员主要是通过与游客交流,回答旅游者关于旅行社产品的相关问题,在了解旅游者需求的基础上,旅行社接待人员可以向旅游者提供购买旅行社产品的建议。

（二）签订合同

在旅游者决定购买相关的旅游产品后,旅行社会向旅游者出示旅游合同,在合同里会明确显示在此次旅行过程中,旅游者和旅行社双方的责任和义务以及一些特殊情况的规定。旅游者在阅读过后,没有异议即可签字。旅游合同对于每一个旅游者来说都是必要的,它不仅是对旅游者的一种保障,更是对旅行社的一种保障。

（三）采购产品

旅行社需根据游客提出的要求对相关的旅游产品和服务进行采购。也就是说要及时给旅游者采购符合要求的酒店、景点、文娱场所及交通等,以便于散客旅游者的行程可以顺利开展。

（四）选派导游

在旅游者开始行程之前,旅行社需要为散客旅游者分配导游,在游客的游览过程中,导游要为游客提供包括食、住、行、游、购、娱等方面的服务。散客旅游接待难度较大,为此应选派经验丰厚、知识面广且认真负责的导游人员进行接待。

拓展阅读

"散客时代"来临,旅行社如何应对?

随着旅游业的快速发展,人们的旅游理念越来越成熟,对出游方式的选择也有改变。2006年以来,很长一段时间,大型团队较往年有下降趋势,而小型自助组合团队大幅上升,各地景区散客的比重明显提高,且多为自驾车旅游、家庭旅游、亲友团旅游。

对于很多旅游者来说,一年出游机会也就两三次,因此出游时间宝贵,人们对旅游的质量要求就越来越高,特别需要适合自己个性的旅游线路,进行自助游,对一个城市或景区点进行品味,享受"发现"的惊喜和互动的乐趣。有人说,最理想的旅游方式就是住进一家旅店,然后步行到街区小巷,漫步山间小道,体验当地民风习俗,观察不同的生活方式,实现不同文化思维的碰撞,这样出游的目的,只有作为散客才能达到。于是自驾车旅游、家庭旅游、亲友团旅游随之涌向能帮助实现这一目的的各个旅行社。

散客拼团价格有点乱

面对越来越多的散客小团队,旅行社怎样接待?组团社工作人员说,主要是旅行社从人力和财力方面来考虑,联系不同的旅行社或部门将相同旅游目的的散客凑够团队人数再出行的一种组团方式,被业内称为散客拼团。散客拼成的团队出行后,组团的旅行社不再直接负责陪同和接送游客的任务,而是交给地接社的导游负责。但组团社负责整个行程的跟踪和服务。

采访中有两位广东游客说,自己亲身经历了2次散客拼团,因为旅行社收取的旅游价格乱或安排的游览景点乱、返程时间乱等问题扫兴而归。这位游客说,2007年的国庆期间,他和三位朋友作为散客去某景区旅游,在一家旅行社报名参团。但由于当时报名参团的人少,该社便将其3人与其他两个家庭游的散客拼凑成一个团队,也就是被旅游行业所称的散客拼团。在这次旅游过程中,因为组团社向各散客收取的旅游费用的数额、游览的景点不一致而引发投诉。

散客拼团"点菜"权有限

据一位北京游客说,散客旅游,应该更具有自主性、灵活性和多样性,在旅游产品的购买上强调"点菜式"或"量体裁衣式",游客自愿结合,自定路线,"随走随买",而非完全被动地接受既定的旅游项目。

但在实际旅游活动中,游客却深切地感到,现在散客"点菜"的主权是受限的。必须按组团社给出的统一路线(包括是否选择的小景点)出游。由此看来,散客的"点菜式"只是停留在报名、选择出游的主要目的地,而被旅行社忽略了其间诸多的旅游细节,未达到游客出游前预期的旅游目的。再者,当游客想去参加散客拼团的时候,信息反馈服务比较差。听说曾经有人提前一个月订团后,到了临出发前,旅行社才通知"人数拼不够,组不成团了"。旅行社对于出团信息所作的承诺有时不能全部兑现,服务信息反馈不及时,让出游者很被动。

散客拼团易发投诉

采访中就散客拼团问题,一家热点景区的旅游服务质量监督管理部门工作人员说,从近些年受理的旅游投诉内容看,散客拼团引发的投诉要占旅游投诉的30%左右。究其原因,这位工作人员说,由于散客被拼团之前,不同的旅行社或旅行社部门向参团的游客收取的出游价格标准是不同的,有高有低,有时价格相差较大,有时甚至是几家旅行社接待的散客因目的地相同而联手拼凑成一个旅游团队,所以将支付不同旅游价格的游客、游览不同小景点的游客、返程时间不同的游客等拼凑在一起接待。在出游前,散客成员并不知道此次的旅游活动会存在这些差异,但在旅游过程的交流中,一旦发现组团社或部门已给他们人为地造成这些服务上的差异时,投诉问题就在所难免了。

一人也能出团?

调查中了解到,今年3月份开始,细心的游客发现,广东某些旅行社在部分线路上标上了"一定行"的标志。旅行社有关人士表示,只要标示有"一定行"的线路,哪怕只有一个人报名,也同样能享受到成团出行的待遇,派专门的导游和接送车辆。

一人真能出团?这个问题,一些旅行社给出了同样肯定地回答。像广东东莞国旅所设置的"自组团,一定行",就是指只要游客报名参团后,无论这个团最终有多少人报名,也同样出团,同样派专门的车辆和专业的导游陪同,并不向参团者加收其他任何费用。其实,以旅行社的实际报名情况来看,真正只收到一个游客的线路并不多见。相反,7~8人报名成团比较常见。

一人出游,游客满意舒服了,旅行社呢?为一个游客又派导游又派车,经济利益上划算吗?

商人不会做亏本的生意,只能说旅行社是在微利或者仅仅保本的情况下来操作这些线路。一是选择特定的线路,通过旅行社整个品牌对这一线路进行大批量的团购,从而降低线路价格;二是降低自己的利润,从而保证旅游者的利益。让一个人也能出团的游客充分享受到旅途的乐趣,将来会不会成为整个旅游界发展的一种趋势?对于旅行社来说,这种模式并没有什么利润空间,在收客的人数上不会有很大的提高,但可间接地留住一些熟客。有旅行社这么说,在10条"易成行"的线路中,可能只有少数线路有赚头。所以从整体来讲,"易成行"的线路的利润是较低的。但由于"易成行"的灵活度和可操作性,在一些比较冷门的线路上,可以促成游客出游,如西藏线比较难收到一个团,有了"易成行"的标志就等于给了游客信心,能促使他们在线路的选择上早做决定。同时,"易成行"能促使旅行社不断地开发新的线路,从这个层面来说,旅行社还是有潜在的利润空间的。

资料来源:秦勤,全迎春."散客时代"来临,旅行社如何应对?[N].中国旅游报,2008-5-5(11).

内容小结

本章从旅行社的概念、分类入手,对旅行社的类型进行了界定,并按照旅行社接待管理的具体工作内容,将旅行社接待管理划分为门市接待管理、团队接待管理、散客接待管理。最后一节则介绍了旅游投诉产生的原因以及处理方法。

实务分析

让我们回顾一下本章导入案例涉及的两个问题:一是传统旅行社在变革与发展中主要面临哪些挑战?二是旅行社应该在哪些方面进行创新?

1. 传统旅行社在变革与发展中主要面临三个挑战:第一是来自线上旅游企业的压力;第二是来自旅游者追求个性化和质量的要求;第三个是旅行社管理方面有待提高。

2. 旅行社应在运营模式、管理手段和产品设计方面进行创新。可以借助互联网开展销售和营销活动,例如参加网络平台提供的"直播活动",一些旅行社尝试通过当前最流行的"网红带货",效果超出预期,来自互联网的消费需求得以充分释放。

第八章
会展旅游接待服务管理

学习目标和要求

- 了解会展的概念和内涵
- 了解会展的功能
- 掌握会展旅游接待业务的特点
- 掌握会展旅游接待业务管理的内容和方法

案例导入

"国际会展＋文化旅游"融合赋能 西安浐灞创新生态发展新路径

面对突如其来的疫情，人与自然和谐共生正在成为越来越多人的共识。走绿色发展之路，既是中国面向未来的坚定选择，也是世界可持续发展的必由之路。

烟波浩渺、风光旖旎的西安浐灞生态区，早先吸引了宋城演艺、华夏文旅等巨头在此相继布局，其文旅产业结构日臻丰富，规模化效应渐显；另外，在连续举办欧亚经济论坛、世界文旅大会等诸多国际盛事的基础上，浐灞会展产业再露峥嵘，西部规模最大的会展中心——西安国际会展中心日前竣工，该项目被视为国际会展领域年度焦点之一。

同时值得密切关注的是，西安国际会展中心这艘"超级航母"启动之后，围绕品牌、人流及配套设施等核心要素领域，浐灞会展与文旅深度融合、相互赋能，又将增添哪些新"剧情"？

作为国内首批"国家级生态示范区"，浐灞早已被贴上"中国生态环境保护重要成效见证"的标签，如今携"国际会展＋文化旅游"再度颠覆外界认知，助力西安迈上国际人文交流新高地。

烟波画卷里诞生的国际会展中心

16年前的浐灞生态区所在地，几乎与西安主城区地理隔断，在彼时市民眼中，东郊一隅的这片土地，是农村、荒郊野地与垃圾场、沙场林立、污水横流的代名词。

21世纪初，浐灞生态区管委会成立，一场中国城市生态环境治理的经典战役从此打响——关于浐灞人艰苦卓绝的创业史，后来在著名作家冷梦的纪实文学《浐灞手记》中被详细描述。

2011年，对浐灞而言，是至关重要的一年——举办世园会，将浐灞第一次推向世界舞台。当时"天人长安·创意自然——城市与自然和谐共生"的主题，昭示着西安对城市与自然和谐共生的自信和憧憬。

世园会也是浐灞凭借生态肌理，与国际顶级会事的第一次亲密接触。

如今再回首，这片129平方公里的土地，已坐拥西安世博园、浐灞国家湿地公园、桃花潭等六大生态公园，累计建成水面1200多公顷，区域鸟类由63种增加到213种……优渥的生态环境，进一步推动浐灞文旅产业不断提速升级。尤其华夏文旅、宋城演艺、丝路国际文化艺术中心等项目相继落子或运行，助力其文旅产业结构更加殷实。

与此同时，基于生态、文旅与会展的赋能关系，也更加坚定了西安层面将城市会展功能向浐灞重点布局的决心，西安国际会展中心即典型案例。

世园会与欧亚经济论坛，更像是先行者，或者说只是文旅赋能会展的一个缩影。近年来，一大批会议会展、节庆活动纷纷向浐灞聚集，包括"西安国际徒步大会""世界文化旅游大会"等，浐灞也因此斩获首批全国生态旅游胜地、文旅融合特色地标奖等荣誉……

事实上，无论从汉诺威、伦敦、米兰等国际会展名城，抑或国内的杭州、大连、海南博鳌小镇来看，和谐美好的自然生态环境，对参展商、采购商和游客有着天然的吸引力。

而浐灞的国际会展与文化旅游两翼齐飞，恰恰印证了这一逻辑。

超级"航母"化身文旅顶流担当

据了解，一座囊括西安国际会展中心在内的超级项目，早先布局于灞河之滨，毗邻欧亚经济论坛永久会址和西安世园会，紧邻东三环、地铁3号线。项目包括会议中心、会展中心等两个场馆群，集会议、展览、贸易、赛事、演艺、文化交流等多功能于一体，由多家国际顶级机构联合设计。

其中，西安国际会展中心一期日前已顺利建成。这艘西部规模最大的会展"航母"，不仅为浐灞再添新地标，寄托着西安会展产业跨越式发展的厚望，同时也将助力文旅产业诸多核心要素实现爆发式成长。

客流，是会展对文旅最直接的赋能。

仅以2019年为例，世界文化旅游大会、世界中医药大会第五届夏季峰会、欧亚经济论坛等会议会展举办之际，即为浐灞带去了前所未有的人流量，华夏文旅西安度假区、世博园等遍布浐灞的旅游景区，自然是受益者。而随着西安国际会展中心投入运行，浐灞年举办各类会展将达到100场，累计引进会展企业200家以上，由此带来的客流量将极为可观。

再如酒店、文娱等配套设施，除了西安国际会展中心自身配置的大量文化设施即将试运行，以艾美酒店、锦江国际等20余家酒店为代表的高星级酒店集群，早已布局浐灞。

此外还有更多看点，会展产业带动的经济收益化比值为1∶9，"9"的范畴还将涉及交通、餐饮等诸多旅游产业核心配套领域。显然，浐灞会展与文旅相互赋能，是深入肌理的全方位作用，由此带动大西安东轴线乃至西安全域旅游迈上新台阶，亦大为可期。

创新"生态区"成长路径

随着"一带一路"倡议纵深推进，新一轮西部大开发启动，当前国内会展业呈现出"东慢西快"的显著态势。以2019年为例，西北、华北和西南地区办展数量均快速增长，东北、华东、华南和华中地区有所下降。尤其西北地区，办展数量、展览面积增速均为全国最快，分别比2018年增加了28.2%和20.6%。

西安作为国家中心城市，"一带一路"核心节点城市，以及中国向西开放的前沿阵地，自然是会展产业的"重仓"之地。据统计，西安2019年举办各类会展活动283个，其中国际性会展活动68个，全年参展参会人数278万人次……亮眼的成长势头，助力其产业战略价值和成长空间被市场普遍看涨。

可以预见的是,随着西安国际会展中心这艘"航母"的启动,"中国会展成长看西部,西部会展之关键在浐灞"将成为市场"主旋律"。而由此进一步带来的浐灞"国际会展＋文化旅游"深度融合、相互赋能,对西安融入"一带一路"倡议和国家中心城市建设,也将产生重大引领和推动作用。

过去一个月,国家领导人连续考察生态治理,释放明确信号:无论形势多困难、挑战多严峻,中国绝不会以破坏生态为代价换取经济发展。

回望浐灞来时路,从当年沙坑遍地、污水横流的东郊一隅,到十余年负重前行的生态肌理重塑,跻身"国家级生态示范区",再到不断进行的绿色产业探索和国际化设施建设,成为西安国际人文交流的核心担当和响亮名片——浐灞从"负"开始,创新国内"生态特区"成长路径的同时,也书写出一幕"绿水青山就是金山银山"的全新剧情!

资料来源:每日经济新闻,2020－04－29(有节选)。

问题与思考

1. 阅读案例后,说说你是如何理解"会展＋旅游"深度融合、相互赋能的。

2. 以提升会展各参与主体的体验为目标,如何在会展产品的开发中体现接待服务的创新性?

第一节　会展旅游接待概述

会展业被誉为"城市经济的助推器",它反映了一个地区、国家乃至全球科学技术和经济发展的历程。从20世纪90年代开始,中国大踏步迈上了世界会展大国的旅程,会展业在我国取得了长足的发展。会展旅游是会展业和旅游接待业结合的衍生物,与传统的旅游模式相比,会展旅游具有影响范围大、规模大、消费档次高、客户停留时间长、效益高、受季节影响小等优点,因此被越来越多的城市接受。如国内西安、三亚、福州、南京等城市纷纷充分挖掘自身的旅游资源,结合当地特色,开启了会展旅游模式,这吸引了大批游客,获得了良好的经济效益和社会效益,为我国旅游接待业转型提供了新的动力。

一、会展旅游接待的概念和特征

(一)会展的概念和分类

会展的概念有广义和狭义之分。其中,狭义的会展,以欧洲为代表,是指会议和展览(convention and exposition,C&E)。广义的会展,以美国为代表,包括企业会议(meeting)、奖励旅游(incentive travel)、协会或社团会议(convention)以及节事活动(events),被称为MICE。

本章将在狭义概念下讨论会展旅游接待服务管理。

1. 会议

学界对于会议概念的界定多种多样。汉语中"会""议"二字即是聚众、讨论的意思。众多现代研究者从不同角度定义了"会议",虽然表达有别,但都没有超越这种认识框架。会议就是指三人或三人以上聚集在一起协商事宜、交流信息、沟通情感、达成共识的行为过程,会议必须有一定的议题和目标并且按照一定的程序达成目标。会议的组织者包括国际组织、各级政府、各类企业以及各类协会、社团。在现代社会,会议已成为人们解决各种矛盾冲突、进行沟通交流、协商各类事项必不可少的方式。

2.展览

《国际展览会公约》在第一章第一条这样定义展览会:"展览会是一种展示,无论名称如何,其宗旨在于教育大众。它可以展示人类所取得的进步,或展望发展前景。"这个定义强调了展览会的公众教育和传播信息功能。

对于展览的定义,各界并没有一个统一的认识。"世界展览王国"德国把展览分为博览会和展览会两种。博览会带有市场特征并展出一个或多个经济部门提供的范围广阔的产品,一般说来,博览会定期在同一个地方举行;展览会带有展示的特征。比如,专业展览可为各种经济部门、各机构提供展示服务,也可为各生产者提供解释性、广告性的展示服务。

《美国大百科全书》指出,展览会就是商贸展览会和博览会。商贸展览会是指在特定期限内,来自不同地区的商家有组织的大规模聚会。博览会比商贸展览会展期更长,或只在特定场合举行。

《不列颠百科全书》对展览做出如下阐释:为了鼓舞公众兴趣,促进生产,发展贸易,或是为了说明一种或多种生产活动的进展和成就,将艺术品、科学成果和工业品进行有组织的展览。

《日本大百科全书》将展览定义为:用产品、模型、机械图等展示农业、工业、商业、水产等所有产业的技艺、学术等各个文化领域的活动和成果的现状,让社会有所了解。

由此可见,世界各国对于展览的定义因侧重点不同而众说纷纭,但都具有聚集性、前沿性、互动性等特征。

(二)会展旅游的概念和类型

会展业和旅游业是两个独立的产业部门,但是由于这二者同为第三产业,并且产业之间关联性强,这使得会展业与旅游业逐渐相互融合,形成了一种新的经济活动类型——会展旅游。

依据会展的概念,会展旅游的概念也有广义和狭义之分。其中,从广义来讲,会展旅游就是国际上所说的MICE,即包括以会议或者展览为目的的旅游活动,也包括体育赛事、大型节庆等旅游行为。从狭义上来讲,会展旅游是指以会议或者展览为目的的旅游形式,包括会议旅游或者展览旅游等由于工作需要而开展的旅游活动。

依据会展旅游的狭义概念,并借鉴其他学者的研究成果,本章将会展旅游划分为会议旅游和展览旅游两大类。

1.会议旅游

会议旅游(convention tourism)是利用政府、企业以及社会团体组织所举办的各种会议而开展的一项特殊旅游活动,它主要是以提供完备的会议设施和优质的服务、凭借所在地的风景名胜和知名度召开各种会议,吸引各地的会议旅游者,让他们在舒适的环境中完成会议活动,游览旅游景点,同时以此招徕其他游客。

2.展览旅游

展览旅游(exhibition tourism),是指为参与产品展示、信息交流和经贸洽谈等商务展览活动的专业人士和参观者而进行的专项旅行和游览活动。展览是展览旅游的一部分,主办方除为展览会提供优质的接待服务外,还可为参展各方策划相关的旅游活动,满足客户不同层次的需求。

(三)会展旅游接待的概念和特征

根据会展旅游的概念及主要类型,会展旅游接待就是为会展旅游企业对会议旅游和展览旅游提供一系列服务而收取一定报酬的实践性操作过程。会展业本身广泛涉及会展企业、酒店、餐饮业、广告、市场营销、公共关系、信息技术、商业、交通、装饰装潢等众多行业,因此会展旅游接待业务具备了相应的综合性,其内容涵盖旅游服务、商务服务、物流服务、艺术装饰服务、翻译服务等,本章主要介绍会展旅游接待业务中最常用的一般性操作实践。

区别于其他行业的接待工作,会展旅游接待工作最显著的特征是复杂性、重要性和礼仪性。

1.复杂性

这里的复杂性指展会的服务对象十分复杂,包括参展商、专业观众、普通观众、政府官员、新闻媒体、广告客户等。尤其国际展会的接待对象更为复杂,不同国家和地区、不同民族、不同文化背景的参加者聚集在一起,既要照顾大多数,又要考虑少数人的特殊性,还要协调各种关系,这是对现代会展接待工作的重要考验。

2.重要性

会展活动具有放大镜效应,也就是可以放大管理和服务的成功之处,也可以放大其欠缺和不足,因此,接待工作来不得半点马虎,必须周密考虑,谨慎行事。主办方要充分利用接待工作的每一个细节,展示企业的管理水平和特色文化,提升企业的知名度和影响力;会展接待人员不仅要掌握好接待的基本知识和方法,还要熟悉各种国际礼仪和礼节,从而使客人满意,为下届展会顺利招展、成功举办获得良好的口碑。

3.礼仪性

会展是交流沟通的平台,接待者的文明礼仪是营造良好会展氛围的催化剂,是参会各方打开心扉的钥匙,也是协调人际关系和公共关系的润滑剂。会展接待的礼仪性表现为一定的仪式、礼节、礼貌,贯穿于迎送、会见、食宿等各个环节中。其基本的礼仪原则:一是敬人的原则,就是在接待过程中克己、慎重,尊重他人;二是真诚的原则,即诚心诚意,以诚待人,不逢场作戏,言行不一;三是适度的原则,即适度得体,掌握分寸。

二、会展旅游接待管理的概念及内容

(一)会展旅游接待管理的概念

会展旅游接待管理是指为保障会展旅游活动的顺利进行,会展组织者对各种具体相关事务管理的过程。

(二)会展旅游接待管理的内容

按照会展项目管理的流程,会展旅游接待管理的内容主要包括:会展前的准备、会展现场服务、会展后续服务以及会展中的其他服务。因会展中的其他服务,如具体游览活动安排、餐饮安排等在本教材其他章节已论述,所以本章节对于此内容不过多赘述。

(三)会展旅游接待管理人员应具备的素质

服务的好坏直接会影响会展活动的成败。当今,会展旅游活动的承办者或参与各方一般都具有丰富的参会、办展经验,对接待服务的要求严、标准高,通过优质服务让与会者在物质和精神方面得到满足。这就要求会展旅游接待管理人员具有较高的职业道德素质、专业素质和心理素质。

1. 优秀的职业道德素质

首先，会展旅游接待人员必须具备强烈的服务意识，也就是发自心底地愿意尽己所能满足与会者的需求，使主动做好接待服务成为一种习惯；其次，会展旅游接待是特殊的接待服务，常常会占用周末及八小时工作之外的时间，工作压力高于很多其他行业。因此，会展旅游接待人员必须要有任劳任怨、埋头苦干的精神，保证会展过程中的每一个细节都没有任何疏忽和纰漏。

2. 高超的业务素质

优秀的专业素质包括丰富的会展、旅游专业知识和高超的服务技能，这是成为优秀会展旅游服务人员的首要条件。如接待物品的准备、厅室的布置、设施设备的安全操作、现场服务的程序和规范、后续服务等，只有熟悉会展旅游服务的每一项任务、每一个细节，才能提供有效准确的服务。同时，要具备出色的沟通能力。会展旅游接待涉及大量的沟通工作，而沟通的对象往往来自各行各业，来自天南海北，遇到的问题也是五花八门。因此，作为接待人员，首先要理解与会者的需求，甚至在对方表达不清晰、有方言或外语障碍的条件下，迅速准确地理解对方的表达意思，找出问题所在，并提出解决方案。

3. 良好的心理素质

会展旅游接待工作紧张忙碌，既需要内部团队密切合作，又需要与外部其他相关企业保持顺畅的沟通；再者，会展旅游接待活动细节多、任务重，突发状况随时可能发生，这就要求接待人员要具备良好的心理素质，学会管理自己的情绪，保持良好的心态和坚定的意志，在任何条件下能冷静、从容、果断、迅速地处理问题。

拓展阅读

深挖会展服务商机，提升会展服务水平

近年来，国内一些大中城市尤其是沿海经济发达地区，会展业搞得轰轰烈烈，使之成了推动当地经济发展的支柱产业，由其拉动和催生的其他产业也随之应运而生，在不断完善和发展中成为依附于会展业的会展经济。关于会展的经济效益，业内许多人也认为，会展对经济的拉动效益一直浮动于1:5～1:9，但这并不是恒定的。

会展对经济的拉动力大小，会受到多方面因素影响。如在某些城市会展业的发展和崛起，虽然得力于政府及相关部门的积极引导、政策支持、资金扶助，然而，这些地方的政府部门只是把会展业作为一项政治活动，而不是作为一种经济现象来看待，没有对这一新兴产业进行培育，在服务功能上配套设施难以到位，如此的会展业在竞争中只能走向末路，这种情况下，莫说是1:5，恐怕1:1都会有人怀疑。

会展业能拉动旅游、餐饮、交通运输、商业、物流等多个行业的发展，这种拉动作用之外，会展业还能提升城市的形象和知名度。伴随着城市知名度的提升而带来的城市经济效益增长，是其他行业如物流、餐饮、商业的增长影响所无法比拟的。

探索会展深层次的经济驱动力，挖掘与拓展会展的经济拉动力，若仅是以会展为主，忽视了会展的服务功能，则近乎痴人说梦。在我国现阶段，会展业是正在形成和逐渐走向成熟的一个产业，因此它在诞生和成长中需要政府给予政策扶持，但是在市场经济条件下，政府应明确自己在会展业中的地位和作用。

因此，当一些地方的会展业尚处于市场雏形阶段及资本积累阶段时，政府部门应制定相关

的产业发展政策,积极完善服务功能,创造配套良好的会展环境,提升城市知名度,这样才能有力推动会展业朝着健康、有序的方向发展。如经济发达地区的深圳、上海、广州等城市,近年来迅猛发展起来的会展产业,由于具备了产业发展基础,瞄准了产业发展前景,对会展给予了精心培育,近几年各类大型会展接连不断,实现了经济效益与社会效益的双赢。

分析深圳、广州、上海等城市的会展经济成功所在,关键便是将其定位于服务性产业,努力挖掘会展背后的商机功能,在相关产业的发展上坚持走市场化之路,由此促进了与会展业相配套的服务功能的提高。

可见,会展业在发展中只有注重服务功能的配套和提高,才会有较大的发展,使国际化、专业化水平及竞争力得到提高。说到底会展是综合服务型行业,只不过会展业的顾客是参展商、买家、参观人员,而这些顾客前往展会参展、参观,更离不开展会所提供的各项服务,这些服务最能促使会展业规模的形成和品牌的提升,且通过顾客的传播及多种途径的宣传,将会给会展经济创造并带来持久的魅力。

会展业的服务功能贯穿于整个展览会的展前、展中、展后等各个不同的阶段,它既包括信息、餐饮、仓储、交通运输及停车场所等相关行业的配套服务,也包括展会期间应当提供的清洁、保安、展品运输、展位搭建及顾客所需要的广告位租赁、广告设计和制作等必不可少的行业服务。

此外,会展业的服务功能在条件具备的情况下,还应注重提升个性化、人性化等顺应顾客个性化需求的服务,使之体现出"以人为本"的经营意识。展会提供服务功能虽然在设施上增加了投资,而优良的服务环境可以优质优价,即使顾客用于参展的费用较高,相信参展商和采购商也不会有任何怨言,因为他们在展会上享受到了优质服务,良好的服务环境会给他们留下深刻的印象。

资料来源:广州市会展业公共服务平台。

第二节　会展旅游接待前的准备

成功的会展旅游接待离不开细致周密的准备工作。接待工作须按照一定程序有条不紊地进行,首先要与会展有关各方进行协调沟通,而后进行会展物品的准备,会展场馆厅室的布置。同时,在会展活动正式开始之前要进行检查,及时发现问题并加以纠正,保证会展活动的各个环节能按计划顺利进行。

一、会展接待前的协调

会展接待前的协调是会展接待准备工作的出发点,目的是了解各方需求,同时也是寻求理解、沟通与合作的过程。

(一)会议接待前协调

会议旅游接待涉及的部门多、服务细节多、牵涉人员多、各方信息多,必须由项目经理统一指挥协调、签发通知,切不可多头管理,导致服务脱节,影响接待顺利进行。

1. 与会议主办方的协调

为了避免出现信息沟通不畅,须由专人与主办方确认参会人员、大会日程安排、主席台及参会代表的席坐安排。承办方最晚应在举行会晤前4周从主办方处获得这些资料,并及时跟进,一旦发生变化随时更新。

2. 制定会议通知单

这项工作是由此项目承办方负责人与会议主办方共同拟定。拟定好的会议通知单,须提前一周交给与会议接待有关的各个部门和接待人员,确保各个部门之间的信息畅通。

会议通知单从总体上提供了会议接待服务的运行安排,不仅包含会议团队的基本信息、会议的各项活动,还要由有关负责人认可签字,表8-1为某酒店的会议通知单样本。会议通知单如有变动,必须按主办方要求更改,重新发放,如主办方取消会议,会议服务经理须在原会议通知单上加盖"取消"字样,或填写会议取消表,并分发给相关部门。

表 8 - 1 ×××酒店会议通知单

会议名称		销售联系人	
客户联系人		电话	
付款方式		发文人	
发文日期		批准人	

工作事项:

到离日期

入住日期	
离店日期	

房间安排

房间类型	房间数量	房间价格	
雅致单人房			备注:
雅致双人房			
尊爵双人房			
尊爵套房			

前台:1.请前厅部提前准备好所有房卡,1房2卡,准备好房间、会场、餐厅,所有价格都对客人保密
2.所有房间关电话、撤酒水及小吃

会议室:

时间	活动类型	会场价格	时间

备注

客房部	
工程部	
保安部	
财务部	
免费项目	

致各部门	□ 总经办	□ 财务部	□ 前厅部	□ 客房部	□ 工程部	□ 保安部

3.制定会议/活动安排表

会议/活动安排表是对会议中某一具体活动项目的细节安排,以此来明确每项活动的服务内容,并落实到人,尽量细化。会议/活动安排表应至少在会前一周发放给各部门负责人。表 8-2 为某酒店会议/活动安排样表。

表 8-2　会议/活动安排表

名称					
时间			来宾		
地点			主持人		
议题（议程）					
参会人员	参会领导				
	参会人员				
	工作事项	内容及要求	负责人	完成时间	备注
会前准备	活动宣传	例:海报、展架、条幅	××		
	会议材料	例:议程、座次安排	××		
	会标	例:条幅,内容同会议名称	××		
	主席台布置	例:讲台、地毯、桌子4~5张、桌布、席位卡、矿泉水	××		
	音响、音乐	例:有线麦3个、无线麦1个	××		
	礼仪	例:10名,着装要求	××		
会议影像	会场摄像	例:1个固定机位	××		
	会场拍照	例:2台照相机	××		
	合影留念	例:会议结束后,全体参会人员合影	××		
会间服务	会场引导	例:引导参会人员就座	××		
	会场签到		××		
会后工作	场地清理		××		
	资料归档		××		

4.召开会前会

会前会也称为预备会,其目的是发现问题、解决问题。会前会往往定期召开,越大型的会议会前会越多,甚至在大会开幕前几日每天召开。参会人员包括会议承办方的项目经理、会议承办酒店的会议服务经理、负责此项目的会议销售经理以及各个部门总监、经理和相关人员。会议服务经理是会议组织者与酒店各部门之间沟通的桥梁,在会议接待中发挥着重要的作用。

(二)展览接待前协调

1.与展览会相关各方协调

展览接待相对于会议接待更为复杂,展前协调的内容也更加广泛。除了与主办方、协办方进行沟通协调之外,还要与展览场馆、参展商、新闻媒体、赞助商、交管部门、消防部门、医疗机构等进行沟通。只有协调好各方关系,才能确保展览活动的顺利进行。

2.制定展会服务工作表

展会服务工作表是展会组织者对展览会期间各项服务工作细节的安排。展会现场服务工作表分为工作项目、工作内容、工作进度、岗位负责人及岗位人员等栏目。工作项目包括布展、签到、开幕式、撤展、配套会议、观众接待、物品准备、餐饮服务、现场调度等,然后将每个大项下所属的子项工作逐一列出。工作表应确保每一项工作落实到人,并明确标出关键时间节点。

展会服务工作表应在展览会开幕前的30天完成初稿,之后,应召集相关负责人或全体工作人员进行会议讨论,以检查工作安排是否明确、是否有疏漏,相关工作的配合是否协调,现场人员安排是否合理等,然后在讨论的基础上对初稿进行修改。正式的展会服务工作表至少应在展览会开幕前15天确立并实施。

二、会展接待前物品准备

(一)会议接待物品准备

会议接待物品的功能是为与会者提供圆满完成会议目标所需的设施及物品,同时会议接待物品还可以营造舒适温馨的会议环境和氛围。会议接待物品的准备须遵循"按计划提前准备"和"经济实用"等原则。其中,按计划提前准备原则是指会议接待物品应由接待部门按接待规格提供物品清单,并标明名称、来源、预算等信息,并由专人负责购买、租借、调试,落实到位。表8-3为某会议接待物品清单样本。经济实用原则是指会议接待物品须遵循经济和可重复利用的原则,严格按照预算执行,提倡节约环保,杜绝奢侈浪费。

表8-3 某会议接待物品清单

名称	型号	数量	来源	预算	负责人	备注
放映机	×××	1	租借	×××	×××	
圆珠笔	×××	100	购买	×××	×××	
激光笔	×××	2	调用	×××	×××	
……	……	……	……	……	……	

1.会议场所基本设施

会议场所基本设施一般在成熟的会议厅室中都已设置,无须接待方重新购置。会议场所基本设施包括桌椅、讲台、台布、席位卡、照明设施、空调通风设备等。

2.会议文具

不同规格和类型的会议对会议文具的要求也不同。通常接待方会赠予参会者具有纪念意义的圆珠笔、签字笔、笔记本等。会议开始前,文具统一整齐摆放在会议桌上。如果是有影响力的大中型会议,通常会统一印制会议纸张,定制文具,以体现会议的规格。

3.会议生活用品

会议生活用品主要包括茶具、饮品、餐巾纸等,会务接待中最常用的茶具是白色陶瓷茶杯,饮品为纯净水或茶水、咖啡等,餐巾纸宜选用无味环保的干、湿纸巾。

4.会场装饰物品

常用的会场装饰物品主要有会徽会标、旗帜画像、条幅标语、鲜花绿植等。会场装饰物品的选择须依据会议目的和性质确定,色彩的选择应和会议主题相符。此外,国际会议要遵从国际惯例和外交准则。

5.视听器材准备

目前普遍使用的会议视听器材包括话筒、投影仪等,使用时应注意以下事项:

(1)扬声器音量控制。扬声器的位置要安排合理,尤其不能安排在侧边的座位旁。再者,音量控制要得当,要达到最佳聆听效果。

(2)视听器材空间安排合理。视听器材设置的两项原则为1.5米原则和2∶8原则。其中,1.5米原则是指从地面到银幕底部的距离为1.5米;2∶8原则指最佳的视觉范围是不近于2倍银幕高度也不远于8倍银幕高度的距离。例如银幕高度为2米,第一排位子应该不近于距离银幕4米的地方,最后一排位子不远于距离银幕16米的地方。

(3)视听器材的使用应配备专业技术人员负责,并在会议开始之前反复检查,及时排查故障和隐患,确保会议顺利进行。

拓展阅读

国旗不能倒挂

2000年2月23日法国总理若斯率政府代表团访问以色列时就差点因国旗的竖挂产生麻烦。当时,为欢迎若斯的到访,耶路撒冷的市政工人连夜在该市的主要交通干道上悬挂起红、白、蓝三色旗。23日一早,立即有熟知各国国旗的人士提出质疑:明明是法国总理来访,为何要挂荷兰国旗?原来法国国旗和荷兰国旗都是由红、白、蓝三色条纹组成,所不同的是,法国国旗的三色条纹是纵向排列,而荷兰国旗的三色条纹却是横向排列。耶路撒冷大街上飘扬的都是横向排列的荷兰国旗。于是,耶路撒冷的市政工人不得不紧急出动,进行紧张的、工程浩大的"换旗"行动。事后,以色列方面将责任推到了法国驻以大使馆身上,说他们在向法国使馆就国旗问题进行咨询时,使馆光说是红、白、蓝三色,却没有提醒条纹的排列方向,结果才会闹出如此笑话。可见,当需要竖挂和反挂国旗时,一定要向有关方面问清楚细节,千万不可粗心大意。

悬挂国旗一般应以旗的正面面向观众,不能随意交叉悬挂、反挂、竖挂,更不得倒挂。如有必要竖挂或使用国旗的反面,必须按照有关国家的规定办理。如有的国家规定,国旗如需竖挂,必须另外制旗,将图案或文字转正。不加注意随便竖挂或反挂某一国家的国旗,会产生外交麻烦。

资料来源:丁萍萍.会展实务[M].北京:高等教育出版社出版,2004.

（二）展览接待物品准备

展览接待物品相较于会议接待物品简单，因为参展商租赁场地后会自行对展位进行装修装饰，展览区只提供基础设施。

1.展厅工作区用品

展厅工作区用品包括电子签到机、咨询桌、签到桌、休息区桌椅、办公家具、指示牌、展板、饮水机等。

2.展厅装饰用品

通过鲜花绿植、展板、旗帜、地毯等展厅装饰用品，营造符合展会主题的氛围，提高参展体验。

3.其他服务及设施的准备

在会展接待前协调阶段，会展活动的承办方需要尽可能了解各方的需求，为客人提供相应的软、硬件设施，确保会展接待活动安全有效运行。其他服务及设施主要包括：①复印、打字、互联网、计算机、快递、托运等商务服务；②布展施工用电、展期动力电源，设备用上下水，以及设计、制作安装标准展位和特装展位等工程服务；③签到登记、证件管理、信息咨询、投诉处理等信息服务；④办公家具租赁、电器租赁、展具租赁、花卉租赁等租赁服务；⑤食品饮品销售、咖啡厅、快餐店等生活服务设施；⑥翻译服务、法律服务、礼仪服务、保安服务、医疗服务等劳务服务。

案例

心急如焚的小张

海发电子设备有限公司准备在本市的创新大厦召开大型的新产品发布会，参会的有本单位、外单位的人员。会议由 A 会展公司承办，会上要放映资料电影，进行产品操作演示，放映机的租借由 A 会展公司小张负责。会议时间是 3 月 6 日上午十点整，而资料放映的时间是十点十五分。小张打电话给租赁公司，要求租赁公司在 6 日上午九点四十五分必须准时把放映机送到创新大厦会议厅。

6 日上午，会议开幕前，A 会展公司的工作人员正在紧张地进行着最后的准备工作。已经九点五十分了，放映机还没有送到。小张马上打电话询问，对方回答机器已送出。眼看着各地来宾已陆续进场，小张心急如焚。

思考：

(1)遇到这种情况，小张应该怎么办？

(2)在这个案例中，会议物品的准备是否存在问题？

(2)如果你是小张，会怎么进行放映机的准备工作？

三、会展场所布置

（一）会议接待场所布置

1.报到处

报到处是与会人员参会的第一站，报到处的功能是来宾登记、信息咨询、收款付款、分发会议资料等。会议报到处的布置需要注意以下三点：

（1）报到处标志明显，可将会议名称、会徽、时间、地点等突出展示，便于与会者登记参会。

（2）报到处的空间应划分合理，减少聚集，引导分流。大型会议根据实际情况可设置登记区、付款区、资料区等，并留有足够空间，便于参会者按流程完成整个报到工作。

（3）应设置咨询台回答与会者的问题。

2.主席台

主席台是会场的焦点和中心，主席台的布置应给予高度重视。除了装饰性的布置，如旗帜、会徽、会标、画像、桌布、地毯、花卉、绿植等之外，还应注意以下几个方面：

（1）主席台座位格局。主席台座位一般采用横式，可以是一排也可以多排，后排有时也可分成两栏，中间留出通道。每排之间也应空出距离，方便入席和退席。

（2）主席台的座次安排。主席台座次安排是一个非常重要的工作事项，有时甚至是严肃的政治问题，必须高度重视。主席台座次排列，领导为单数时，主要领导居中，2号领导在1号领导左手位置，3号领导在1号领导右手位置，如图8-1所示。

⑦⑤③①②④⑥

图8-1　主席台领导人数为单数的座位安排

主席台座次安排，领导为双数时，1、2号领导同时居中，2号领导依然在1号领导左手位置，3号领导依然在1号领导右手位置，如图8-2所示。

⑦⑤③①②④⑥⑧

图8-2　主席台领导人数为双数的座位安排

（3）讲台。为突出报告人的地位，显示报告的重要性，常常设置专门的讲台。讲台一般设在主席台中央，或者右侧。设在中央的位置应低于主席台，避免报告人遮挡住主席台上领导的视线。一般只设置一个讲台，较大的会场可设置两个讲台，方便代表上台发言。特殊会议可不设置主席台，只设置两个讲台，如辩论会、联合记者招待会等。

（4）话筒。主席台前排的每个座位都应配备话筒，便于领导讲话。

（5）席位卡。大型会议主席台应设置席位卡，小型会议则在每个座位前放置席位卡。席位卡分两种，一种是写出席者姓名，另一种是写代表团名称。

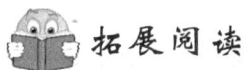

拓展阅读

会议室应该具备的十项设施

我们的工作已经越来越多地与各种技术、设备联系在一起了，作为工作有机组成部分的会议无论如何都不能成为例外。一直以来，会议策划人在挑选会议室的时候，主要关心的是空间大小、容纳人数、台型、投影仪流明等。现在看来，只有这些显然是不够的。最近一篇署名为

Arunima 的文章,列举了策划人挑选会议室时需要关注的十个与设施相关的事项,具有很好的参考价值。

一是 smart board/projection screen——智慧化显示屏或投影屏。

挑选会议场地的时候,确信会议室配备有显示屏或投影屏,而且屏幕需要具备多点触控、鼠标悬停等智慧化功能。

二是 image source——图像源。

具有这种功能可以使参会者之间形成更多互动,工作起来也会更加灵活,比如外接打印机等。

三是 Wi-Fi——无线宽带。

这种功能是目前会议的必需功能。记住,是高速宽带。人们需要借助高速宽带来开展更多协同性工作。

四是 good quality audio equipment——高质量音频设备。

举办会议的时候,你会用到环绕立体声系统、麦克等高质量的音频设备,以获得更好的交流效果。如果你的会议超过 100 人,你需要好的音频设施将各类信息有效传递给每一位参会者。在会议开始之前,一定要全面检查音频系统。

五是 a proper seating arrangement——恰当的台型。

根据你的会议具体需求,可以选择多种台型——U 型、董事会型、空心广场型(hollow square)或教室型。不管哪种台型,桌子总是需要的。

六是 video conferencing system——视频会议系统。

很多时候,你在会议中需要进行国际连线,开展跨区域实时交流。这时候,视频会议系统就是不可缺少的了。高速宽带＋视频会议系统,举办在线会议的条件就基本具备了。为了节省差旅费用,企业经常举办在线会议。

七是 digital projectors——数字投影仪。

投影仪自从它诞生以来,已经更新了很多代了。新一代投影仪具备投射出 3D 形象的功能,使得参会者学习起来更容易。

八是 it should be at an accessible location——可通达性好。

选择一个通达情况好、容易识别的场所举办会议,这样参会者可以很简单地从机场、车站到达。如果需要住宿,客房设施也要有。

九是 fully air-conditioned——可以完全调控的空调。

一个可以根据需要进行调整的空调是非常有必要的,毕竟你希望参会者在一个温度适宜的空间里开会。除此之外,灯光、通风等也很重要,明亮的环境、清新的空气,会给你的会议成功举办增添分数。

十是 tea room/common room——茶歇室或休息室。

人们都希望在开了半天会议之后放松一下。这时候,相邻区域有一个茶歇室、休息室就显得很有用了。挑选会议场所的时候,这一点很重要,参会者对你的安排一定会赞赏有加的。

最后提一下,还需要 an efficient staff——高效的服务人员。很显然,只有设施是不够的,恰当数量的、勤快的服务人员也是必不可少的。常规服务,普通服务人员就可以,而项目负责人最好有过此类会议的服务经验。

3. 会议场所座位格局

会议场所座位格局类型常见的有上下相对式、全围式、半围式、分散式、并列式等。

（1）上下相对式。上下相对式即主席台和代表席采取上下面对面的形式。由于专门设立了主席台，整个会场气氛就显得比较庄重和严肃。上下相对式又可以具体分成礼堂形、"而"字形等。礼堂形的座位格局场面开阔，较有气势，适合召开大中型的报告会、总结表彰大会、代表大会等。上下相对式可在固定桌椅的礼堂进行，也可在不固定座位的多功能厅，如需布置桌椅，则应在椅子与椅子之间留出5厘米距离，椅子前后中心距离为70厘米，如果采用带扶手的椅子留出的空间应更大。

（2）全围式。此种座位格局最大的特点是不设置专门的主席台，所有与会者围坐在一起，体现平等和尊重的精神，有助于与会者之间相互熟悉了解和不拘形式的发言，可使与会者充分交流思想、沟通情况。同时也便于会议主持者细致观察每位与会者的意向、表情，及时准确地把握与会者的心理状态，并采取措施引导会议向既定目标发展，或根据实际情况，调整目标，以保证会议取得圆满成功。全围式格局适合小型会议以及座谈会、讨论会等。

（3）半围式。半围式布局介于上下相对式和全围式之间，即在主席台的正面和两侧安排代表席，形成半围的形状，这样既突出了主席台的地位，又增加了融洽气氛，适用于中小型工作会议等。

（4）分散式。这种格局是将会场分为由若干个会议桌组成的格局，每个会议桌形成一个谈话交流中心，与会者根据一定的规则安排就座，其中领导人和会议主席就座的桌席，简称主桌。这种座位格局的优点是既在一定程度上突出主桌的地位和作用，同时也给与会者提供了多个谈话、交流的中心，使会议气氛更为轻松和谐。分散式适合召开规模较大的联欢会、茶话会、团拜会等。不过这种会场座位要求会议主持人具有较强的组织和控制会议的能力。

（5）并列式。并列式是将座位安排成双方纵向并列或横向并列的格局。适合会见、会谈等。

4. 会议场所座区划分与排列

座区是按一定规则划分的座位区域。科学合理的座区划分有利于维护会场秩序，统计参会人数，便于代表团之间联络，便于会议文件的分发和清退。座区可以按参会资格划分，也可以按代表团进行划分。

（1）按参会资格划分和排列。参会者往往具有不同的参会身份，如特邀、正式、列席、旁听资格等。特邀嘉宾按实际情况可在主席台或前排就座；正式代表座区安排在前或者居中；列席代表在两侧或后排。如果会议允许旁听，则安排在两侧或后排专设的旁听席。

（2）按团组划分和排列。如果会议活动需要将与会者分组，则可以按团组划分和排列座区，即先按团组划分顺序，然后按一定方法确定具体座区。

排列团组先后次序可按法定顺序排列，也可按代表团名称的笔画数或汉语拼音音序排序；国际会议可按与会国家英文名称的首字母排序。另外，也可以根据协商达成的约定排序。划分具体座区时，可采用以下方法：

①横向排列法，即把每个代表团排成纵向的一列，按代表团顺序，从左向右依次排列。

②纵向排列法，即把每个代表团排成横向的一行，安排好的顺序，从前向后按纵向排列。

③左右排列法，即把每个代表团排成纵向的一列，再以会场的中心线为基点，将顺序在前的排在中间位置，然后一左一右向两侧横向交错展开排列。

④纵横排列法，即将会场分成若干矩形座区，再按代表团顺序先横后纵或者先纵后横依次排列。这种排列方法适合会场较大、参会代表团数量较多的会议。

会场座区应明确标出座位号（如1区2排3号）；团组标志（如代表团名称）。会前应印刷并发放主席台和全场的座次图和座位分布图。主席台的座次图可悬挂在休息室，会场座位分布图可以张贴在会场入口处。

案例

庄严、整齐、喜庆的会场

某公司将举办年终工作总结大会暨优秀员工表彰大会。为了使这次大会的隆重与喜庆，同时利用大会期间与各界朋友同行联络感情，公司决定广邀嘉宾，参会人数为520人，地点选在本市某五星级酒店。

酒店接到预订后开始进行准备工作，会场布置由酒店会议服务部的李经理负责，李经理根据参会人数，选择酒店多功能厅作为会场。

正式开会的前一天，李经理安排几名员工去布置会场。多功能厅是长方形的，李经理决定会场整体座位格局摆放采用扇形，前面设立主席台，全体员工在主席台对面就座。摆好桌椅后，他把会场按照各部门人数划分为几个区域，并贴上部门标签。场内座次安排好后，李经理开始安排主席台的座次，他按照与会嘉宾与各位领导职务的高低排好座次，并在每个座位的左侧放置了各位领导席位卡。之后，为了突出大会的喜庆气氛，李经理又指挥工作人员在会场铺上红色地毯，主席台的桌子上铺上红色的台布，主席台上方拉上醒目的横幅，在会场周围和主席台下面摆上鲜花。经过精心布置，一个庄严、整齐、喜庆的会场呈现出来。

思考：

（1）你认为会议整体布局如何选择？

（2）会场应如何布置？

（二）展览接待场馆布置

展览接待场馆要根据主办方的要求进行必要的空间分隔，分隔时须根据事先设计好的参观者路线具体划分。展馆接待场馆中的展台可由参展商自行设计布置。具体的展台种类有以下几种：

（1）标准展台。标准展台位于一直线上，有一个或多个标准单元。

（2）靠壁式展台。标准的靠壁式展台位于展区外部四周的墙壁处。

（3）半岛式展台。半岛式展台三面各有一条人行走道，一面靠墙的展台，一般面积较大，展台一般由四个或以上的标准单元组成。

（4）岛形展台。展台四周均有人行通道，展台面积大，由四个或以上标准单元组成。

四、会展接待前的检查

会展接待前的检查是保证会展活动顺利完成的重要环节。会展前检查的意义在于查缺补漏，发现问题并及时纠正，如有必要，还可以根据实际情况适当调整原先的预案，使会展的各项准备活动趋于完善。在所有检查项目中应重点检查会议文件准备和会议厅室、会展场馆准备情况。表8-4列出了一般会展活动须检查的项目和内容。

表 8 - 4　会展接待前检查表

检查项目	检查内容
会议文件	根据会议内容所需列出
会展场馆	场馆基本设施、安全保卫、会场布置等
会议厅室	会场大小、会场地点、会场布置等
展会所需设备	视听器材、展览道具、照明设施、空调设施等
餐饮设施	餐厅、餐桌、餐椅、餐具、菜单等
商务和生活服务	打印复印中心、互联网、商场、康乐设施等
其他有效空间	签到处、资料分发处、办公室、停车场等

五、会展文案资料的管理

会展文案是围绕会议或展览活动而产生的各种书面文字资料的总称,包括各类文件、广告文案、各类表格、各类规范条例、各种计划总结等。

(一)保证印刷数量

印刷数量因根据参会人数留有一定数量的备份,以防参会人数增加或代表额外索取。

(二)保证印刷服务

商务中心承担会展的资料印刷工作,要保证在会展期间,保质保量按时完成印刷任务。

(三)专人管理

各项印刷任务应分项目落实到人,对文件资料进行合理地摆放归类,避免找不到或遗失的乱象。

(四)遵守保密条例

很多印刷服务所涉及的文件资料具有很强的保密性,因此,必须要求员工严格遵守保密条例,对客户高度负责。

第三节　会展旅游接待服务规范

一、入场接待服务

入场接待工作主要包括接站服务和现场注册签到等内容。

(一)接站服务

大型会展特别是国际性会展活动由于参与人数多,且与会者来自各个地区或不同国家,对举办地不熟悉,需要做好接站工作。具体包括以下几个方面:

(1)通过会议回执并电话联系,掌握与会者详细信息,包括姓名、性别、职务、工作单位等。准确记录抵达时间、地点、航班号、车船次等,不遗漏、不记错。

（2）根据与会者身份确定接待规格，落实接待人员，准备齐全接待物品，包括接站牌、横幅、鲜花等，提前准备好车辆。

（二）现场签到

现场登记签到的接待工作必须安排专人来负责，登记人员需要注意以下要点：

（1）注重仪容仪表，佩戴工作人员胸卡，保持耐心、细心、热心的服务状态，以最佳形象面对参会者。

（2）熟知会展各项活动和设施的具体信息，如客房、会议室、餐厅、卫生间地点、活动的时间等，以应对来宾的询问。

（3）对涉及付费的事宜应高度重视，做好相应的记录。

（4）工作期间不私聊闲谈，不要在接待桌位上摆放私人物品，和客人讲话要站立并保持微笑。

拓展阅读

电子签到

在整个会务系统中，通常第一个环节便是签到。签到环节虽小，但却是整个会务的重要开端。一个合适、专业的签到往往比会议本身更能给参会嘉宾留下深刻的印象。随着科学技术的发展，电子签到越来越受到会议活动的欢迎。相比于传统的纸质签到，能够实现高效签到，增加参会体验。下面介绍几种电子签到，主办方根据活动特性、会议场景，选择好最适合的电子签到方式。

一、手机二维码签到

二维码签到越来越受各类会议活动主办方的喜爱，参会人员在会前进行注册报名，报名完成后收到含有二维码的电子票，或者在会议现场领取含有二维码的胸卡。在会场入口出示电子票和胸卡，主办方通过扫码枪扫描二维码，便可快速完成签到。同时，还可以增加大屏幕，用以显示签到人信息，方便参会人及工作人员进行核对验证，实现签到的高效管理。

优势：签到速度快，操作简单

场景：适用于各类会议

二、微信签到

参会人员入场的时候扫描二维码完成签到，后台可以设定是否需要填写基本信息比如：姓名、电话等。轻轻一扫，完成签到，简便快捷。最重要一点是：微信签到可以与大屏互动功能连接起来，在微信签到完成后，微信签到与大屏互动平台云端对接，实现头像3D上墙，嘉宾可以在大屏幕上发布文字、图片、表情等内容，还可以实现现场抽奖、红包雨等，在活动现场就可以高效吸粉。

优势：简便快捷，还可连接大屏互动平台。

场景：适用于年会、团建、小型会议、活动、聚会、婚庆等。

三、人脸识别签到

人脸识别是基于人工智能的高端签到方式。参会嘉宾在注册报名时，上传一张面部轮廓较为清晰的个人近期照片。在会议签到现场，参会嘉宾不需要排队等待审核、证件查验，仅需走到人脸识别设备前，等待识别5秒，系统便可自动识别参会嘉宾信息，大屏幕会显示个人的信息及提交时的照片,同时系统自动收录入场人员、照片、职位、入场时间等信息,实现签到管理。

人脸识别签到方式优势:非常方便,快速高效,减少排队,增加了参会嘉宾参会的高科技体验感。

适用场景:中高端会议活动,尤其是科技型会议。

四、闸机签到

目前,在大型会议场所出入口处设立障碍闸机、无障碍闸机等设备,可以方便参会人员的出席签到、会议管理人员的统计和查询,可以实现身份验证和快速通过,为参会人员出入和出席情况提供了高效、快速、轻松的解决方案。对于无障碍闸机,嘉宾佩戴胸卡通过入口,而闸机自动识别胸卡中的信息,并记录嘉宾签到等信息。而有障碍闸机需要进行刷卡、扫码验证,保证与会人员高效有序进场,拒绝非与会人员的进入,一般适用于展会、展览等大型会议活动现场。

优势:速度快,验证准,效率极高,大幅减轻了会务的工作负担。

场景:适用于大型展会、会议和政府会。

五、身份证签到

对于身份证签到,主办方需要事先提供参会人员的信息,例如姓名、身份职位等,并将信息记录到数据库,然后通过智慧通知系统给参会人员群发、专属发送会议信息。在会议现场,参加会议人员携带身份证进行签到机身份验证,大屏幕显示签到人数、人员住宿、分会场等相关信息。后台系统将参会人员的签到信息记录到数据库,以便后期查询管理。

优势:节省人力成本,嘉宾自动签到。

场景:政府会议、安保要求高的会议。

资料来源:映小目.电子会议签到的形式及其各自优缺点[EB/OL].[2021-03-10].https://ishare.ifeng.com/c/s/7vju3DbIucu.

二、常见展会现场接待规范

(一)大型代表会议服务规范

大型代表会议规格高、场面隆重、与会人数多、持续时间长。根据不同区域,现场服务应注意以下要点:

1.主席台服务

(1)保持主席台卫生,保持台面和抽斗整洁。

(2)明确主席台总人数和各排人数,主要领导的座位和生活习惯及招待标准和工作要求。

(3)配备齐全茶具、毛巾、文具等,按要求摆放整齐,并事先做好清洁消毒工作。

(4)服务人员穿好制服,代表入场前1小时上岗做好各项用具和设备的检查。

(5)会前30分钟,服务人员按顺序排队入场倒茶水。

(6)第一次30分钟续水一次,以后每隔40分钟续水一次,一般续水三次后应重新泡茶。

(7)会议进行中,主席台两侧应安排工作人员观察台上情况,处理紧急事物。

(8)收尾工作按程序进行,撤杯盖、倒剩余茶水、收茶杯、擦收垫盘、收毛巾、撤名签座等。

2.场内服务

(1)做好场内卫生,保证地面、桌面、抽斗整洁。

(2)提前30分钟开启空调,保证场内温度适宜、空气新鲜。

(3)参会者入场前1小时,统一着装上岗,站位时一般在走道两侧面向参会者。

(4)指路时右手抬起,四指并拢,拇指与其余四指分开,手心向着客人,示意方向时说"请这边走"或"请那边走"。

(5)熟悉场内座区和座位安排,正确指示,并主动帮助年老体弱者入座。

(6)大会开始,站到工作位,站姿端庄,认真观察场内情况,随时采取应对措施。

(7)会间休息和休会时,及时打开门帘、大门,引导与会者出入。

(8)与会者退场后,认真做好收尾工作,打扫会场,发现遗失物品,记清座位号及时上交。

3.休息服务

休息服务主要是与会者会前或会中休息服务。

(1)明确所服务的休息室活动的人数、主要领导及其生活习惯、招待标准、工作要求。

(2)做好清洁卫生,调节室内温度,保持空气新鲜。

(3)配齐各种茶具并严格消毒。

(4)摆好垫盘、毛巾、文具,随时提供服务。

(5)入场前半小时备好开水,入场前10分钟点水润茶,做到人到茶到,茶量适当,浓淡可口,凉热适宜。

(二)签字仪式服务规范

签字是对特定的书面意见表示确认的行为,签字仪式也是谈判性会议的延续。签字仪式的服务要点如下:

(1)签字各方到达后,工作人员应主动为签字人员拉椅让座,引导双方代表分别站在各自的签字代表后方。

(2)开始签字时,服务人员站在签字桌两头等候,准备签字后撤椅。后台服务员应迅速开启香槟酒,倒入香槟杯,约7分满,端入签字大厅,分别站在签字桌约3米处,准备上酒。

(3)涉外签字一般有两种语言的文本,当签字人员在一种文本上签字完毕后,由双方助签人员交换文本,签字完毕后,双方签字代表起身正式交换,互相握手时,两名工作人员应迅速上前将签字椅撤除。

(4)随后,立即将香槟酒端至双方签字人员面前,请其端取,接着从桌后站立的中间处开始向两边分送。在宾主双方举杯祝贺并干杯后,服务员立即上前用托盘接收酒杯,照顾签字代表退席。

(三)典礼服务规范

典礼的主要形式有开幕式、闭幕式和颁奖仪式等。典礼活动是会展活动正式开始前和结束后的庆祝活动,具有扩大社会影响、提高展会知名度、树立主办单位良好形象的作用。

开/闭幕式服务要点:

(1)明确现场工作人员及分工,落实现场总指挥、礼仪人员、安保人员和接待人员等。

(2)落实特殊活动议程、物品的准备及人员安排。

(3)对领导和贵宾的排序及其姓名、职务等信息的核对,做到准确无误。

（4）确定致辞人、剪彩人的次序、站位。

（5）音响、乐队、礼花等配置到位。

（6）准备、核对嘉宾签到簿、胸花、剪彩用品、公关礼品。

（7）将开、闭幕式议程打印出来，于仪式前送达有关领导、嘉宾及司仪。

（四）座谈会服务规范

座谈会是人们为了商谈具体事宜或为了纪念某一特殊事件而进行的一种会议形式。一般情况下，会议规模不大，参与人数不多。座谈会的服务有以下要点：

（1）会场布置应与会议主题相符，有些正式的、高规格的座谈会需要悬挂横幅，说明会议名称和主题。

（2）座位设置一般有圆形、椭圆形、回字形、长方形等，如有必要还应根据主题布置鲜花、盆景等。

（3）会议开始前30分钟准备好茶水、毛巾等，并调节好空调设备、视听设备与灯光。

（4）会议进行中做到勤添茶水，注意会议有其他需要等。

（5）会议结束后，首先照顾参会者离席，然后撤下茶水、毛巾，最后清扫整理会场。

三、会展后续服务

会议和展览活动的所有议程和环节结束之后的一系列后续服务也是会展接待不可或缺的组成部分，包括会场和展场收尾工作、告别送行、处理投诉等。

（一）会场的收尾工作

（1）会场清洁，包括地面、桌面清洁和物品回收、消毒等。

（2）指路牌等标志的撤收整理工作。

（3）检查所有电器设备是否正常运行后切断电源，如发现设备损坏立刻联系技术部门。

（4）撤下或更换会标、旗帜。

（5）拉好窗帘、关好门窗。

（二）展览场馆的收尾工作

（1）协助参展商进行展台、展品的收撤工作。

（2）主席台的收拾整理工作。

（3）各类会标、指示牌、广告牌的收撤整理工作。

（4）检查所有电器设备是否正常运行后切断电源，如发现设备损坏立刻联系技术部门。

（5）清洁展览场地。

（6）拉好窗帘，关好门窗。

（三）告别送行

人们常说"迎人迎步，送人送七步"，与会者离会时要热情告别送行，离开时的送别和开始时的迎接一样重要。具体要求如下：

（1）根据会议性质，会展活动主办方的领导人应尽可能安排时间出面告别。告别的形式可以是到与会者住宿的房间走访告别，告别时间不宜太长，半个小时为宜。告别也在会议活动闭幕式结束后到会场门口道别。重要的与会者还需安排一定身份的领导人亲自到机场或车站送别。

（2）提前安排好车辆，并告知与会者乘车时间地点，将与会者送至车站、码头或机场。

（3）目送离开，直至消失在视野中。

案例

"对不起，我只能送您到这里了。"

2015年夏，中国某学会在北京郊区召开学术年会。由于人手紧张，会议承办方聘请了一位临时工作人员进行接机工作，该人员持有驾驶证，上岗前接受了简单的培训。接机当日，该工作人员驾驶自己的私家车前往机场接机。由于与会人员的航班晚点，该工作人员等候了1个多小时，待与会人员坐上车，下了机场高速，接站人员说："对不起，我只能送您到这里了。您的航班晚点，我已经到了下班时间，还要去接孩子放学，您打车吧，从这儿打车比从机场打车能省几十元钱。"与会人员哭笑不得，面对很和气的工作人员只能说："没关系。"

思考：

（1）在这个案例中，暴露出接待工作的哪些问题？

（2）接站工作应如何管理？

（3）如果你是这位参会者会采取什么行动？

（4）这样的接待会对大会和组织者产生怎样的影响？

拓展阅读

《我们的周总理》节选

我自1950年初调到外交部工作以来，多半时间是在礼宾司度过的，曾亲耳聆听周总理的教诲，目睹周总理的为人。

一、他心里总是装着别人，唯独没有自己

1965年夏，非洲某国元首来我国访问。北京访问结束后，周总理又赶到上海同在那里访问的客人继续会谈。客人圆满结束对华访问离开上海回国时，按惯例，机场安排了3000多群众欢送。正当周总理和上海市领导同志陪同贵宾步入机场，在欢送队伍前绕场一周时，突然乌云盖日，雷声隆隆，狂风大作。欢送仪式尚未结束，雨点已落了下来。客人登机后，瓢泼大雨倾盆而下，淋透了机场上每一个人。雷雨交加，总统专机不能马上滑向跑道。周总理纹丝不动地站在机前，执着地尽主人送客的礼仪。整个欢送队伍看着总理，也坚定地站在自己的岗位上。隐隐可见机舱内客人在挥手示意，请周总理进候机楼。警卫同志为总理打起雨伞，被总理拒绝了。大家都担心总理的健康。大概是认为礼宾官员上前比较合适，他们让我再次给总理送伞。我提起伞走到总理跟前，恳求地说："总理，挡挡雨吧！"总理转过头看了我一眼，严肃又慈祥地说："群众不也在淋雨吗？我怎能忍心自己打伞呢？"听了总理的话，我心里一阵热乎乎的。

按原定计划，送走外宾后，总理留在上海处理公务，我们工作人员在客人起飞后乘机返京。这时，看着被雨水浸透的我们，总理当场指示，要我们先回宾馆。回到锦江饭店，服务员为我们送来了热腾腾的姜汤，并说："这是周总理嘱咐为你们准备的。喝完姜汤赶快把湿衣服换下来，我们好送去浆洗。"顿时，同志们的眼睛都湿润了。总理啊，总理！大雨淋透了您全身，您无动于衷，却为工作人员作出了周到细致的安排。您心里装着他人，唯独没有您自己。

二、他总是为外宾想得很周到

1965 年 8 月下旬,尼泊尔王国大臣会议副主席比斯塔访华,在离京赴外地访问的当天上午,周总理在人民大会堂接见了代表团。送走客人后,总理对我说,礼宾司总是喜欢安排大项目给外宾看。当然喽,大项目不是不能给外宾看,而是要看来访客人的具体情况。尼泊尔多山多水,是内陆国家,交通运输存在一定困难,当前以发展小型水力发电站较为有利,也比较合算。你们今后要注意。总理一席话一针见血点出了我们工作的不足。当时我们考虑到尼泊尔水力资源丰富,有待开发,安排了客人参观水电站,但却是大型的新安江水电站。回到钓鱼台国宾馆,我马上给浙江省外事办公室挂长途电话,将总理对礼宾司的批评和指示告诉他们,并请其报告省领导同志,研究补救办法。浙江同志雷厉风行,在下午代表团抵达杭州时,已调整了日程,增加了安排客人参观双龙洞小型水电站。这个小水电站共有四级,规模不大,投资不多,工程设备也不复杂,却解决了山上山下大片居民的用电。外宾从山顶沿着弯弯曲曲的山间小道,逐级参观,下到平地,参观也就结束了。他们边看边感叹地说,修建这样的水电站,我们的国家发展就会快得多了。很明显,他们真正感兴趣的是双龙洞水电站,而不是新安江水电站。

又如,1966 年 4、5 月间,阿尔巴尼亚部长会议主席谢胡来我国访问。在筹备这次接待时,周总理针对阿尔巴尼亚地理形势和粮食不足的情况,指示礼宾司一定要安排他们参观一个生产队,而这个生产队最好是在自然条件很差的情况下,经过自力更生、艰苦创业,农副业生产有较好收成,人民生活较前有明显改善的。对此,北京市外办给予了大力协助,他们分路查看了好几个生产队,礼宾司同志也一起去了房山县等地。各队都各有特点,但都不完全符合总理的指示精神。后来,中央农办领导同志推荐了河北省遵化县沙石峪生产队。我把调查情况和中央农办的建议向总理做了汇报。总理稍加考虑,即指示由王炳南副部长带公安部一位副局长及我前往沙石峪,并指示空军司令部派一架子爵号飞机和一架直升机送我们前往。第二天我们到了沙石峪。王炳南副部长做了非常仔细的调查和实地考察,认为基本符合要求。傍晚回到北京,向总理做了汇报。总理听后露出了笑容,打趣地说:"你们是不是说得好了一些?"大家不由得笑了。

周总理亲自陪同谢胡主席参观沙石峪,回程还参观了王国藩大队展览室。参观中,谢胡主席问得非常详细,周总理也不时提出问题,做些指示,并同社员交谈。参观效果很好,超过了我们预期的目的。谢胡主席表示:中国同志能在如此贫瘠的山地上造出良田,生产粮食,栽种果木,使外出逃荒要饭的人重返家园,过好日子。阿尔巴尼亚条件比这里好,我们向中国同志学习,也一定能生产出粮食来。他请周总理送他们一部介绍沙石峪情况的纪录片,以便回去号召并激励阿尔巴尼亚人民因地制宜开发山区。

三、他是廉洁奉公的楷模

记得是 1964 年初秋,蜜橘收获季节,礼宾司接到总理办公室的电话,要礼宾司以总理名义给柬埔寨王后送一些蜜橘。我们在办理这件事的过程中感到以国务院总理头衔赠送不亲切,便建议以周恩来个人名义签字赠送。很快得到总理办公室答复,总理同意我们的意见,并交代这次赠礼费用由他个人负担,不能向公家报销。听了这话我愕然不知所措,脱口而说:这要花总理多少钱呀!当时我们认为不管是以国务院总理名义,还是以周恩来个人名义,都应由公家报销,因此没有考虑费用问题。蜜橘本身不贵,但运费可观!总理的警卫秘书说,总理的银行存折上目前只有 400 元,尽量省着些用吧!我又是一惊,我们出的主意给总理添了麻烦了。我们的周总理真是世界上少有的清廉的总理,公与私的界限是那样的分明。我心里十分不平静,找了几个同志商量,既要按总理的指示不花公家钱,又要千方百计节省总理仅有的 400 元。人多主意多,终于想出了个好办法:托便人带。这样省却了昂贵的运费。事情办得相当顺利,王后接到礼物后非常感激。

周总理生活十分简朴,多少年来,周总理出国访问,按规定发给的服装补贴费,他从不领取。1966年6月,周总理出访罗马尼亚、阿尔巴尼亚、巴基斯坦三国。考虑到他的衬衣大都已破损,我们几个人决定为他添置了两件衬衣。到了国外换洗时,总理发现新衬衣,当即查问是怎么来的,并批评不该这样做。

严以律己,宽以待人,是周总理一贯遵循的原则。1965年,我们一架专机送外宾到上海出境。在锦江饭店遇到了总理的警卫秘书,交谈中得知上海军医大一位女同志要到北京看望邓大姐。我表示,明天我们是空机回京,她可以同我们一起走。晚上,俱乐部礼堂有晚会,总理和工作人员都出席了,当我们来到礼堂时,偶然地听到总理在批评一位年轻女同志,意思是说,她自己要去北京看邓大姐,就自己买票去,不要占公家的便宜。我当即意识到,这是由我引起的。于是走上前去,向总理解释,这事是我的错,是我叫她明天一起走的。总理犹豫了一下,对我说,原谅你这一次,但到了北京不要派车送她,让她自己乘公共汽车去。在机上和这位年轻同志聊天时,我说我们常有空机来往于北京、上海之间。她说,我可不敢再沾光了,伯伯说了"下不为例"。这时我才知道她是总理的侄女。

1966年6月,周总理到巴基斯坦访问时,巴方领导人给总理送了一批杜果。使馆同志包装成了三箱。回国途中,总理到新疆视察我国导弹基地。离开前,总理嘱咐留下一箱杜果给长年在沙漠工作的同志们品尝。回到北京,其余的两箱分别送给了毛主席和其他中央领导同志。

周总理对礼品的处理极其严格。我在礼宾司工作期间,接触到外国人给周总理送礼的数量是很大的,但从未见总理派自己办公室的人或警卫人员到礼宾司取过礼品,总是要我们上缴国务院机关事务管理局。

资料来源:中共中央文献研究室.我们的周总理[M].北京:中央文献出版社,1990.

内容小结

本章从会展旅游的概念入手,对会展旅游接待服务的概念、原则进行了界定,从会展前、会展中、会展后三个方面阐述了会展旅游接待服务的内容、程序和规范。

实务分析

我们在本章开头导入的案例涉及的两个问题:一是"会展"+"旅游"的发展模式;二是如何从创新接待服务的角度提升与会者的参展参会体验?现在我们对这些问题进行解析。

1."会展+旅游"产业创新发展模式的关键是角色转化。即要将会展活动参与者转化为旅游者、消费者。"会展+旅游"模式的核心是如何向参与会展业活动的相关人员提供服务,提供什么样的服务,从会展业本身拓展到餐饮、住宿、文娱活动、交通等领域,从而争取引发旅游、购物、娱乐等方面的需求,带动多领域经济效益的增长。

2.创新会展接待服务就是使其改变与增值。我国会展业虽然起步晚,但发展迅猛,会展行业一直处于"粗犷式"经营阶段,展会数量增长快,但品牌展会寥寥无几,接待服务管理和国外一些领先的展会存在着不小的差距。在接待工作中不能满足于"有"而是要力求于"优"。"优"一方面体现在接待服务的精细化;另一方面体现在为与会人员提供增值服务,实现合作价值的最大化。

第三篇

技能篇

第九章
旅游接待业客户关系管理

学习目标和要求

- 掌握旅游接待业客户的概念
- 了解旅游接待业客户的分类
- 了解旅游接待业客户关系管理的内容
- 掌握旅游接待业客户投诉处理的技巧
- 掌握旅游接待业客户关系挽救的策略

案例导入

携程旅行网 VIP 客户关系维护

携程旅行网创立于 1999 年,总部设在中国上海,员工超过 3 万人,目前在北京、广州、深圳、成都、南京等 95 个境内城市,新加坡、首尔等 22 个境外城市设立了分支机构。作为中国领先的综合性旅行服务公司,携程旅行网将互联网与传统旅游产业结合起来,向超过 3 亿会员提供集无线应用、酒店预订、机票预订、旅游度假、商旅管理以及旅游资讯在内的全方位旅行服务,现已经成为集酒店预订、票务预订、旅游规划、全球代购等大型互联网综合性旅行服务公司。

携程旅行网客户服务部是负责企业 VIP 客户关系维持的部门。该部门对 VIP 客户关系维护主要体现在以下 3 个方面:①客户档案的建立及更新。客户档案是由客户在申请 VIP 贵宾卡时采用 Excel 表格形式建立。该客户档案信息主要包括客户的基本资料、个人消费记录以及其他相关信息。携程旅行网制定了严密的客户资料保密制度,确保 VIP 客户信息不被泄露,同时部门客户专员会对 VIP 客户进行持续跟踪,确保客户资料得到及时更新。②快速处理客户的投诉。从携程旅行网客户服务方式来看,目前客户服务主要分为自动服务及人工服务两种类型。其中,自动服务包括订单自助服务、账户安全以及账户自助服务等,而人工服务主要解决客户所反映的具体问题。③与 VIP 客户保持紧密联系。携程旅行网以 VIP 卡为介质,通过一系列促销活动和提升服务质量来维持与各个级别 VIP 客户的关系。例如,为 VIP 客户设定一定的购物折扣、自动累计消费积分、积分兑换、重要节日短信拜访、定期推送新的优惠信息、特殊关怀、赠送礼品等。

资料来源:张苗荧.携程旅行网 VIP 客户关系维护[N].中国旅游报,2019 - 09 - 25(3).

问题与思考

1. 根据以上案例,谈谈携程旅行网为什么要进行客户关系管理?
2. 携程旅行网是如何进行 VIP 客户关系维护的?

第一节 旅游接待业客户关系管理概述

一、旅游接待业客户的概念和类型

(一)旅游接待业客户的概念

客户是愿意购买产品或服务的个人或组织。从旅游产品或服务供应链的角度来看,旅游接待业的客户不仅包含最终的消费者,即旅游者,还包括旅游产业供应链上、下游的企业,它们之间互为客户。据此,旅游接待业客户的概念有狭义和广义之分。其中,狭义的旅游接待业客户是指旅游企业产品和服务的最终接受者,即旅游者。广义的旅游接待业客户是指与旅游企业发生某种交易关系的群体,包括供应商、中间商、合作伙伴、价值链中上/下游伙伴甚至是竞争对手等。

(二)旅游接待业客户的类型

客户是旅游企业生存和发展的重要战略资源,同时也是旅游客户关系管理的基本对象。按照不同的角度,旅游接待业客户划分的类型也不尽相同。

1. 按照客户在旅游产业链中所处的位置进行划分

按照客户在服务链中所处的位置,旅游接待业客户分为中间商客户和最终客户两种类型。

(1)中间商客户。中间商客户是处于产品或服务产业链中间的客户,如旅游批发商、旅游代理商等。

(2)最终客户。最终客户是指产品或服务的最终使用者。

2. 按照客户购买旅游产品或服务情况进行划分

按照客户购买旅游产品或服务情况,旅游接待业客户分为现实客户和潜在客户两种类型。

(1)现实客户。现实客户是指在过去或近期购买过旅游企业产品或服务的个人或组织。

(2)潜在客户。潜在客户是指现在暂时未购买企业的产品或服务,但有可能将来会购买企业产品或服务的个人或组织。

3. 按照客户的忠诚程度进行划分

按照客户的忠诚程度,旅游接待业客户划分为忠诚客户、老客户、新客户和潜在客户四种类型。

(1)忠诚客户。忠诚客户是指对旅游企业的产品和服务有高度信任感和消费偏好,与旅游企业保持着长期稳定关系的客户。

(2)老客户。老客户是指与旅游企业有较长时间的交易,对旅游企业的产品和服务有较深的了解,但同时还与其他企业有一定交易往来的客户。

(3)新客户。新客户是指刚刚开始与旅游企业有交易往来,对旅游企业的产品和服务缺乏较全面了解的客户。

(4)潜在客户。潜在客户是指对旅游企业的产品或服务有需求,但目前暂时尚未与旅游企业发生交易的个人或团体。这部分客户群体属于旅游企业需要大力争取的客户类型。

4. 按照客户提供价值的能力划分

按照客户所能提供价值(购买价值、口碑价值、信息价值和交易价值)的能力,旅游接待业客户划分为灯塔型客户、跟随型客户、理性客户、逐利客户四种类型。

(1)灯塔型客户。灯塔型客户属于潮流的领先者,此类客户喜欢新鲜事物和新技术,对旅游产品的价格不敏感。这种灯塔型客户的社会属性特征一般表现为:收入水平较高、受教育程度较高、有较强的探索和学习能力,在所属群体中有较强的号召力和影响力。灯塔型客户的价值最高,能够为旅游企业提供最高的购买价值、口碑价值、信息价值和交易价值,所以这类客户群体是旅游企业争先投资的目标。

(2)跟随型客户。跟随型客户属于紧跟潮流的客户类型,是灯塔型客户的跟随者。他们不一定能够真正了解和完全接受新的旅游产品或服务,但他们通常以灯塔型客户为榜样,在购买决策时对价格不敏感,更关注所购买旅游产品的品牌形象及其能够给个人带来的心理满足感。

(3)理性客户。理性客户在购买决策时比较理性,对旅游产品或服务的质量、承诺以及价格比较敏感。理性客户一般只相信自己的判断,能够听取他人的建议但并不盲从,对旅游产品或服务的购买不局限于某一特定品牌。因此这类客户群不具备交易价值,只能为企业提供客户购买价值、信息价值与口碑价值。

(4)逐利客户。逐利客户收入水平相对较低,对产品或服务的价格十分敏感,向他人传达的产品或服务信息主要集中在价格方面,对他人的购买决策影响力较低。这类客户群的企业价值体现为购买价值和信息价值。

拓展阅读

客户价值

20世纪90年代以来,以"客户为导向"的竞争观念在全球企业中得到认可及普及,越来越多的企业纷纷树立了以"创造客户价值"为核心的战略导向。企业界普遍认为,客户价值的提升是实现企业利润增长和企业总体价值提高的关键因素。

客户价值是指客户为企业所创造的价值,包括购买价值、口碑价值、信息价值和交易价值。

(1)客户的购买价值(customer purchasing value,CPV)是指因客户购买企业的产品或服务而为企业创造的利益。

(2)客户口碑价值(public praise value,PPV)是指由于客户向他人推荐和宣传企业的产品或服务而为企业创造的价值。一般而言,客户口碑的大小与客户影响力、客户口碑传播范围有关。

(3)客户信息价值(customer information value,CIV)是客户为企业提供的信息价值,主要包括企业在建档过程中客户提供的无偿信息,以及客户通过抱怨、建议、要求等方式向企业提供的信息。这些信息降低了企业的搜寻信息的成本。

(4)客户交易价值(customer transaction value,CTV)是企业在获得客户品牌信赖与忠诚的前提下,企业通过与其他企业或市场合作获得的间接或直接收益。客户交易价值受品牌联想度、客户忠诚度、产品关联度等因素的影响。

二、旅游接待业客户关系管理

(一)客户关系管理的概念和内涵

1.客户关系管理的概念

客户关系管理(customer relationship management,CRM)由 Gartner Group 于 20 世纪 90 年代提出。CRM 是一个新兴的管理概念,大量的研究人员、管理人员及商业机构等纷纷从自身领域出发,提出各自关于 CRM 的定义,直到目前 CRM 还没有形成一个统一的权威定论。综合现有的研究成果,本书列举以下几个有代表性的关于 CRM 的概念。

美国的 Gartner Group 咨询公司认为 CRM 是企业的一种营销策略,它通过细分客户来组织企业行为,鼓励企业满足客户需要并积极建立客户与供应商之间的联系,从而增加企业盈利、收入和客户满意度。

美国罗彻斯特社区和技术学院的 Romano 认为,CRM 是吸引并保持有经济价值的客户,驱逐并消除缺乏经济价值的客户。

圣加仑大学的 Schulze 等人认为 CRM 是一种以客户为导向的管理方法,它以信息系统为基础,整合了前台、营销、销售、服务等环节的所有信息。

Hurwitz Group 认为,CRM 既是一种制度原则,又是一套软件和技术,它的核心是通过实现自动化并改善销售、市场营销、客户服务和支持等与客户关系有关的商业流程。

IBM 公司认为,CRM 包括企业识别、挑选、获取、发展和保持客户的整个商业过程。IBM 公司把 CRM 系统分为三大类:关系管理、流程管理和接入管理。

中国的联想集团认为 CRM 包含客户关系管理和持续关系营销两个方面。

从以上定义可知,客户关系管理是借助先进的管理理念和技术手段来研究建立客户关系、维护客户关系、挽救客户关系的一种新型管理模式。通过建立和维护企业和客户之间的良好关系,有助于企业增加销售收入,寻找扩展业务所需的新市场和渠道,以及提高客户的价值、满意度和忠诚度。

2.客户关系管理的内涵

通过以上对客户关系管理概念的总结可知,客户关系管理(CRM)实质为现代管理理念、管理技术和管理模式等三个方面组成的结合体,如图 9-1 所示。

(1)CRM 是一种管理理念。客户关系管理首先被认为是一种管理理念,以客户为中心,将企业的客户视为企业最重要的资源,通过企业对客户服务的不断完善和对客户进行深入的分析来满足客户的个性化需求,提高客户的满意度和忠诚度。

(2)CRM 是一种管理技术。客户关系管理是信息技术、软硬件系统集成的管理办法和应用解决方案的总和。具体讲,它将最佳的商业实践与数据挖掘、数据仓库等技术手段紧密结合,为企业的销售、客户服务和决策等提供智能化的解决方案。

(3)CRM 是一种管理模式。客户关系管理是一种新型的管理模式,旨在改善企业和客户之间的关系。这种管理模式主要实施于企业的市场营销、销售、服务等与客户有关的领域,帮助企业与客户建立和维护一种亲密信任的关系,以便企业能够以客户的需求为导向实施自己的经营活动。

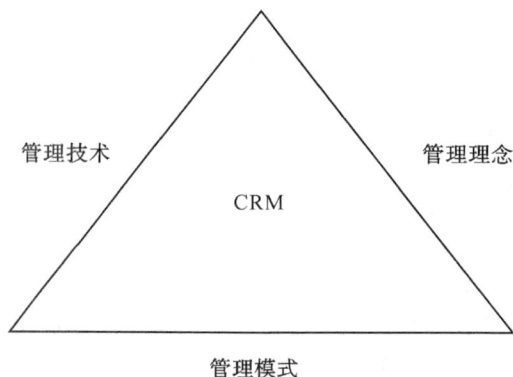

图 9-1 客户关系管理内涵模型

(二)旅游接待业客户关系管理的概念和内涵

随着旅游接待业客户的需求不断发生变化,旅游接待业市场的竞争不断加剧。在此背景下,旅游接待企业要想在竞争激烈的市场竞争中立足,就需要对自身的资源进行有效的统筹,以期最大程度地满足旅游接待业客户的需求,进而提升其满意度和忠诚度,使旅游接待企业的资源实现最大的效用。而旅游接待业客户关系管理就为旅游接待企业提供了这样的一个平台。

旅游接待业客户关系管理是一种以旅游接待客户为中心的商业战略,旅游接待企业在现代市场营销理念的指导下,运用现代信息技术,有效地整合企业的各项资源,为管理者提供全方位的客户视角,完善企业与客户的沟通能力,提高企业的整体经营管理水平,提升客户满意度,最大化地实现客户的收益率和企业的盈利。

从旅游接待客户关系管理的概念可知,旅游接待业客户关系管理需要把握以下六点内涵:①旅游接待业客户关系管理要以旅游接待业客户为中心,满足其多样化和个性化的需求。②旅游接待业客户关系管理的目的是为提高旅游接待业客户的满意度和忠诚度。③旅游接待业客户关系管理促使旅游接待企业内部各个部门之间的相互配合。④旅游接待业客户关系管理促使旅游接待企业内部有限的资源实现尽可能大的效用。⑤现代信息技术是旅游接待业客户关系管理实现的物质手段。⑥旅游接待业客户关系管理的最终目标是实现旅游接待企业和旅游接待业客户的双赢。

(三)旅游接待业客户关系管理的作用

1.改善旅游接待企业的服务水平,提高客户的忠诚度

旅游接待业客户关系管理是以客户为中心的商业战略,旅游接待企业根据以往产品和服务销售的情况向旅游接待业客户提供更专业、细致的服务,通过对客户投诉意见的跟踪,发现企业内部存在的问题并加以改正,从而不断提高服务水平,提高客户的满意度和忠诚度。

2.提高旅游接待企业员工的工作效率,降低企业成本

旅游接待客户关系管理的运用,促使旅游接待企业服务质量的提升,赢得了客户的"正面口碑",这使得企业服务时间和工作量大大降低、员工服务效率大大提高,客观上降低了旅游接待企业的营销成本、销售成本、服务成本以及劳务成本等。

3.增加旅游接待企业的销售收入,实现企业和客户的"双赢"

旅游接待业客户关系管理的应用目的是实现旅游接待企业和客户的"双赢",促使旅游接待企业的经营活动进入一个良性的循环,从而吸引更多的旅游客户,最终实现旅游产品和服务的销售数量和销售收入的扩大。

第二节　旅游接待业客户关系管理理论和技术基础

一、营销理论基础

(一)关系营销

1.关系营销的概念

关系营销的概念最早是由学者 Berry 在 1983 年提出的,他将其界定为:"吸引、保持以及加强客户关系",这一概念的提出促使企业营销理念的转变,从注重交易转向注重客户保留。1996 年,Berry 又对"关系营销"的概念进行了进一步的修正,他认为关系营销是通过满足客户的想法和需求进而赢得客户的偏爱和忠诚。随后,越来越多的学者开始对关系营销进行深入的研究,并从自身学科背景对关系营销进行界定。

2.关系营销的内涵

建立和维持一个对企业有益的、有承诺的客户基础是关系营销的最终目标。根据这个目标并结合学者们对关系营销的界定,关系营销的内涵主要体现在以下三个方面:①建立关系是企业向消费者做出的各种承诺。②保持关系,即企业履行承诺,这是企业可持续发展的重要营销内容。③发展或加强关系是企业在履行原先诺言之后,又向消费者做出一系列新的承诺。

3.关系营销与传统市场营销的区别

关系营销与传统的市场营销相比较,在营销目标、服务对象、交易方式、消费者满足时间等方面有着一系列不同的特点。

(1)在营销目标方面,传统市场营销强调通过最大限度地刺激消费,从而使企业商品或服务占有更大的市场占有率;关系营销强调通过提升消费者的忠诚度,从而使企业商品或服务消费具有可持续性。

(2)在服务对象方面,传统市场营销的服务对象为消费者;而关系营销的服务对象不仅包括消费者,还包括相关的社会组织。

(3)在交易方式方面,传统市场营销采用逐项逐次的谈判交易;而关系营销的交易方式为程序化交易形式。

(4)在消费者满足时间方面,传统市场营销所达到的消费者满足仅仅是指消费者在消费产品和服务时的满足感;而关系营销所要求的消费者满足,不仅包含消费者消费时所带来的满足感,还包括产品被消费之前、之后所得到的满足感。

关系营销与传统市场营销除了上述四个方面的不同之外,还有其他方面的区别,具体如表9-1所示。

表 9-1　传统市场营销和关系营销的区别

传统市场营销	关系营销
关注单项交易的利润最大化(卖方的单方行为)	关注与消费者互利关系的最佳化(买卖双方是互动关系)
以产品特征为导向	以产品效益为导向
注重短期利益	注重长期利益
忽视对消费者服务	高度强调对消费者的服务
有限的消费者参与	高度的消费者参与
与消费者适度联系	与消费者高度联系
更多地关注产品质量	关注所有的服务质量

(二)一对一营销

1.一对一营销的概念

一对一营销是指企业的营销者与客户之间的双向沟通,在企业掌握客户的有关信息后,根据每位客户的不同需求,提供相应的产品和服务,使客户感到满意的过程。除此之外,一对一营销更强调开展定制化的服务,以达到保留老客户、谋求客户忠诚的目标。

2.一对一营销与传统市场营销的区别

(1)传统市场营销关注的中心是一种产品或服务,以这种满足某一消费者需求的产品或服务为营销中心,挖掘市场,尽可能地找到有这种需求的客户,并争取更多的客户,从而提升该类产品或服务的市场占有率。

(2)一对一营销关注的中心是一位客户,并尽可能地满足这位客户的需求。一对一营销不只关注市场占有率,更关注每一位客户的购买额,最终提升客户忠诚度。一对一营销最终实现的目标是为单个客户定制一件产品或提供定制一种类型的服务,如美国查尔斯酒店选定商务客人作为酒店定制化服务的对象,通过酒店自身的"Guestnet 系统"收集商务客人的个人信息及偏好,针对此类人群展开一对一服务,如叫醒时间的设定、浴袍的图案、报纸的选择等。

3.一对一营销实施的步骤

一对一营销的执行和控制是一个非常复杂的过程,它要求旅游企业能够识别、追踪、记录个体旅游者的个性化需求并与其保持长期的互动关系,最终为其提供个性化的产品和服务。企业实施一对一营销的步骤,主要体现在以下三个阶段:①客户识别阶段。拥有每一位客户详细的资料是企业开展一对一营销的工作基础和前提。企业管理者通过对客户资料深入细致地调查和了解并充分考虑客户价值的前提下,识别一定数量的、具有较高价值的企业客户,建立自己的客户档案库并与客户档案库中的每一位客户建立良好关系,最大限度地提高每位客户的价值。②企业与客户之间的双向沟通阶段。一对一营销的成功之处在于它能够和客户之间建立一种互动的学习关系,并把这种学习关系保持并发展下去,使客户价值得到提升。首先,企业与客户沟通过程中,知道了客户的需求,并按照客户的需求对其产品和服务进行改善和提升,最终将满足其需求的产品或服务反馈给客户,以此留住客户。而对于客户来说,客户努力提出需求信息的回报是得到更具有个性化的满意产品或服务,这使得客户对企业的忠诚度增加。③企业各部门之间的合作阶段。一对一营销的实施需要企业营销部、运营部以及财务部等各个部门之间通力合作,如营销部确定满足客户需求的产品或服务的类型和规格,运营部保持产品或服务生产及运营顺利,财务部及时提供产品或服务的成本及财务分析等。

(三)网络营销

1.网络营销的概念和内涵

网络营销是以互联网技术为基础,运用互联网这种传播方式,与客户在网上直接接触或进行双向互动的沟通,最大限度满足客户个性化的需求,从而达到开拓市场、增加盈利的目的。在网络营销的概念中,还包括以下内涵:

(1)网络营销是企业通过互联网吸引客户并对产品销售的不同阶段进行跟踪,最终达到满足消费者的过程。

(2)网络营销的主要工作内容除了网络广告外,还包括网络调研、目标市场的选择、网络公关、网络宣传、网络策划和网络分销等内容。

(3)网络营销是一种有效的市场营销方式。相对于传统营销媒体,互联网具有跨越时空、互动性强、大数据获取便利等特征,这使得企业能够更有效地与客户进行沟通,从而提升营销活动的效率和效果。

2.网络营销的形式

网络营销的形式主要包括网络市场调查、网络广告和网站设计等。

(1)网络市场调查。网络市场调查是企业市场研究的基础和企业制定营销战略的前提。网络市场调查是以互联网为媒介,对企业所面对的产品市场态势及竞争对手的情况进行调研。

(2)网络广告。网络广告是企业在互联网的有关网站发布企业广告。相对于传统的广告而言,网络广告具有受众范围的广泛性、发布信息的高度密集性、广告效果的易量化性、广告内容的随时跟进性、广告价位的可接受性等特点。

(3)网站设计。网站设计是网站营销的重要形式之一,网站设计必须高效和安全。一般来说,好的网站设计结构一般包括四个方面:①网站设计中强调信息分类的准确性。网页信息整体及每个板块内信息有主次之分,每幅页面上都有高度概括和具有吸引眼球的标题。②信息排列有序并有主次之分,方便浏览者能够对信息进行捕捉。③网站设计中对文字和图形的布局要考虑重点突出,色彩和谐,展示内容避免单一。④网站设计应考虑留有可调整的页面位置,以备临时性宣传活动的需要。

二、技术基础

(一)数据仓库

自20世纪90年代以来,随着信息技术的迅速发展和应用,数据库营销备受企业界的青睐。在美国,85%的企业都认为他们需要一个强大的营销数据库来增强竞争实力。如整合营销理论的开创者Schultz教授在清华大学讲演中提到,"现在美国最好的、发展最完备的营销组织都有一个共识:要做营销,必须建立数据仓库"。即企业要进行营销活动首要考虑的就是建立一个数据仓库,这个数据仓库能够对企业收集和积累的大量消费者信息进行整合、分析和处理,并通过便捷有效的数据访问手段,为企业营销人员、管理者或决策者提供有效的决策支持。

数据仓库的创始人 W. H. Inmon 将数据仓库定义为:"数据仓库是一个面向主题的、集成的、不可更新的、随时间不断变化的数据集合,用以支持企业或组织的决策分析处理。"一般来说,数据仓库包括数据源、数据库管理系统、联机分析处理技术、分析工具等,具有数据采集、数据存储、数据处理、数据共享、数据库的运用和数据库管理等功能。

对于旅游接待企业的 CRM 系统而言,一个内容详尽、功能强大的客户数据仓库是不可缺少的。客户数据仓库是 CRM 的灵魂,CRM 许多工作都是以数据仓库为基础展开的。所以,客户数据仓库对于企业保持良好的客户关系,维系客户忠诚发挥着不可替代的作用。数据仓库在旅游接待业企业客户关系管理中的功能主要体现在以下五个方面:

(1)对旅游企业客户信息的记录和更新。客户数据仓库包含每一个客户的详细历史数据,如客户个人基本信息、历史交易记录、客户沟通记录以及客户对以前市场营销活动的态度或反应等。当客户每次交易完成后、每次沟通后、每次投诉后,CRM 系统能够自动对客户的所有行为数据进行及时更新。

(2)旅游企业对客户进行分级管理。通过广泛收集旅游企业的客户信息、客户行为及其他相关数据,最终形成了数据源当中的海量数据。数据仓库按照不同的客户群体行为特征,将客户划分为若干个不同等级的客户组,通过对数据的交叉分析,发现不同客户组的整体行为规律以及最具价值的客户群,针对不同的客户组制定差别化的客户政策。

(3)为旅游企业分析客户购买行为提供参考。旅游企业通过运用数据仓库,可以使每一位服务人员在提供产品或服务时,能清楚地知道客户的文化背景、消费偏好和习惯,从而提供有个性化的服务。如客户办理值机时,航空公司会根据数据仓库中该客户档案信息,自动推荐符合客户需求的座位类型。

(4)监测、预警旅游企业客户流失情况。每一个企业都面临着客户流失问题,保留客户也就成了市场竞争的一个重要内容。旅游企业根据客户数据仓库对客户历史交易行为进行自动监控和分析,当客户购买行为发生异常时会自动发出预警。如一个定期到酒店消费的客户,突然一段时间不来了,客户数据仓库会自动提醒酒店这位客户可能会流失,需要酒店关注该客户并采取一定的服务补救措施。

(5)与旅游企业其他信息系统有效整合。所谓整合性是指客户数据仓库能够与旅游企业内部销售、营销和服务等部门的其他信息系统、交易渠道、联络中心等有机融合并实现客户信息的共享,这样有助于旅游企业内部各部门或员工与客户互动行为协调一致,从而使旅游企业业务运作更加高效。

(二)数据挖掘技术

数据挖掘是指从大型数据库中提取人们感兴趣的信息。数据挖掘是一个决策支持的过程,它主要基于人工智能、机器学习、统计学和数据库等多种技术,对企业已有的数据进行分析、归纳和推理,帮助决策者寻找数据之间的潜在关联。一般来说,数据挖掘包含的技术方法主要有三种:预测分析法、聚类分析法和关联性分析法。其中,预测分析法是指根据历史数据构建的,能够对某种行为作出合理的预测;聚类分析法是指根据某些属性,将数据库中的记录划分为若干个子集或组别;关联性分析法是识别记录中不同事件或不同属性组合之间的关联程度。

近些年,数据挖掘技术在旅游企业客户关系管理中发挥着重要的作用,具体应用体现在以下三个方面:

（1）通过数据挖掘分析和预测游客预订、取消以及其消费行为的规律及发展趋势。

（2）通过数据挖掘的聚类分析法对游客进行细分，进而预测不同群体游客的需求行为特征。

（3）通过对游客点评网站、博客、微博等社交网络平台上的网站文本内容进行挖掘，尤其是对用户文本内容的分析，揭示文本内容与企业或游客之间的关联性；通过对游客点评网站、博客、微博等社交网络平台上的网站点击率信息的挖掘，发现在线用户的浏览和搜索习惯与游客关注热点及偏好之间的关联性。

三、客户关系管理的基础概念

（一）客户细分

客户细分是指根据客户的需求和对企业的价值，将一个大的客户群体划分成不同的群组（客户区隔），并通过差异化给予不同客户群体不同的产品和服务，从而帮助企业进行规划并提高利润水平。如企业将会员划分为一般会员、金卡会员、白金卡会员以及钻石卡会员等就是一个典型的客户细分的例子。

（二）客户满意

美国学者 Cardozo 在 1965 年首次将客户满意（customer satisfaction）的观点引入营销领域后，学术界掀起了研究客户满意的热潮，客户满意也成为颇受西方企业推崇的经营哲学。菲利普·科特勒认为："满意是指个人通过对产品的可感知效果与他的期望值相比较后所形成的愉悦或失望的感觉状态。"

客户满意是一种心理状态，是指客户的需要获得满足之后形成的愉悦感或心理活动。在旅游接待业中，旅游企业的直接服务对象是旅游者。从"客户"狭义的概念理解，客户满意的核心内容实质为旅游者满意，是旅游者对旅游产品和服务质量是否满足其需求的一种感知判断。旅游者对旅游产品或服务的实际感知与旅游者的心理期望相比较，如果前者高于或等于后者时，旅游者就会感到满意；相反，就会感到失望或不满意。在旅游研究领域，已有很多研究表明，旅游者满意度与其重游意向存在显著正相关关系。

（三）客户忠诚

忠诚的客户是指客户在完全满意的基础上，对企业的某一产品或服务长期、指向性地重复购买者。客户对企业的忠诚程度越高，则表明企业产品或服务对他们的效用越大。客户忠诚是指客户在较长的时间内，不断重复地购买同一企业、同一品牌或同一品牌系列的产品或者服务的行为。忠诚的客户是企业基本的、值得信赖的客户群体，忠诚客户的行为一般有以下三个方面的特征：

（1）指向性特征。当忠诚客户想购买某一产品或者服务时，他们会主动寻找原来他们购买过的某一品牌的产品或服务，如果因某种原因没有找到其所忠诚的品牌，他们会暂时搁置需求，直到所忠诚的品牌产品或服务出现。

（2）排他性特征。忠诚的客户能够自觉地排斥"货比三家"的心理，在很大程度上能够抗拒其他竞争企业提供的优惠和折扣等诱惑，而一如既往地购买所忠诚企业的产品或服务。

（3）主动性特征。忠诚的客户比较注重与企业之间的情感联系，对所忠诚的企业有较强的归属感。当所忠诚企业出现失误时，忠诚客户往往会持宽容的态度，谅解并且主动向企业反馈信息,且不影响再次购买。

(四)客户关系生命周期

每个企业都有自己的目标市场和特定的客户群,客户群的质量即客户关系的稳定性和长久性是企业关注的焦点。格鲁诺斯认为,客户与企业的关系,与产品生命周期或企业生命周期相同,也有一个从建立到消亡的过程。客户生命周期按照客户和企业之间交互方式不同,依次划分为四个阶段:考察阶段、形成阶段、稳定阶段和退化阶段。

第一个阶段:考察阶段。在此阶段,客户与企业双方相互了解不足,客户关系尚未建立,不确定性较大,客户尝试性地下少量订单,客户价值较小,双方交易量较小,企业利润较低。该阶段企业需要投入较多资源促使客户形成对企业的信任、忠诚和依赖,同时应采取营销策略缩短考察阶段的时间。

第二个阶段:形成阶段。在此阶段,客户与企业双方之间的关系日趋密切,客户承受风险能力提高,客户关系逐步建立,客户忠诚度逐渐提高,客户价值逐渐增大,客户的支付意愿随着客户关系程度的加深而不断提升,双方交易量快速增加,企业利润快速增加。

第三个阶段:稳定阶段。该阶段,客户与企业的关系处于稳定发展时期,双方的交易量达到最大并可能持续较长一段时间,客户支付更高价格的意愿较强,企业利润增长开始趋缓并达到最高水平,客户价值最大,客户流失率最低。在此阶段,企业应尽可能延长稳定阶段的时间,同时针对不同客户的特点实施更具个性化的服务。

第四个阶段:退化阶段。该阶段的主要特征是客户与企业双方关系退化,客户对企业提供的产品或服务不满意,客户的支付意愿下降,客户价值开始下降,双方交易量回落,企业利润急剧下降。在此阶段,企业应挽留即将流失的有价值的客户,从而使企业的投入下降。

第三节 旅游接待业客户关系管理内容

旅游接待业客户关系管理的内容主要包括客户关系的建立、客户关系的维护和客户关系的恢复等三个方面。

一、客户关系的建立

客户关系的建立实质上就是解决"谁是客户"的问题,是让目标客户和潜在客户产生购买旅游产品或服务的欲望并付诸行动,最终成为现实客户的过程。

(一)客户信息管理

信息是企业决策的基础,企业所掌握的信息数量的多少及质量的好坏直接关系到企业是否能够制定出正确的经营战略和策略。如果企业对客户的信息掌握不全或不准,会使企业决策出现偏差,可能葬送好不容易建立起来的客户关系。所以,企业必须全面、准确、及时地掌握客户的信息。

1. 个人客户信息

个人客户信息主要包括客户个人的基本情况、客户个人的信用情况和客户个人的行为偏好,具体如表9-2所示。

表 9 - 2　客户个人信息表

信息类型	详细信息
基本情况	姓名、地址、性别、出生年月、电话、工作性质、收入情况、婚姻状况、家庭结构等
信用情况	信用卡号、贷款情况、忠诚度指数、潜在消耗指数、客户类型
行为偏好	生活方式、消费偏好、对企业营销活动的反应等

2.企业客户信息

企业客户信息主要包括企业客户的基本信息和企业客户的行为信息。其中,企业客户的基本信息主要包括企业名称、营业地址、电话、主要负责人等信息;企业客户行为信息主要包括该企业的客户类型、业务能力、交易状况等信息。具体内容如表 9 - 3 所示。

表 9 - 3　企业客户信息表

信息类型	详细信息
基本情况	企业名称、营业地址、电话;主要联系人姓名、头衔及联系方式;企业决策人姓名、头衔及联系方式;企业相关部门和办公室;企业所处行业类型;企业注册资本、员工数、年销售额、收入及利润等
行为情况	企业客户类型;银行账号、银行信贷限额及付款情况;购买过程;与其他竞争对手的联系情况;忠诚度指数、潜在消耗指数、对新产品的态度

3.客户信息收集的渠道

企业收集客户的信息主要有两种渠道:直接渠道和间接渠道。

(1)直接渠道。直接渠道是指旅游企业与客户直接接触或沟通过程中所获取的有关客户的信息。企业直接收集客户信息贯穿于企业为客户服务的全过程中,即从为客户提供购买咨询服务到产品售后服务,包括处理投诉或退换产品,这些都是直接收集客户信息的主要途径。

(2)间接渠道。间接渠道是指旅游企业从公开的信息中或通过购买所获得的客户信息。主要信息来源:互联网、杂志等媒体,工商行政管理部门及驻外机构,金融机构及其分支机构,咨询公司及市场研究公司,行业协会或商会等。

(二)客户分级管理

美国学者雷奇汉的研究发现,企业从 10% 最重要的客户那里获取的利润,往往是企业从 10% 次要客户那里获取的利润的 5～10 倍。而 Meridien Research 的研究机构也指出,在某一个企业的客户群中,前 20% 的客户会产生约 150% 的利润,而后 30% 的客户可能会消耗掉 50% 的利润。由此可知,企业的客户有大小,不同的客户给企业带来的价值也是不同的,这导致企业在资源有限的条件下,对客户实行分级管理,根据客户的不同价值而分配不同的资源,使企业对客户管理从"一把抓"转变为"分开抓"实现客户利益的最大化。世界首家旅行社托马斯库克集团根据交易记录,将客户按照消费金额的多少依次划分为 A、B、C 三个等级,并给予不同的优惠待遇,消费金额越多,如在购买该旅行社旅游线路产品时,A、B 客户因消费金额较多,无须提前支付订金,而 C 客户因消费金额最低,需要提前支付 25 美金的订金。

客户分级是企业依据客户的不同价值和重要程度,将客户划分为不同的层级,从而为企业资源分配提供依据。旅游企业对于客户的分级,主要目的是为了发现有价值和可以争取的客户。

在现实社会中,客户给旅游企业创造的利润和价值是不同的,这使得旅游企业需要对客户的价值大小进行评价,发现 VIP 客户和需要特别对待的客户,以此实施客户分级管理,强化与高价值客户的关系,降低为低价值客户的服务成本,提升客户关系管理的效率,优化企业营销资源的配置。一般而言,旅游企业按照客户对企业带来的价值大小可分为 VIP 客户、主要客户、普通客户、小客户等四种类型。

(1)VIP 客户。VIP 客户是旅游企业的核心客户,是能够给旅游企业带来价值的前 1% 的客户。这部分客户购买能力强,可为旅游企业创造绝大部分和长期的利润。对于 VIP 客户,旅游企业客户管理的目标是"提高 VIP 客户忠诚度",密切关注、跟踪其交易动向,对出现交易异常的客户及时做出反应,避免现有 VIP 客户流失,并对新出现的 VIP 客户采取积极的行动。

(2)主要客户。主要客户是除 VIP 客户之外,给旅游企业带来价值的前 20% 的客户。该类型客户是旅游企业产品和服务的主要购买者,他们对价格比较敏感,对企业忠诚度不高,会与其他同类型旅游企业保持长期联系。对于主要客户,旅游企业在客户关系管理中应体现"关怀和重视"。

(3)普通客户。普通客户数量较大,一般占旅游企业客户总数的 15%~30%。这类客户能够给旅游企业带来一定利润,但他们的购买力、客户忠诚度及给企业带来的价值都远远比不上 VIP 客户和主要客户。对于普通客户,旅游企业在客户关系管理中采取"提升级别和控制成本"的策略。

(4)小客户。小客户是旅游企业产品或服务最广泛的消费群体,这类客户给旅游企业带来的价值小,旅游企业没有必要花费过多精力进行客户关系管理。

二、客户关系的维护

客户关系的维护是企业巩固和进一步发展与客户长期、稳定关系的过程。客户关系维护实质就是解决"如何与客户打交道并建立稳定关系"的问题。客户关系的维护是以多途径的沟通为手段,最终使客户满意,实现客户的忠诚的过程。

(一)客户沟通管理

客户沟通是指旅游企业通过与客户的沟通,旅游企业把自己的产品或服务、企业宗旨和理念等信息传递给客户,并主动征求客户对旅游企业产品或服务及其他方面的意见和建议。一般而言,客户沟通的内容主要包括信息沟通、情感沟通、理念沟通、意见沟通以及政策沟通等。通过旅游企业和客户之间的沟通,不仅能让旅游企业知晓客户的期望,也能加强旅游企业与客户之间的情感交流。

旅游企业与客户沟通之间的沟通是双向的,而沟通的途径也是多样的。

(1)旅游企业与客户的沟通途径。通过旅游企业与客户经常性地沟通,使客户清楚旅游企业的理念与宗旨,让客户知道旅游企业很关心他们。为了不断满足他们的需要,旅游企业愿意不断地提升旅游产品或服务的品质。主要形式有以下五种:①通过人员与客户进行沟通。②通过举办活动与客户沟通。③通过广告与客户沟通。④通过企业宣传物与客户沟通。⑤通过包装与客户沟通。

（2）客户与旅游企业的沟通，是客户将其旅游需求或者具体意见、要求等反映给旅游企业的行为。客户与旅游企业的沟通途径主要有来人、来函、电话、网络和发电子邮件等形式。

（二）客户投诉管理

1.客户投诉概念

目前，旅游企业客户投诉的概念有广义和狭义之分。其中，广义的客户投诉是指旅游者、海外旅行商、国内旅游经营者等为维护自身和他人的旅游合法权益，对损害其合法权益的旅游经营者和有关服务单位，以书面或口头形式向旅游行政管理部门提出投诉，请示处理的行为。这种投诉一般由旅游行政管理部门或其委托的旅游质量监督机构来处理。而狭义的客户投诉是指旅游者为维护自身合法权益，对损害其合法权益的有关服务单位或接待人员以书面或口头形式向旅行社、第三方组织（旅游管理部门、旅游网站平台等）等投诉，请求处理的行为。

2.客户投诉动机

从狭义的角度出发，旅游企业客户投诉实质是旅游者的一种抱怨行为，是旅游者在购买或消费旅游产品（服务）时感到不满意，在这种不满情绪的驱使下采取的一系列行为的反应。学术界对旅游者抱怨及抱怨行为研究可以追溯到 20 世纪 80 年代，该研究隶属于消费者行为研究。国内外学者们从个人—环境匹配理论、公平理论和归因理论等心理学理论对客户投诉的动机进行了探讨。

（1）游客预期与体验环境的不匹配。由于旅游产品具有生产和消费的同一性的特点，这决定旅游者通常会提前几天、几个月或一年，通过各种渠道收集有关旅游目的地的信息，如网上旅游评论、旅游目的地广告以及亲朋推荐等。旅游者将自己所收集到的信息经过整理、分析并结合自身过去的经历、个人喜好等形成对旅游目的地的预期。当旅游者到达旅游目的地后，旅游目的地真实的情况呈现在旅游者面前，旅游者会不自觉地将自己对旅游目的地（旅游产品、旅游服务）真实体验和感受与先前已形成的预期进行比较。如果环境体验与个人预期相同，即个人与环境匹配（match），旅游者会感到满意；反之如果差距很大，个人与环境不匹配（mismatch），旅游者会感到不满意、失落、灰心等，则容易导致旅游者投诉行为的发生。

（2）游客感到没有被旅游企业公平地对待。从 20 世纪 90 年代以来，从事市场营销研究的学者们认为消费者（旅游者）对公平的感知是影响消费者（旅游者）评价的关键变量。当旅游服务失误发生时，旅游者根据自己的个性特征、价值观衡量自己是否得到合理的补偿，是否得到旅游企业员工的尊重，是否自己的意见被及时处理等。如旅游者感到被公正地对待，其不满的情绪会逐渐得到平复；反之，如感觉没有被公平地对待，则会产生投诉行为。

（3）将服务失误归结为旅游企业。当旅游企业服务发生失误后，旅游者会不自觉地对自己这种不满意情绪产生的原因进行解释。如旅游者把这种错误归因于旅游企业或旅游组织等外部因素时，旅游者会产生愤怒等外部情感，在这种情况下，旅游者更可能直接向旅游企业或第三方进行投诉；相反当旅游者把这种失误归结为自身或部分自身因素时，旅游者则会产生自责、害怕、内疚等内部情感，在这种情况下，旅游者更倾向于向亲朋或在网上抱怨等，从而形成对旅游目的地的负面口碑。

2020 年旅游投诉统计分析

国家文化和旅游部旅游质量监督管理所发布的《2020 年旅游投诉分析报告》显示,2020 年旅游投诉总量同比大幅增长,12301 平台通过线下语音和线上网络受理方式,共收到旅游投诉 49534 件,其中与新冠疫情有关的旅游投诉达到 19624 件,占比近 40%。这些涉疫投诉中,出境游投诉 12507 件,占比 63.73%,国内游投诉 7104 件,占比 36.2%;旅行社占比 71.8%,在线旅游企业占比 22.26%,住宿占比 3.27%,景区占比 2.52%。疫情暴发期间,交通运输、旅游、餐饮等三项投诉增加幅度较大,分别同比增长 519.4%、210.9%、172.5%。涉疫投诉问题集中在"退团、退订和退费"方面,占总投诉量的 93.93%。其中旅行社退团退费问题(包含在线旅游企业的旅行社产品)占 77.43%,机票、火车票退订退费问题占 11.41%,住宿退订退费问题占 4.06%,景区门票退订退费问题占 1.04%。

3.客户投诉的处理

投诉是服务业中永恒的话题。当客户没有得到预期的服务就会产生不满,从而引起抱怨。对于旅游接待企业来说,正确处理投诉可以及时发现本企业在管理过程中出现的疏漏和不足,通过有效沟通能够加强旅游企业与客户之间的感情联系,恢复客户对旅游企业的信赖感,从而改进本企业的服务质量水平。总之,"一份投诉也是一次机遇",不管客户投诉的原因和目的是什么,都要认真对待,及时、妥善地予以处理。

(1)认真聆听、积极回应。在处理投诉过程中,旅游企业接待人员尽量不要打断客户的讲话,认真聆听客户说话,不伤害客户的自尊心和价值观。在聆听时需要注意用眼神关注客户,使他感觉到自己的意见被重视。另外,客户在投诉时,希望自己能够得到同情、尊重或理解。因此,在处理投诉过程中,旅游企业接待人员在聆听客户讲述时,不时点头、不时用"是的""我明白""我理解"等话语并积极地回应客户所说的话,这样会使客户觉得自己的行为或感受被认同,这样会使客户的不满意情绪得到有效的疏解。

(2)详细记录投诉要点,判断客户投诉是否成立。详细地记录客户投诉的全部内容,如投诉人、投诉时间、投诉对象、投诉内容、投诉要求、客户的联系方式……并严格存档备案,对有过一次以上投诉记录的客户做好登记。在记录投诉的同时,要判断客户投诉的理由是否充分,以及投诉要求是否合理。如果客户投诉不成立,则要将不成立的原因告知客户,并耐心解释,取得客户的谅解,消除误会。如果客户投诉成立,企业确实有责任,应首先感谢客户,如"谢谢您对我说这件事……""非常感谢我有机会为您弥补损失……"等类似话语,要让客户感到他的投诉是受欢迎的,他所提的意见企业是非常重视的。

(3)迅速提出解决方案,与客户达成共识。道歉之后,就需要着手为客户解决问题。根据实际情况及经验,迅速制定客户投诉的处理方案,并与客户达成共识。如果客户投诉的问题属于常见的问题,则应该从已有的备选方案中选择处理。而当客户投诉问题较为复杂时,则不必急于一时,通知客户稍加等待并承诺对方即将回复,从而记录好联系方式,放下电话后迅速向有经验的同事、主管、其他部门寻求解决方案。在这一环节中,与客户的共识十分重要,也是客户投诉处理成功的关键,旅游企业客服人员需要时刻记得,客户投诉处理的关键是取得客户的谅解,维护忠实客户。

（4）对投诉处理的情况进行跟踪。跟踪服务体现企业对客户的诚意，会给客户留下很深、很好的印象。对投诉处理的跟踪，可以通过打电话或发信息，甚至登门拜访等方式了解事情的进展情况，如客户对投诉的处理是否满意、客户对投诉处理方案的意见等，如果客户仍然不满意，就需要对处理方案进行修订，重新提出令客户接受的新方案。

📚 案例

2000 年 8 月，广东游客何先生及朋友二人参加了武汉某国内旅行社组织的"长江三峡四日游"的散客旅游。旅行社报价 880 元，包括交通、住宿、餐饮、景点第一门票及游览期间景点导游服务等。何先生要求在奉节和宜昌分别入住夔州宾馆和葛洲坝宾馆，并且由武汉组团社委派导游，负责其二人三峡沿线各旅游景点的全程导游服务。旅行社因此加收了住宿费 600 元和导游费用 300 元。然而，在旅游过程中，该社导游张小姐态度冷淡，对三峡许多景点不做讲解，也不说明上、下船时间等注意事项。从奉节返程开始，导游就不见踪影，何先生在宜昌下船后，自行乘车回汉。何先生以旅行社委派的导游服务质量低劣，中途抛弃客人为由，向质监所投诉，要求旅行社赔偿其全部旅游费用，维护其合法权益。而旅行社对游客在旅游途中因导游服务质量不达标而引起的旅程不愉快深表遗憾。旅行社已为游客安排了合理的旅游行程及舒适的酒店住宿，并支付交通、景点、住宿等相关费用，游客所付的 300 元导游费用包括导游的车费 220 元和服务费 80 元，因此不应退还所有旅游费用，而仅退还返汉车费和服务费。

思考：

（1）在这个案例中，你认为客户投诉的主要原因是什么？

（2）你认为旅行社对于何先生的投诉处理是否合适？旅行社如何避免此类投诉呢？

三、客户关系的恢复

客户关系由于企业、客户或其他外界原因可能随时发生破裂，出现客户关系夭折或终止的问题。如果企业没有及时采取有效措施，将会造成客户的永远流失。客户关系的恢复是指当企业出现客户流失现象时，企业采取措施挽救破裂的客户关系，从而挽回客户的过程。通过企业实施及时、有效的挽救措施，能够使已流失或将要流失的客户"浪子回头"，与企业"破镜重圆""重归于好"。

（一）客户流失

客户流失是指客户由于种种原因对原有企业不再忠诚，而转向购买其他竞争企业的产品或服务的现象。

（二）客户流失的原因

随着科技的发展和企业经营水平的提升，旅游接待企业产品和服务的差异化程度越来越小，相似或雷同的产品和服务越来越多，这导致客户对某一企业或品牌的依赖性减少，因改变品牌所承受的风险也大为降低。所以，在旅游接待业企业普遍存在客户易流失的现象。客户流失的原因主要有旅游接待企业原因和客户自身原因。

1.旅游接待企业自身的原因

(1)旅游接待企业产品不达标或服务失误,导致客户流失。

(2)旅游接待企业员工服务态度差或服务方式存在问题,导致客户流失。

(3)旅游接待业企业广告过分夸大,导致客户体验与预期存在差距,造成客户的期望没有满足,导致客户流失。

(4)旅游接待企业产品或服务老化,不能满足客户需求,导致客户流失。

2.客户自身的原因

(1)客户旅游需求发生改变。

(2)客户对旅游接待企业产品或服务的差异性不敏感。

(3)客户自身经济条件限制及人员的变动等。

(三)客户关系恢复的策略

1.正确对待,尽力争取

在当今的社会中,企业客户流失的问题是不可避免的。在资源有限的条件下,企业应该根据客户的价值大小来分配挽回客户的资源,对不同级别客户的流失采取不同的态度。对于能够给企业带来较大价值的 VIP 客户和关键客户,企业需要重点挽回;而对于普通客户,因其有升级为关键客户的可能性,企业需要尽力挽回,使其继续为企业创造价值。而对于客户价值低且数量多的"小客户"的流失,企业可根据"小客户"对于本企业的态度而见机行事。

2.调查原因,亡羊补牢

当客户出现流失问题时,特别是 VIP 客户和关键客户,企业应该及时与流失客户联系,虚心听取他们的意见和要求,了解并弄清客户流失的原因,发现本企业经营管理过程中存在的问题,积极采取有效的措施,纠正存在的问题,避免其他客户的再流失。

3."对症下药",争取挽回

企业客户关系的建立和维护都需要采取一系列的组合策略,即需要打"组合拳"。而客户关系的恢复与前二者不同,企业可以从"点"上入手,找出客户流失的原因及关系破裂的症结,然后对症下药,制定相应的对策,以挽回流失的客户。

内容小结

本章从旅游接待业客户概念和类型入手,对旅游接待业客户关系管理的概念和内涵进行了界定,将旅游接待业客户关系管理划分为三个方面,即客户关系的建立、客户关系的维护和客户关系的恢复等。其中,客户关系的建立包括客户信息管理和客户分级管理;客户关系的维护包括客户沟通管理和客户投诉管理。

实务分析

让我们回顾一下本章导入案例涉及的两个问题:一是认识旅游企业客户关系管理的意义;

二是了解旅游企业客户关系管理的主要方法。

1. 良好的客户关系管理有利于降低企业维系老客户和开发新客户的成本,增加客户对企业的信赖程度,使企业拥有相对稳定的客户群体和客户关系,最终在企业和客户之间形成稳定的伙伴关系和信用关系,从而扩大企业的市场占有率,提升旅游企业客户的满意度与忠诚度。

2. 携程旅行网专门成立负责企业 VIP 客户关系维持的部门。该部门对 VIP 客户关系维护主要体现在:客户档案的建立及更新、快速处理客户的投诉、以 VIP 卡为介质进行一系列针对 VIP 客户的促销活动。

第十章
旅游接待服务礼仪

学习目标和要求

- 了解旅游接待礼仪的概念
- 掌握旅游接待人员的服饰要求
- 掌握旅游接待人员的仪容仪态礼仪
- 掌握旅游接待人员的语言规范

案例导入

旅游志愿者接受文明旅游接待礼仪专项培训

随着国庆、中秋"双节"临近,广州市内各大旅游景区即将迎来新一波的旅游高峰。为进一步开展好"双节"旅游志愿服务活动,确保旅游志愿者以良好的精神面貌、规范的服务礼仪迎接各方游客,2020年9月20日上午,在广州市文化广电旅游局的指导下,广州市志愿者协会联合广州市文化馆开展旅游志愿服务——文明旅游接待礼仪专项培训。

据了解,本次文明旅游接待礼仪专项培训邀请到的导师是中国志愿服务中级培训师、广州志愿者学院蒲公英讲师团胡梦荷老师,她曾多次开展志愿服务礼仪培训,具有扎实的志愿服务礼仪指导经验。在培训会上,老师从中华传统美德出发,围绕文明旅游接待礼仪,阐述文明礼仪对志愿服务开展的重要意义,并针对志愿者外在的仪容仪态和内化的志愿服务素养两大方面进行了重点讲解。

在仪容仪态方面,胡梦荷老师就志愿者的站姿、仪态、手势、谈吐等志愿服务接待礼仪规范进行现场示范和场景演练。在内化服务素养方面,以案例和情景相结合的方式,讲解参与旅游志愿服务时,志愿者应该做到熟悉环境、了解背景、文明引导、专注服务、应急救援、保持微笑、及时反馈等服务要领。整场培训以案例和情景相结合,氛围轻松愉快,内容丰富实用。

"不学礼,无以立",此次培训帮助志愿者们牢固掌握文明旅游接待礼仪技巧,将文明礼仪内化于心,以饱满的精神面貌以及扎实的服务技能投入旅游志愿服务中,用规范的接待服务和良好的仪容仪态,带动广大市民及游客文明旅游,展现广州志愿者服务能力和风采,弘扬中华传统美德,创建城市文明之风,擦亮广州市文明旅游名片。

来自荔湾湖旅游志愿服务站的资深旅游志愿者清姐说:"在旅游志愿服务中,志愿者需要面对全国各地的游客,介绍广州特色旅游文化。但如何通过规范的服务礼仪更好地展示广州旅游志愿服务风采,给游客留下深刻的印象,是志愿者们一直困惑的问题。参加培训后收获满满,学到很多旅游志愿服务的实用礼仪,希望在马上到来的双节假期能学以致用,给游客朋友展现我们广州旅游志愿者的风采。"

问题与思考

1. 根据以上案例谈谈你对"不学礼,无以立"的理解?
2. 如何理解外在的仪容仪态和内化的旅游接待服务素养之间的关系?

第一节　旅游接待礼仪概述

一、礼仪的概念

礼仪是指人们在社会交往活动中形成的,也是共同遵守的行为准则和规范。礼仪规范与准则通常是约定俗成的,得到社会公众普遍认可的。在人际关系和公共关系中,礼仪是必不可少的纽带和桥梁,是交往各方沟通思想、培育感情、表达敬意、促进了解的基础,具体表现为礼貌、礼节、仪式和仪表等。其中,礼貌是在人际交往中,通过语言、动作等表现出来的谦虚和恭敬,它体现了一个人的品质与素质。礼节是人们在日常交往中表示尊重、友好、祝颂、哀悼等惯用的各种形式,包括动作形式和语言形式。如握手、鞠躬、脱帽等,是动作形式;问候、道谢等是语言形式。各国各民族都有自己的独特礼节,并且礼节也随着时代的发展而变化,知晓并尊重交往对象的礼节和风俗是十分必要的。仪式是在一定场合举行的,有专门程序规范的活动,如颁奖仪式、开幕仪式、签字仪式、升旗仪式等。仪表即人的外表,一般来说它包括人的容貌、服饰和姿态等,是一个人精神面貌的外观体现。

中华民族自古讲礼遵礼,中国被称为礼仪之邦。礼仪的核心是"尊重",古人强调人的内在素质与外在礼仪要配合得当,既不能只讲朴实而不要礼仪修养,也不能只讲外在礼仪而流于形式。这种认识在当代社会交往中依然适用。

二、旅游接待服务礼仪的概念

旅游接待服务礼仪是旅游服务行业人员必备的素质和基本条件。旅游服务行业人员出于对客人的尊重与友好,在服务中要注重仪表、仪容、仪态、语言;旅游接待礼仪中热情的服务要求服务员发自内心地、热忱地向客人提供周到的服务,从而表现出服务员良好的风度与素养。

三、旅游接待礼仪的原则

(一)真诚原则

真诚是对人对事的一种实事求是的态度,真心诚意待人是与人友善的表现。在旅游接待服务中,务必待人以诚,发自内心地尊敬客人,表里如一,言行一致,说到做到。

(二)平等原则

尊重人是礼仪的核心,对任何服务对象都要给予同样的尊重,不应分尊卑贵贱,也不必考虑年龄、性别、种族、文化、职业、与己关系亲疏远近等因素。一视同仁地提供服务,不厚此薄彼才是真正地懂礼。

(三)适度原则

在旅游接待服务中要把握分寸,适度得体。要根据具体情况、具体情境,行使相应的礼仪;要做到感情适度,不宜过于热烈,也不应太过含蓄;谈吐适度,应根据谈话对象的不同,选择相应的谈话内容和方式;举止适度,肢体语言要得当,表情和交际场合气氛相适应。

(四)自律原则

古语云:"己所不欲,勿施于人",遵守礼仪规范必须从自身做起。律己是礼仪的出发点。在旅游接待活动中应用礼仪,最重要的是树立良好的道德信念和行为准则,在没有人监督的情况下自觉按照礼仪规范约束自己,不断进行自我反省,将礼仪培养成自觉性行为。

(五)宽容原则

宽容是要求旅游接待人员既要严以律己,又要宽以待人。旅游接待活动中,接待对象复杂,接待环境多样,容易形成冲突和尴尬场面,这就需要旅游接待服务人员有开阔的心胸、豁达的态度、大方的仪态,能体谅别人,体现良好的修养和人格魅力。

拓展阅读

现代礼仪的职能

塑造形象,是现代社交礼仪的第一职能,包括塑造个人形象和组织形象两个方面。

沟通信息,是现代社交礼仪的第二职能,包括三种类型:一种是言语礼仪;一种是饰物礼仪;一种是行为表情礼仪。其中,一个信息的传递=7%词语+38%语音+55%表情。

联络感情,是现代社交礼仪的第三职能,其中最重要的情感特征是真诚。以真诚的心换取他人之心;以真诚的行为款待他人;以真诚的语言取悦他人。真诚是社交成功的一半,所以在社交场合,尤其需要付出一颗真诚的心,方能收获温暖。

增进友谊,是现代社交礼仪的第四职能。

资料来源:高源,谢浩萍.会展公关礼仪接待实务[M].上海:格致出版社,2009.

四、旅游接待礼仪学习的途径

提高旅游接待礼仪水平,可以让旅客在游玩中心情愉悦,增加顾客满意度。学习礼仪可以包括以下途径:

(1)理论学习。可以利用图书资料、广播电视、互联网、业务培训等系统全面地学习有关礼仪的知识。

(2)社会实践。实践是学习礼仪最好的课堂,旅游接待服务的成功,依赖于必要的经验。实践作为学习礼仪的一个具体过程,不仅可以强化对理论的理解,还可以检验理论的作用,同时,还可以提高掌握、运用礼仪的实际水平。

（3）向专人学习。这里指的专人可以是教师、礼仪顾问、培训专家，或在旅游接待服务方面有经验的人员。他们对礼仪有深入的理解，或是具有丰富的实际经验和心得体会。向他们学习，会让自己大获裨益。

礼仪是由一系列规范、技巧和法则构成的，学习礼仪还应当与其他文化知识的学习相结合，提高个人综合素质和修养，这样才能更好地掌握和运用礼仪。另外，礼仪不能脱离实际，不能复杂烦琐。古语云："礼繁则难行，卒成废阁之书"。因此，在实践中我们要善于思考，掌握礼仪的精华。

案例

背后的鞠躬

日本人讲礼貌，行鞠躬礼是司空见惯的，一位中国留学生却对一次背后的鞠躬印象深刻。

当时是日本的旅游旺季，日航大阪饭店的大堂宾客络绎不绝。一位手提皮箱的客人走进来，行李员立即微笑地迎上前去，鞠躬问候，并跟在客人身后问是否需要帮助提皮箱。这位客人也许有急事吧，嘴里说了声："不用，谢谢。"头也没回径直朝电梯走去，那位行李员朝着那匆匆离去的背影深深地鞠了一躬，嘴里还不断地说："欢迎，欢迎！"留学生困惑不解，便问身旁的日本经理："当面给客人鞠躬是为了礼貌服务，可那位行李员朝客人的后背深鞠躬又是为什么呢？"经理说："既为了这位客人，也为了其他客人。如果此时那位客人突然回头，他会对我们的热情欢迎留下印象。同时大堂里其他客人看到，他们会想，当我转过身去，饭店的员工肯定对我一样礼貌。"

这则小资料使我们对日本人行鞠躬礼的作用有了进一步了解：当面鞠躬热情问候，是为了向客人提供礼貌服务；背后鞠躬虔诚备至，是为了在更多的客人面前树立饭店良好形象，进而争取更多的客源。日本饭店极少收到客人投诉，并不是说饭店的一切服务工作都完美无瑕，而是由于饭店细致周到的礼貌服务使客人的享受需求和自尊心理得到最大限度的满足。这样即使工作中出现小小的瑕疵，客人也不会大动肝火了。消费心理学研究结果告诉我们，进酒店的客人通常把尊重看得比金钱更重要，这就要求我们认真讲究礼节礼貌，使客人感受到他被充分尊重了。

资料来源：黄海燕，王培英.旅游服务礼仪[M].天津：南开大学出版社，2006.

思考：

（1）谈一谈这个案例对你的启示。

（2）联系生活当中的体验，讲一讲礼仪的重要性。

第二节　旅游接待服务人员的服饰

服饰是对人们衣着及其装饰品的统称。服饰作为一种符号表征，若能正确运用，在人际交流和沟通中可以起到良好的润滑作用。范铁明等指出在现代化的语境下，服饰有助于角色塑造，展示个人的社会职业特殊地位，积极重构个人形象。旅游接待企业如酒店、景区、旅行社、饭店等，普遍要求员工着职业装。从传播学角度看，独特的职业装可以反映企业的价值标准、管理理念，也是企业品牌文化宣传的重要载体。

旅游接待服务人员在其工作岗位上按要求穿着面料、色彩、款式整齐划一的服装，我们将其称为制服或工作装。

一、旅游接待人员着制服的必要性

(一)体现岗位特征

制服具有标志性的作用,通常由独特的样式、色彩、图案以及配套的帽子、徽章构成。旅游接待人员服务岗位多,往往具有流动性特征,并不在特定柜台等候客人,如行李员、保洁员、客房服务员、餐厅服务员、保安等。客人如需要服务时,能够很方便地根据制服特征找到相应的人员。同时,穿着正规合体的制服也表达了旅游接待单位对客人的尊重。

(二)实现整齐划一

从总体上讲,旅游接待人员在自己的工作岗位上不允许过多地张扬个性。身着样式统一的制服,不仅有助于体现整个单位的共性、全体员工的团队意识及合作性与凝聚力,同时也便于单位有效地对旅游接待服务人员进行要求和管理。

(三)维护个人形象

制服作为一种符号体现了员工的角色,身着制服就是告诉客人"我可以帮助您"。因此,制服对服务人员具有鞭策作用,时时提醒员工要积极、主动地服务于客人,随时准备帮助客人排忧解难。身着制服也会提醒员工,自己处于客人和上级的双重监督之下,要注意自己的言行举止,维护好个人形象。

(四)树立企业形象

根据现代公共关系理论,要求全体员工身着统一样式的制服上班,实际上是建立某一社会组织用以树立自身形象的"企业静态识别符号系统"的常规手法之一。制服的优劣直接体现了企业的整体风貌的好坏和管理水平的高低。制服在长期使用后,本单位独特的形象便会深入人心。

二、制服的制作

(一)优质的面料

旅游接待服务人员的制服面料,要本着既经济实惠,又美观体面的方针,应当优先考虑纯毛、纯棉、纯麻、棉毛、棉麻、毛涤等面料。纯毛、纯棉、纯麻等纯天然面料,不仅吸湿透气,而且外形挺括、高档,如果经济条件允许应优先考虑。棉毛、棉麻、毛涤等属于混纺面料,它们大都耐折耐磨、易洗易熨,并且经济实惠。

旅游接待服务人员的制服面料一般不选择涤纶、涤丝、尼龙等纯纤维材质,因为这些面料吸湿透气性差,穿得久了通常会被磨得发光发亮,表面藏污纳垢,起毛起球,易产生静电,给人劣质低档的感觉。

(二)适当的颜色

旅游接待服务人员的制服颜色切忌色彩繁多或过于杂乱,应该根据企业形象与不同岗位的工作特点总体设计。制服要美观独特,充分体现本企业形象,且色彩要鲜明,方便客人识别。

制服的色彩还应与饭店、景区或购物中心的建筑风格、室内装饰相呼应,浑然一体,给客人赏心悦目之感。另外,冬夏制服在颜色上也应有所区别,冬季制服温暖厚重,夏季制服清新凉爽。

(三)优雅的款式

旅游接待服务是旅游目的地人情风貌的窗口,旅游接待服务岗位直接体现本企业的形象,因此服务人员着装必须优雅美观,绝不能俗气而令人轻视。具体来说,要戒露、戒透、戒紧、戒短。

戒露,就是要遵循制服的"五不露"原则,也就是制服不应当使着装者的胸部、腹部、背部、大腿部和肩部暴露在外。

戒透,就是制服不可过于单薄和透亮。如果内衣若隐若现,甚至赫然在目,一方面使着装员工失于自尊,另一方面使客人陷入尴尬,最终使企业形象大打折扣。

戒紧,就是避免制服过于紧身,凸显着装者身材线条。制服不同于时装,不讲究展示个人身材和性别特征部位,因此制服必须宽度适中,便于工作。

戒短,就是制服不应过分短小。一般而言,制服的上装不宜低于腰部,避免露出内衣内裤、腰部或者腹部。裤装不宜为短裤,裙摆应低于膝盖。这样既是对着装者的保护,又是企业专业性的体现。

三、制服的穿着

旅游接待服务人员身着制服是职业的体现,因而在穿着和搭配上必须严格遵守有关的礼仪规范和本单位的规定。穿着制服上班时,旅游接待服务人员须遵守"忌污""忌皱""忌破""忌乱"等。

(一)忌污

旅游接待人员穿着制服必须使之保持干净整洁。如果在工作期间,制服不慎染脏,要立即换洗。制服还应定期清洗,与之配套的内衣、衬衫、鞋袜也要定期换洗。

(二)忌皱

旅游接待人员穿着的制服必须平整、挺阔。皱皱巴巴、褶痕遍布的制服不仅是对客人的不尊敬,而且会让自己给他人流下邋遢窝囊、懒惰不堪的印象。为了防止制服产生褶皱,工作人员可以在制服洗过之后精心熨烫,也可以脱下后挂好或叠好,且穿着制服的时候也不要随意倚、靠、坐。

(三)忌破

旅游接待人员的制服在穿着过程中,极有可能发生磨破、开线、纽扣丢失、拉链损坏的情况。发现破损后,千万不能熟视无睹,听之任之,且不能继续在工作岗位上穿着,必须采取补救措施。同时,企业也要定期为员工更换制服,使之保持整洁完好。

(四)忌乱

旅游接待服务岗位一般都要求员工穿制服,那么,每一位工作人员必须严格遵守规定,管理人员更要起到表率作用。同时,要使制服真正发挥应有的功能还要规范穿着,切忌乱穿,比如,切忌不系领口、敞胸露怀、高卷袖筒、挽起裤腿、乱配鞋袜等。这种做法损坏了制服的整体造型,对个人及企业形象损害极大。

案例

小李的委屈

小李是某三星级酒店的前台服务员。正值夜班时段,她担心空调太凉引起感冒,于是在夏季制服外面套上了一件自己的开襟毛衣。经理看到了,要求她把毛衣脱掉,按规范穿着制服。

小李认为是夜班,客人很少,而且温度确实很低,觉得自己很委屈。

思考:

(1)在这个案例中,小李在制服外面套上毛衣的做法对吗?

(2)如果你是小李,如何处理这个问题?

四、饰品的选用

饰品可以进一步美化外表,体现审美。在日常生活中,常见的饰品包括戒指、耳环、耳钉、项链、手镯、手链、胸针、发饰、脚链等。

旅游接待行业从业人员在工作岗位上,绝不能随心所欲地佩戴饰物。有的企业明确规定,服务人员工作期间不能佩戴饰品;如果企业没有明文规定,工作人员佩戴饰品须遵从一些基本原则。

(一)符合角色身份

服务人员在装饰上过于彰显个性或过分炫耀,会对客人和管理者留下招摇过市、不务正业的印象。服务人员过度装饰会流于俗气,影响自身和企业形象。另外,有碍于正常工作的饰品坚决不能佩戴,且突出性别特征的首饰如胸针、耳环、脚链等,往往会引起异性的过分注意,在旅游接待服务场合也不宜佩戴。

(二)以少为佳

饰品并不是佩戴的数量越多越有美感,相反,过多的饰品会显得庸俗杂乱且有炫耀之嫌。一般情况下,旅游接待服务人员佩戴的饰物不超过两种,每一品种不超过一件。如佩戴一枚戒指、一对耳环,或者一枚戒指、一条项链等。饰品宜小不宜大。男性服务人员,除了佩戴结婚戒指外,不宜再佩戴其他饰物。

(三)讲究佩戴方法

旅游接待企业即便允许服务人员佩戴饰品,也要对饰品本身和佩戴方法有所规范。

戒指,通常佩戴在左手上,且戴在不同手指上的含义不同。拇指是不佩戴戒指的,把戒指戴在食指上表示无偶求爱,戴在中指上表示正在恋爱之中,戴在无名指上则代表已经结婚或订婚,而把戒指戴在小指上代表自己是单身。

项链,宜细不宜粗,项链坠不可过大,不可使用钻石、翡翠、宝石等贵重材质。

耳钉,宜小巧精致,不能佩戴过大炫目的耳钉,颜色不宜艳丽。

手镯和手链,因有碍操作,在接待服务工作场合不允许佩戴。

📖 **拓展阅读**

珠宝首饰日常佩戴技巧

珠宝首饰在日常穿搭中的作用越来越重要,了解首饰的佩戴技巧至关重要。

佩戴技巧之戒指

(1)戒指一般讲究戴在左手之上,而且最好仅戴一枚,一般至多可戴两枚,只有新娘方可例外。

(2)戴两枚戒指时,可以戴在一只手上两个相连的手指,也可以戴在两只手对应的手指上。

(3)拇指通常不戴戒指,一个指头上一般不应戴多枚戒指。

(4)戴薄纱手套时戴戒指,应戴于其内,只有新娘不受此限制。

(5)国际上比较流行的戴法:食指——表示想结婚,未婚;中指——已经在恋爱中;无名指——表示已经订婚或结婚;小指——表示独身。

佩戴技巧之项链

(1)一般所戴的项链不应多于一条,但可将一条长项链折成数圈佩戴。

(2)男士所戴的项链一般不应外露。

(3)短项链,长约 40 厘米,适合搭配低领上装;中长项链,长约 50 厘米,可广泛使用;长项链,长约 60 厘米,适合女士使用于社交场合;特长项链,长约 70 厘米以上,适合女士用于隆重的社交场合佩戴。

佩戴技巧之吊坠

(1)吊坠也叫挂件,多与项链同时配套使用。

(2)选择吊坠,一般要优先考虑它是否与项链般配,力求二者在整体上协调一致。

(3)在正式场合不要选用过分怪异或令人误解的图形、文字的吊坠,一般也不要同时使用两个或两个以上的吊坠。

佩戴技巧之耳饰

(1)一般情况下,它为女性所用,并且讲究成对使用,即每只耳朵均佩戴一只耳环。

(2)一般不宜在一只耳朵上同时戴多只耳环。

(3)在国外,男子也有戴耳环的,但习惯做法是左耳上戴一只,右耳不戴。

(4)佩戴耳环,应兼顾脸形,总的来说,不要选择与脸形相似形状的耳环。

若无特殊要求,不要同时戴链形耳环、项链与胸针,三者皆集中于齐胸一线,容易显得过分张扬,且繁杂凌乱。

佩戴技巧之手镯、手链

(1)佩戴手镯,所强调的是手腕与手臂的美丽,故二者不美者应慎戴。

(2)男人一般不戴手镯。

(3)手镯可以只戴一只,也可以同时戴上两只。戴一只时,通常应戴于左手。戴两只时,可一只手戴一个,也可以都戴在左手上。一般不要在一只手上戴多只手镯。

(4)男女均可佩戴手链,一般情况下,一只手上仅限戴一条手链,并应戴在左手上。

(5)通常,最好不要在一只手上戴多条手链。

(6)在一些国家,所戴手镯、手链的数量、位置可用以表示婚否。

(7)一般手链与手镯均不应与手表同戴于一只手上。

如何正确佩戴珠宝?

(1)不要佩戴太多。

正确地搭配好珠宝,需要注意不要搭配太多,搭配时应该选两三样珠宝。在佩戴的时候,应该考虑一下哪些好看,不能为了显富,把珠宝全戴上。此外,珠宝的搭配还应该注意颜色的搭配,不要很多种颜色。

(2)看脸型搭配。

什么脸型佩戴什么样的首饰,瓜子脸的人适合搭配上面大下面小的耳坠,这样显得脸是椭圆形,好看。圆脸适合长方形的珠宝,像水滴样式的珠宝,穿个 V 领的衣服拉长脖子的线条,会显得脸没那么圆。长脸的人适合搭配圆形的耳坠,越短越好,千万不能戴长方形的耳坠,这样会显得脸更长。方脸适合搭配在锁骨下的项链,这样可以拉长脸部线条,不会显得脸很方。

如何正确地搭配好珠宝,其实还是很有讲究的,我们首先要注意不要搭配太多的首饰,其次也要看自己的脸型适合什么样的珠宝,这样才能搭配得和谐美观。

第三节 旅游接待服务人员的仪容

仪容指人的静态外貌。从礼仪的角度看,仪容包括整个头部与肢体等允许在公众场合暴露的部位。人的仪容好与不好既有先天条件,也有后天的修饰保养,如果修饰得当,即便先天条件一般也会容光焕发,相反,如果修饰不当,即便先天条件好,也会令人反感。仪容修饰包括发部修饰、面部修饰、肢体修饰等。

一、发部修饰

旅游接待服务人员的发部修饰至关重要。一般情况下,人们观察一个人往往是从头部开始的。发部修饰应该从护发和做发两方面来考虑。

旅游接待服务人员的发部礼仪,其基本要求是:干净、卫生、清爽、整齐、健康。旅游接待服务人员的发部必须做到以下几点:

1.无异味

任何健康人的头部都会随时产生油脂、汗液等分泌物,再加上不断吸附灰尘,混杂在一起很容易产生异味。保持头发干净卫生最基本的方法就是认真洗涤,建议旅游服务接待人员每日清洗头发,除尘除垢,防止产生异味。

2.无头屑

头屑是由真菌引起的,如果头屑过多需要使用药物洗发露清洗。如果头发或肩部总有头屑附着,十分不雅。减少头屑,关键是从营养补充方面入手,少吃辛辣刺激和油性大的食物,多吃蛋白质和富含维生素、微量元素的食物,尤其是坚果、黑芝麻等。

3.发型适当

作为旅游接待服务人员,发型要干练利落、端庄大方。要求男性前发不覆盖额头,后发不触及衣领,绝不允许剃光头或留长发。女性前发不遮挡眼部,后发不超过肩部,如留长发,上岗时须盘发、束发,绝不可披头散发,不提倡烫发。另外,若头发脱落或谢顶,可以戴假发修饰。

拓展阅读

修饰发部的注意事项

1.选择适当的工具

梳理头发,不宜直接使用手指抓挠,而应当选用专用的头梳、头刷等梳理工具。其主要标准是不会伤及头发、头皮。在外出上班时,商界人士最好随身携带一把发梳,以备不时之需。

2.掌握梳理的技巧

梳理头发,不仅是为了将其理顺,使之成型,而且也是为了促进头部的血液循环与皮脂分泌,提高头发与头皮的生理机能。要做到这一点,就必须掌握必要的梳理技巧。例如,梳头时用力要适度,不宜过重过猛,梳子与头发可形成一定的角度,以促使头发的形状起伏变化;梳子应向某一个方向同向运动等。

3.避免公开的操作

梳理头发是一种私人性质的活动,他人看到的应当是其结果而不是过程。若是"当众理云鬟",在外人面前梳理自己的头发,使残发、发屑纷纷飘落的情景尽入他人的眼底,是极不理智的。

资料来源:金正昆.商务礼仪教程[M].北京:中国人民大学出版社,2009.

二、面部修饰

面部修饰包括额头到下巴的修饰。旅游接待服务人员的形象首先是通过面部呈现给客人的,所以面部修饰的任何细节都不能忽视。

(一)眼部修饰

(1)注意眼部卫生,及时清除眼角分泌物。

(2)防治眼部疾病,不与他人混用面巾,不随意用手揉眼睛。同时,随身携带面巾纸备用。

(3)正确佩戴眼镜。旅游接待一线服务人员不宜佩戴眼镜,包括近视眼镜,因为服务人员和顾客的目光交流非常重要,镜片反光会阻碍这种沟通,另外,弯腰取物引起眼镜跌落、送菜时热气遮挡镜片等都会对工作造成影响。因此,旅游接待一线服务人员建议佩戴隐形眼镜。其他岗位的服务人员佩戴眼镜不做严格要求,但要注意镜片、镜架的清洁,选用合适自己脸型和肤色的眼镜,做到美观大方。另外,工作期间不可以佩戴墨镜。

(二)眉部修饰

旅游接待服务人员要注意眉部修饰,对于不够美观的眉形,比如残眉、断眉、八字眉、扫帚眉等要进行必要的修饰和弥补,做到轮廓分明、浓淡适宜。

(三)耳部修饰

耳部修饰主要指去除耳道分泌物,剪去耳毛,每天清洗耳朵和耳后部。

(四)鼻部修饰

注意鼻部卫生,每天清洗鼻孔。如遇感冒或鼻炎等,鼻涕会随时流出,要用纸巾及时清洁,不能吸入口腔或用衣袖擦拭,更不能用手擤鼻涕,一甩而去。去除鼻涕要轻声,并避开客人。

(五)口部清洁

(1)口腔清洁。养成每日早晚两次刷牙、饭后漱口的习惯,一方面美化和养护牙齿,另一方面清洁的口腔、干净的牙齿也会给客人留下美好的印象。员工上岗前要照镜子,查看牙齿上是否有食物残渣,如果发现,不要用手抠,可避开他人用牙签清理。

(2)唇部养护。唇部皮肤敏感娇嫩,须细心养护,尤其在秋冬等气候寒冷干燥季节,唇部容易皲裂、脱皮,适当涂抹唇油或油脂类护肤品。如嘴角溃烂要及时补充维生素,多吃蔬菜水果。

（3）防止异味。旅游接待服务人员一定要防止口腔异味。避免食用具有强烈气味的食物，如大葱、大蒜、洋葱、韭菜、臭豆腐等，并且禁止喝酒吸烟，酒精和烟草都会在员工身上留下难以去除的"足迹"，有时客人会比较反感。如果万一食用了刺激性食物，可使用漱口水帮助消除。

（4）剃须。在我国，旅游接待服务人员一般不得蓄须，男性服务人员要养成每日剃须的习惯。女性服务人员如果内分泌失调，唇上生出过重的汗毛，观之不雅，也应剔除。

三、肢体修饰

旅游接待服务人员在日常工作中会与客人频繁互动，故肢体修饰不可忽视。

（一）上肢修饰

（1）"六洗"。旅游接待服务人员要做到"六洗"：上岗前要洗手；脏污后要洗手；接触精密仪器或入口物品前要洗手；去过卫生间要洗手；规定洗手之时要洗手；下班之前要洗手。

（2）不能蓄长指甲，保持每天检查、随时修剪的习惯。不画彩甲，甲缝保持清洁，遇到难以清洗的污物要用毛刷和洗涤用品仔细清洁。

（3）手臂要保持清洁，避免一切污染物残留，如墨水、油渍等。手臂不能有刺青、绘画等。

（4）腋毛不能外露，必须剔除。男性服务人员手臂如有浓密的汗毛，也应剔除。

（5）司机、行李员等上岗时可佩戴白手套，以示对客人的尊重，同时起到保护皮肤的作用。

（6）服务人员在工作期间还要避免揉眼、掏耳朵、挖鼻孔、抠牙缝、搓泥等不文明的上肢动作。

（二）下肢修饰

（1）保持清洁。勤洗脚、勤换袜、勤换鞋，避免脚部异味，同时保持鞋袜干燥，减少细菌滋生。

（2）不要光腿。旅游接待服务人员室内工作时，通常不允许光腿，女性必须穿着肉色丝袜与不露脚趾和脚后跟的鞋子。室外服务时，如果天气过于炎热，特殊岗位允许光腿，但也要注意穿着过膝短裤或裙子。

（3）不要光脚。旅游接待服务人员面对客人时绝不允许光脚，也不能穿露趾露跟的凉鞋，这样会显得过于散漫，引起客人反感。

四、化妆与美容

化妆就是通过使用美容用品或美容手段修饰仪容、美化形象的行为。旅游接待服务人员通常要求化妆上岗。化妆上岗可以美化形象，增强自信，显示自爱，表达对客人的尊重。同时，精神焕发、神采奕奕也能体现企业风貌和管理水平，增强顾客的信任感。

（一）化妆规则

（1）淡妆为主的工作妆。工作妆的主要特征是简约、清丽、素雅。注意，不过分突出性别特征，不过分引人注目，不要给客人留下轻浮、俗气的印象。

（2）注重整体协调。化妆要讲究整体感，要考虑和脸形、发型、身份协调，与服饰的色彩也要协调。

（3）避免残妆示人。残妆是指妆面出现残缺不堪、深浅不一的现象。服务人员在工作岗位上要维护妆面的完整性，一旦出现残缺，不仅有损自身形象，还会给人邋遢懒惰的印象。因此，妆面出现残缺要及时修补，尤其在用餐后、饮水后、出汗后等要及时检查。

（4）避免当众化妆或补妆。旅游接待服务人员在大庭广众之下，旁若无人地扑粉涂唇是极其不庄重的行为，而且会让客人认为服务人员对待工作不认真、不专心。补妆或化妆应避开他人，在休息室或者卫生间进行。

（二）化妆的程序

化妆应遵循"洁面—敷粉底—描眉—画眼线—施眼影—打腮红—涂唇彩—喷香水"的程序和规则。

（1）洁面。选择个人肤质的洁面用品，彻底去除皮肤上的油脂、汗水和灰尘，然后在面部拍上化妆水，为化妆做好准备。

（2）敷粉底。首先使用护肤霜和隔离霜，以保护皮肤不受其他化妆品的刺激，接下来，将粉底液在手背晕开，点在面部和颈部，用海绵粉扑顺着皮肤纹理慢慢晕开，然后用比粉底稍白一些的提亮粉底涂在鼻梁、眼下和下巴，使面部看起来更具有立体感，最后使用散粉定妆。

（3）描眉。如果眉形不好或有杂眉，可以事先修剪。描眉应从眉头开始，经过眉峰到眉尾。女性不宜将眉毛画得过宽、过重，男性如有断眉、残眉，也宜修饰补齐。

（4）画眼线。画眼线是眼部美妆的关键，可以让眼部生动有神。上眼线由内眼角朝外眼角方向画，下眼线由外眼角向内眼角方向画，画时须紧贴睫毛根部画流畅。

（5）施眼影。施眼影可以增加面部立体感，旅游接待服务人员不应选择颜色鲜艳的眼影，以咖啡色为宜，施眼影还要注意层次感，使眼部生动美观。

（6）打腮红。打腮红的目的是为了美化肤色，让人看上去健康有活力。旅游接待服务人员适合选用与肤色接近的粉红色，腮红刷应选用大而软的，涂刷的时候要轻，这样打出的腮红更自然。

（7）涂唇彩。先用唇线笔勾出唇线，然后填入色彩适宜的唇膏。旅游接待服务人员唇膏的颜色不宜过艳，先画上唇，从两侧向中间画，唇角要描细，下唇角可不画，画完仔细检查，用面巾纸吸去多余的唇膏。

（8）喷香水。旅游接待服务人员如无明显体味可不喷香水，喷香水的目的是为了遮盖不雅体味，所以气味要淡雅清新，喷洒部位是腕部、耳后等，不可全身"扫射"。

拓展阅读

使用粉底的禁忌

化妆是每个爱美的女性朋友出门必做的一件事，而化妆首先要做的就是涂粉底，粉底能够帮助我们遮盖脸上的一些痘印、瑕疵。不过涂粉底也是有禁忌的，不正确的涂抹方法，对我们的皮肤造成负担。下面让我们一起来看看使用粉底的禁忌。

1. 只涂粉底

若在涂上粉底后不扑一点干粉，妆容很快便会融掉。粉底上扑上适量的干粉，整个妆容便可保持完美。

2. 粉底涂得太厚

在皮肤状态不好的日子里，很多人会将粉底厚厚地涂在有瑕疵的部位，企图将丑态遮盖；

然而这种方法并不正确,应将粉底均匀地涂上,至于有瑕疵的地方则应用遮瑕膏来掩饰。

3. 遮瑕不得其法

遮瑕膏本身的作用是掩饰瑕疵,但如果你没有将遮瑕膏均匀地涂在面上,色调不均的遮瑕膏反而在脸上增添了瑕疵,所以将遮瑕膏涂匀这步骤是非常重要的,如果你发觉用手指头来涂上的效果不大好,可试用一支细小的化妆扫,如用唇膏扫将遮瑕膏向外扫匀。

4. 忽略下颌和颈部

在购买粉底之前,应先将该粉底涂在下颌部位,然后站到一个有自然光线的地方,用镜子照照效果如何。谨记要将粉底彻底涂匀,下颌和颈部四周必须涂得清淡自然。

5. 皱纹欲盖弥彰

有人以为在眼睛和嘴角四周有皱纹的部位涂上厚厚的粉底便可将皱纹遮盖,但其实只会弄巧成拙,欲盖弥彰,因为粉底会积聚在皱纹中,反而突出了皱纹,看起来会更老!所以,涂用透明色调的粉底效果反而更好。

案例

小雅的困惑

小雅刚刚大学毕业,应聘到某五星级酒店前台工作。平日里,小雅非常注重个人形象,出门都要化一个完美的妆容。

这一天,小雅涂抹得光鲜亮丽去上班,因为晚上下班要去参加一个朋友聚会,她特意佩戴了一条红宝石项链。上岗时间到了,小雅换好制服站在前台,面带微笑迎接客人,亮丽的妆容以及红宝石项链格外惹眼。

两位年轻女士前来办理住宿手续,一位女士看见小雅的项链对同伴说:"还是你的蓝宝石项链好看,红宝石太刺眼了。"小雅听到不屑地说:"红宝石是今年最流行的。"说着,还瞥了一眼那位女士。

思考:

(1)在这个案例中,你都发现了什么问题?

(2)旅游接待服务人员如何规范自己的仪容?

第四节 旅游接待服务人员的仪态

在人们的日常交际中,有声语言用来传递信息,无声语言用来表达态度。这里无声语言就是人的仪态,仪态是个人举止风度,神态表情的总称。人们常说,仪态是无声的语言,也被称为体态语,包括举止、表情、体语等。高雅得体的仪态能反映出个人较高的礼仪修养,旅游接待服务人员应当时刻展现自己优美的仪态,做到坐有坐相,站有站相,端庄稳重,落落大方。仪态可以传达的信息甚至比词汇语言更丰富。

一、举止

"站如松,坐如钟,行如风"的举止风范可以展现旅游接待服务人员的自信、气度和专业精神。我们将从日常接待中站、坐、行、蹲等基本姿态介绍旅游接待人员的举止规范。

（一）站姿

在正式场合，或是接待重要客人时，服务人员都应采用标准站姿。站姿基本要点有：

（1）身体重心在两脚之间，端正站立。

（2）抬头，收颌，挺胸，收腹，立腰，提臀。

（3）肩膀放松，两臂下垂。

（4）目视前方，闭唇，面带微笑。

接待客人时，可根据实际情况做适当调整，女性双手可以体前交叉，右手轻握左手四指，两臂微曲，置于腹部；双腿并拢，脚步呈"丁"字，或以一条腿为重心，少许岔开。男性可以双手体后交叉，右手轻握左腕，左手自然握拳；两腿并拢，脚跟并齐，脚前部分开，呈"V"型，也可以双脚平行分开，相距约一个脚掌宽。

服务人员应避免不雅站姿，如身体歪斜，弯腰曲背，仰头腆肚，手叉腰，手叉裤兜，双臂环抱，双手抱头，双腿打叉等。这些动作给人缺乏素养、萎靡不振，对客人心无敬意的印象，服务人员必须坚决杜绝。

（二）坐姿

坐姿的基本要求是端正。旅游接待服务人员工作期间就座，或与客人坐下交谈时，都须遵循坐姿礼仪规范。坐姿的基本要点有：

（1）抬头，收颌，肩膀放松，挺胸，收腹，立腰，保持上体挺拔。

（2）双腿自然弯曲，双脚落地踩实。女性双膝双脚并拢，男性双膝双脚可略微分开。

（3）双臂自然弯曲，女性双手交叉轻握置于大腿上，男性可垂直向下，掌心落在大腿上。

在非正式场合，允许女性服务人员坐定之后，双腿叠放或斜放。双腿交叉叠放时，膝部之上须并拢，双腿斜放时与地面呈 45 度。也可以双脚自然下垂，脚尖面对正前方或侧前方，双脚可并拢或一前一后。

服务人员工作强度大，容易在就座后因劳累而忽略坐姿规范，一定要避免就座后倚靠椅背，头部靠在椅背，并坐交谈时侧头不侧身，椅面坐满等不雅姿态。接待场合通常不应当将背部全部倚靠在椅背或沙发背上，就座时最多占椅面的 3/4，最好为 1/3，方便起身随时服务客人。

（三）行姿

行姿也叫走姿，就是走路的姿态。行姿最基本的要求是平稳、矫健。旅游接待服务人员在日常工作中经常是行走状态，优雅、稳重、有节奏的行姿能展示出动态之美，体现良好的职业风范。行姿的基本要点有：

（1）保持双肩平稳，双目平视，收腹抬头，伸直腿部。

（2）步幅适度，前脚脚跟到后脚脚尖的距离约为自己的脚长。

（3）速度均匀，有节奏，不要过快，也不要过慢。男性每分钟约走 100 步，女性每分钟走 90 步。

（4）双臂自然摆动。

旅游接待服务人员还要避免一些不当走姿，如脚步过重、靠左行走（应遵循"右侧通行"的原则）、与客人抢行、服务人员手拉手行走等，都是不符合接待礼仪规范的。

拓展阅读

如何纠正不正确的走姿

走姿直接影响一个人的形象,特别是对于在职场工作的人至关重要。那么如何才能纠正自己错误的走姿呢?下面教给大家一些简单的方法。

八字步:走八字步的人是很多的,这种走路的姿势比较难看,其包括外八字步和内八字步。走八字步时,人的大腿和脚掌不在同一平面上,步幅较小、身体摇摆、步频较慢。

纠正八字步的方法:

(1)平常走路时,要时刻关注自己的膝和脚尖,一定要确保始终对着正前方。

(2)经常在沙土地或湿地上走,以便留下清晰脚印,查看脚尖的朝向是否正确,可边走边改。

(3)经常沿运动场的跑道线或其他直线练习,尽量让自己的每一步都踩在线上。

(4)外八字步的人,应经常用两脚内侧交换着向上踢毽子;内八字步的人,应经常用两脚外侧交替着拐踢毽子。

(5)反复做从台阶的上边往下跳的练习,下落时迫使两脚并拢,长期练习,可使八字步得到纠正。

含胸弓背:含胸弓背是很多人的组织习惯,这种走势非常难看,而且也影响到自己的身形。走路时上身前屈呈含胸状、背呈弓形,两眼向前看时常有缩脖状。

纠正的方法是:

(1)上身挺直步行练习。特别要注意在步行时头要端正、两眼平视前方、挺胸收腹,走路的步幅约为一个脚长,步频每分钟50~60步。

(2)经常做上身抬起练习,或做上身和下身同时抬起的练习,以增强背部肌肉力量。每回做10~20次。

上身左右摇摆:走路时双脚离中线距离较远,身体重心左右移动较大,步幅较小,大臂摆动幅度小且与步行方向不一致。

纠正的方法是:

(1)经常沿直线走,注意使向前迈步的脚落到直线上。

(2)走路时注意大臂的摆动,要使大臂的摆动方向与步行的方向一致,摆动幅度大小和步幅成正比。

如果存在以上介绍的这些走姿习惯的话,那么可以采用这些方法来进行纠正。通过这些方法来纠正这些错误的走姿习惯是非常有帮助的。大家如果有这些走姿习惯的话,不妨采用这些方法来进行纠正。当然,这不是一时就可以改正过来的,需要循序渐进,并且要坚持。

(四)蹲姿

旅游接待服务中,接待人员常常会在系鞋带、低处拾物、与儿童交流,为低处就座的客人服务,搀扶摔倒的客人等情况下使用蹲姿。蹲姿的基本要点有:

(1)左脚在前,右脚在后,臀部向下蹲去。

(2)左小腿垂直于地面,全脚掌着地,左右双腿大腿紧靠,右脚跟提起,前脚掌着地,左膝高于右膝。

（3）上身稍向前倾，左脚为支撑身体的主要支点。

服务人员在使用蹲姿时一定要注意以上动作要点，体现举止礼仪的细节。切忌不要弯腰撅臀，露出背部皮肤或内衣；不要两脚平行、两腿分开蹲下；不要面对他人下蹲，不要蹲着休息等。

二、表情神态

旅游接待服务人员在日常工作中要做好表情管理，力求使自己的表情热情、友好、真诚、谦恭。服务人员的表情是服务质量的一个重要的组成部分，而服务差评往往来自服务人员冰冷的表情。在表情礼仪中，眼神和笑容最能体现礼仪功能和表现力。

（一）眼神礼仪

1.注视的时间

旅游接待服务人员和客人的目光接触时间是双方相处总时长的1/3，每次看对方眼睛的时长约为3秒。这样会让客人感受到真诚、自然。要避免一直盯着客户，给人感觉对客人的兴趣超过了谈论的话题；也要避免回避客人的目光，或是左顾右盼，给客人不耐烦或是心不在焉的感觉。

2.注视区域

对于不熟悉的客人，目光可以停留在以眉心为定点，双肩为地面的三角形区域；对于较熟悉的客人，目光可集中在对方的额头至脸颊；对于很熟悉的客人，注视区域可为两眼至鼻子的区域。与客户交流互动时，要避免目光上下扫视，反复打量；也要避免注视对方的头顶、胸部、腹部、大腿、手、脚等部位，这样都会引起客人的不适和反感。

3.注视角度

注视客人的角度往往能反映出对客人的尊重与否。注视的角度包括平视、仰视、俯视。在旅游接待服务中，我们应使用平视，表示理性、平等、自信、坦率。

仰视和俯视有可能是与对方位置高低造成的，也可能是头部位置的仰或抑造成的，服务人员必要时可以仰视客人，但绝不能俯视客人。如果服务人员身高明显超过客人，可以采用俯身低头的体势使目光能够平视客人。服务孩子时应采用蹲姿，与其平视。

案例

不知所措的实习生

小晴是某五星级酒店的实习生，在接受岗前培训模拟接待客人时，由于性格内向，又没有经验，她总是不敢正视对方，口中说着："欢迎光临！"眼神却飘忽不定，不知所措。培训导师问她，口中说着"欢迎"，可是眼睛却没有流露出"欢迎"，你认为客人相信你的语言，还是相信你的神态呢？小晴恍然大悟，克服了自己的羞怯心理，大胆热情地迎接每一位客人。

思考：

（1）在此案例中，小晴有哪些地方做得不恰当？

（2）有人说"体态语言才是真情流露"，你同意这种说法吗？当有声语言和体态语言表达的信息不符时，你更相信哪一种是真实信息？

(二)笑容

人们常说,微笑是最好的化妆品。可见,微笑可以让人更有魅力。服务人员的微笑尤为可贵。发自心底的微笑不仅可以创造和谐融洽的气氛,还可以让客人消除陌生环境的紧张感。

1.旅游接待服务人员的微笑

(1)整体和谐。微笑与自己的举止、谈吐相辅相成,和谐统一,起到锦上添花的效果。

(2)优雅得体。要做到适时微笑,并且精神饱满,气质优雅。

(3)真诚微笑。微笑要发自内心,面部各个部位运动到位,自然可亲。

旅游接待服务人员在接待客人时,要避免皮笑肉不笑,或嬉皮笑脸,这样的笑容令人生厌。还要避免在工作岗位上大笑,有些旅游接待服务人员性格开朗,尽管大笑也是发自内心的,但与身份不符,破坏了工作场合的正常气氛,对其他客人形成干扰。另外,微笑待客也要分情况,旅游接待人员要懂得沟通过程中融入共情,比如客人丢失了物品心急如焚,就不应微笑安慰,这样显得毫无同情之心;客人摔倒了,服务人员还面露笑容,就会令客人感到尴尬。

2.微笑的训练

有的旅游接待服务人员常常苦恼,自己天生就不爱笑、不会笑,其实,通过科学的训练,人人都可以拥有迷人的微笑。微笑的训练方法有:

(1)放松嘴唇肌肉。"哆来咪"练习,从低音到高音一字一字地发音练习,使嘴唇周围肌肉紧张后用手轻柔按摩舒展。

(2)增加嘴唇肌肉弹性。不断锻炼嘴唇周围肌肉的弹性,收缩和伸张,使嘴唇肌肉移动变得更加好看。首先,张大嘴达到使腭骨受到刺激的程度,保持10秒钟,然后闭上张开的嘴,拉紧两侧的嘴角,使嘴唇在水平上紧张起来,保持10秒钟,最后在嘴角紧张的状态下,慢慢聚拢嘴唇,让聚起来的嘴唇保持10秒钟。

(3)形成微笑。在放松的状态下,对镜练习微笑过程,关键是练习嘴角的上升的程度一致,嘴角不能歪斜,找到适合自己的微笑。旅游接待服务中,对于一般宾客或初次见面的客人使用一度微笑,即嘴角两端微微上提,上唇微张露出2~4颗牙齿;对于熟悉的客人使用二度微笑,即嘴角肌肉紧张,嘴角两端一起向上提,露出6颗牙齿。

(4)保持微笑。找到适合自己的微笑,保持30秒,并反复训练。

(5)修饰有魅力的微笑。对镜尽情地尝试多种笑容,找到适合自己的微笑,结合眼神、面部表情进行反复练习,久而久之就会拥有美丽的微笑。

三、体语礼仪

体语也称为体态语言,具有丰富的表现力,在服务过程中身体语言作为口语表达的补充发挥着重要作用。有时,甚至不讲话,一个动作或体态就能礼貌地表达沟通。旅游接待服务人员应正确掌握体语礼仪,让客人获得精致的服务体验。

(一)举手致意

旅游接待服务过程中,我们常用挥手致意表达对客人的问候、致敬和感谢。举手致意的动作要点是:

(1)面向对方。举手致意时要面向客人,保持微笑。

(2)手臂上伸。手臂向侧上方伸出,可以弯曲,也可以伸直。

(3)掌心向外。掌心面对客人,指尖朝上。

(4)切勿乱摆。向客人举手致意时,手臂伸起即可,不要来回摆动。

(二)指示方向

接待服务中常常需要为客人指示行进方向,如指示物品位置,指示进入,指示就座等,其动作要领为:

(1)指示行进方向。手指伸直并拢,手掌自然伸直,手心向上,肘部弯曲,手齐胸,脚姿为右丁字步,头部和上身微向伸出手的一侧倾斜,另一只手下垂或背在身后,目视客人,面带微笑。

(2)指示物品位置。手臂向外侧打开,抬至与肩同高,手指并拢,指尖指向物品所在处。

(3)指示进入处。手臂弯曲,抬至胸部以下,手指并拢,指尖指向进入处。

(4)指示就座。手臂由上至下斜伸摆动,手指并拢,指尖指向座椅。

需要注意,为客人指示方向时,一定要使用手掌,而不能仅使用手指点点戳戳;一定要掌心向上,而不是掌心向侧面。指示时面带微笑,并辅以相应的语言,如"请进""请坐""洗手间在这边"等。

(三)持拿物品

服务中持拿物品也要有所讲究,注意优雅、稳妥、卫生等,其动作要领为:

(1)优雅。服务人员要根据自己的能力持拿物品,避免夸张不雅的姿态,动作应协调自然。

(2)稳妥。服务人员持拿物品要避免摔倒、摔落物品,可以使用一只手也可以使用两只手,确保物品安全,人员安全。

(3)卫生。为客人取拿餐具、端茶倒水、斟酒送汤时,切忌把手触碰到杯碗碟边缘,更不能将手指浸于汤水中。

(四)递接物品

旅游接待服务人员与客人递接物品时应注意:

(1)双手递接。递接物品应使用双手,不方便使用双手时,使用右手,切忌使用左手,会被视为不敬。

(2)主动上前。服务人员递接物品时,应主动上前走进客人,并递送到客人手中,切勿随手一放,说一声"放这儿了",给人不礼貌、不耐烦的感觉。

(3)方便接拿。服务人员递送物品时,应将方便客人接拿的手柄、把手等朝向客人。对于具有尖、刃的物品,应当使尖、刃朝向自己,而不是朝向客人。

(五)挥手道别

挥手道别是服务人员送别客人时常用的手势,其动作要点为:

(1)身体站稳。挥手道别时,不要走动、奔跑或摇晃身体。

(2)目送客人。目光注视送别的客人,以表达真诚。

(3)手臂上伸。右臂或双手向前向上伸并挥动,距离越远手臂应抬得越高。

(4)掌心朝外,指尖朝上,左右挥动。双手伸出道别时,挥动幅度应大一些,避免双手高举不动。

(六)鞠躬

鞠躬是服务人员迎接客人和送别客人时常用的体态。鞠躬时的动作要点是:

(1)正立站好,双手自然下垂,男士双手贴裤缝,女士双手在体前,右手搭在左手上。

(2)两眼注视前方,面带微笑。

(3)上身前倾15~30度,同时问候"欢迎光临""您好"等语言。

(4)身体复原,目光仍注视对方。

(5)鞠躬时长大约为一个呼吸的时间。

(七)握手

握手的动作要点:

(1)面带微笑,目视对方。

(2)上身稍前倾,右手小臂右下平伸。

(3)右手四指并拢,拇指张开,握住对方四指至虎口处,并将手上下晃动两三下。

(4)口中可以同时说寒暄语。

案例

小刘的不妥之处

小刘是某五星级酒店服务人员,某日,他正低头上楼时,身后有一位客人喊:"服务员,请问餐厅在哪里?"小刘回头一看,客人正在楼梯拐角处仰面询问,他连忙热情地回答:"出了左侧门就是!"客人说:"谢谢。"便向左侧门处走去。

思考:

(1)在这个案例中,小刘的做法有何不妥?

(2)你认为正确的做法是什么?

拓展阅读

人际交往中如何进行最有效的沟通

信息的全部表达＝7％语调＋38％声音＋55％肢体语言。

我们把声音和肢体语言都作为非语言交往的符号,那么人际交往和销售过程中信息沟通就只有7％是由言语进行的。

有效沟通的步骤方法:

(1)目光接触,是人际间最能传神的非言语交往。"眉目传情""暗送秋波"等成语形象地说明了目光在人们情感交流中的重要作用。在销售活动中,听者应看着对方,表示关注,而讲话者不宜再迎视对方的目光,除非两人关系已密切到了可直接"以目传情"。讲话者说完最后一句话时,才将目光移到对方的眼睛。这是在表示一种询问"你认为我的话对吗?"或者暗示对方"现在该轮到你讲了"。

(2)衣着。在谈判桌上,人的衣着也在传播信息与对方沟通。意大利影星索菲亚·罗兰说:"你的衣服往往表明你是哪一类型,它代表你的个性,一个与你会面的人往往自觉地根据你的衣着来判断你的为人。"衣着本身是不会说话的,但人们常在特定的情境中以某种衣着来表达心中的思想和建议要求。

(3)体势。达芬·奇曾说过,精神应该通过姿势和四肢的运动来表现。推销专家认为,身体的放松是一种信息传播行为。向后倾斜15度以上是极其放松。人的思想感情会从体势中反映出来,略微倾向于对方,表示热情和兴趣;微微起身,表示谦恭有礼;身体后仰,显得若无其事和轻慢;侧转身子,表示嫌恶和轻蔑;背朝人家,表示不屑理睬;拂袖离去,则是拒绝交往的表示。

(4)声调。有一次,意大利著名悲剧影星罗西应邀参加一个欢迎外宾的宴会。席间,许多客人要求他表演一段悲剧,于是他用意大利语念了一段"台词",尽管客人听不懂他的"台词"内容,然而他那动情的声调和表情,凄凉悲怆,不由使大家流下同情的泪水。可一位意大利人却忍俊不禁,跑出会场大笑不止。原来,这位悲剧明星念的根本不是什么台词,而是宴席上的菜单。

恰当自然地运用声调,是顺利交往和销售成功的条件。一般情况下,柔和的声调表示坦率和友善,在激动时自然会有颤抖,表示同情时略微低沉。不管说什么样的话,阴阳怪气的,就显得冷嘲热讽;用鼻音哼声往往表现傲慢、冷漠、恼怒和鄙视,是缺乏诚意的,会引人不快。

(5)礼物。礼物的真正价值是不能以经济价值衡量的,其价值在于沟通了人们之间的友好情谊。当你生日时送你一束鲜花,你会感到很高兴,与其说是花的清香,不如说是鲜花所带来的祝福和友情的温馨使你陶醉,而自己买来的鲜花就不会引起如此愉悦的感受。

在销售过程中,赠送礼物是免不了的,向对方赠送小小的礼物,可增添友谊,有利于巩固彼此的交易关系。那么大概多少钱的东西才好呢?在大多数场合,不一定是贵重的礼物会使受礼者高兴。相反,可能因为过于贵重,反而使受礼者觉得过意不去,倒不如送点富于感情的礼物,更会使销售对象欣然接受。

(6)时间。在一些重要的场合,重要人物往往姗姗来迟,等待众人迎接,这才显得身份尊贵。然而,以迟到来抬高身份,毕竟不是一种公平的交往,会引起对方的不满而影响彼此之间的合作与交往。

赴会一定要准时,如果对方约你7点见面,你准时或提前片刻到达,体现交往的诚意。如果你8点钟才到,尽管你口头上表示抱歉,也必然会使对方不悦,对方会认为你不尊重他,而无形之中为销售设下障碍。

微笑。微笑来自快乐,它带来的快乐也创造快乐,在销售过程中,微微笑一笑,双方都从发自内心的微笑中获得这样的信息:"我是你的朋友",微笑虽然无声,但是它说出了如下许多意思:高兴、欢悦、同意、尊敬。作为一名成功的销售员,请你时时处处把"笑意写在脸上"。

第五节　旅游接待服务人员的语言规范

语言是沟通最有效的工具,语言具有传递信息、增进了解、表达情感的作用。旅游接待服务人员在整个接待过程中始终离不开语言,良好的运用不仅是优质服务的保障,更能体现良好的礼仪风范和企业形象。因此,正确使用礼貌用语应是每一位旅游接待服务人员必备的素质。

一、培养语言能力

文明使用语言并不是会使用几个简单的礼貌词汇,良好的语言能力使语言能够融入情感、适合语境、明确地表达自己的思想和意图。

(一)对象性

旅游接待服务工作中,服务对象千差万别,性别、年龄、身份等都决定了服务人员应该使用怎样的语言,以确保自己所使用的语言能被服务对象接受。切忌不分服务对象,要使用一样的语言服务不同的客人。

（二）目的性

语言是人与人沟通的工具，旅游接待服务人员在与客人沟通时，一定要理清思路、明确目的，无论是传递信息还是表达情感，都应有的放矢，不要漫无边际、废话连篇。

（三）交互性

旅游接待服务过程中，与客人沟通是相互的，首先要学会耐心倾听客人讲话，并善于分析客人的谈话要点，洞察客人说话的意图和弦外之音。在明白客人的需求和感受之后给予诚恳、坦率的答复，融情于理、以情感人、以理服人，唤起客人的共鸣。

二、服务语言的基本要求

旅游接待服务人员应使用文明用语与客人交流，给客人满意的服务。在这个过程中我们要注意以下方面。

（一）适宜的声音

适宜的声音可以让沟通锦上添花，使服务人员的语言更具魅力，增强交流效果。适宜的声音是通过语音、语调、语速、语气和音量等五个方面来体现的。

1.语音

旅游接待服务中必须使用普通话。我国地域辽阔，方言千差万别，为了避免引起歧义和沟通障碍，同时体现开放包容的企业形象，服务人员必须使用普通话，除非面对听不懂普通话的客人，我们可以使用客人听得懂的语言与其交流。服务人员在日常生活中要主动练习普通话，做到咬字清晰，发音准确。

2.语调

汉语的语调是用抑、扬、顿、挫来表现的。缺乏抑、扬、顿、挫是服务人员常见的问题，服务人员语气平平、声调单一，让客人无法感受到欢迎与重视。出现这类问题与服务人员的工作性质也有一定关系，如服务人员每天面对大量宾客往往要重复相同的话语，容易产生倦怠。因此，服务人员要克服这种情绪，每一位客人都是具体的服务对象，用生动的语言面对每一位宾客。

3.语速

旅游接待服务中面对客人，说话的语速一般为每分钟150～180个字，以160字为宜。语速过快客人难以准确捕捉信息，还给人不耐烦、急躁的感觉。语速过慢会让客人有懒散、缺乏热情或矫揉造作之感。

4.语气

语气是在一定的思想感情支配下表现出的声音形式。受具体的思想感情支配语气能透露出说话者的"喜、怒、哀、乐、欲、恶、惧"等情绪。语气还包含语言的内在逻辑，如"因果""转折""递进""并列""主次"等。同样的语言用不同的语气可以反映出不同的言外之意，因此，旅游接待服务中，服务人员只能使用和蔼可亲、热情耐心的语气，绝不可以流露出急躁、怠慢、生硬的语气。

5.音量

人们常说,音量悦耳,似四月春风;音量刺耳,如六月冰雹。音量不仅是说话的要素,更是一个人文明修养的体现。旅游接待服务人员在岗期间要控制好与客人交谈时的音量。一般来讲,合适的音量即让客人能听清楚。太大的声音让人感到生硬粗暴,没有教养。声音过小过弱又让人感到沉闷或不热情。

(二)规范的敬语

旅游接待服务用语需要体现礼貌性,表现为使用敬语。敬语最大的特点是彬彬有礼,对客人既恭敬又热情。服务人员与宾客交流时,称呼客人宜用尊称,如"阁下""先生""小姐""女士""夫人"等;服务客人要用"请"字开头,"谢谢"收尾,"对不起"常挂嘴边,对客人称呼"您"而不是"你"。另外,要注意使用敬语的时间、地点、场合、对象,准确地使用敬语。即使在客人表现粗鲁时,也要坚持使用敬语,保持语言优美、尊重。

(三)生动的表达

旅游接待服务人员与宾客交流时要力求避免死记硬背规定的服务用语,摆脱呆板木讷、语言枯燥等现象。因为这样容易使顾客认为服务人员业务能力差,服务态度不积极,责任性不强,甚至引起投诉。所以,作为旅游接待的服务人员,平时应多学习沟通技巧,积累丰富的词汇,了解客人的心态,做到谈话时语言生动,妙趣横生。

(四)灵活地运用

服务人员在与客人的交流过程中,要学会察言观色,留意客人的各种反应,灵活运用服务语言,针对不同的顾客、不同的环境、不同的场合以及顾客的身份特点、性格特点等,采用不同的说话风格,灵活应对,才能与宾客更好地沟通,达到顾客满意。

三、服务用语的常见类型

1.问候语

(1)通用式:"您好""大家好""女士们好""先生好"等。

(2)时效式:"早上好""晚上好"等。

2.迎送语

(1)欢迎:"欢迎光临""见到您很高兴""王先生,欢迎您"等。

(2)送别:"祝您一路顺风""再见""您慢走""祝您旅途愉快"等。

3.致谢语

(1)通用式:"谢谢""谢谢您""谢谢刘女士""万分感谢"。

(2)具体式:"谢谢您对我们的理解""谢谢您给我们好评""辛苦了,谢谢您"。

4.请托语

(1)通用式:"请……""请问……"等。

(2)求助式:"劳驾""拜托""请关照"等。

(3)组合式:"拜托您给这位老人让个座""劳驾您托运一下行李"等。

5.征询语

(1)开放式:"可以帮忙吗?""你喜欢哪类休闲活动?""您对我们的服务还有什么意见吗?"等。

(2)封闭式:"您是不是喜欢这个样式?""您喜欢阳面的房间吗?""需要打扫房间吗?"等。

6.赞美语

(1)认可式:"太棒了!""为您点赞!""太好了!""您真了不起!"等。

(2)回应式:"得到您的赞扬,真的很开心!""能为您效劳,非常荣幸"等。

7.祝贺语

(1)日常式:"身体健康!""生意兴隆!""祝您心想事成!""玩得开心!"等。

(2)节庆式:"祝您节日快乐!""生日快乐!""新年快乐!""新婚愉快!"等。

8.道歉语

(1)通用式:"对不起!""请原谅""抱歉"等。

(2)组合式:"对不起,打扰您休息了""请原谅,让您久等了""抱歉,我们工作疏忽了"等。

9.婉拒语

(1)解释式:"您好,我们餐厅不允许吸烟,请理解""对不起,我们的酒店已经满房了"等。

(2)建议式:"您好,我们已经满房了,您可以咨询附近的A酒店看看还有没有空房""抱歉,我们餐厅不接受预订,您可以5点左右来,一般有空位"等。

四、服务用语禁忌

旅游接待服务人员在面对客人时,必须避免使用不敬、不雅、不文明的语言,以免引起客人的不满和投诉,给企业的旅游服务接待工作带来负面影响。

1.称呼失敬

在旅游接待服务中,有些服务员将日常的口头称呼或熟人之间的外号用于宾客,显得不尊重、不礼貌。如,把老年人称为"老太太""老爷子";把年轻女性称为"老姐""大嫂";把身体有残疾的客人称为"哑巴""聋子";称个子高的客人为"大个儿",个子小的称为"小矮人"。还有类似的"大头""眼镜儿""肥肥"等,都非常粗鲁,甚至含有歧视之意。还有服务员直接称呼客人以代号,如"302房的""八号桌",如此失敬的称呼往往伤害了客人的自尊心,损坏了自己和企业的形象,所以服务人员一定要把握分寸,分清场合,对客人使用尊称。

2.涉及隐私

在为客人提供服务时,不能冒失地询问对方的隐私。如,"您还没结婚吧?""孩子多大了?""您今年有50了吧?""您年薪能拿到30万吧?""您有糖尿病吧?"等,这类涉及客人年龄、收入、婚姻状况、身体状况的问题都会引起客人的不适和反感。

3.评头品足

旅游接待服务人员切忌对客人评头品足。如,"您口红颜色好鲜艳""大冬天您穿这个冷吗?"等。服务人员应该谨记,不要对客人随意评头品足,努力做好自己的本职工作。

4.质疑客人

旅游接待服务时,不能随意质疑客人。如,当客人退房时,你发现衣架少了,服务人员劈头就问"房间的衣架不见了,你拿了没有?""这是高级套房,房价3999元,你住得起吗?"等,都会引起客人的不满和气愤。

5.生硬拒绝

在客人有所需求而我们又无法满足时,不能生硬地回复,"没有!""不知道!""这个不归我管"等,这都是不友好的否定拒绝,即便真的没有或不知道,也应委婉地回答"对不起,我这里还没有,我帮您问问""这个我还不清楚,您稍等,我问问经理"。

6.不耐烦

旅游接待服务人员每天的接待任务繁重,但无论如何不能流露出不耐烦的情绪。如,对客人说"好了好了快一点!""不要催! 没看我忙着呢!"等。即使面对客人的不文明语言,也要保持耐心和文雅,以此使客人意识到自己的不礼貌。

7.浅薄粗鄙

旅游接待服务人员最忌讳浅薄粗鄙,甚至脏话变为口头禅,这不仅影响自己的文明形象甚至影响一个企业、一个地方的形象。除此之外,服务人员也要避免喋喋不休、沉默寡言、漫不经心、窥探客人、自我标榜等。

案例

公司经理的投诉

某酒店宴会厅正在进行一家公司的年末客户答谢会,正当公司领导准备祝酒时,一位服务员失手打翻了酒杯,酒水洒在了客人身上,服务员目瞪口呆,一时不知如何是好。正在此时,只听那边"哗啦"一声,一位服务员滑倒在地,菜品洒落一地。顿时,该公司领导的脸上露出了愠色。宴会厅经理闻声赶到,上前向客人道歉后解释说:"这些服务员是临时工……"顿时客人的脸色由愠色变成了愤怒……第二天该公司经理向这家饭店总部进行投诉,愤然表示他们邀请的客户对酒店的服务很不满意。

思考:

(1)在此案例中,有哪些不妥之处?

(2)这家酒店应该如何改进自己的服务?

内容小结

本章从礼仪的概念入手,对旅游接待服务礼仪的概念、原则进行了界定,从旅游接待服务人员的服饰、仪容、仪态、语言等几个方面,阐述了旅游接待服务人员的基本礼仪规范。

实务分析

让我们回顾一下本章导入案例涉及的两个问题:一是认识旅游接待服务人员礼仪学习的重要性;二是分析外在礼仪和内化的旅游接待服务素养之间的关系。

1.服务是一种无形的产品,优质的服务对于旅游企业尤为重要,而体现这种服务质量的重要因素就是服务人员的礼仪。良好的礼仪素养不仅可以让服务人员在和客户交往中赢得理解好感和信任,还能树立服务人员和企业良好的形象。

2.礼仪是外在规范与内化素养的统一。一方面,律己、敬人才是文明礼仪的本质,是服务人员应具备的内化素养。季美林曾说过,"礼的最高境界永远是来自内心深厚的修养"。离开修养,规范就无从谈起。另一方面,内化素养是通过一系列礼仪规范来呈现给客人的,只有掌握外在的礼仪规范,才能由里及表更好地表达对客人的尊重,提供优质服务。

第十一章
旅游接待管理信息系统

学习目标和要求

- 掌握旅游接待管理信息系统概念及特征
- 了解旅游接待管理信息系统的技术基础
- 掌握旅游目的地管理信息系统
- 掌握旅游接待企业管理信息系统的思想和作用
- 了解旅游接待管理信息系统的发展趋势

案例导入

马仁奇峰景区"五位一体"智慧景区管理系统项目

安徽马仁奇峰景区以形象逼真的奇峰异石、嘉木修竹、珍禽益鸟、古寺鸣泉构成了其幽、险、秀、奇的特色景观,被誉为"皖南张家界"。为全面加强景区安全管理,提供更加便捷、有效的服务,安徽马仁奇峰文化旅游股份有限公司建设马仁奇峰景区智慧景区管理系统,对景区各重点区域和主要游步道实现全覆盖,并通过"五位一体"智慧科技管理系统进行实时监管及联动指挥,为游客在景区的游玩全程保驾护航。

马仁奇峰景区"五位一体"智慧景区管理系统由五部分(即监控视频、语音广播、Wi-Fi、智慧导游讲解、一键求助报警)构成,主要运用大数据、云计算等互联网技术,通过视频、音响、无线网络等设备及一体化监控指挥中心,实时动态监督管控景区各区域。游客可以通过遍布景区的广播知晓游览注意事项及临时信息,通过免费 Wi-Fi 实现随时随地自由上网,通过扫一扫景点介绍二维码收听景点免费讲解服务,通过一键报警器向景区监控指挥中心寻求帮助。

该系统自 2018 年投入运行以来,景区 2018—2019 年连续两年游客接待人数突破百万人次,无重大安全事故、无重大旅游服务投诉,马仁奇峰"五位一体"智慧管理系统为景区的安全接待保障发挥了重大作用,确保游客快乐出游、安全回家。

问题与思考

1. 上述案例中为了构建"智慧景区管理系统",运用到了哪些信息通信技术?

2. 根据以上案例,旅游接待企业如何结合信息通信技术提高安全接待服务?

第一节 旅游接待管理信息系统概述

一、信息的概念和特点

(一)信息与数据

信息是管理上的一项极为重要的资源,一个管理人员每天的大部分工作内容是在收集、保存、处理以及传送信息,管理工作的成败取决于能否做出有效的决策,而决策的正确程度则在很大程度上取决于信息的质量。人们通常所说的"信息"一词,往往带有其特定的含义。那么究竟什么是信息? 信息论创始人申农(Shannon)认为:"信息是不确定量的减少","信息是用来消除随机不确定性的东西"。对控制论做出特殊贡献的美国数学家维纳(Wiener)说过:"信息就是我们在适应外部世界和控制外部世界中,同外部世界进行交换内容的名称"。

信息和数据之间是相互联系的。数据是事实或观察的结果,是对客观事物的逻辑归纳,是用于表示客观事物的未经加工的原始素材。数据是反映客观事物属性的记录,是信息的具体表现形式。数据经过加工处理之后,就成为信息;而信息需要经过数字化转变,成为数据后才能存储和传输。它们是旅游接待管理信息系统中两个最基本的概念。图 11-1 表示了信息与数据的关系。

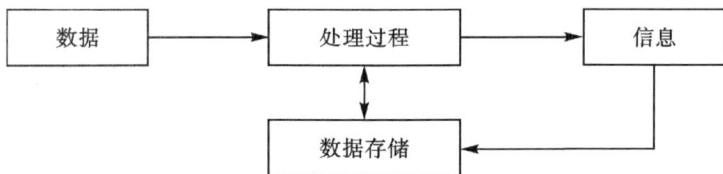

图 11-1 信息与数据的关系

综上所述,我们可以定义信息为:信息是对原始数据进行处理或解释之后得到的对客观世界产生影响的数据,它对接收者有用,它对决策或行为有现实或潜在的价值。

(二)信息的特性

信息的特性即信息的属性和功能,包括事实性、层次性、价值性、共享性、目的性和扩散性。

(1)事实性。事实是信息的中心价值,不符合事实的信息不仅无益,而且有害。事实性是信息的第一性质。

(2)层次性。企业的管理信息通常分为战略性、战术性、日常性三个层次。其中,战略性信息是指高层管理者需要的关系到企业全局和长远利益的信息,如企业营销策略、市场需求等。战术性信息是指中层管理者需要的关系到企业局部和中期利益的信息,如资源分配计划、工作进程等。日常性信息是指某基层管理者需要的关系到企业各种具体业务的信息,如酒店每天的住客率、营业额等。

(3)价值性。信息是经过加工后对企业生产经营活动产生影响的数据,能够指导人的决策和行动,因而具有价值。如旅游酒店前台提前知道某旅游团预订客房的基本情况和到达机场的具体航班号等信息,就可及时安排客房、用餐及其他事项。

（4）共享性。能量和物质交换遵循守恒定律，一方失去的正是另一方得到的。信息与其他物质资源相比，具有非消耗的属性，可以被若干个主体共同占有或共同享用，这是信息的最基本特性之一，是信息不同于其他物质的一个显著特性。例如，某旅游网站的旅游资讯可被游客、企业、政府管理部门共同享有。

（5）目的性。信息的目的性是指任何信息的收集和整理工作都是为了某个具体工作服务的，具有明显的目的性。收集和整理管理信息的最终目的就是帮助人们认识和了解企业经营过程中出现的问题，为决策提供各种科学准确的依据。

（6）扩散性。信息的扩散性是指信息可以通过多种传输渠道向各个方向自然传播扩散。信息的扩散性与信息传递技术的发展密切相关，信息的扩散速度与传递技术的发展成正比，即传递技术发展得越快信息扩散的速度越快。

二、旅游接待管理信息系统的概念及功能

（一）旅游接待管理信息系统的概念

旅游接待管理信息系统是为旅游接待企业或旅游管理部门等提供的计算机化的管理信息系统，它具有信息系统的数据处理功能。旅游接待管理信息系统不仅对管理活动中发生的信息进行收集、传递、存储、加工、维护和使用，同时为管理决策提供服务。它能如实记载旅游接待企业各种活动的运行情况，又能利用已经产生、存储的数据预测未来，提供决策依据，利用信息控制旅游接待企业行为，帮助旅游接待企业实现规划目标。

（二）旅游接待管理信息系统的功能

1. 数据处理功能

数据处理功能包括对旅游接待企业各种形式的原始数据进行收集、输入、传输、存储、加工处理和输出，这是旅游接待管理信息系统的基本功能。

2. 预测功能

旅游接待管理信息系统运用数学、统计或模拟等方法，根据过去的数据预测未来的情况，例如酒店根据前几个月的销售数据预测后几个月的销售额。

3. 计划功能

旅游接待管理信息系统计划功能即合理安排各职能部门的计划，并按照不同的管理层提供相应的计划报告，例如酒店管理信息系统根据员工的数量及值班时间的信息和数据，生成员工值班计划表。

4. 控制功能

旅游接待管理信息系统根据各职能部门提供的数据，对计划的执行情况进行监测、检查，比较执行情况与计划的差异，并分析其原因，辅助管理人员及时用各种方法加以控制。

5. 辅助决策功能

企业决策是通过对企业内部信息和企业外部信息的了解做出正确的判断和决策。所以，决策和信息有着非常密切的联系。旅游接待管理信息系统能根据企业内、外部信息，运用数学模型，推导出有关问题的最优解，辅助各级管理人员进行科学决策。

(三)旅游接待管理信息系统的结构

旅游接待管理信息系统的结构是指旅游接待管理信息系统各个组成部分所构成的框架结构。从不同角度理解管理信息系统,于是就形成了不同的结构方式,其中最主要的有概念结构、层次结构、功能结构。

1. 概念结构

旅游接待管理信息系统从概念上看是由四大部件组成的,即信息源、信息处理器、信息用户和信息管理者,它们之间的关系如图 11-2 所示。

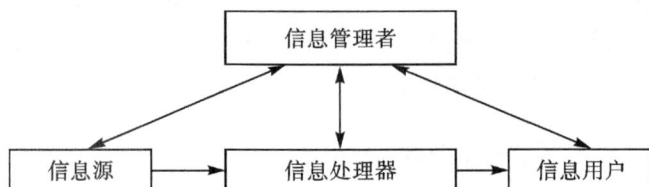

图 11-2 旅游接待管理信息系统的概念结构

在图 11-2 中,信息源是信息的产生地;信息处理器是对信息进行传输、加工、保存等处理的设备;信息用户是信息的使用者,可以应用信息进行决策;信息管理者负责信息系统的设计实现,并在实现以后负责信息系统的运行和协调。

2. 层次结构

旅游接待管理信息系统是为管理决策服务的。管理是分层次的,横向上可以分为基层管理(作业处理)、中层管理(管理控制)和高层管理(战略计划与决策)三个管理层次。另外,旅游接待管理信息系统又可在横向层次上从纵向分为市场销售子系统、人事管理子系统、财务管理子系统和其他子系统等。每个子系统都支持从基层管理到高层管理的不同层次的管理需求。基层的数据处理量大、加工方法固定,高层的数据处理量小、加工方法灵活,但比较复杂,所以就组成了纵横交织的旅游接待管理信息系统的金字塔结构,如图 11-3 所示。

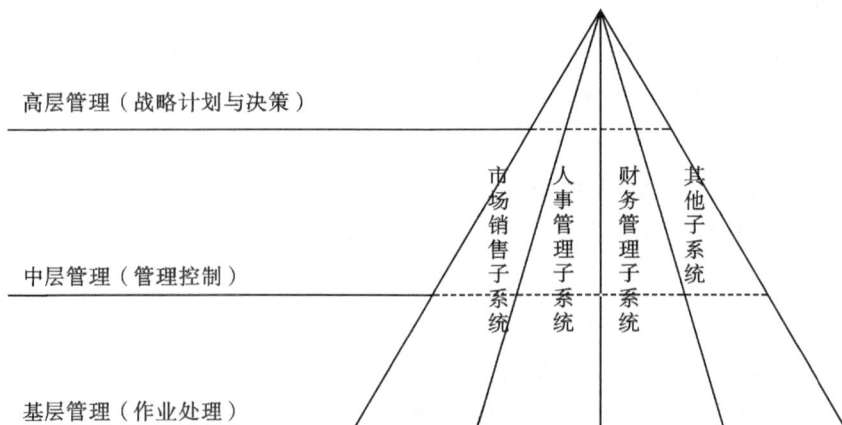

图 11-3 旅游接待管理信息系统的金字塔结构

3. 功能结构

旅游接待管理信息系统应该具有一个目标,支持整个组织在不同层次上的各种功能,各种功能之间又有各种信息联系,构成一个有机的整体,形成一个功能结构。如图 11-4 列举了某酒店前台管理信息系统,该系统可划分为七个职能子系统。

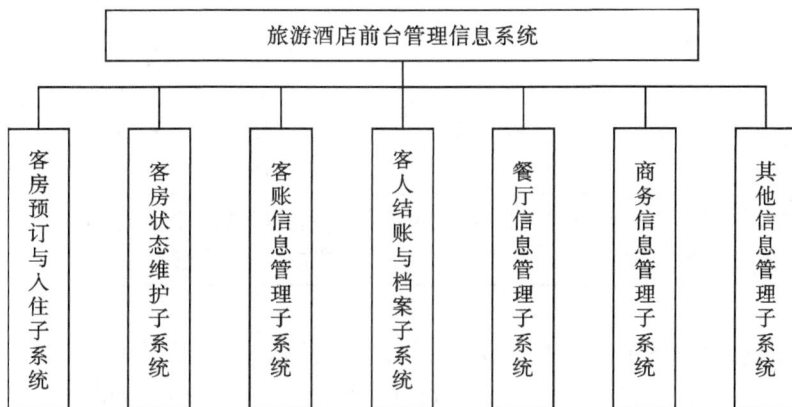

图 11-4　旅游接待管理信息系统功能结构

第二节　旅游接待管理信息系统技术基础

信息通信产业与旅游业都是 21 世纪的朝阳产业,信息通信技术的发展伴随着旅游业的发展,旅游业的发展同样也伴随着信息通信技术的发展。进入 21 世纪,旅游业的发展越来越依赖于新一代信息通信技术,出现了智慧饭店、智慧旅行社、智慧景区等。

一、信息通信技术

(一)信息通信技术(information and communication technologies,ICT)的概念

ICT 的概念最早由英国电信提出,其对 ICT 服务的核心阐述是:"CT(通信技术)与 IT(信息技术)相结合,CT 促成了超越时空的快速信息交换"。我们可以从企业管理和应用的角度对信息通信技术下这样的定义:信息通信技术是指能帮助企业实现战略地管理其信息、功能,处理企业与相关利益团体之间的互动沟通关系,使企业实现其经营宗旨的一切电子工具,其中包括各种硬件、软件、电子通信、网络件、群组件和人件的集合,如表 11-1 所示。

表 11-1　信息通信技术的具体含义

术语栏	酒店业的例子
硬件:各种物理实物设备,包括各种类型的计算机、输入设备、输出设备、移动设备等	电脑、打印机和酒店餐厅终端
软件:在硬件上运行的控制其发挥作用的指令程序,包括各种系统软件、应用软件、数据库软件、通信软件和协议	使酒店能控制其资产,是为各部门记录收支情况和为客人记账的饭店管理系统
电子通信:利用广播、电视电话及其他通信技术手段实现的远距离信号传输,包括数据、图像和声音	电话中心、传真系统

续表

术语栏	酒店业的例子
网络件:支持网络或计算机、终端和通信设备的联网系统的所有设备和软件	酒店各部门间的硬件和软件网络
群组件:通信工具如电子邮件、语音信箱、传真和电视会议等促成团队协调配合的电子通信手段	让员工能共享文件、顾客资料和价格等经营信息的应用
人件:对技术系统的开发、编程、维护和操作的智能要求,人件结合了社会上的知识和经验	酒店里的信息技术/信息系统员工及其与各职能部门的联系

简单来说,信息通信技术是信息技术(IT)与通信技术(CT)的结合。IT技术注重的是工作流、业务流,CT技术注重的是交流、沟通,IT技术和CT技术相融合的ICT服务,为企业提供的不再是简单的通信管道或信息渠道,而是集网络通信、可管理服务、无线数据和语音、视频会议、应用托管、软件及系统维护、安全、外包等一体化的信息和通信技术融合的服务。也有学者认为信息通信技术是促进企业内部和企业间信息流通的机制和技术的结合。

20世纪70年代以来信息通信技术的快速发展和20世纪90年代以来互联网的迅速普及,给整个社会带来了变革的同时,也给所有企业都带来了深远的影响。在这么一个信息化、数字化和网络化的时代,如何保持并扩大自己的市场份额,在全球范围内占领市场,并获得竞争优势是所有企业所面临的一大难题。信息通信技术能够支持企业的发展战略,使企业更有效率地管理其资源,从而加强企业内外的沟通交流,促进企业实现全球化营销,创造可持续的竞争优势。

(二)信息通信技术发展的阶段

信息通信技术的发展分为四个主要阶段,每个阶段都对企业有不同的贡献,每个阶段所支持的重点功能也不同,因此也就对企业的战略和营运产生了不同程度的影响。

(1)第一阶段,数据处理阶段。这个阶段始于20世纪60年代,主要目的是通过自动化的信息处理提高企业的经营效率。主要采用的设备是大型计算机和微型计算机,计算机当时主要用于航空公司,硬件和编程非常昂贵,只适于日交易处理量非常大的企业。

(2)第二阶段,管理信息系统阶段。这个阶段始于20世纪70年代,主要应用是通过满足企业对信息的需求达到提高企业的管理效率和效益的作用。这个阶段信息技术通过当地的数据处理系统和信息源相连接支持企业决策程序。信息系统主要用于满足其企业内部管理和协调的需要。同时这个阶段的特点主要是增加了信息技术处理行政事务和文员事务的功能,尤其是在财务和库存管理方面。

(3)第三阶段,战略信息系统阶段。这个阶段始于20世纪80年代,主要目标是通过转变企业经营机制实现提高企业竞争力的目的。利用互联的信息技术网络实现企业的战略目标,提高经营业绩,把相关活动融进企业的功能和生产流程中去,同时支持企业与外部机构的互动,使企业获得竞争优势。因此战略信息系统主要用于支持和形成企业的竞争战略,并帮助企业提高保持这种竞争优势的能力。

(4)第四个阶段,网络阶段。这个阶段始于20世纪90年代末,这个阶段的特征是企业内部和企业间网络的大量涌现。局域网(LAN)和广域网(WAN)以及互联网、内部网和外部网给企业的沟通领域带来了一次革命,促成了多层次、多方面的互联互动和有效的协作。此外,这些网络也促成了计算机处理的集中化和分散化,使现有资源的效益最大化。在这个阶段,企业在全球市场上的竞争能力发生了改变,企业的地理位置和产品发送程序的规模变得越来越不重要了。信息通信技术成了从生产到营销几乎所有企业功能所必不可少的工具。

互联网的发展同时产生了电子商务(e-commerce),电子商务的发展带动了一种新的全球经济,在这里所有企业都是互联互动的,而且竞争是全世界范围的。价格和产品的透明化带来了全球竞争。因此可以说信息通信技术推动了全球化进程和大部分企业的流程再造。

二、旅游接待企业中的信息通信技术

信息通信技术与网络是旅游接待企业信息化管理与服务的基础技术,有了这些技术,旅游接待企业中的供需各方可以便捷地交流,企业各种业务也可以便捷地处理和实现。在今天的旅游接待企业中,只有把这些新的技术与平台充分利用起来,不断地改进产品与服务,才能在未来竞争更加激烈的市场中存活下来,并求得发展空间。

(一)旅游接待企业的硬件应用

在旅游接待企业的硬件应用中,主要包括以下一些硬件系统和类型:个人电脑和移动电脑;键盘、鼠标、扫描仪、条码阅读器等输入设备;互动数码设备、U盘存储设备等移动设备;集线器、路由器、交换机、防火墙等企业内网络设备;蓝牙设备、无线接收设备、手机或对讲机等无线移动通信设备。

(二)旅游接待企业的软件应用

软件是在硬件设备上运行的,能帮助用户解决各种问题,完成各种任务要求的指令集合,它和硬件相结合才能使整个系统发挥出应有的强大功能。旅游接待企业中的软件主要有以下一些应用类型。

1.日常办公类软件

操作系统类软件如Windows系列,它主要用来管理计算机系统的硬件资源、软件资源和数据,协调各部件、各系统,使它们能一起有效地工作;文字处理类软件如Microsoft Word,用于管理旅游接待企业经营中的电子文档;电子表格类软件如Microsoft Excel,主要功能就是对旅游接待企业数据进行汇总、运算、排序等操作;图像、图片处理类软件如Photoshop,用于对旅游接待企业网页或营销宣传的原始图像进行效果上的加工处理;工具类软件,如压缩软件、防病毒软件、磁盘管理类软件等。

2.电子邮件和通信类软件

旅游接待企业需要与客户、供应商等所有的利益相关者进行沟通,交换相关信息,同时联络感情。电子邮件和其他通信类的软件就是满足旅游接待企业此类需求的,它们是旅游接待企业与各方相关者进行互动所使用的常用工具类软件。

3.财务管理类软件

财务管理类软件能够帮助旅游接待企业收集、分析、处理各种财务数据信息,帮助企业掌握销售、利润等方面的情况。如用友、金蝶等财务软件。

4.前台接待类软件(饭店接待系统、旅行社接待系统等)

旅游接待服务往往有前台和后台之分,前台指直接与客户相关的部门与服务。前台的接待业务往往是客户进入旅游接待企业后,旅游企业为客户所提供的第一步面对面服务,因此它对于旅游企业而言是十分重要的环节。接待业务是否快速、准确、热情,能决定旅游接待企业在客户心目中的第一印象的好坏,也就是说它能决定潜在的客人能否成为实际的顾客。因此前台接待类软件对于旅游接待企业而言是非常重要的,它的质量和性能都会对旅游接待企业的经营效益产生巨大的影响。

5.后台管理类软件

后台是指与客户没有直接关联的部门与服务。在旅游接待企业中,后台系统是支持前台(如酒店前台接待)经营的重要系统,它能保障前台各部门为客户提供满意的服务。由此可见,后台管理类软件对于旅游接待企业而言也是至关重要的。比如人力资源管理系统可以为旅游接待企业提供训练有素、合格的服务和管理人员。而工程设备管理则主要对酒店或景区等旅游接待企业中的能源和设备进行管理与维修。这些后台管理类软件都为旅游接待企业的成功运营发挥着各自不可替代的作用。

6.数据管理类软件

这类软件主要包括数据库、数据库管理系统以及数据仓库。其中,数据库是用来存放旅游接待企业经营数据的,而数据库管理系统则是建立、操作、管理、维护数据库的平台。数据仓库是随着数据应用的高要求而发展起来的最新技术,它能对原始数据进行组合与分析,从中挖掘出有价值的信息。这类软件目前都是网络化使用并实现管理。

7.知识类软件(专家系统、知识工作系统、数据挖掘等)

在当今的知识经济时代,知识已经越来越受到企业的重视,知识管理也成为企业越来越倾力关注的一项重要工作。因此知识类的软件在旅游接待企业中的作用越来越大,地位也在逐渐提高。如知识类软件中的专家系统能协助企业员工解决专业领域中的问题;而知识工作系统能使知识(如企业的方案、策划、制度等)在整个企业范围内得到收集、传播与共享;数据挖掘则能从数据库中深入挖掘出隐藏着的有意义的客户信息、旅游市场信息等。

8.网站类软件(发布、分析、商务处理等软件)

互联网的高速发展使得网络应用在企业中已经基本普及了。旅游接待企业为了更好地传递企业的信息,掌握更大的自主权,往往会建立自己的网站。这就需要用到很多网站类的软件,如最基本的 HTML 编辑器,Dreamweaver、FrontPage、Flash 等互动网页制作工具。

三、旅游接待企业的信息通信网络

信息通信除了丰富的软件以外,还需要多种类型的应用网络支持。信息通信与网络在旅游接待企业中应用的巨大作用是显而易见的,简单来说,它能加强旅游接待企业与消费者及合作伙伴之间的沟通,从而提高效率、节省时间和降低成本。

(一)内部网(Intranet)

内部网是指在旅游接待企业或部门内部,"封闭的""受控的",由"密码"或"防火墙"保护的网络系统。内部网采用的是互联网的标准协议,可以提供用户友好的多媒体界面,让有授权的人进入其中获得整个旅游接待企业的相关信息知识和程序,以便更有效地完成自己的工作任务。内部网所使用的硬件和软件与互联网类似,但它通过防火墙禁止无授权的人进入,即通过硬件和软件的设置识别用户,阻止外人侵入网络获取信息。内部网利用互联界面,通过让旅游接待企业的各级人员共享丰富的数据资料改善企业的内部管理。

（二）外部网（Extranet）

越来越多的旅游接待企业认识到与生产和服务的生产价值链上的其他企业结成紧密的合作关系的重要性,于是外部网得到了开发。

外部网使用与内部网相同的原理、设备和网络,使一部分人能通过网络连接到一些预先选定的企业信息、数据和程序。外部网通过使旅游接待企业数据和程序的共享形成一种低成本的、用户界面友好的电子商务安排,增进旅游接待企业与其信任的任何伙伴之间的互动性和透明度。因此可以说外部网通过增进旅游接待企业与其合作伙伴之间的透明度和互动性促进了相互之间的合作,合作双方可以实现互利互惠,增加双方的效率、生产率和效益,同时又能保障双方企业的安全和保密性。

（三）互联网（Internet）

互联网的概念最早出现于 20 世纪 60 年代,用于当时美国的国防系统,1994 年正式命名为因特网。如今,随着时间的推移,互联网已经发展成为覆盖全球的计算机网络体系,它以一种简单而低成本的方式将全球数亿的计算机连接起来,集各个领域的信息资源为一体,供网络用户共享。互联网具有平等、自由和开放的特性。任何一个用户都可以通过自己的计算机自由接入互联网,跨越空间访问网络上其他用户的共享资源,而不必关心其地理位置。另外,互联网的费用低廉且功能强大。互联网上的信息不仅容量大,而且可以图片、声音、影像等多种形式表现,同时其信息流动不受时空限制。

由此可以看到,具有共享性、开放性和协作性的互联网已经成为传递旅游信息的最理想选择。随着它的不断发展完善,其在旅游方面的应用领域也在不断地扩大。目前它主要的应用领域包括电子邮件、文件传输、远程登录、万维网、电子公告牌、新闻组、搜索引擎、电子商务、在线聊天等。

总的来说,互联网是旅游接待企业与客户或消费者进行联系的平台,内部网是旅游接待企业内部员工和管理者沟通交流的平台,而外部网是旅游接待企业与授权的合作伙伴开展互动的平台。互联网、内部网、外部网三者都是企业构建电子商务系统的基本网络,它们之间可以相互无缝交换数据、无缝处理业务,是业务协同的主要网络平台。最近几年移动互联网的出现和普及,为移动电子商务和基于位置的移动服务奠定了技术基础,已成为旅游信息化中主要的信息通信网络形式。

拓展阅读

新一代信息通信技术

1. 大数据（big data）,是指无法在一定时间范围内用常规软件工具进行捕捉、管理和处理的数据集合,是需要新处理模式才能具有更强的决策力、洞察发现力和流程优化能力的海量、高增长率和多样化的信息资产。大数据的价值体现在以下几个方面:①对大量消费者提供产品或服务的企业可以利用大数据进行精准营销。②做小而美模式的中小微企业可以利用大数据做服务转型。③面临互联网压力必须转型的传统企业需要与时俱进充分利用大数据的价值。

2.云计算(cloud computing)是分布式计算的一种,指的是通过网络"云"将巨大的数据计算处理程序分解成无数个小程序,然后通过多部服务器组成的系统处理和分析这些小程序,得到结果并返回给用户。通过这项技术,可以在很短的时间内(几秒钟)完成对数以万计的数据的处理,从而达到强大的网络服务。

云计算的实现形式众多,主要通过以下形式完成:

(1)软件即服务。通常用户发出服务需求,云系统通过浏览器向用户提供资源和程序等。值得一提的是,利用浏览器应用传递服务信息不花费任何费用,供应商亦是如此,只要做好应用程序的维护工作即可。

(2)网络服务。开发者能够在API(应用程序接口)的基础上不断改进、开发出新的应用产品,大大提高单机程序中的操作性能。

(3)平台服务。一般服务于开发环境,协助中间商对程序进行升级与研发,同时完善用户下载功能,用户可通过互联网下载,具有快捷、高效的特点。

(4)互联网整合。利用互联网发出指令时,也许同类服务众多,云系统会根据终端用户需求匹配相适应的服务。

(5)商业服务平台。构建商业服务平台的目的是为了给用户和供应商提供一个沟通平台,从而需要管理服务和软件服务搭配应用。

(6)管理服务提供商。此种应用模式并不陌生,常服务于IT行业,常见服务内容有扫描邮件病毒、监控应用程序环境等。

3.人工智能(artificial intelligence),英文缩写为AI。它是研究、开发用于模拟、延伸和扩展人的智能的理论、方法、技术及应用系统的一门新的技术科学。

人工智能是计算机科学的一个分支,它试图了解智能的实质,并生产出一种新的能以人类智能相似的方式作出反应的智能机器。人工智能从诞生以来,理论和技术日益成熟,应用领域也不断扩大,可以设想,未来人工智能带来的科技产品,将会是人类智慧的"容器"。人工智能可以对人的意识、思维的信息过程进行模拟。人工智能不是人的智能,但能像人那样思考,也可能超过人的智能。应用领域有机器翻译,智能控制,专家系统,机器人学,语言和图像理解,遗传编程机器人工厂,自动程序设计,航天应用,庞大的信息处理,储存与管理,执行生命体无法执行的或复杂、规模庞大的任务,等等。

4.物联网(internet of things,IoT)即"万物相连的互联网",是互联网基础上的延伸和扩展的网络,将各种信息传感设备与互联网结合起来而形成的一个巨大网络,实现在任何时间、任何地点,人、机、物的互联互通。

物联网是新一代信息技术的重要组成部分,IT行业又叫泛互联,意指物物相连,万物万连。由此,"物联网就是物物相连的互联网"。这有两层意思:第一,物联网的核心和基础仍然是互联网,是在互联网基础上延伸和扩展的网络;第二,其用户端延伸和扩展到了任何物品与物品之间进行信息交换和通信。因此,物联网的定义是通过射频识别、红外感应器、全球定位系统、激光扫描器等信息传感设备,按约定的协议,把任何物品与互联网相连接,进行信息交换和通信,以实现对物品的智能化识别、定位、跟踪、监控和管理的一种网络。

5.5G(第五代移动通信技术)是具有高速率、低时延和大连接特点的新一代宽带移动通信技术,是实现人、机、物互联的网络基础设施。

6.区块链。从科技层面来看,区块链涉及数学、密码学、互联网和计算机编程等很多科学技术问题。从应用视角来看,简单来说,区块链是一个分布式的共享账本和数据库,具有去中心化、不可篡改、全程留痕、可以追溯、集体维护、公开透明等特点。这些特点保证了区块链的"诚实"与"透明",为区块链创造信任奠定基础。而区块链丰富的应用场景,基本上都基于区块链能够解决信息不对称问题,实现多个主体之间的协作信任与一致行动。

第三节　旅游目的地管理信息系统

目的地是旅游业存在的理由,目的地的景点是推动旅游的主要动机。旅游目的地是当地所有相关旅游产品、设施和服务的综合体,这些产品和服务构成了"整体旅游产品"或"旅游体验"。例如,巴黎作为一个全球知名的旅游目的地综合了很多可见要素(如当地景点、博物馆、剧院和公园),以及不可见要素(如氛围、文化、艺术)和设施(如饭店、餐厅和巴士、出租车、地铁等交通设施)。所有这些要素构成了目的地的形象和品牌。传统上,目的地规划、管理、营销和协调开发是由公共部门(国家、地区或地方)或利益团体与当地旅游行业合作进行的。

旅游目的地管理信息系统(DMS)利用ICT将整个旅游行业数字化,结合行业价值链的所有环节,成为目的地开发和管理的重要工具。目的地管理机构正逐渐认识ICT的发展给目的地带来的潜在机会,包括可以改进管理职能和有效帮助目的地进行全球促销。那些能提供及时恰当和准确信息的目的地更有可能被旅游者选中。旅游目的地管理信息系统满足消费者出游信息和预订需求、在线提供恰当准确信息服务的能力将直接影响到目的地的吸引力。因此ICT和DMS将有力地支持目的地加强其竞争力。

一、旅游目的地管理信息系统的概念

旅游目的地管理信息系统是旅游目的地营销和促销的新工具,它利用ICT传播信息,支持旅游产品、服务的预订。DMS有很多种定义,总的来说,它是一个关于目的地的、可以互动接入的电脑信息系统。DMS一般包括关于景点和设施的信息,并带有一定的预订功能。DMS一般由目的地管理机构(DMO)管理,DMO可能是公共部门也可能是私营部门,或两者的合作体。

二、旅游目的地管理信息系统的功能

DMS常用于整合整个目的地供给,其战略管理和营销功能表现在协调目的地各利益团体的利益,使目的地以较低的成本更有效地出现在全球市场上。DMS通常包括产品数据库、客户数据库和连接两者的运行机制。较先进的DMS系统还会提供一些其他的服务,主要功能如下:

(1)按类别、地域、关键词搜索信息。

(2)客户自行安排行程。

(3)预订客户/联系方式数据库管理。

(4)客户关系管理功能。

(5)市场调查和分析媒体的公关材料。

(6)节事活动规划和管理。

(7)营销和产出管理。

(8)数据编辑和管理。

(9)财务管理。

(10)信息系统管理和业绩评估。

(11)经济影响分析。

(12)第三方信息源如天气预报网站、交通部门网站、目的地剧院和节庆活动票预订网站。

三、旅游目的地管理信息系统的作用

1.提高目的地信息质量和数量

到目前为止,主要的 DMS 开发都是由地方政府和地方旅游管理机构主持的,基于地方旅游局的政府背景,只有目的地管理信息系统才能够整合目的地各类旅游资源信息和旅游企业产品信息,并能保证信息的权威性和准确性,这是其他企业和机构的信息系统都无法做到的。所以 DMS 能提高目的地信息质量和数量,并通过科学的信息组织和呈现形式让游客方便快捷地了解目的地的各方面信息,帮助游客更好地安排旅游计划并形成旅游决策。

2.建立目的地营销平台

DMS 对于目的地和中小旅游企业来说都是重要的促销、分销和营运工具,通过 DMS 的旅游舆情监控和数据分析,挖掘旅游热点和游客兴趣点,引导旅游企业策划对应的旅游产品,制定对应的营销主题,从而推动旅游行业的产品创新和营销创新。同时还可以通过 DMS 新媒体平台,充分利用新媒体传播特性,吸引游客主动参与目的地旅游的传播和营销,积极与消费者互动,提高营销效果。

3.优化旅游地业务流程

旅游目的地存在多种接待业务流程,如景区游览接待流程、旅游交通接送流程、住宿接待流程以及餐饮接待和购物环节流程等。这些业务接待流程环节上集聚了旅游目的地的各种旅游服务企业,它们相互之间可能也存在争夺客源的情况,或者存在价格竞争的情况。由于旅游活动是个动态过程,存在许多不确定性,在没有管理信息系统支持的条件下,旅游企业要掌握这些不确定性的情况是非常困难的。旅游目的地构建的管理信息系统,可以解决业务流程上的不确定性,优化目的地的各种业务流程,实现对游客量的预测、对客源的统一调配以及对服务规范的统一,从而提升旅游目的地接待能力。

4.加强了旅游目的地的管理创新

通过目的地管理信息系统,可以及时准确地掌握游客的旅游活动信息和旅游企业的经营信息,实现旅游行业监管从传统的被动处理、事后管理向过程管理和实时管理转变。同时目的地管理信息系统支持旅游企业广泛运用信息技术,改善经营流程,加快推进旅游企业的数字化改造和转型升级,从而提高管理水平。

5.提升旅游目的地竞争力

目的地管理信息系统帮助旅游目的地提升竞争力体现在三个方面:一是目的地管理信息系统构建了目的地统一的信息、服务和管理平台,提高了目的地管理机构及目的地旅游企业运行效率,降低了运行和管理成本。二是利用目的地管理系统的大数据分析能力,根据游客需求创新产品和服务,实现目的地旅游产品的差异化和个性化,从而提高竞争力。三是目的地管理信息系统利用电子分销系统、目的地网站、App 等渠道和平台开展目的地旅游形象传播和网络营销,能有效地提升旅游目的地的知名度。总体上来讲,目的地管理系统是目的地的智慧管理平台、智慧服务平台和智慧营销平台,是提高竞争力的重要工具。

📖 **拓展阅读**

智慧旅游目的地管理信息系统的架构

智慧目的地管理信息系统是基于新一代的信息通信技术(ICT),将云计算、物联网、互联网和个人移动终端、人工智能等技术集成和综合,将信息通信技术与旅游业融合设计。与某种信息技术在旅游业中的应用不同,智慧目的地管理系统是信息技术在旅游业中的应用创新和集成创新,是为满足游客个性化需求,提供高品质、高满意度服务,而实现旅游资源及社会资源的整合共享与有效利用的系统化、集约化的管理变革。在当今的信息社会,信息的充分交汇和聚合是量变,信息的融合推动着与旅游目的地创新可持续发展。图 11-5 展示了智慧旅游目的地的系统架构。

图 11-5　智慧旅游目的地系统架构

四、目的地管理信息系统开发的步骤

旅游目的地管理信息系统是一个综合性的系统,除了连接目的地政府旅游管理部门的行业管理系统外,还要连接目的地所有旅游企业系统,同时其网站是目的地的门户和窗口,是旅游目的地的形象工程,又是旅游目的地的营销工程。依据软件工程和商务工程的原理,其系统开发建设需要经过设想、准备、调研、设计、建设和营销等步骤。具体包括以下步骤:

(1)提出目的地旅游产品的战略设想、品牌、外观和感受。

(2)制定智慧旅游目的地战略。

(3)招募 ICT、营销和 DMS 方面的专家。

(4)与所有利益团体进行协商并听取建议,包括景区、酒店、旅行社等当地旅游企业和当地旅游行业协会等组织。

(5)确定目的地网站的商业模型和功能指标。

(6)确定技术指标、采购和更新程序。

(7)向卖方询价并确定项目的合作方。

(8)选择系统供应商和软件开发商。

(9)组织目的地旅游资源、旅游产品等信息的收集和内容录入。

(10)DMS 和网站的建立和试运行。

(11)DMS 和各相关网站的管理和维护。

(12)目的地信息系统项目的实施管理。

(13)在搜索引上登记目的地网站并保持其排名。

(14)分析用户及其对目的地网站的使用情况。

(15)开发反馈机制并建立持续改进的程序。

(16)根据技术升级情况确定长期战略。

(17)定期监测、评估和检查程序。

案例

同程全域通

同程全域通是以"全域旅游＋智慧出行＋超值"为宗旨的平台,解决游客行前、行中、行后各环节痛点。将区域内的景区、酒店、交通、美食、民俗、人文等内容整合在平台内(景点通、酒店通、机场通、火车通),里面包含自动导览、智慧地图、VR 预订、3D 展品、AI 智能客服、网红直播、自定义攻略、定制游戏、大数据后台等功能,更智能、更全面、更便捷地将区域旅游资源变得更有趣。

全域通在全域旅游战略落地的过程中,帮助各地政府解决实施痛点。例如,更低成本打造更高效的产能;结合地方特色,打造地方品牌 IP;突破传统的门票经济,深挖当地特色旅游资源,打造新业态,向全域经济发展;打造一款智慧型旅行平台,提升用户对当地的智能化体验,同时提升当地文化的传播力建设等。

1.内容创新

(1)将当地所有景区、酒店、美食、土特产、娱乐、各个商圈整合到地图里,用户可以切换完成各个功能点的选择。

（2）选择具体的功能点后,进入详细的景点讲解介绍(景点通:定位讲解、线路规划、VR看景;酒店通:VR订房、酒店内吃喝玩乐预订等)。

（3）根据用户购买的产品,会实时显示订单状态(如商圈优惠券、酒店位置、景点红包等)。

（4）选择要去的景点或者酒店,自动生成线路规划和交通导航。

（5）可以随意配置各种优惠活动,景点＋酒店＋商场等优惠政策。

（6）景区文创产品土特产等商户入驻,游客无须到达商店就可以买到正宗的土特产并快递送达。

（7）各种小功能,如天气、交通信息、人力流量等工具。

（8）配置全域通后台,可以随时随地修改全域通内所有信息。

2.开放智慧后台

（1）该系统支持一个城市一个景区一个账号,可以实现手机端/pc端登录。

（2）支持上传图片、文字、音频、VR、预订链接等。

（3）支持实地定位打点自动定位讲解功能。

（4）文字自动转换语音播放,支持多语种。

（5）自定义公告栏,投放游客注意事项。

（6）独立的大数据系统,可以查看游客使用情况和关注的讲解区域。

（7）独立的商品管理和订单后台,实时监控市场和营收数据。

（8）后台上传修改,前端实时更新。

思考:

（1）通过案例总结,现阶段目的地管理信息系统有什么特点?

（2）打开同程全域通App,分析其现有的优点和缺点,谈谈如何改进?

第四节　旅游接待企业管理信息系统

旅游接待企业管理信息系统是将信息通信技术和互联网应用于旅游接待企业的经营管理中,并对企业信息进行综合管理和充分共享,改善企业管理流程,以提高企业经济效益为目的的过程。因此,旅游接待企业管理信息系统是一个动态过程,是企业管理与服务不断创新的过程。企业通过发挥新技术应用的优势,形成一种新的经营管理模式,这种模式可为旅游接待企业带来更大的商机、更低的成本和更多的利润。

一、信息系统是企业面对挑战和问题时的解决方案

在当今组织体系里,企业的信息系统和业务能力之间的相互依存度日益增长。战略、制度和业务流程的变化越来越依赖于硬件、软件、数据库和通信及网络的改变。当前,企业想做什么,通常将取决于其信息系统允许它做什么。随着旅游业的快速发展以及旅游业转型升级的需要,旅游接待企业积极建设管理信息系统,提高企业数字化水平,并通过数字化提升创新管理与服务已成为旅游发展中的必然选择。图11-6是IT使能企业的创新逻辑和思想,企业在遇到机会、挑战、缺陷时,首先通过研究现有的信息通信技术能为企业提供哪些工具,同时结合企业的需求,来设计或改造信息系统,进而从管理、组织和技术三个方面的变革找到解决方案,

实现新的产品和服务,或者新的业务流程和企业制度,达到企业目标。同时,这个模型也是动态、循环的过程。

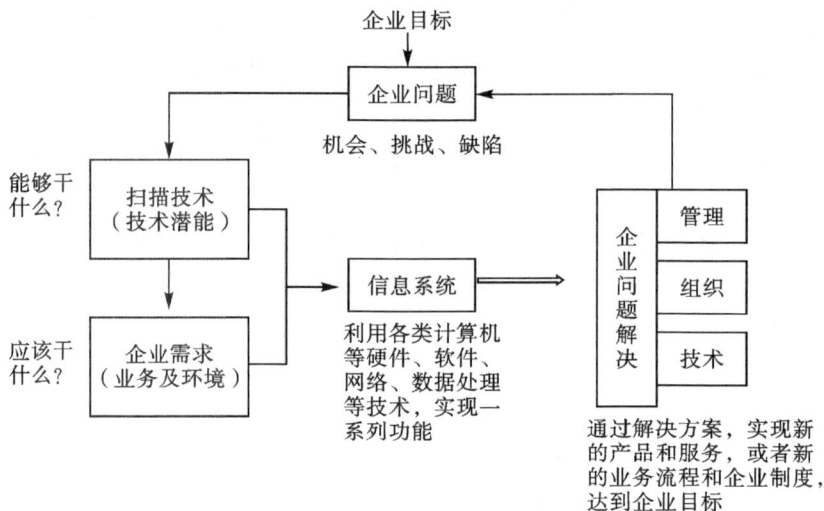

图 11-6　IT 使能企业的创新逻辑和思想

二、旅游接待企业管理信息系统的作用

旅游接待企业管理信息系统对于旅游接待企业的运作有着非常重要的作用,不但能改进管理与服务,提升企业的经营能力,还能不断地创造市场机会,在满足客户需求的情况下,产生新的数字经济效益。具体来说,旅游接待企业管理信息系统的作用有以下五个方面。

1. 树立企业良好形象

旅游接待企业通过在网站、微博、微信、抖音等新媒体工具上把企业自身的优势充分地展示出来,把企业的管理、经营理念和策略向公众很好地进行宣传,及时调整企业经营战略,为顾客提供受欢迎的旅游产品和优质的服务。

2. 降低运营成本,再造企业流程

管理信息系统对于旅游接待企业降低运营成本是行之有效的途径,具体表现有:①利用互联网可以降低交通、通信和沟通成本。②通过 OA(办公自动化系统)的应用,可以实现无纸化办公,降低企业办公费用。③通过再造企业流程(如智能客服)节省人力成本。

3. 创新营销,提高营销效益

旅游接待企业管理信息系统可以实现个性化营销策略,精细化客户画像,实现精准人群触达,为不同客户推送个性化内容和商品信息。同时通过管理信息系统的自动流程场景工具提升营销效率,丰富营销活动,加强与消费者的互动,增加黏性。

4. 创造新的市场机会

旅游接待企业通过管理信息系统的大数据分析,调研及数据发掘,能更好地了解消费者的需求;通过客户管理系统可以了解客户新的要求和服务需求;利用信息技术,旅游企业可以为顾客提供定制服务,最大限度地细分市场,创造更多新的市场机会。

5.提高顾客满意程度

管理信息系统可以从以下几个方面让顾客更加满意：①提高顾客消费前的信息服务。②提高为顾客服务的效率。③为顾客提供满意的售后服务。④信息系统通过数据分析为顾客提供个性化的产品和服务。⑤通过信息系统智能化地实施顾客忠诚度计划，帮助企业实施一对一的市场营销。

三、旅游接待企业管理信息系统的类型和应用

旅游接待企业管理信息系统是指那些跨越旅游接待企业组织职能领域的系统，主要用于执行贯穿旅游接待企业的各类业务流程，及各层级的管理工作。其作用是使旅游接待企业业务流程之间更密切地协调合作，使各业务流程得以集成，从而提升旅游接待企业资源管理和客户服务效率，帮助旅游接待企业提高效率和效益。旅游接待企业管理信息系统应用的一般模型如图 11－7 所示。

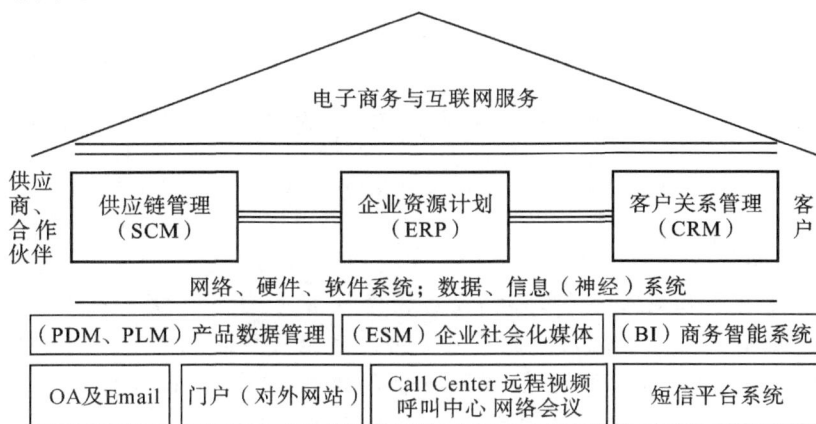

图 11－7　旅游接待企业管理信息系统应用的一般模型

现阶段旅游接待企业管理信息系统有以下几种应用类型。

1.旅游接待企业资源计划系统(ERP)

旅游接待企业资源计划系统是指建立在信息技术基础上以系统化的管理思想为旅游接待企业及员工提供决策运行手段的管理平台。ERP是一种可以提供跨地区、跨部门甚至跨公司整合实时信息的企业管理信息系统。ERP不仅仅是一个软件更重要的是一个管理思想，它实现了旅游接待企业内部资源和企业相关的外部资源的整合。通过软件把旅游接待企业的人、财、物、产、供销及相应的物流、信息流、资金流、管理流、增值流等紧密地集成起来实现资源优化和共享。旅游接待企业资源计划系统的作用：①理顺、规范企业内部跨职能的业务流程。②减少差错，提高运营效率。

案例

小强 ERP 旅行社综合管理系统

一、系统介绍及功能模块

小强 ERP,是旅行社综合管理系统,它集旅行社"内部管理、营销渠道、数据对接"为一体,为旅行社每一个岗位"量身定制"专属功能模块,让办公全流程智能化,如图 11－8 所示。

运营平台 | 门店平台 | 客户管理 | 供应商平台 | 虚拟账户 | 移动支付

集团化管理 | 批发商运营管理 | 地接运营管理 | 组团社运营管理 | 产品管理 | 销售管理 | 客户管理 | 财务管理

决策分析

扫码付
电子合同
证件识别
机票库存共享
财务系统对接
电子杂志

管理系统

增值服务　　小强ERP　　网站站点

数据对接

网络站点
同业网站
旅游微商城
分销平台（B2B）
微信公众号
移动扫码支付
微信机器人

直连携程等OTA | 直连小强系统 | 包机大盘模式 | 全国同业资源市场 | 小强API

图 11-8　小强 ERP 功能模块

二、企业应用案例

河南中青国际旅行社成立于 2003 年,是经国家旅游局、国家工商局批准成立的国际旅行社、出境游组团社,是成立最早的郑州旅行社之一。河南青旅既服务于 C 端也服务 B 端。公司是在 2015 年开始使用小强系统办公,系统帮我们实现以下两方面的功能:一是融合互联网提升营销能力。在营销方面,小强系统的平台,不管是 toB 还是 toC 都可以用前台直接进入,这个功能很强大,非常便于分销。网站会根据客户注册信息自动识别同业还是游客,客户可自主在线查看产品、下单等,节省我们很多人力沟通时间,提高效率。二是智能办公,减少重复性的工作。所有线路录入、下单、建团、收支、财务等日常工作都是在系统中完成,帮我们减少很多重复性的工作,所有团期、订单进展一清二楚,大大节省员工们的沟通时间。另外统计版块了解到整体的销售业绩、财务情况等,有助于做市场判断,如表 11-2 所示。

表 11-2　小强 ERP 解决企业痛点的方案及效果

痛点	解决方案	效果
内部信息不同步,查位效率低	所有线路录入、下单、建团、收支、财务等日常工作都是在系统中完成	团期库存、订单进展一清二楚,节省员工沟通时间,提高效率
和同业对接繁忙、工作量大	使用小强系统前台网站,一站式建立 toB 和 toC 平台	网站可根据客户注册信息自动识别同业还是游客,客户可自主在线查看产品、下单等
公司整体运营情况不清晰	通过系统统计功能查看整体销售业绩、财务情况等	有助于管理者做市场判断和企业管理

思考：

（1）在这个案例中，小强 ERP 帮助河南中青国际旅行社再造了哪些流程？

（2）基于小强 ERP 的功能，除了内部办公效率提升还能为企业做哪些工作？

2.旅游接待企业供应链管理系统（SCM）

旅游接待企业 SCM 系统是旅游接待企业通过与旅游供应商（旅游景区、酒店、餐饮、旅游交通）、分销商（旅行社、OTA）之间共享关于客户订单、库存状态，以及产品和服务递送的信息系统。旅游接待企业供应链管理系统的作用：①有效地管理旅游接待企业资源、协调产品配送和服务，缩短旅游产品供销周期，降低库存成本、时间成本和管理成本。②实现对各要素旅游接待企业的动态监控和各种资源的优化配置，进一步提高旅游接待企业效率和供应链整体效率，从而获取市场竞争力。

案例

票付通：旅游供应链 SaaS 服务平台

一、产品概述

票付通作为旅游供应链 SaaS 服务生态的开创者，从旅游 SaaS 云产品操作简便、易用开始，为旅游行业打造互联网全网营销＋分销＋管理系统的赋能，帮助旅游企业以"积木式"应用一样简单的快速搭建整体管理、运营体系，即便非互联网专业的人也能 3 分钟实现后台创建，1 小时完成整个业务使用、推广、管理、布局。

"票付通——旅游供应链 SaaS 服务平台"借助 SaaS 应用趋势，形成了一个以平台为支撑、数据为驱动，以"旅游互联网＋"和"旅游供应链＋"双轮驱动、多网协同、多式联运，构建多业态融合、共创共享、共生共赢的智慧旅游供应链生态圈。

二、主要功能

（1）SaaS 模式：采用 SaaS 模式完善 1＋N 的架构，为用户提供不间断的功能及定制化体验。

（2）大中台、小前台：建设业务中台、技术中台、数据中台，为各前台业务提供用户中心、商品中心、交易中心、分销中心、支付中心等服务能力。

（3）网状分销：打破传统旅游业的固有壁垒，简化中间环节，促成线上线下、供应商与分销商之间的无边界融合。

（4）云计算技术：模块解耦合，服务微型化等技术架构。

（5）电子门票技术：一站式对接旅游资源与线上线下销售渠道，扁平化整个门票销售的渠道模式，共享一个验证终端，安全便捷地实现电子票的统一编码、发码、验证等环节。

（6）价格和渠道多级管控方式：一个平台即可管理所有产品、渠道、价格与票券，通过控制票源以及门票出处，避免黄牛党导致价格紊乱给景区带来的不便，有效规范旅游市场秩序。

（7）人脸识别技术：其通过人脸算法技术，实现了 $1:1$、$1:N$ 等多种人脸识别比对，实现以人脸作为唯一通关介质带来的极致体验。

（8）大数据分析：通过大数据挖掘游客旅游行为，分析游客兴趣和需求，为游客提供便捷的服务；通过大数据挖掘和分析，及时了解和掌控旅游市场的情况，实现旅游产品的精准营销。

三、企业应用案例

厦门科技馆是国家科普基地,是厦门科技和科普事业必不可少的重要组成部分,属于场馆业态,日均高峰的客流量可达到 5000 人,在旺季的时候更是平日的五倍之多,达到了 25000 人。在科技馆内还有多个子场馆,例如飞越影院、儿童馆等,那么厦门科技馆这类型业态,他们的票务运营模式是什么样的呢? 其实他们只有 20% 的门票是通过现场窗口进行销售,剩下的 80% 的门票通过渠道进行分销,游客到达现场窗口取纸质票后通过闸机检票,那么,厦门科技馆是如何实现 80% 的分流?

厦门科技馆通过两个方式实现线上分销:①通过对接主流 OTA,且科技馆门票采取套票形式,游客拿着一张门票就可以游玩相应的场馆,节省景区门票成本,提升了场馆售检票效率,实现学生群体和散客的分流。②通过票付通平台,与十几家当地热门旅行社进行线上合作,已合作旅行社可通过平台提前预约门票,到场直接取票,极大地缓解了售取票口拥堵的压力,实现团队游客的分流,当旅行团与散客都到达场馆时,会对取票人群再进行分流,在电子板显示团队窗口及散客窗口,减少人工引导,取票后便可直接检票入园游玩,一定程度上保障了游客游玩体验。

思考:

(1)在这个案例中,厦门科技馆线上分销解决了企业什么痛点、带来了哪些好处?

(2)基于票付通服务平台的功能,还能为厦门科技馆做哪些工作?

3.旅游接待企业客户关系管理系统(CRM)

旅游接待企业客户关系管理系统是利用相应的信息技术以及互联网技术协调旅游接待企业与客户间在销售、营销和服务上的交互,从而提升其管理方式,向客户提供创新式的、个性化的客户交互和服务的过程。旅游接待企业通过履行承诺、建立、保持、加强客户关系,最终达到吸引新客户、保留老客户以及将已有客户转为忠实客户,增加市场份额的目标。旅游接待企业客户关系管理系统的作用:①不断提升业务收入、客户满意度和客户忠诚度。②帮助企业识别、吸引、保留最有价值的客户。③为现有客户提供更好的服务,从而提高销售额。

4.旅游接待企业知识管理系统(KMS)

旅游接待企业知识管理系统是使旅游接待企业组织能够更好地管理与知识经验获取和应用有关的流程的系统,收集旅游接待企业范围内所有相关的知识和经验,并使这些知识和经验在需要的时候能够随时随地被员工获取,从而改善业务流程和管理决策。旅游接待企业知识管理系统的作用:①构建旅游接待企业知识库,对纷杂的知识内容(方案、策划、制度等)和格式(图片、Word、Excel、PPT、PDF 等)分门别类管理。②充分发动每个部门、员工,贡献自己所掌握的企业知识,积少成多,聚沙成塔。③重视企业原有知识数据,进行批量导入,纳入管理范畴。④帮助旅游接待企业评估知识资产量、使用率、增长率。⑤创建旅游接待企业知识地图,清晰了解企业知识分布状况,提供管理决策依据。⑥让知识查询调用更加简单,充分利用知识成果,提高工作效率,减少重复劳动。⑦依据知识库构建各部门各岗位的学习培训计划,随时自我充电,成为"学习型团队"。

5.旅游接待企业电子商务

旅游接待企业电子商务指利用先进的计算机网络及通信技术和电子商务的基础环境,整合旅游接待企业的内部和外部的资源,扩大旅游信息的传播和推广,实现旅游产品的在线发布和销售,为旅游者与旅游接待企业之间提供一个知识共享,增进交流与交互平台的网络化运营模式。旅游接待企业电子商务的作用:①开拓出新的网上旅游市场流通渠道。②创造出新的旅游产品销售平台与方法。③降低了旅游接待企业的各种经营成本。④扩大了旅游接待企业规模经济性与范围经济性。

6. 旅游接待企业社会化商务(协作)系统

旅游接待企业社会化商务是指应用社交网络平台,包括微信、微博以及旅游接待企业内部社会化工具等,来增强企业与员工、客户以及供应商之间的交流互动,使员工能够建立个体档案、建立组群,以及"跟踪"其他人的状态更新。专业的协作软件有许多,如钉钉等。旅游接待企业社会化商务系统的作用是加深旅游接待企业内外群体之间的交互,促进和提升信息共享、创新和决策。

四、旅游接待企业管理信息系统的开发

旅游接待企业管理信息系统的开发建设是涉及企业组织、管理、技术等多方面的系统工程,同时管理信息系统开发投资巨大,历时很长,绝不只是购买硬件和软件的问题。所以管理信息系统开发建设必须具备一定的基本条件和准备工作,才能进行。要不然在条件不具备的情况下开发,不仅造成直接的软硬件投入损失,由此而引起企业运行不畅的间接损失可能更大。

1. 开发的基本条件

(1)高层高度重视,中层积极支持,业务人员踊跃参与。

(2)必须有建立新信息系统的实际需求和迫切性。

(3)必须要有一定的科学管理基础。

(4)必须有必要的投资保证。

(5)企业有必要的技术人才。

2. 开发前的准备工作

(1)管理基础准备。

(2)组织准备。

(3)技术准备。

(4)开发方式的准备。

3. 信息系统开发的方法

信息系统开发的方法是指在信息系统开发方法中的指导思想、逻辑、途径以及工具等组合。一个信息系统开发的成败与采用的开发方法有直接的关系。

(1)信息系统传统开发方法:传统生命周期法(systems life cycle)、原型法(prototyping)、终端用户开发(end-user development)、应用软件包(application software packages)、外包(outsourcing)。

(2)数字化时代信息系统开发的新方法:快速应用开发(RAD)在很短时间内创建可使用的系统的流程;联合应用设计(JAD)用来加快系统信息需求的产生和系统的设计;敏捷软件开发将一个大的项目分解为一系列小的子项目,可使软件开发快速完成;DevOps基于敏捷软件开发原则构建的组织策略。

五、旅游接待管理信息系统的发展新趋势

随着新一代信息通信技术的不断发展,会给旅游接待企业提供更多、更新的企业管理信息系统工具,同时旅游接待企业也会积极结合企业自身特征和旅游者需求,进一步引入新技术,深入信息化和数字化。未来旅游接待企业管理信息系统将呈现以下发展趋势。

1. 集成化

基于物联网技术,旅游接待企业的设备,如景区的感知设备、采集设备、通道闸机、自助终端、车牌识别相机、视频监控终端等硬件和酒店客房中的电话、电视、网络、空调、门锁等设备,未来都由企业管理信息系统集成一体化控制,以实现集中、高效、便利的管理。

2. 协同化

传统旅游接待企业管理软件不只有一套信息系统,而是多套系统各自为政,这是很多企业目前信息化的现状。单个系统单独操作,不仅浪费人力、财力资源,同时系统割裂还会造成信息孤岛现象。所以能够整合各个系统、协同这些系统共同运作的集成软件将愈来愈受旅游接待企业的欢迎。未来旅游接待企业管理软件将向协同统一平台转型,整合旅游接待企业中已存在的企业资源计划系统(ERP)、供应链管理系统(SCM)、客户关系管理系统(CRM)、财务等多套系统存储的企业经营管理业务数据,业务间通过协同管理信息系统地进行紧密集成和协同,一套系统即可掌控全局,将资源有效整合。

3. 共享化

当前多数旅游接待企业的业务发展都依赖于旅游产业链上的伙伴,包括旅游产品供应商、经销商等。随着旅游接待企业业务的日趋发展、企业内部信息化建设不断推进,这些外部对象与企业内部存在的信息孤岛亦正在凸显。因此,未来旅游接待企业信息系统需要有效、安全地共享企业现有的资源给到这些上下游合作伙伴,缩短相互之间的沟通半径、减少沟通成本。

4. "云"端化

随着云计算技术的不断发展和应用,云计算服务商会给旅游接待企业提供更多 SaaS(软件即服务)软件,可以无须旅游接待企业购买软硬件、建设机房、招聘 IT 人员即可通过互联网使用管理信息系统。企业采用云服务模式在效果上与企业自建信息系统基本没有区别,但节省了大量用于购买 IT 产品、技术和维护运行的资金,且像打开自来水龙头就能用水一样,方便地利用信息化系统,从而大幅度降低了旅游接待企业信息化的门槛与风险。

5. 移动化

移动互联已经深入人们生活,变为一种生活工作方式,无论是 OA、客户管理系统还是社会化商务(协作)系统等旅游接待企业管理信息系统,未来都会有更多移动端的应用,可以使旅游接待企业员工不受任何时间、任何地点的限制,打开手机 App 即可办公和处理业务,实现移动互联互通办公和处理业务。

6. 智能化

人工智能技术的深入发展,为旅游接待企业管理信息系统提供了智能化的条件。像旅游智能客服、AI 旅游大数据分析、旅游决策支持系统、智能旅游代理系统等,可以引入人的一些特质,从而提供旅游接待企业智能化的决策方法和智能客户服务系统。

![图标]　内容小结

　　本章从旅游接待管理信息系统基本概念特征及技术基础入手,从旅游目的地和旅游接待企业两个层面,介绍了如何利用信息通信技术使企业的效率和效益最大化;同时重点侧重于管理信息系统给所有旅游接待企业管理模式、企业流程、企业客户服务等方面带来的变革和发挥的主要作用。

![图标]　实务分析

　　让我们回顾一下本章导入的案例涉及的两个问题:一是为了实现景区智慧管理,运用了哪些信息通信技术? 二是智慧景区管理信息系统能给景区接待服务带来哪些好处? 现在我们对这些问题进行解析。

　　1. 实现旅游接待企业的数字化和智能化,必须结合和创新应用大数据、云计算、物联网、5G、人工智能等新一代信息通信技术。

　　2. 旅游接待企业管理信息系统一方面改变了旅游活动的组织方式、旅游服务形式和旅游接待企业的组织架构,推动了旅游接待企业商业模式创新、产品和业态创新。另一方面是"一机游"体现了移动互联网时代游客服务的统一入口和便利性,提升了游客在食、住、行、游、购、娱等旅游活动中的自主性、互动性,为游客带来超出预期的旅游体验和无处不在的旅游服务。

第十二章
旅游接待服务质量管理

学习目标和要求

- 了解旅游接待服务质量的概念及特征
- 了解旅游接待服务质量存在的问题
- 了解并掌握旅游接待服务质量的管理过程

案例导入

旅游接待服务中的问题和质量管理的关键

小尧是刚从旅游院校毕业的大学生,分配到某酒店房务中心是为了让他从基层开始锻炼。今天是他到房务中心上班的第二天,轮到值大夜班。接班没多久,电话铃响了,小尧接起电话:"您好,房务中心,请讲。""明天早晨5点30分叫醒。"一位中年男子沙哑的声音。"5点30分叫醒,是吗?好的。没问题。"小尧知道,叫醒虽然是总机的事,但一站式服务理念和首问负责制要求自己先接受客人要求,然后立即转告总机,于是他毫不犹豫地答应了。

当小尧接通总机电话后,才突然想起来,刚才竟忘了问清客人的房号!再看一下电话机键盘,把他吓出一身冷汗——这部电话机根本就没有号码显示屏!小尧顿时心慌,立即将此事向总机说明,总机告称也无法查到房号。于是小尧的领班马上报告值班经理。值班经理考虑到这时已是三更半夜,不好逐个房间查询。再根据客人要求一大早叫醒情况看,估计十有八九是明早赶飞机或火车的客人。现在只好把希望寄托在客人也许自己会将手机设置叫醒;否则,只有等待投诉。

早晨7点30分,一位睡眼惺忪的客人来到总台,投诉说酒店未按他的要求叫醒,使他误了飞机,其神态沮丧而气愤。早已在大堂等候的大堂副经理见状立即上前将这位客人请到大堂咖啡厅接受投诉。

原来,该客人是从郊县先到省城过夜,准备一大早赶往机场,与一家旅行社组织的一个旅游团成员汇合后乘飞机外出旅游。没想到他在要求叫醒时,以为服务员可以从电话号码显示屏上知道自己的房号,就省略未报。酒店方面立即与这家旅行社联系,商量弥补办法。该旅行社答应让这位客人可以加入明天的另一个旅游团,不过今天这位客人在旅游目的地的客房预订金270元要由客人负责。接下来酒店的处理结果是:为客人支付这笔定金,同时免费让客人在本酒店再住一夜,而且免去客人昨晚的房费。这样算下来,因为一次叫醒失误,导致酒店经济损失共计790元。

因为一次叫醒的失误,酒店竟为此付出790元的代价。是成本?是"投资"?这790元既是成本,也是"投资"——花钱买教训!由本案得出的教训和应采取的改进措施有二:一是所有"新手"上岗,都应当由"老员工"或领班带班一段时间,关注他们工作情况,包括哪怕接一次电话的全部过程,比如与客人对话是否得体完整、是否复述、是否记录等,必要时,要做好"补位"工作。二是所有接受客人服务来电的电话机都必须有来电显示屏,并有记忆功能。这样既利于提高效率、方便客人,也可防止类似事件的发生。

要杜绝类似本案事件的发生,是否应当让当事人"买单"?让当事人的上司负连带责任?对此,暂且不论。但是,不论怎样处理这两位员工,倘若不接受教训并采取有效改进措施的话,将来还有可能产生"第二个小尧",甚至可能有人不愿意充当"小尧"。因此,总结教训,采取相应的改进措施(比如换上有来电显示的电话机,新手由领班"跟踪"一段时间),防患于未然才是根本。酒店各级管理人员应当充分利用自身的工作经验和教训,有预见性地去寻找问题,并采取预防性的措施,这才是提高管理水平和服务质量的关键。

问题与思考

1. 根据以上案例,服务中出现的问题是什么?
2. 旅游接待服务质量管理的关键是什么?

第一节　旅游接待服务质量概述

一、旅游接待服务质量的概念

国内外学者们对服务质量的定义大都从顾客对质量的理解和感受这一主观角度出发,他们认为服务质量取决于顾客对服务质量的期望与实际体验到的服务质量水平的对比。如果顾客体验到的服务质量水平高于顾客预期的服务质量水平,则顾客获得比较高的满意度,认为旅游接待企业提供的服务质量是较高的;反之,则认为旅游接待企业提供的服务质量较低。

从20世纪70年代开始,国外学者从不同的维度来定义和评价服务质量。格罗鲁斯(Gronroos)于1982年首先提出了顾客感知服务质量的概念和感知服务质量模型,从技术、结果质量和功能、过程质量来评价服务质量。接着,美国市场营销学家帕拉休拉曼(Parasuraman)、来特汉毛尔(Zeithaml)和白瑞(Berry)于1988年依据全面质量管理(total quality management,TQM)理论在服务行业中提出了一种新的服务质量评价体系(SERVQUAL),其模型为:SERVQUAL分数=实际感受分数-期望分数。SERVQUAL将服务质量分为五个层面:有形设施、可靠性、响应性、保障性和情感投入。之后,西方学者普遍认为顾客感知质量包括技术质量(结果质量)和功能质量(过程质量)。技术质量是顾客在服务过程结束后得到了什么,功能质量是顾客如何得到服务的以及企业是如何提供服务的。

(一)旅游服务质量的内涵

服务质量的内涵应该包括以下内容:①服务质量是顾客感知的对象;②服务质量既要有客

观方法加以制定和衡量,更多地要按顾客主观的认识加以衡量和检验;③服务质量发生在服务生产和交易过程之中;④服务质量是在服务企业与顾客交易的真实瞬间实现的;⑤服务质量的提高需要内部形成有效管理和支持系统。

服务质量内涵的第一点强调服务质量是顾客感知的对象,所以,首先要了解目标顾客。随着经济的发展和市场的日益成熟,市场的划分越来越细,导致每项服务都要面对不同的需求。旅游接待企业应当根据每一项产品和服务选择不同的目标顾客。其次顾客对服务质量的感知具有很强的主观性,顾客根据自己的需求或期望,评价服务质量是"什么",就是"什么",因此,旅游接待企业要充分了解顾客的需求和期望,并以顾客的需求和期望作为定义服务质量的标准,确定以顾客为导向来定义服务质量的观念。

服务质量内涵的第二点明确了服务质量除了从顾客的主观角度来定义,还需要客观的衡量标准。这要求旅游接待企业自行定义服务质量特性并制定标准的服务流程。员工应按照旅游接待企业制定的服务特性标准进行生产,并且通过经验的积累,实现服务生产效率的提高。当然,旅游接待企业制定的服务特性和标准需要根据目标顾客需求和期望加以调整和改善,从而提供顾客期望的优质服务。

服务质量内涵的第三点和第四点说明了服务在交易过程中是不可或缺的,与生产和消费具有不可分离性,而且具有顾客参与性。服务质量需要得到顾客的识别和认可。

服务质量内涵的第五点保证了服务质量的连贯性。它要求服务提供者在任何时候、任何地方都要保持同样的优良服务水平。服务标准的执行是最难管理的服务质量问题之一。对于一个企业而言,服务的分销网络越分散,中间环节越多,保持服务水平的一致性就越难。服务质量越依赖于员工的行为,服务水平不一致的可能性就越大。企业对员工的有效管理和支持能帮助保持服务质量的一致性和优质性。

(二)旅游接待服务质量的特征

1.生产与消费的不可分割

旅游服务的生产表现为旅游服务的提供,旅游服务的提供必须以顾客到来为前提。也就是说,只有当顾客到来,旅游服务的提供才会产生,也只有顾客接受旅游服务时,旅游消费才开始。

2.无形性

无形性体现了服务是一种行为、一种活动,它无法被人们触摸或以数量衡量,因此服务产品在购买者心目中只是一种感受。

3.不可移动性

服务不可移动的特性主要表现在旅游服务所凭借的吸引物和设施无法从目的地运输到客源地供顾客消费,只有通过信息的传递,通过中间商的促销活动,才能把顾客组织到目的地来消费。服务的不可移动性还体现在产品销售后所有权的变更上。有形产品通过交易换来所有权的转移。而服务通过交易带来的是顾客在一个特定时间和地点上对产品的暂时使用权,而不是永久的所有权。

4.易波动性

易波动性是指服务的价值和使用价值的实现受多种因素的影响和制约而易于折损的现象。

5. 不可储存性

由于服务和消费在时空上的同一性,因此当没有顾客购买和消费时,以服务为核心的产品就不会生产处理,也就无法像有形产品那样,可以储存下来,等待销售。

二、旅游接待服务质量的构成

根据服务质量的内涵和特征,服务质量的构成主要包括技术质量、职能质量、形象质量和真实瞬间。

1. 技术质量

技术质量是指服务过程的产出,即顾客从服务过程中所得到的东西,主要指某服务带给顾客的价值,包括使用的设备和作业方法等技术层面的内容。例如,酒店为顾客提供干净的房间和床上用品,餐厅为顾客提供的菜肴和饮料,旅游公司为顾客提供的旅游线路等。对于技术质量,顾客容易感知,也便于评价。

2. 职能质量

职能质量是指服务推广的过程中顾客所感受到的服务人员在履行职责时的行为、态度、穿着、仪表等给顾客带来的利益和享受,即顾客接受服务时的感觉、顾客对服务的认知态度。职能质量完全取决于顾客的主观感受,难以进行客观评价。技术质量与职能质量构成了感知服务质量的基本内容。

3. 形象质量

形象质量是指旅游接待企业在社会公众心目中形成的总体印象。它包括企业的整体形象和企业所在地区的形象两个层次。企业形象包括产品形象、媒介形象、组织形象、标识形象、人员形象、文化形象、环境形象和社区形象。顾客可以通过视觉、听觉、触觉、味觉等各种感觉器官在大脑中形成关于某种事物的整体印象,简言之是知觉。因此,企业形象是顾客对企业的整体感觉、印象和认知,是企业状况的综合反映。如果企业拥有良好的形象质量,顾客会对企业持肯定的态度,更愿意购买该企业的产品或接受其提供的服务;反之,顾客会对企业持否定的态度,将不会购买该企业的产品,也不会接受其提供的服务。

4. 真实瞬间

真实瞬间指顾客在接受服务过程中同企业或服务提供者之间发生各种接触的时候,这也是顾客最为敏感的时刻。这个过程是一个特定的时间和地点,这是企业向顾客展示自己服务质量的时机。真实瞬间是服务质量展示的有限时机。一旦时机过去,服务交易结束,顾客对服务质量的感知结束,企业就无法建立其想要建立的服务质量体验结果;当然,如果在这一瞬间服务质量出了问题,其结果也很难补救。

拓展阅读

关于服务过程质量管理的思考

服务性企业经营的最高目标是让顾客满意,使企业获利。而顾客的满意度源于他们对服务质量的评价。美国著名营销学家贝里、潘拉索拉曼、隋塞莫尔等经过大量研究提出,顾客对服务质量的评价主要依据五个标准：可靠、敏感、可信、移情、有形证据等。其中，除"可靠"与技术质量有关外，其余几个标准都或多或少与功能性质量即服务过程的质量相关，可见，服务过程的质量对顾客感觉中的整体服务质量有极大的影响。

1. 加强顾客行为管理

由于服务性企业控制顾客及其他顾客参与服务过程的难度较大，使得服务性企业在服务过程质量管理中，对顾客的管理往往成为一个盲点。目前，在加强服务过程管理、改进服务质量方面，尽管各大服务性企业竞相使出浑身解数，但归纳起来其侧重点主要是放在企业本身及服务人员方面。而事实上，通过深入分析，导致服务过程质量问题的原因我们已经非常明确，顾客是面对面服务过程中影响服务质量最活跃的因素。因此，在面对面服务过程中，忽视对顾客的管理是不可能从根本上改进服务质量的，加强服务过程的质量管理，必须围绕着顾客这个中心来展开。

顾客高度参与服务过程，使服务性企业不得不面临工业企业所没有的、较多的、难以控制的随机因素。在服务性企业中，顾客在服务的生产、消费和评价中起到了十分重要的作用。在消费过程中，他们必须为服务人员提供必要的信息，配合服务人员的工作，才能获得优质服务。有时，他们还必须亲自动手，为自己服务。因此，有的服务营销学家认为顾客是服务性企业的"兼职员工"。显然，"兼职员工"在服务过程中的作用是"配合服务员生产服务产品"。但是，在面对面服务过程中，顾客作为"兼职员工"的角色意识往往很模糊，他们渴望享受完美的服务，却根本不了解自己在"生产"完美服务中的职责。于是，在服务过程中就会经常发生这样的情形：由于"兼职员工"的"无知"，不能很好地配合服务人员，而"生产"出很多服务"次品"。例如，第一次吃蟹、虾的顾客误喝了洗手水。而这时，顾客往往责怪的不是自己，而是认为这家酒店的服务质量太差。从而丧失了日后再度与酒店打交道的兴趣。因此，顾客高度参与服务过程的事实，迫使服务性企业的管理人员必须正视：服务质量管理应当扩展至包含在服务过程中对顾客行为的管理。

加强顾客行为管理的目的是帮助顾客正确地享用服务，使他们获得更多的消费利益和更大的消费价值，从而提高顾客感觉中的整体服务质量。在服务过程中，服务性企业对顾客行为管理应从引导、防止、杜绝三个层面入手。首先，服务性企业应引导顾客正确扮演自己的角色。例如 IP 电话，除了 IP 卡上明确印有"电话拨号指南"外，还通过电话语音提示指导顾客正确拨打 IP 电话。在面对面服务过程中，企业完全可以借鉴 IP 电话服务的经验，深入研究服务引导的技巧，通过语言、示范、图片展示、××须知、标识、说明书等服务引导手段，"指导"顾客认识自己在"生产"服务中的职责，鼓励和支持顾客参与服务的生产过程，帮助顾客掌握必要的服务知识，提高他们配合服务人员的能力，促进服务的生产和消费过程的和谐进行，使顾客获得完美的服务体验，进而对企业产生由衷的兴趣和信心。其次，由于顾客对某一服务的满意程度不仅受企业和服务人员的影响，而且受背景顾客的影响。因此，服务性企业加强对顾客的行为管理，还必须防止顾客之间相互的不良影响。例如，在服务过程中，某一顾客的某种行为可能导致其他顾客的反感。第三，像酒店这类服务性企业，对于极个别行为特别恶劣的顾客，酒店应予以坚决制止，为了酒店的利益更为了大多数顾客的利益，酒店应该学会对这些极个别的顾客说"不"，把这些极个别行为不良的顾客列入"黑客"名单，杜绝类似情形再现。

2. 把握"真实瞬间"

上述可知"真实瞬间"是指客企间的每个"相互作用或服务接触"。我们可以把"真实瞬间"

理解为"客企接触"，每一次"客企接触"就是一个"真实瞬间"。"真实瞬间"实质上意味着一种机会或时机的"关键时刻"。也就是说，只有在"客企接触"这一"瞬间"内企业才真正有展示自己的机会。显然，对于服务性企业而言，"真实瞬间"既是成功点，也是失败点。成功与否，关键在于企业如何把握它。把握得好，企业可以利用"真实瞬间"充分展示自己的优质服务，树立自己良好的形象。同时，"真实瞬间"也最容易出服务差错。一旦"真实瞬间"出了质量问题，在这一瞬间内往往存在着无法挽回的后果。如果真的要补救，也只能在下一个"瞬间"。而后果是，企业可能付出了很大的代价却未必能收到好的功效。实质上，在面对面服务过程中，顾客实际经历的服务质量是由一系列的真实瞬间所构成的。研究表明，功能性质量即服务过程的质量是由真实瞬间决定的，技术性质量即服务结果的质量也是在真实瞬间内渐渐体现出来的。因此，提高服务过程的质量，不容忽视对真实瞬间的管理。

对真实瞬间的管理，主要应从对员工、有形证据、服务设计（如服务产品、服务流程等的设计）等三方面的管理入手。首先，企业管理者应帮助员工树立"真实瞬间"的理念。在面对面服务过程中，顾客眼里的服务人员就是企业的代表，顾客是通过与他们的接触来认识企业的。因此，管理者应努力向员工灌输真实瞬间的意识。在服务过程中的每一个真实瞬间，管理者都必须要求服务人员保证向顾客提供优质可靠的服务。在此笔者特别要强调的是，在实践中，服务性企业应谨防陷入两个认识上的误区：一是认为区区小事不足为奇，在实践中忽视对细节的重视；二是认为只有无微不至才是优质服务。服务不能"过头"，"恰到好处"才是服务的最高境界。通过上述分析可知，在实践中，如果服务人员善于把握服务的"火候"与"度"，迎合顾客的需求，不仅可以极大地提高顾客的满意度，而且，有时往往还会超出顾客的期望，培养顾客对企业的忠诚度。第二，加强有形展示的管理。营销学家萧斯塔克指出："一种物质产品可以自我展示，但服务却不能"。虽然服务是无形的，但是有关服务的线索（如服务的工具、设备、设施、员工、信息资料、价目表等）是有形的，这些有形的线索总会传递一些信息，帮助顾客理解、感知、推测服务质量。很显然，如果一家高档餐厅的菜牌或菜谱沾满油污，必然会极大地影响顾客对餐厅服务质量的感知。由于顾客购买服务的风险很大，在购买服务时，顾客往往会对服务线索格外关注。管理者必须充分认识到，在服务过程中顾客所接触到的并非只有员工，还包括服务环境、设施设备、信息资料等有形证据。在面对面服务过程中，顾客很善于通过这些有形证据来认识企业。因此，在实践中，服务性企业的管理者必须高度重视对有形证据的管理，确保有形证据正确反映本企业的档次和形象，确保有形证据引导顾客对本企业的服务质量形成合理的期望，进而极大地提高顾客对本企业整体服务质量的感知。第三，在服务设计时（如服务产品、服务流程等的设计），管理者应善于运用真实瞬间改善服务质量。真实瞬间对服务质量存在着正反两方面的影响。"每个单独的真实瞬间都会增加或减少服务提供者的整体形象。每个真实瞬间不是在加强服务质量就是在降低它"。在实践中，服务性企业的管理者在对服务产品、服务流程等的设计时，可以充分利用这一点，最大限度地发挥真实瞬间的正面作用，限制它的负面影响。在实践中，管理者可以考虑通过增加或减少真实瞬间来改善服务质量。其原则是增加的真实瞬间必须既便于管理，又可以充分地展示企业的优质服务，树立企业的良好形象，提高顾客对整体服务质量的感知。例如，央视曾经报道过，北京有家濒临破产的酒楼，由原酒楼的一位厨师承包后经过努力很快使其起死回生。厨师出身的经理深知顾客对食品卫生的关注，于是他带领员工率先从厨房入手，加大清洁卫生的力度，并别出心裁地在厨房安上了摄像机，顾客在进餐过程中对厨房的一切一览无余。显然，这一招无疑是酒楼起死回生的重要举措。这家酒楼在服务过程中,用一个"探头"巧妙地增加了客企接触的真实瞬间,通过"探头"把厨师的技艺和厨房的环境充分地展示在顾客面前,极大地提高了顾客对酒楼服务质量的感知;反之,对于企业难于控制的客企接触点,在不影响对客服务和企业形象的情况下,企业可以考虑通过减少真实瞬间,来提高服务质量。例如,国外酒店大多数在楼层是不设服务员的,而我国一些酒店是设有服务员的。这里撇开安全、劳动力成本这些问题不谈,光就要求楼层服务员必须站立服务来分析,酒店客人出入最忙的是早晨和傍晚,在中间一大段时间里,楼层内客人很少,如果叫服务员在那段时间里目不转睛地一直站立,员工就会产生心理疲劳。站几个小时,却没有与客人打交道,难免就会躲到工作间去,或聊天,或看书刊。而对于顾客而言,酒店不提供这项服务就算了,一旦提供又不能保证质量,顾客会因此对酒店服务质量的看法大打折扣。显然,对于增加这类客企接触的真实瞬间,企业应倍加谨慎,如果不能保证质量宁可取消。

资料来源:李锐.关于服务过程质量管理的思考[J].旅游学刊,2001,16(1):27-30.

第二节　旅游接待服务质量存在的问题

拓展阅读

旅行社旅游服务质量的问题

近年来,我国旅行社数量发展迅猛,但在服务质量上却不尽如人意,主要表现如下。

(一)超范围经营,变相出卖经营权

根据《旅行社管理条例规定》,国际旅行社准许经营国内游和港、澳游以及出国游业务,国内旅行社只准许经营国内游业务。但现实经营过程中却存在不少违规情况,如国内旅行社经营国际旅游业务、部门承包、个人挂靠等。

(二)旅游合同条款模糊,广告虚假

一些旅行社常利用双方信息量的不对等及游客法律法规知识的欠缺,蓄意在旅游合同条款上做文章。或玩弄文字游戏,使合同内容模棱两可,以减轻或规避本应承担的责任;或将行政法规的有关原则规定直接作为格式条款合同,以免除自己一方的责任。此外,在旅游过程中,为了揽客,旅行社常常做出诱人的承诺,发布含糊不清的广告。如标明七日游,实则第一天晚上出发,第七天一早返程;标明三星级或准三星级酒店,然后在准三星级酒店上大做文章,等等。

(三)擅自降低服务标准,更改行程

旅行社违反合同约定,降低游客服务等级标准的投诉占有较大比重,占投诉总量的70%左右。投诉内容主要集中在降低住宿标准、交通标准和餐饮标准等方面。由于利益驱使,在旅游行程中,地接社擅自降低服务等级标准,缩短旅游行程,增加购物时间,强迫旅游者购物或参加自费项目,没有征求旅游者的同意而擅自拼团、转团,从而在发生意外时推来推去,严重损害了游客的利益。

(四)导游员缺乏责任心,甚至诱使旅游者购买

我国导游很少进行职业道德方面的教育,加之,导游监管乏力,因此在一些导游的心中,购物成了带团的中心,有的导游甚至在拿到带团旅游行程的开始,就盘算着在何时何地以何种方

式去"扎店",诱使游客购买伪劣商品或以"老乡店"为幌子骗取游客信任,然后以超低价格或以"赠送礼品"为名,变相强迫游客购物;并且在带团过程中讲解少,活跃气氛技能差,甚至违反作业指导书,增加或减少景点,克扣餐标。

(五)旅游安全存在隐患,组团报价设置价格陷阱

旅游中,"黑车""黑导"以及旅游车船严重超载,损害了游客人身、财产安全。甚至有些旅行社在出行时,不给旅游者购买人身意外保险。组团过程中,报价存在价格陷阱,如报价低于成本,或采取"零团费""负团费"等削价方式争夺客源,但在旅游过程中却采取各种各样的办法变相收费,导致旅游服务质量降低。

资料来源:李永利.我国旅行社旅游服务质量的问题及解决对策[J].韶关学院学报,2009(8):53-56.

一、市场调研与分析不足

随着旅游接待服务的发展,所有的关注焦点都指向了游客,然而游客的内心却难以揣度。旅游接待企业在评估旅游服务质量时倾向于以市场调查报告为依据,通过旅游者在问卷中给出的答案循规蹈矩地进行服务提升,但在实际执行的过程中,却发现游客的表现都与调研结果大相径庭。这是为什么呢?

首先,市场调研缺乏理性思维。很多时候不是"市场调研—找到问题—解决问题"这个流程方法的问题,而是在市场调查的过程中,没有提出正确的问题,或者说没有找到正确的人提问。市场调研不只是任务和结论,而是在完整理性的思维方式指导下找寻事物发展客观方向的过程。只有洞悉了人或事物的本质自然规律,才能收获真正的价值。背后所体现的其实是思想与行为的矛盾共同体——游客的潜意识,只有真正洞察游客行为背后的真实想法,才能把握住游客的心理需求。

其次,市场调研人员过分相信大数据,而不去探究其背后的深层次原因。某旅游接待企业在接待服务大数据中注意到游客关注度和点击率最高的关键词是管家式服务,因此要求接待人员极尽所能地满足游客的任何服务需求,结果游客并不买账,因为在整个接待过程中,游客认为自己的体验受到了影响与侵犯。可以看到,这些数据有数值、有来源、有行为路线,但却毫无意义,因为如果不能够洞察数据背后的游客需求与游客心理,海量的数据也只能是干巴巴的数据,最终有理有据地走向失败。

此外,在市场调研与分析过程中存在固有误差、随机误差和主观误差等三种误差类型。其中,固有误差是指事物与生俱来的,难以被具体识别和控制的误差;随机误差是指由于时间、地点、人员和事物的随机性导致的误差;主观误差是指由于个人主观的认知和行动问题导致的误差。企业市场调研的失败根源,往往不是固有误差,而是随机误差和主观误差。只是某些旅游接待企业喜欢把各种误差混为一谈,试图把市场调研与分析的失败甩给旅游者。

那么,如何避免市场调研与分析的不足呢?首先要学会多问为什么,这是帮助调研人员准确找到正确问题的最佳方式,也是不断挖掘游客内心需求的最好办法;其次,要有对数据随时进行判断的意识,建立搜索机制,多渠道获取信息来支撑数据分析;最后,在市场调研和分析的过程中客观理性地看待调研误差。

二、管理计划不明确

在现有的旅游接待企业中,计划普遍不受重视,致使各项工作缺乏明确的目标,工作效率

低下，短期行为严重，结果的不确定程度大，这就意味着旅游接待企业并不能制定完整和科学的旅游接待服务体系，在这样的情况下，又如何满足游客的服务需求呢？

在旅游接待服务过程中，由于计划缺乏针对性，导致管理目标设置出现偏差。精准的目标设置有利于组织和个人的表现，而且有助于整个组织实施的全面控制。但是，由于旅游接待企业短期效益的压力大，专业素质不足，又缺乏战略思维等，他们不能设置具有可接受性、可衡量性、挑战性、全面性的目标。目标设置的偏差必然会影响对服务质量标准的制定。

目标自上而下层层分解，措施自下而上层层执行，目标管理的核心就是将总目标分解成为每一个人的具体目标，而每一个人又把实现目标的每一项措施具体化和细分化，从而确保目标的实现。旅游接待企业之所以在目标管理中做得不够好，主要是因为在目标层层分解方面和在措施具体化和细分化方面做得不好，更加没有做到层层保证。所以，需要管理者了解到目标管理的核心是实现目标的措施具体化，落实到计划管理上，而不是目标分解具体化。真正目标管理的工作习惯，就是目标设定之后要有目标沟通，之后花更多的时间和每一个下属讨论实现目标的措施，只有把措施讨论清楚了，目标管理才能做到位。

计划缺乏预见性导致服务质量管理不足。许多旅游接待企业在经营过程中，强调节约成本，以获取短期的最大效益，而对服务质量缺乏前期的、系统的计划与管理。另外，大部分企业依然在强调生产导向，这些因素使得旅游接待企业管理者不愿意花时间去制定符合游客期望的服务质量标准，这就导致游客产生了期望差距，这会加大游客的心理落差并对旅游接待企业提供的服务产生负面情绪。

计划缺乏效率导致接待服务任务标准化不足。旅游接待企业要实现把管理者对顾客期望的认知转化为服务质量标准，就必然要完成服务任务的标准化，但是，管理者的专业化知识不足会导致对服务系统的设计缺乏标准化，标准化设计的缺陷又会强化服务的异质性，从而导致服务质量标准不能满足游客的需求。

一个完整的计划一定要通过分析，设立目标，制订计划，实施计划进而完成目标，以达到预期的效果。分析可以让旅游接待企业更有针对性地设立目标，同时可以避免目标设置偏差带来的游客服务期望落差。有预见性地设立目标，可以更好地结合旅游接待企业的自身条件，提出一个切实合理的旅游服务想要达成的质量目标，这样就可以避免盲目设置目标所带来的负面效果。计划工作的任务，不仅是要确保实现目标，而且是要从众多方案中选择最优的资源配置方案，以求得合理利用资源和提高效率。此外，最优资源配置也会促成服务接待标准化，从而实现旅游接待企业的效率倍增。

三、管理层次过多

管理层次是组织的最高主管到作业人员之间所设置的管理职位层级数。组织中管理层次的多少，应根据组织的任务量与组织规模的大小而定。各层次之间的相互关系总是统一的，即管理层次是自上而下地逐级实施指挥与监督的权力。较低层次的人员处理问题的权限由较高一级的主管人员给予规定。他必须对上级的决策作出反应，并且向他的上一级主管汇报工作。组织的上层管理在一般情况下向更高一级的委派者负责。合理的管理层次会实现组织的扁平化管理，这极大地增强了组织间的信息传递，避免了层次过多带来的管理幅度受限以及员工角色不明确的问题。

管理层次本身带有一定的副作用。首先，层次多意味着费用也多。层次的增加势必要配

备更多的管理者,管理者又需要一定的设施和设备的支持,而管理人员的增加又加大了协调和控制的工作量,所有这些都意味着费用的不断增加。其次,随着管理层次的增加,沟通的难度和复杂性也将加大。一道命令在经由层次自上而下传达时,不可避免地会产生曲解、遗漏和失真,由下往上的信息流动同样也困难,也存在扭曲和速度慢等问题。此外,众多的部门和层次也使得计划和控制活动更为复杂。一个在高层显得清晰完整的计划方案会因为逐层分解而变得模糊不清失去协调。随着层次和管理者人数的增多,控制活动会更加困难。在旅游接待企业中,管理的层次越多,信息失真的程度就越大,沟通效率就越低,这限制了高层管理者对服务现状和顾客服务期望全面及时的了解。

四、管理水平不足

旅游服务质量标准在实施过程中总是不能得到游客的满意与认可也反映出旅游接待企业管理水平不足。

(1)旅游接待企业管理者的自我认知能力不够。在旅游接待企业中,由于旅游行业的入门门槛低,所以很多的管理者大多数操作经验多,管理经验少,原来都是业务能手、技术骨干,由于表现突出被提拔为管理者,但缺乏自我认知的能力,具体表现在个人学习能力不够,沟通能力不足,从而导致管理方式和领导方式简单粗暴。在知识经济的时代,旅游接待企业管理者必须重视自身的知识结构及以知识为基础的核心能力的建构,从而快速转变角色,与下属进行有效沟通,体现专业的领导能力。

(2)旅游接待企业管理者在管理团队方面经验不足。比如在授权或放权方面的能力较弱,关心、培养下属方面做得不够,不重视团队建设、不重视激励,领导方式和模式有待进一步改善。旅游接待企业领导者不是一个人作战,是带领一批人一起工作,需要营造积极向上的部门协作氛围。对于旅游接待企业来说,如果不能领导团队进行有效的内部合作以及外部合作,可能最终导致旅游接待服务质量不能满足顾客需求。

(3)旅游接待企业管理者应对风险或危机的能力较弱。在当今全球化和信息化的背景下,局部性和区域性的危机极易扩散,一点点负面信息都会让游客产生较大的心理波动,降低对旅游接待企业的服务期待。

旅游接待企业要制定科学合理的旅游服务体系,形成游客与旅游接待企业的良好沟通,旅游接待企业管理者需要进一步提升其管理能力。首先,管理者必须增强与时俱进的学习意识,把学习摆在重要位置,尤其注意对新知识的学习。如管理方法数学化、管理手段电子化、组织机构现代化、生产经营复杂化,这些都需要有新的工作方法、新的管理技术。其次,旅游接待企业管理者要坚持以行业标准来规范员工的工作流程和行为准则,从而提高旅游服务质量和产业竞争力,以此获得游客忠诚度。同时,管理者在团队协作中,要具备"超级思维",即超越自己的职位,从不同的角度去认识、分析、处理问题,只有这样,才能抓住管理工作的主要矛盾,找出最佳的解决办法,及时处理解决问题。最后,在风险管理方面,管理者要在企业内部完善抗风险和危机管理的长效运行机制,尤其是要建立规范的突发公共安全事件的应急处理机制和各种突发情况下的应急预案。

旅游发展新常态下,管理者的能力建设不仅事关旅游接待企业的生存与发展,更是事关旅游接待企业与游客的关系发展,因此,管理者的管理能力对旅游接待企业接待服务质量的高低也有着至关重要的影响。

五、员工服务能力不足

在服务传递的过程中,服务人员直接与游客接触,对服务质量的输出有重大影响。但是,他们往往处于旅游接待企业的最底层,旅游接待企业往往不重视对他们的选拔和培训。由于缺乏严格的选拔和培训,服务人员在性格、能力、知识以及服务技能等方面存在缺陷,导致他们不能按照服务标准的要求来进行操作,从而影响到游客感知的质量。

(1)员工素质直接影响服务质量的水平。尽管员工素质在工作的过程中会逐步得到提升,但与游客日益个性化的需求相比,员工素质和游客需求的差距依旧明显。主要原因是旅游业服务人员学历偏低,对工作没有认同感,缺乏职业修养,由此导致服务态度、服务技能难以令人满意。

(2)员工在服务中使用的工具和技术也会影响服务质量的水平。如果旅游接待企业的投资不过关或技术改造不力,采用的技术和设备与服务质量标准不相配套,或者服务人员缺乏使用设备的知识和技能,不能有效使用设备和工具,都会使服务人员无法按照服务质量标准来提供服务。

员工的接待服务能力是企业接待服务质量的体现和保障。作为旅游接待企业一定要通过严格的选拔,招聘具有做好服务工作的能力和技巧的优秀人才,并对员工提供有效的服务技术培训;阐明员工的角色定位,确保所有的员工都了解其工作对顾客满意度的贡献,在这一环节最重要的是要向员工讲授游客对服务的期望,让员工能够明确自己的工作对象与目标;在工作中,也要不断地进行人际关系技能的培训,提高员工快速反应并合理解决问题的能力;在服务质量标准制定的过程中,要让员工参与,使员工了解整个服务流程,从而更好地进行团队合作。

六、监督控制体系存在问题

从目前的状况来看,大多数旅游接待企业的监督控制体系仍然不健全、不完善。

从控制体系设置的角度看,当前绝大多数旅游接待企业没有建立完善的内部控制制度。从我国的现状来看,旅游接待企业内部审计机构大多设置于管理层之下,在高层管理人员的授权范围内开展工作,为管理经营者服务,既缺乏权威性又无独立性可言。有的旅游接待企业虽然完成了内审部门的独立,但由于人力资源的匮乏,审计的作用发挥不出来,内部控制停留在事后,没能实现全程管控,最终使得旅游接待企业内控捉襟见肘。

我国现阶段有不少旅游接待企业的内部监督仅局限于对企业财务会计管理控制方面的审查,很少触及企业内部经营管理的其他领域。在企业所有人即股东和企业管理层的委托关系不完善的情况下,管理层对建立约束自己的内部监督制度积极性并不高,内部监督的成本是由旅游接待企业自己直接承担的,而其收益却是隐蔽的,这导致了旅游接待企业内部监督的定位受到局限。大多数旅游接待企业的内部审计、监事会等内部监督还很薄弱,亟须加强。

从质量管理的基本方法来看,旅游接待企业监督控制体系在计划、设计与执行、检查以及处理环节都存在问题。计划阶段旅游接待企业不仅没有一套科学的算法对游客进行用户体验分析,而且经常采用"产出控制体系"来控制服务质量,即用劳动效率来衡量员工的表现。虽然产出控制可以在一定程度上控制服务表现,但是这种反映不够全面,只能反映服务中数量方面的表现,而不能反映互动的质量。这就意味着旅游接待企业没有办法很好地摸清游客对服务标准的要求,也就无法确定服务质量政策、质量目标与质量计划。在设计与执行阶段更是缺乏对服务质量的全面设计与执行,旅游接待企业在发展的过程中缺乏游客导向性,因此在旅游服务标准设计与实行的过程中都缺乏验证,流于形式。在检查过程中,旅游接待企业的管理者往往会因为游客过低的期望值与忠诚度而苛责游客,并未全面地分析问题发生的真正根源,也无法冷静客观地分清对与错。在处理阶段,旅游接待企业的监督与控制更是丝毫没有发挥作用,对检查结果的处理未进行认真的思考,对于短时间内游客对服务的不满也未重视,最终导致游客对旅游接待企业的期望值越来越低,甚至丧失期待;对于成功的经验,也未尽快进行标准化操作。

监督控制体系不健全会导致旅游接待企业内部运行风险大,内忧越来越多的时候无法照顾到游客的心理需求。所以旅游接待企业一定要重视企业内部监管体系的建立,监督控制不应该是形同虚设,领导部门要自信地给内部监督部门放权,从第三视角对企业战略发展作出更加全面理性的控制与分析,帮助企业厘清发展思路,更好地开拓沟通渠道,从而建立稳固的组织架构,以此用更大的精力来处理游客的服务期待;在质量管理方面一定要分析质量问题中各种影响因素,找出影响质量问题的主要原因,针对主要原因提出解决的措施并执行,检查执行结果是否达到了预定的目标,把成功的经验总结出来,制定相应的标准,实现服务接待标准化操作,把没有解决或新出现的问题转入下一个 PDCA 循环去解决,以期实现质量管理标准化,提高服务执行效率。

案例

员工素质对服务质量的影响

总台接待员小李见到常客金先生拎着一个包向总台急匆匆走来,便迎上前去笑吟吟地打了声招呼。金先生点了点头立即说道:"我要离开台州两天,过两天还要回来住,我还有押金在你们这里,你先把我现在这个房间退了,但先不要结账。我住6016房间。"说完递过他的门卡。"没问题,您放心吧。您回来后还要住原来的房间吗?"小李接过房卡,关心地问道。"随便。"金先生说完就急匆匆掉头而去。

小李目送金先生走后,立即通知房务中心说6016房退房。没过多久,楼层服务员打来电话称6016还有不少行李。小李想,也许金先生过两天还要回来,所以没有把行李全部提走吧。于是她通知行李生将6016房行李搬下来,暂存行李房。

当天下午约3点,一位客人来到总台反映所住6016房间门卡不灵开不了房间。仍在当班的小李心里一惊:"又是一个'6016'!上午9点时金先生不是退房了吗?"小李接过这位客人的房卡经过复读还原,确是6016房的门卡。小李似乎明白了一切,再细查资料,果然,金先生住的是5016。金先生离开时将房号报错,才导致如此结果。于是小李赶忙向客人做了解释,并表示道歉,同时立即指示行李生赶紧将行李再搬回6016房间。

为了稳住客人情绪,小李对客人说:"行李生正在将您的行李搬回房间,大堂副理请您到咖啡厅喝杯咖啡,您也好好休息一下,您看可以吧?"客人淡淡一笑,不再说什么。当大堂副理将真正的6016客人请到咖啡厅后,小李终于舒了一口气。

思考:

(1)在这个案例中,小李失误的原因是什么?

(2)如果你是顾客,遇到这样的问题,你的心理是怎样的?

(3)酒店的管理是否存在问题? 你对该酒店的管理有什么建议?

第三节 旅游接待服务质量的评价和管理

一、服务质量的评估方法

(一)SERVQUAL 模型

SERVQUAL 模型是帕拉休拉曼(Parasuraman)、来特汉毛尔(Zeithaml)和白瑞(Berry)依据全面质量管理(total quality management,TQM)理论在服务行业中提出的一种新的服务质量评价体系,并提出了"感受—期望"的评估框架,主要内容以服务质量的五大属性(有形性、可靠性、反应性、保证性、移情性)及其相关的 22 个项目为基础展开,在进行顾客调查的基础上,计算顾客感知服务质量的状况。

(1)服务质量的有形性包括实际设施、设备和服务人员等方面。在顾客调查中,与服务质量有形性相关的主要有:现代化的服务设施;服务设施具有吸引力;员工有整洁的服装;公司的设施与他们所提供的服务匹配等 4 个项目。

(2)服务质量的可靠性是指可靠地、准确地履行服务承诺的能力,其包括:公司向顾客承诺的事情都能及时完成;顾客遇到困难时,能表现出关心并帮助;公司是可靠的;能及时地提供所承诺的服务;正确记录相关的要求和问题等 5 个项目。

(3)服务质量的反应性是指员工帮助顾客并迅速地提高服务水平的意愿,其包括:不能指望他们告诉顾客提供服务的准确时间;期望他们提供及时的服务是不现实的;员工并不总是愿意帮助顾客;员工因为太忙,一直无法立即提供服务,满足顾客的需求等 4 个项目。

(4)服务质量的保证性是指员工所具有的知识、礼节以及表达出自信与可信的能力,其包括:员工是值得信赖的;在从事交易时顾客会感到放心;员工是礼貌的;员工可以从公司得到适当的支持,以提供更好的服务等 4 个项目。

(5)服务质量的移情性是指关心并为顾客提供个性服务,其包括:公司不会针对顾客提出个别的服务;公司不会给予顾客个别的关心;不能期望员工了解顾客的需求;公司没有优先考虑顾客的利益;公司提供的服务时间不能符合所有顾客的需求等 5 个项目。

(二)SERVPERF 模型

克罗宁(Cronin)和泰勒(Taylor)于 1992 年提出了绩效感知服务质量度量方法,即SERVPERF模型。SERVPERF 模型摒弃了差异分析方法,将顾客在感知服务过程中的绩效直接度量。SERVPERF 模型的指标体系仍然采用了 SERVQUAL 模型的 5 个关键因素和 22 个项目的指标体系,但顾客只需就服务的体验和服务属性的重要性打分,而不必给服务期望打分。两个模型的比较是通过四个公式展开的:

$$服务质量＝表现－期望 \tag{1}$$
$$服务质量＝(表现－期望)×权重 \tag{2}$$
$$服务质量＝表现 \tag{3}$$
$$服务质量＝表现×权重 \tag{4}$$

其中,公式(1)(2)表示 SERVQUAL 模型;公式(3)(4)表示 SERVPERF 模型。

(三)EP 感知质量模型和标准质量差异

EP 感知质量模型(evaluated performance perceive quality model)和标准质量差异(normed quality gap)对 SERVQUAL 模型进行了修正,这个模型的提出者蒂斯认为,在SERVQUAL模型中对期望的定义模糊,从而降低了整个模型的可操作性。蒂斯对"顾客的期望水平"进行了分类:一种是具有"矢量属性"(vector attibute)的期望,如果顾客具有这样的期望,则提供的服务越好,顾客的满意度越高;另一种期望具有"最佳状态属性"(classic ideal point attribute),超过顾客的最佳期望水平服务质量会降低。

在 EP 感知质量模型的基础上,蒂斯提出了标准质量差异(NQ):

$$NQ = Q - Qe$$

在这一表达式中,Q 是由 EP 感知质量模型得出的感知服务质量,Qe 是顾客对该服务绩效的感知与顾客的最佳期望水平的比较。

二、服务质量管理

(一)质量管理体系

质量管理体系(quality management system,QMS)是指在质量方面指挥和控制组织的管理体系。质量管理体系是组织内部建立的、为实现质量目标所必需的、系统的质量管理模式,是组织的一项战略决策。根据国际标准化组织的质量管理和质量保证技术委员会制定的ISO 9000族系列标准,2015 版质量管理体系的质量管理原则包含以下七个方面:①以顾客为关注焦点;②领导作用;③全员参与;④过程方法;⑤改进;⑥循证决策;⑦关系管理。

(二)精益质量管理

精益质量(lean quality)管理模型包括五个方面:员工职业化、生产系统化、工序标准化、度量精细化和改进持续化。

(1)员工职业化。员工职业化是精益质量管理的首要关键因素。从企业角度看,包括文化理念、任职资格、组织管理、激励机制、考评机制、职业发展。从员工角度看,包括职业资质、职业意识、职业心态、职业道德、职业行为、职业技能。

(2)生产系统化。生产系统化要求从作业系统全局寻求影响质量、效率、成本的全局性关键因素,采用系统化的方法寻求问题的根本解决,以达到作业系统质量、效率、成本的综合改善。

(3)工序标准化。工序标准化也是生产系统化的重要组成部分,主要受六方面因素的影响,即人、机器、材料、方法、环境、测量(5M1E 分析法)。

(4)度量精细化。度量精细化主要包括六类指标:西格玛水平(Z)、工序能力指数(Cpk)、合格率(FTY、RTY)、不良质量成本(COPQ)、价值识别度量、浪费识别度量。

(5)改进持续化。改进持续化主要包括六类要素,即市场意识、领导作用、全员参与、工具方法、测量评价、奖惩措施。这六类措施是改进持续化的保障条件。

(三)六西格玛管理

六西格玛管理(six sigma management)是 20 世纪 80 年代末首先在美国摩托罗拉公司发展起来的一种新型管理体系。六西格玛管理重视人的因素,创造了绿带、黑带、黑带主管等

(GB、BB、MBB)资质体系,以促进企业人才的培养和六西格玛的推行。黑带主管是六西格玛管理专家的最高级别,其一般是统计方面的专家,负责在六西格玛管理中提供技术指导。黑带由企业内部选拔出来,必须完成160小时的理论培训,由黑带主管一对一地进行项目训练和指导,全职实施六西格玛管理,在接受培训取得认证之后,被授予黑带称号,担任项目小组负责人,领导项目小组实施流程变革,同时负责培训绿带。绿带的工作是兼职的,培训一般要结合六西格玛具体项目进行5天左右的课堂专业学习,包括项目管理、质量管理工具、质量控制工具、解决问题的方法和信息数据分析等,经过培训后,将负责一些难度较小的项目小组,或成为其他项目小组的成员。

六西格玛管理的实施流程主要包括:

(1)辨别核心流程和关键顾客。

(2)定义顾客需求。

(3)辨别优先次序,实施流程改进。

(4)扩展、整合六西格玛管理系统。

三、旅游接待服务质量管理中的关键问题

旅游接待企业在进行旅游接待服务管理模式构建过程中,为了保证服务质量,提高顾客满意度,应该以服务质量管理模型为基础,同时,注意以下几个方面。

(一)明确服务理念和管理理念

旅游接待企业需要在科技创新理念指导下提高旅游产品的科技含量,实施有形化和标准化的旅游服务;基于重视顾客需求和期望的服务理念,根据旅游消费习惯、习俗、心理和外部环境,开发和提供令顾客满意的个性化服务;按照服务质量管理的管理理念,确保各个真实瞬间"零缺陷",使顾客享受超值服务;按照可持续发展的理念,提供绿色产品和服务并增强旅游接待企业的生态环保意识,明确企业的社会责任,积极为社会发展作出贡献;按照和谐发展的理念,平衡旅游消费者的利益、员工的利益和企业的利益,以及企业和各利益相关者之间的利益,促进企业内外部的交流、沟通,使企业健康高效的发展。

(二)旅游服务系统的设计

旅游服务系统是一个向顾客传递服务的复杂过程,良好的设计可以优化旅游服务、提高服务质量。顾客在接受服务过程中,一方面是希望得到专业化的服务,另一方面希望得到快捷便利。因此,在服务过程中,服务系统的设计最基本的核心是为顾客提供便利。旅游接待企业在服务系统设计的过程中,保证"真实瞬间"的标准化,可以使服务更快捷便利。在旅游接待服务中,主要通过以下几个方面保证标准化的"真实瞬间",即语言标准化、动作标准化和态度标准化。

(1)语言的标准化。语言的标准化是指旅游接待企业需要通过标准化的语言聚焦顾客,将一些专业知识语言以顾客追求的利益诉求方式传递给顾客,向顾客给予反馈。例如,旅游接待企业表现房间的干净,"干净"是专业知识语言,可以转化为"在房间里摸不到一点灰尘",这样可以使顾客能够更加明确地把握产品利益。

(2)动作标准化。动作标准化的基础是对时间动作的研究,最早是由泰勒提出的,试图为人们工作的每一个构成环节制定一种科学方法,确定完成每项工作的最佳方式。研究者对劳

动者在劳动过程中的各种动作进行分析,取消无用的多余动作,使剩余的动作都成为必要的良好的标准动作,通过这种科学的研究来提高工作效率和工作质量。旅游接待企业在设计服务动作时,一定要注意明确动作时间,而且动作时间和标准是可测量的,也要去掉会引起顾客不满和误解的动作。例如,擦桌子的动作,基于顾客的期望"干净",这个动作的设计必须体现干净,而且这种保持干净的动作是可以被顾客看到和测量的。

(3)态度标准化。服务态度是服务人员对顾客的思想情感及其行为举止的综合表现,也是旅游接待企业的企业文化的表现。一般服务态度体现了企业文化的核心价值,例如敬业、礼貌、主动、热情等。服务态度是要转化为服务员的具体行为的,因此,企业可以对服务员的行为作出标准化的规定。例如,对"服务热情周到"的规定,可以要求服务员向顾客尽可能多地微笑,在顾客允许的情况下为其提行李,在顾客进房时对房间内顾客必需的设备进行介绍等。

(三)旅游服务质量评价体系

旅游接待企业需要建立服务质量评价体系来检查服务是否符合标准。评价体系主要包括以下几个步骤:

(1)成品(客人满意)检查。

(2)客人投诉分析。

(3)恳请客人提供反馈。

(4)客人评议卡、抽样调查。

(5)观察服务环节的过渡。

(6)聘请专家检查服务全过程。

(7)经营内部核对与经营统计。

旅游接待企业也可以在服务过程中对顾客的满意度进行检查,但是片面依赖顾客对服务质量的评定,可能会导致错误的结论。例如,只有4%的不满顾客愿意提供对服务质量的看法,而96%的不满顾客在不给出允许采取纠正措施的信息之前就停止消费服务。因此,旅游接待企业要采取有效的方法尽可能地收集到顾客的反馈信息。例如,顾客可以在住店期间或结账时,花费十分钟的时间回答有关旅馆的友好度、清洁度和价值等问题。一般顾客反馈率可以达到60%就具有足够的可信度来衡量服务过程的质量。

在内部经营统计的过程中,旅游接待企业可以采用统计过程控制(statistical process control, SPC)进行服务质量评价。统计过程控制是一种借助数理统计方法的过程控制工具。它对生产过程进行分析评价,根据反馈信息及时发现系统性因素出现的征兆,并采取措施消除其影响,使过程维持在仅受随机性因素影响的受控状态,以达到控制质量的目的。统计人员有目的地选择样本大小,计算样本的总体平均值,若总体平均值在控制范围之内,则服务过程良好;若总体平均值在控制范围之外,则服务过程失控,需要分析原因,进行改善。例如,一间拥有500间客房的酒店想调查目前自身的服务水平,连续7天收集到客房的及时清扫情况。经过SPC过程分析,可以得到客房清扫不合格的百分数。

(四)旅游服务质量管理人才培养

基于旅游接待企业对服务质量管理人才的需求,人才培养需要注重以下几个方面:一是具有旅游发展的全局观念。旅游服务管理者需要真正了解旅游业和旅游接待企业的经营环境,具有目的地旅游发展的全局观念,才能进行旅游服务系统的设计,从而更好地为顾客提供他们需要的服务。二是具有较强的创新能力和管理能力。随着消费的全面升级,个性化的需求将成为未来旅游发展的趋势,在此情况下,创新能力将成为旅游接待企业成败的关键,创新能力将成为旅游接待企业服务竞争力的主要来源。就管理能力而言,旅游人才需要具备决策能力、应变能力和人际沟通能力。没有这些能力,服务人员无法在服务过程中快速地解决问题、满足顾客的需求、开发新的顾客市场。三是掌握旅游业发展所需要的"语言"。旅游业是一个开放的国际化行业,作为中国旅游业发展培养的国际化人才,旅游服务管理人才应熟练地掌握至少一门国际语言,如英语、日语、法语等;掌握专业语言,包括旅游管理专业的专业术语、概念、知识等;掌握网络语言,能高效、及时、全面、准确地获得信息、传播信息、作出决策。

案例

夏日中午,酒店宴会大厅正在举行欢迎记者午宴,百余名客人在互相交谈,舒缓的背景音乐响起。这时,一位男侍应生手托饮料盘向客人走来,一不小心,托盘上的饮料翻倒,全部洒在邻近的一位小姐身上,小姐被这突如其来的事情吓得发出了一声尖叫:"啊呀!"响声惊动了百余名客人,大家目光一齐投向这位小姐。这样的场合发生这样的事情,年轻的小姐显得无比尴尬。那位服务员手足无措,脸色煞白。这时,公关部沈经理和员工小杨一前一后从宴会大厅不同的方向向客人走来。沈经理对站立在一边的服务员说道:"请尽快把翻倒在地毯上的饮料和杯子收拾干净。"同时对客人说:"小姐,请先随我来。"说着与小杨一起一前一后用身体为女记者遮挡着走出了宴会厅。沈经理对客人说:"小姐,对不起,发生这样的事是我们服务上的失误,请多多原谅。"客人从尴尬到气愤,抱怨不停:"你们是怎么搞的,我的衣服被弄湿了,叫我还怎么出去啊?"又道:"我第一次到你们酒店来就碰上这样的事,真倒霉。"沈经理一面安慰客人,一面把客人带到一间空客房内:"小姐,你请先洗个澡,告诉我们你的内衣尺寸,我们马上派人去取。"于是小姐走进浴室;沈经理到客房部借了一套干净的酒店制服;小杨把客人的衣服送到洗衣房快洗。很快,衣服取来了,客人换上了酒店的衣服,沈经理对客人说:"您的衣服我们送去快洗了,很快就会取来,我们先去用餐吧!"说着陪同客人一起到一楼餐厅单独用餐。客人渐渐平静了,一面用餐一面与沈经理闲聊起来。得知这件事的总经理也特意赶到一楼餐厅,对正在用餐的客人道歉:"小姐,我代表酒店向你道歉,我们的服务质量不高……"客人被总经理的诚意打动了,笑道:"你看,我都成了您酒店的员工了。"说着指指身上的酒店制服。用完餐,客人回到客房,看到自己的衣服已经洗净熨好送来了,换上自己的衣服后,她满面笑容地对沈经理道谢。

思考:

(1)在这个案例中,酒店的服务理念是什么?

(2)如何培训服务员在以后的服务中有能力处理相似问题?

(3)请为酒店设计紧急事件处理流程。

内容小结

本章从国内外学者们对旅游接待服务质量的内涵、构成和特征入手,对旅游接待服务质量的概念进行了界定;并根据当今旅游接待服务质量存在的问题,介绍了旅游接待服务质量的管理过程,其中包括服务质量的评估方法、管理模型和管理过程中的关键问题。

实务分析

我们在本章开头导入的案例涉及的两个问题:一是旅游接待服务中出现的问题是什么?二是旅游接待服务质量管理的关键是什么? 现在我们对这些问题进行解析。

1.旅游接待服务的问题主要包括市场调研与分析不足、管理计划不明确、管理层次过多、管理水平不足、员工服务能力不足、监督控制体系存在问题。案例反映的问题主要是员工服务能力不足和管理者的管理水平不足。如果员工有应对危机的能力,那么顾客的问题可以及时得到解决;或者管理者有预见到其设备的技术问题,从而改进酒店设备,酒店就不会出现类似的问题。这些问题都可能引起顾客体验到的服务质量水平低于顾客预期的服务质量水平,顾客满意度低,即顾客认为旅游接待企业提供的服务质量是较低的。这也反映了服务质量的概念,服务质量取决于顾客对服务质量的期望与实际体验到的服务质量水平的对比。

2.旅游接待服务质量管理的关键是:明确服务理念和管理理念、旅游服务系统的设计、旅游服务质量评价体系、旅游服务质量管理人才培养。案例中的酒店首先应该具备科技创新理念,提高旅游产品的科技含量。其次,在其旅游服务系统设计中应明确设计的核心是便捷,其设施设备应该可以为顾客提供快捷便利的服务;另外,酒店如果有明确的处理危机的流程,帮助一线服务人员应对问题,也许可以在最糟糕的结果出现前解决问题。再次,如果该酒店有完善的旅游服务质量评价体系,日常管理者有监督和内部审计的过程,管理者会及时发现服务环节出现的问题,案例中的问题也就不会出现或能及时得到解决。最后,服务人员的服务理念、决策能力和应变能力是至关重要的。案例中,服务人员如果日常工作中足够细心是可以提前发现电话不能显示客房号码的,那么就可以提前规避风险。旅游接待企业要减少服务中出现的问题,提供高质量的、符合顾客预期的服务,上述关键问题要尽可能做到尽善尽美。

第十三章
旅游接待风险管理

学习目标和要求

- 了解旅游接待风险的概念和特征
- 了解旅游接待风险的类型
- 掌握旅游接待风险管理的概念
- 掌握旅游接待风险管理的内容

案例导入

重视旅游风险隐患的治理

2015年我国各地相继发生旅游安全事故,如7月1日吉林集安发生旅游大巴事故造成11名游客死亡;8月3日云南勐海县一辆旅游大巴侧翻导致游客3重伤、17轻伤;8月3日西安王莽街道小峪河村突发山洪导致游客7死2失踪;8月12日,秦皇岛野生动物园发生老虎攻击事件致1名游客死亡;8月16日湖南宁乡发生高空单车断裂事件导致1名游客死亡。面对当前复杂的旅游安全形势,各级旅游管理部门和旅游企业需要对旅游重点风险进行监管,推进对旅游重点风险隐患治理工作的日常化、长效化和系统化,建立日常安全监管机制,强化各层级风险控制机制的有序衔接。

旅游重点风险隐患通常是指在旅游活动中发生频率较高、可能导致游客死亡或规模性人员受伤,或可能造成较大财物损失的风险隐患类型。在旅游活动中常见的重点风险包括:①旅游交通风险。旅游交通事故在重特大旅游事故发生量中一直排在首位,发生事故后的致死致伤频率较高、伤亡规模较大。②高风险项目的旅游风险。高空、高速、水上、潜水、探险等高风险旅游项目参与的游客人次、规模越来越大,其事故发生量不容小觑。高风险旅游项目需要较高的安全保障水平,也需要游客本身具有较好的身体素质,其风险管控往往成为管理的难点。③涉旅自然灾害风险。我国地理环境复杂,是世界上自然灾害种类多、灾情较为严重的少数国家之一,落石、洪水、泥石流等涉旅自然灾害容易导致严重的伤亡事件。④旅游饮食卫生风险。旅游活动具有集群性,旅游饮食产品存在严重卫生风险时容易导致游客集体食物中毒,造成游客的群体性伤害。当然,不同目的地和景区存在不同的重点风险类型,需要进行针对性的排查和管理。

资料来源:谢朝武.重视旅游风险隐患的治理[N].中国旅游报,2015-08-19(4).

问题与思考

1. 根据以上案例可知,在旅游活动中通常会出现哪些类型的风险隐患?

2. 结合自身的经验或认知,谈谈推进旅游重点风险隐患治理工作的日常化、长效化和系统化的意义。

第一节 旅游接待风险概述

旅游业是一个对外部环境十分敏感的产业,发生在国内外的风险事件必然对旅游业产生显著的影响。在社会稳态情况下,经济及社会运行相对安全、平稳,公众对未来的预期与行为是稳定的,此时的旅游市场供给和需求在正常的范围内波动。风险事件爆发时,会使旅游接待企业的经营活动过程与外部环境发生变化,并破坏旅游设施以及危害旅游目的地的形象,导致人们的预期和行为可能发生重大变化,影响旅游愿望和出游行为,从而引起旅游供给和需求的重大波动,使本来稳定与均衡的旅游市场陷入风险之中。

一、旅游接待风险的概念

"风险"(risk)与旅游接待业的发展时刻相伴。目前,学术界和业界对风险概念的认识主要有以下四种:

(1)风险是损失发生的可能性(或机会)。

(2)风险是损失发生的不确定性。

(3)风险是指在特定时间,承担者损益的预测结果与实际结果间的变动程度。

(4)风险是实际结果偏差预期结果的概率。

虽然上述关于"风险"的定义不尽相同,但"损失"和"不确定性"是风险概念中最核心的两个要素。其中,"损失"是指对人、企业、政府等经济组织的生存权益或财产权益产生负面影响的事件;"不确定性"是指对风险的态度和看法的不确定,也可以认为是对风险发生的时间、地点、发展的状态等无法确定。

旅游业的繁荣给旅游目的地带来了巨大的经济、社会等效益。然而,旅游业作为一种"次生产业",具有较强的敏感性,极易受到外部环境因素的影响而产生风险。目前,学术界对"旅游接待风险"一词尚缺乏一致的界定。如国外学者 Stafferd 和 Kohina 认为:"旅游接待风险是影响旅游者信心、妨碍旅游产业正常运转的各种不曾预见的事件。这些事件涉及的面非常广泛,不仅包括对旅游目的地基础设施造成破坏的自然事件,如洪水、飓风、火灾或者火山爆发等,也包括对旅游目的地吸引力产生负面影响的社会事件和经济事件,如犯罪、疾病、社会动荡、汇率剧烈波动等。"Tsaur 等认为,旅游接待风险是指旅游者在旅途中或旅游目的地遭受到各种不幸事件的可能性,这些不幸事件的产生是由旅游产业内外多种因素综合作用的结果,如旅游过程中所必须乘坐的交通工具,旅游目的地所提供的设施,当地治安状况、卫生条件、气候状况等。世界旅游组织将"旅游接待风险"阐述为:"影响旅行者对旅游目的地的信心和扰乱旅游企业继续正常经营的非预期性事件"。

通过对以上学者及组织从不同角度对旅游接待风险概念的阐述,我们认为旅游接待风险的内涵主要体现在以下几个方面:①旅游接待风险的发生是不可预知的。②旅游接待风险发生在旅游目的地。③引起旅游接待风险的因素涉及面非常广泛,不仅包括自然、社会、经济等外部因素,还包括旅游接待企业内部因素及旅游者个人因素。④旅游接待风险事件发生会对旅游目的地、旅游企业及旅游者带来损失。

二、旅游接待风险的特征

旅游接待风险与其他风险一样,是一种非常态的社会情境,是各种不利情境、严重威胁和不确定性的高度集聚。但因为旅游产业自身的特点,导致旅游接待风险也具有其特殊性。旅游接待风险的特征主要有突发性、破坏性、紧迫性和双重性等。

1.突发性

旅游接待业是一种对外部环境高度敏感的产业,自然、经济、政治、社会等外部环境的非常态变化都会诱发旅游风险事件的爆发。这些因为外部环境的变化而导致的风险事件,对于旅游接待企业或政府管理部门而言是不可控的、意想不到的,并会在短时间内给旅游接待企业及相关行业造成一系列、连锁性的破坏,使整个区域的旅游接待业陷入混乱、跌入低谷。

2.破坏性

旅游接待风险的破坏性是指当风险事件发生后会在短时间内对目的地的旅游产业造成致命的打击,而且其影响范围广、后续持续时间长。旅游接待风险事件的发生,不仅会对相关企业造成经济损失,更会对旅游企业及旅游目的地的形象造成负面的影响。如根据联合国世界卫生组织的统计,2020年全球新冠疫情的爆发,使国际旅行者数量相比2019年同期减少了9亿人次,全球旅游业损失高达9350亿美元。

3.紧迫性

紧迫性是风险的实践特征,这也是由风险的突发性特征所决定的。当旅游接待风险事件发生时,会以十分惊人的速度以及出人意料的方式发展和演变,并引发一系列的后续问题,如游客的疏散、救助与转移,旅游企业经营环境的迅速恶化,虚假信息的广泛传播等。在这种情境下,旅游目的地政府或旅游接待企业等旅游接待风险管理的主体对该风险事件的反应和处理的时间十分紧迫,任何延误都可能造成更大的经济损失或负面影响。所以,旅游接待风险管理的主体必须第一时间迅速地对风险事件进行调查和化解。

4.双重性

旅游接待风险的双重性是指风险事件在对旅游接待业造成直接或间接负面影响的同时,也可能会给旅游接待企业或旅游目的地带来前所未有的发展机遇。所以当风险事件爆发时,不仅要看到风险带来的不利方面,更需要高瞻远瞩,从逆境中求突破,从风险中求生机,最终化险为夷。

三、旅游接待风险的类型

由于引发风险的因素是多样的,所以对于旅游接待风险事件类型的划分也是多样的。

1.根据引起风险的成因进行分类

例如,德克·格莱泽将旅游接待风险划分为自然灾害引发的风险和人文导致的风险。他认为这两种类型的风险所产生的结果明显不同,其中自然灾害引发的风险是由于不可抗力形成的,而人为导致的风险会使人们在更长时间内丧失信心,负面后果更加严重。又如世界旅游组织将对旅游者、旅游接待业从业人员以及旅游目的地造成威胁的风险源归结为四个方面,即外部人文环境、外部自然环境(如自然灾害、环境污染、传染病等)、旅游接待企业内部的管理状况和旅游者个体的生理或心理问题等。

2.根据风险爆发的周期及控制程度进行分类

Gee 和 Gain 根据风险从潜伏到爆发的时间周期和风险的可控程度将旅游接待风险划分为:突发性不可控制风险、突发性可控制风险、渐进式不可控制风险和渐进式可控制风险等四种类型。其中,突发性不可控制风险如恐怖主义、火灾、地震等,对旅游接待业冲击最大、最难防范;突发性可控制风险如航班数量消减等;渐进式不可控制风险如通货膨胀等;渐进式可控制风险如环境污染、犯罪、酒店超额预订等。

3.根据风险造成的危害程度及影响范围进行分类

在我国各省市颁布的《旅游突发事件应急预案》中,根据风险的危害程度及影响范围将旅游接待风险事件划分为四个等级,即一般事件(Ⅳ级)、较大事件(Ⅲ级)、重大事件(Ⅱ级)和特别重大事件(Ⅰ级)。

(1)一般事件:一次事件造成旅游者 3 人以下死亡,或 10 人以下伤亡;因 50 人以下旅游者滞留 24 小时,对当地生产生活秩序造成一定影响的;县市区人民政府认为有必要启动Ⅳ级响应的其他旅游突发事件。

(2)较大事件:一次事件造成旅游者 3 人以上、10 人以下死亡,或 10 人以上、50 人以下伤亡的;因 50 人以上、200 人以下旅游者滞留 24 小时,对当地生产生活秩序造成较大影响的;市州人民政府认为有必要启动Ⅲ级响应的其他旅游突发事件。

(3)重大事件:一次事件造成旅游者 10 人以上、30 人以下死亡,或 50 人以上、100 人以下伤亡的;200 名以上旅游者滞留 24 小时,对当地生产生活秩序造成重大影响的;省人民政府认为有必要启动Ⅱ级响应的其他旅游突发事件。

(4)特别重大事件:一次事件造成旅游者 30 人以上死亡,或 100 人以上伤亡的;国务院认为有必要启动Ⅰ级响应的其他旅游突发事件。

第二节　旅游接待风险管理概述

一、风险管理的概念和内涵

风险管理作为一门新兴的管理科学,在其形成和发展过程中,学者们对其出发点、目标和运用范围等强调的侧重点不同,对风险管理的定义提出了各种不同的学说,并随着时代的发展而不断演变。

1964年,美国学者威廉姆斯和汉斯首次提出了风险管理的定义。他们认为风险管理是通过风险的识别、衡量和控制,并以最小的成本使风险所导致的损失达到最低程度的管理方法。1974年,梅尔和赫奇斯在其著作《风险管理:概念与应用》中进一步强调,风险管理的目的就是为了控制实际和潜在的损失。1998年,美国当代风险管理学者斯坎伯教授认为,风险管理是指各个经济组织通过对风险的识别、估测、评价和处理,以最小的成本获得最大安全保障的管理活动。我国学术界比较接受且认为比较全面的定义为:风险管理是一门研究风险发生规律和风险控制技术的新兴管理学科。各经济组织以最少的成本获得最大安全保障为目标,借助各种风险管理技术组合,对风险进行识别、衡量和评价,最终对风险实施有效控制以及对风险所致损失进行妥善处理的管理活动。

通过国内外学者们对风险管理下的定义,本书总结出风险管理具有以下五个方面的内涵:

(1)风险管理是一门新兴的管理学科,而不仅仅是一门技术或管理方法,它以观察、实验、分析历史资料为手段,运用数理统计等方法,综合研究风险管理理论、组织结构风险和风险所致损失发生的规律。

(2)风险管理的目标是以最小成本获得最大的安全保障。

(3)风险管理是由风险识别、风险估测、风险评价、风险控制和风险效果评价等五个环节组成,是由管理、计划、指导、控制等过程组成的一套系统而科学的管理方法。

(4)风险管理的主体可以是个人、家庭,也可以是企业、政府机构、国际组织等。

(5)风险管理的对象包括静态风险和动态风险的处置。

二、旅游接待风险管理的概念

旅游接待风险管理是指为避免和减轻风险事件给旅游接待业所带来的严重威胁,旅游目的地政府主管部门及旅游接待企业管理者对旅游接待过程中可能产生的风险因素采取预防或消除措施,以及在风险发生后采取弥补措施的科学管理活动,它包括风险识别、风险衡量、风险处理、风险管理评估以及风险预警机制的建立等过程。

其中,风险识别和风险衡量是旅游接待风险管理的基础,合理的风险处理手段是风险管理的关键,而风险管理评估的核心是建立旅游接待风险管理过程的信息反馈机制,这些过程为风险预警机制的建立和完善提供了必要的支撑和经验积累。

三、旅游接待风险管理的原则

1.预防性原则

对于风险而言,预防是成本最低、最简便的方法。预防就是建立旅游接待风险的预警机制,根据一定的标准列出旅游接待管理和外部环境变化可能会出现的风险因素,分析可能发生的风险事件并将这些可能出现的风险遏制或消灭在萌芽状态。

2.公开性原则

当旅游接待风险发生时,不论旅游接待主体是否具有主观上的过错,都应该在第一时间主动向上级有关部门和各媒体通报情况,积极沟通信息、寻求理解,不能放置公众意愿而不顾,更不能含糊其词或封锁消息,这会导致风险事件后果及影响范围的进一步恶化。

3.实事求是原则

实事求是是处理旅游接待风险事件的基本态度。在处理风险事件时,应向公众如实反映和通报风险事件发生的原因、可能造成的后果,以及已经或将要采取的补救措施等。

4.公众利益至上原则

旅游接待风险事件发生后,会给旅游企业或目的地旅游业造成损失或负面影响。旅游政府管理部门或旅游企业在处理风险事件时,必须将公众利益放在第一位。只有保护了公众利益不受损坏,才能得到公众的理解、支持和认同。

5.及时性原则

及时性原则是指当旅游接待风险事件发生后,旅游政府管理部门或旅游企业对风险事件的处理需要及时。及时性原则具有两层含义:一是处理的及时性,二是信息的及时性。其中,处理的及时性是指旅游接待主体对发生的风险事件应在第一时间采取相应的措施及时处理,不要拖延。信息的及时性是指当风险事件发生时,旅游接待主体要及时获取风险事件发生的原因、可能造成的后果等信息,以便对风险事件进行补救。

四、旅游接待风险管理模型

1.TDMF风险管理模型

学者Faulkner提出的TDMF旅游风险管理框架被认为是目前旅游接待风险管理中采用的最普遍的模型之一。如表13-1所示,该管理框架主要包括三个部分:风险发展阶段、风险管理应对要素和风险管理战略。

表13-1　TDMF旅游接待风险管理框架

风险发展阶段	风险管理应对要素	风险管理战略
1.事前阶段 采取行动阻止或减轻潜在风险的影响	前兆:①识别相关的公共/私人部门机构/组织;②建立合作/协商框架和沟通系统;③建立、记录和沟通灾难管理战略;④教育旅游产业股东、员工、顾客和社区居民;⑤同意草案或承诺协议;⑥建立一个联合的行业/政府灾难协调委员会	风险评估:①对潜在灾难及其发生的可能性进行评估;②潜在灾难的成因和影响及其系列发展;③建立灾难统一规划;④形成预测能力;⑤识别可能的公共部门政策应对

风险发展阶段	风险管理应对要素	风险管理战略
2.前兆 风险即将来临	动员:①警告体系(包括大众传媒);②建立灾难管理命令中心	灾难一致性规划:①确认可能的影响及处于危险境地的人群;②评价社区和顾问处理影响的能力;③清楚阐述各个(具体的灾难)一致性规划的目标;④确认各个阶段可以避免或最小化消极影响所应采取的必要行动;⑤修正以下各个时期战略的优先轮廓——前兆、紧急情况、风险中间阶段、长期恢复;⑥依据以下几点继续回顾和修正——经验、组织结构改变和人事变动、环境改变;⑦事件过去以后对风险评估进行回顾
3.紧急情况 人们已经感觉到风险的影响,采取措施保护自身的生命财产安全	行动:①救援/评价程序;②媒体大战,以使人们恢复信心或者获得新的市场;③决定政府援助所需的水平;④其他的安全策略	
4.风险中间阶段 此时人们的短期需求受到重视,活动的焦点集中在恢复服务和使社区生活恢复正常	恢复:①破坏程度审查/监视系统;②清扫和修复;③媒体沟通战略	
5.长期恢复 前面阶段的延续,那些不能很快顾及的项目在这个阶段会得到处理,事后的调查分析、自我分析、复原	再造和重新评估:①对被破坏的地区和设施进行修复和复原;②安慰受害者;③恢复商业、消费者信心,发展投资计划;④听取修改后的战略汇报;⑤公共部门资金支持需要	
6.解决阶段 秩序恢复或者新的更好的秩序状态形成	回顾政策的失败或成功,改正任何缺点	

2.PPRR 风险管理模型

PPRR 理论是风险管理应用比较广泛的模型之一,该管理模型由预防阶段(prevention)、准备阶段(preparation)、反应阶段(response)和恢复阶段(recovery)等组成。

(1)预防阶段。在风险爆发前,旅游接待管理者对任何可能会发生的风险予以排除,防患于未然。预防主要包括:对外部环境进行分析、找出可能导致风险产生的关键因素。

(2)准备阶段。在此阶段,旅游接待管理者对可能导致风险产生的关键因素进行分析,提前设想风险爆发的方式、规模,并制订多个应急计划。

(3)反应阶段。在此阶段,旅游接待管理者对风险做出适时反应是风险管理中最重要的内容。针对风险事件的爆发,需要注意以下三点:一是遏制风险;二是防止风险扩大或扩散;三是加强媒体管理,防止虚假信息传播。

(4)恢复阶段。在风险过后,旅游接待管理者需要对旅游目的地的旅游业进行恢复或重建。

3.William Benoit 风险管理模型

William Benoit 认为企业是追求声誉最大化的,它们总是不断提高自己的声誉和减少负面的影响。当企业风险发生并开始传播,媒体作为沟通企业和公众的中间因素,对引导舆论和公众观念有着重要的作用。为此，William Benoit 提出风险管理的五大战略，主要应用于企业对社会舆论的应对以及对公众观念的引导，具体如下：

（1）"不论"战略。此战略的实施可以分为"简单地否认"和"转移视线"两种。所谓"简单地否认"是指直接表示没有或不存在，企业不应该承担责任；所谓"转移视线"就是转移公众的视线，强调此行为仅代表某一个人的意见而不代表企业。

（2）"逃避责任"战略。根据此战略，企业可采取被激怒后的行为、无法完成的任务、事出意外、纯属意外等四种方法进行操作。其中，被激怒后的行为是指此风险是企业对外界挑衅的正当防御，是可以被公众谅解的。无法完成的任务是指企业不是不愿意处理该风险事件，而是自身能力有限，希望将该风险及相应的责任分给其他相关企业或组织。事出意外是指企业承认自己的行为但是并非有意为之，希望得到公众的理解并愿意承担相应的责任。纯属意外是指企业的行为完全出于善意，只是没有想到后果会是这样，但企业还是愿意承担一部分的责任。

（3）"减少敌意"战略。如果该风险事件是由于企业自身的错误所导致的，企业要向公众明确是自己的错误导致的风险，这样做可以减少公众的敌意或负面舆论，以保护企业自身的声誉和形象。具体策略有：支援与强化、趋小化、差异化、超越、攻击原告、补偿等。

①支援与强化。支援与强化是指企业答应承担必要的责任，同时强化企业原有的社会贡献或业绩，赢得公众的同情和支援，并借此抵消公众对企业的负面情绪。

②趋小化。趋小化是指企业尽量将风险事件导致的公众舆论控制在最小范围内，防止风险事件的后果进一步扩大。

③差异化。企业以其竞争对手为参考，表明自己对风险事件的处理能力和方式与竞争对手的差异性，并表明自己企业做得更好，从而希望得到公众的谅解。

④超越。在风险管理阶段，让公众明白企业对社会的贡献及价值超越其所犯的错误。

⑤攻击原告。企业将原告作为攻击对象，让其对自己不实言论向企业道歉。

⑥补偿。企业承担责任，对受害者进行补偿。

（4）"亡羊补牢"战略。风险事件发生后，企业制定相关规定或采用相关措施，减少以后类似风险事件的发生。

（5）"自我检讨"战略。企业可以通过在媒体上向公众公开道歉、忏悔等行为，寻求公众的宽恕。

第三节　旅游接待风险管理内容

一、旅游接待风险识别

风险识别是风险管理的第一步，同时也是风险管理的基础和重要组成部分，其目的在于能够"防患于未然"，以利"未雨绸缪"，衡量风险并规避风险。风险识别是对有关企业面临或潜在风险加以判断、归类和鉴定风险性质的过程。只有正确地识别自身所面临的风险，人们才能主动选择适当、有效的方法进行处理。

旅游接待风险识别是指对旅游接待企业可能面临的各类风险源或不确定因素，按照其产生的背景、表现特征和预期后果进行界定和分析，并根据这些风险的特性进行科学分类。旅游目的地和旅游接待企业面临的风险是多样的，也是复杂的，既有外部环境风险也有内部环境风险,既有动态的风险也有静态的风险。旅游接待风险识别的主要任务就是从错综复杂的环境中找出旅游目的地、旅游企业或旅游者所面临的主要风险,并寻找和确定引起这些风险的因素。引起旅游接待风险事件的因素是多样的,从旅游接待企业的风险管理角度来看,导致风险产生的因素主要来自外部宏观环境和内部微观环境两个方面。

(一)外部宏观环境因素

1.自然灾害

自然灾害主要包括气象灾害、海洋灾害、洪水灾害、地质灾害、地震灾害、生物灾害和极端天气等。由于暴雨、飓风、海啸等自然灾害引发的风险事件都将对旅游目的地基础设施造成破坏,导致游客及旅游接待人员的生命及财产受到损失。如2017年8月8日,四川阿坝藏族羌族自治州九寨沟县发生7.0级地震,导致35000名游客滞留该地区。自然灾害风险类型及具体表现形式如表13-2所示。

表13-2　自然灾害风险类型及具体表现形式

风险源	主要类型	具体表现
自然灾害	气象灾害	暴雨、洪涝、干旱、冻雨、龙卷风等
	海洋灾害	风暴潮、海啸、海浪、海冰、赤潮等
	洪水灾害	暴雨洪水、山洪、溃坝洪水等
	地质灾害	崩塌、滑坡、地面塌陷、地裂缝等
	地震灾害	构造地震、矿山地震、水库地震等
	极端自然天气	极高温、极低温等

2.事故灾难

事故灾难是指由于事故的行为人出于故意或过失的行为,违反相关管理法规和有关安全管理的规章制度,造成物质损失或者人员伤亡,并在一定程度上对社会或内部单位,或居民社区的治安秩序和公共安全造成危害的事故。事故灾难主要包括旅游交通运输事故、公安设施和设备事故等。如2021年6月12日,某森林公园交通车下行至"世外桃源"处(海拔1500米)发生侧翻事故,该事故导致3人死亡,2人重伤,5人轻伤,大量游客滞留景区。事故灾难风险类型及具体表现形式如表13-3所示。

表13-3　事故灾难风险类型及具体表现形式

风险源	主要类型	具体表现形式
事故灾难	火灾爆炸	吸烟、纵火、电气故障、煤气泄漏等导致的事故
	旅游交通事故	道路、航空、水上交通、缆车等事故
	涉水安全	漂流船和竹排等颠簸倾覆、游泳溺水等
	坠落事故	设施故障坠落、醉酒坠落、意外坠落等
	设施设备故障	设备老化、设备故障、设备使用不当等
	其他事故	动物伤人等

3.公共卫生风险

公共卫生风险是指突然发生的,造成或可能造成旅游者及旅游接待人员健康严重损害的重大传染病疫情、群体性不明原因疾病、重大食物中毒及其他严重影响公众健康的风险事件,主要包括人员及动物的疾病传播、重大食物中毒、疾病急症等影响旅游者及旅游接待人员生命健康及安全的事件。例如2010年10月8日,某旅行团游客在某景区食用当地酒店提供的早餐后出现中毒症状,共有10余名游客送医院治疗。公共卫生风险类型及具体表现形式如表13-4所示。

表13-4　公共卫生风险类型及具体表现形式

风险源	主要类型	具体表现
公共卫生风险	传染病	鼠疫、霍乱、H1N1、登革热、新冠肺炎等
	重大食物中毒	食物中毒、人为投毒等
	生物灾害	虫害、鼠害等
	其他卫生风险	群体性不明原因疾病等

拓展阅读

食物中毒类旅游接待风险应对

食物中毒事件会引发呕吐、腹痛、腹泻等症状。当饮食场所发现疑似食物中毒游客时,应立即采取催吐、导泻、解毒和送医等救治措施,避免病情延误。

(1)催吐。如果病人进食的时间在1~2小时前,可使用催吐的方法。操作方法:取食盐20克,加开水200毫升,冷却后一次喝下,如果不吐可多喝几次,迅速促使病人呕吐;也可用鲜生姜100克,捣碎取汁用200毫升温水冲服。此外,患者还可用筷子、手指或鹅毛等刺激喉咙的方法来催吐。

(2)导泻。如果病人进食受污染的食物时间已超过2小时,但精神仍较好,则可服用泻药,促使受污染的食物尽快排出体外。

(3)解毒。如果病人是吃了鱼、虾、蟹等变质食物引起食物中毒,可采用食醋解毒法,即取用食醋100毫升,加水200毫升,稀释后一次服下。若误食了变质的防腐剂或饮料,最好的急救方法是用鲜牛奶或其他含蛋白质的饮料灌服。救援过程中要给病人以良好的护理,尽量使其安静,避免精神紧张。并注意休息,防止受凉,同时补充足量的淡盐开水。

(4)送医。紧急措施处理完毕后,应立即将游客送往医院进行救治。

4.社会风险

社会风险是指由于游行示威、恐怖主义、刑事案件、群体性事件、金融风险、网络舆情等政治、经济、社会等因素影响,对旅游目的地、旅游接待业产生负面影响的风险事件。例如2017年2月5日,某市一家三口跟随旅行团到南非旅游,在南非一酒店前台遭遇抢劫,并在与劫匪周旋中被开枪击中,三人都受到枪伤。又如2018年9月某省多个5A景区对外国人免费的新闻刷屏各大媒体,激起多重声浪,给当地旅游产业造成了严重负面影响。社会风险类型及具体表现形式如表 13-5 所示。

表 13-5 社会风险类型及具体表现形式

风险源	主要类型	具体表现
社会风险	刑事案件	偷盗犯罪、打架斗殴、抢劫、黄赌毒等
	恐怖主义	自杀式爆炸、劫机等
	群体性事件	游行、示威、维权、踩踏等导致的风险
	金融与经济安全	金融风险、经济动荡等
	国际关系安全风险	外交关系等
	网络舆情风险	内容失实的网络报道、网络负面信息等
	其他社会安全关系等	文化冲突、宗教冲突、民族意识冲突等

(二)内部微观环境风险

1.战略风险

战略风险可理解为内部和外部环境因素变化带来的不确定性而造成企业整体损失的不确定性。战略风险是影响整个企业的发展方向、企业文化、信息和生存能力或企业效益的因素。战略风险因素也就是对企业发展战略目标、资源、竞争力或核心竞争力、企业效益产生重要影响的因素。旅游接待企业的战略风险主要有战略缺失、战略混乱(目标不明晰,或者有几个战略而相互矛盾)和战略滞后等。例如 2000 年某游乐城背离了"蛇文化"主题,导致景区战略混乱,经营收入每况愈下,最终导致关门。

2.财务风险

财务风险是指由于企业筹资、投资、资金回收以及收益分配等原因导致旅游接待企业财务损失的风险。例如旅行社因为现金、账目、备用金、保证金等管理混乱或不合理管理而引发的旅行社与旅游者或旅游供应商之间的财务纠纷。

3.运营风险

运营风险是指因信息系统或内部控制不充分而导致意外损失的风险,包括旅游产品生命周期风险、人员流失风险、法律责任风险和道德商誉风险等。例如 2018 年旅责险全国调解处理中心北京分中心共接报案 214 起,死亡 34 人,伤 256 人,涉及旅行社 96 家,80% 是因为运营不当而造成的。

拓展阅读

规范共享住宿发展 消除安全隐患是关键

据《人民日报》海外版报道:"到一个陌生的地方去旅行,住酒店还是住民宿?""虽然听过民宿,但从来没住过,会像酒店一样安全和方便吗?"从最早的将一张闲置沙发与住客共享,到如今以民宿为代表的共享住宿,都是伴随着这些疑问而产生和不断发展的。

利用空闲房屋短期租赁平台,人们可以预约到喜欢的民宿,这就是眼下日益火爆的旅宿新模式——共享住宿。《中国共享住宿发展报告2018》显示,2017年我国共享住宿市场交易规模约145亿元,比上年增长70.6%;参与人数约为7800万人,其中房客约7600万人;主要共享住宿平台的国内房源数量约300万套;预计到2020年,我国共享住宿市场交易规模有望达到500亿元。可见,共享住宿是一种朝阳产业,发展前景广阔。

然而,由于缺乏规范管理,共享住宿在给人们带来旅游新体验的同时,也带来了"共享烦恼"。比如,房东的财产安全、房客的人身安全及隐私保护不足,共享住宿平台的责任义务分配模糊,相关部门监管不到位等,导致问题层出不穷,让共享住宿发展陷入一个尴尬的境地。特别是行业的标准化一直以来也是共享住宿的痛点。由于共享平台主要是在线上撮合房东与房客的交易,而房东很少经过专业服务培训,导致服务水平参差不齐、服务质量缺保障。

基于此,2018年11月,国家信息中心分享经济研究中心发布我国共享住宿领域首个行业自律标准——《共享住宿服务规范》,被称为共享住宿"国标"。该标准针对目前行业发展过程中的热点问题,如城市民宿社区关系、入住身份核实登记、房源信息审核机制、卫生服务标准、用户信息保护体系、黑名单共享机制等提出对策。尽管如此,法律地位的模糊仍给共享住宿的行业管理带来了诸如该不该管、谁来管、如何管、管什么等一系列难题,影响着共享住宿的健康发展。

可见,共享住宿发展的关键是共享便利与安全。除了经营者要注重加强自律及提升品质,政府也应加快相关监管政策法规的制定,推动共享住宿新业态健康快速发展。换言之,有关部门应该研究出台更多针对共享住宿的法律法规,明确租赁双方的责任义务,使各类相关事件和纠纷均能有法可依。同时,行业机构应该加大监管力度,积极对房屋及租赁双方进行资质审核,建立更多投诉举报平台,方便用户进行问题反馈。特别是重点消除治安、消防、卫生等安全隐患,这样才能使共享住宿健康有序发展。

资料来源:汪昌莲.规范共享住宿发展 消除安全隐患是关键[N].中国旅游报,2019-06-05(3).

二、旅游接待风险衡量

风险衡量是指在风险识别的基础上,通过对所收集的大量详细损失资料的分析,运用概率论和数理统计的方法,估计和预测风险发生的概率和可能造成的损失程度。风险衡量的最终目的是为风险决策提供信息,为旅游目的地风险管理者进行风险决策、选择最佳的管理技术提供科学依据。风险衡量所要解决的两个问题:一是损失概率,是指损失发生的可能性;二是损失程度,是对损失幅度的描述。

(一)损失概率

损失概率是指在一定时间范围内实际发生损失或预期发生损失的数量与所有可能发生损失的数量比值。旅游接待风险损失概率可分为三个等级,分别是高等损失概率(很可能发生)、中等损失概率(有可能发生)、低等损失概率(不太可能发生),如表13-6所示。

表 13 - 6　旅游接待风险损失概率矩阵分析表

等级	概率 P	主要表现
高等损失概率	$P \geqslant 0.25$	最近半年内发生过;每年都可能发生;3 年内已多次发生
中等损失概率	$0.02 \leqslant P < 0.25$	每 5 年发生一次;5 年内发生超过 1 次;历史上曾经发生过
低等损失概率	$P < 0.02$	10 年内不太可能发生;从来没有发生过

(二)损失程度

损失程度是指发生一次事故损失的额度与未发生事故时完好价值的比率,即损失程度＝实际损失额÷未发生事故时完好价值。按照风险造成的损失程度,旅游接待风险损失可分为三个等级:巨大损失、严重损失和一般损失,如表 13 - 7 所示。

表 13 - 7　旅游接待风险损失程度及具体表现

风险损失的程度	具体表现
巨大损失	造成巨大的人财损失,引起社会恐慌;对旅游接待业和经营活动造成重大影响;引起社会各方的高度关注
严重损失	造成部分的人财损失,引起社会舆论;对旅游接待业和经营活动造成一些影响;引起社会各方的较多关注
一般损失	造成较少的人财损失,引起社会关注;几乎对旅游接待业和经营活动不造成影响;引起社会各方的较少关注

三、旅游接待风险处理

风险处理是风险管理的关键环节,是通过各种管理方法或技术对风险事件进行控制,尽量减少企业的风险暴露、降低损失频率和减少损失幅度。在处理风险时,通常可采用以下具体风险处理策略。

(一)风险避免

风险避免是指旅游接待企业对于超出自己承受能力的风险,通过停止或者放弃与该风险相关的活动以避免和减轻损失的策略。风险避免通常有两种方法:一是根本就不从事可能产生某种特定风险的任何活动;二是中途放弃可能产生某种特定风险的活动。该风险处理策略通常应用于损失频率或损失幅度高的风险事件,以及处理成本大于其产生效益的风险事件。例如某旅行团临行前获知了台风警报,据此原因旅行社取消了该项旅游活动,免除可能导致的责任风险。

(二)抑制风险

抑制风险是指在风险损失出现时或出现后,旅游接待企业采取相应措施或技术手段减少风险损失程度或降低发生后果的概率。该风险处理策略通常应用于损失幅度高且又无法避免或转移的风险事件。例如旅游酒店公共区域和客房安装自动喷淋设备,以降低酒店发生火灾的概率。

（三）转移风险

转移风险又叫合伙风险,是指旅游接待企业为了避免承担风险损失,有意识地将损失或与损失有关的财务后果转嫁给企业以外的经济实体或个人的风险管理方式。转移风险不能降低风险发生的概率和减少风险导致的损失大小,企业采取这种策略所付出的代价取决于其面临风险的大小。例如旅游接待企业通过合同条款、保险或担保等措施将责任转移。

（四）自留风险

自留风险也称为风险承担,是指旅游接待企业自身承担的风险,并用其内部的资源来弥补损失。该风险处理策略通常应用于损失小、发生概率小的风险事件。

（五）预防或缓解风险

预防或缓解风险是指在风险损失发生前为了消除或减少可能引发损失的各种因素而采取的处理风险的具体措施。如通过法律法规、土地使用管理、人员或财产的重新安置、工程策略等对预知风险进行预防或缓解。该风险处理策略通常应用于损失发生概率高且损失程度低的风险事件。例如旅游景区在危险景点和危险路段设置牢固可靠的护栏、护墙或铁链,以及标示牌、警告牌等明显标志提醒游客注意安全,达到预防和缓解风险的目的。

拓展阅读

致居留在张家界游客朋友的一封信

亲爱的游客朋友:

非常感谢您选择来张家界旅游。因我市出现确诊病例,根据联防联控机制相关要求,我市两个区 11 个街道调整为中风险地区。全市所有景区景点于今天全部关闭。我们非常抱歉给您带来了诸多不便,也希望在这个特别的时段,能以我们周到的服务,让您感受到张家界的另一种美。为了您的身体健康和疫情防控工作需要,特别向您做如下提示:

1. 请您在离开张家界之前配合完成三次核酸检测。全市所有核酸检测点都专门为您设置了应急免费核酸检测游客专用通道,团队游客请由旅行社组织检测,自助游客人请您就近选择检测点检测。

2. 我们非常理解您归心似箭的心情,以及渴望早日离开有确诊病例所在地的急迫想法。但请您一定要冷静思考:在没有确认自身安全的前提下,您回到单位或与家人团聚,会给身边的人带来什么样的潜在风险?请您能够多多考虑自己和家人安全,遵守国家疫情防控要求,配合酒店、旅行社、所在街道社区(村居)做好酒店自我隔离,落实各项防控措施,非必要不外出。我市相关旅行社、酒店、疾控部门等将为您居留在张家界期间提供便利温馨的服务。

3. 当您完成三次核酸检测,符合离张条件后,我们将为您提供 24 小时咨询服务,以方便您顺利离张。如需帮助请您致电 0744-×××××××。如果您是团队客人,请与接待旅行社对接;如您是需要租车服务的自助游客人,请您致电张家界市旅游协会旅游运输分会许先生(电话:×××××××××××)。

风雨过后见彩虹。有您的理解和配合,我们一定能众志成城,战胜疫情。张家界三千奇峰、八百秀水永远欢迎您;张家界人民永远是您的朋友!

中共张家界市委旅游工作委员会办公室

2021 年 7 月 30 日

四、旅游接待风险管理评估

旅游接待风险管理评估是指旅游接待企业在风险管理过程中建立反馈机制和信息循环机制，对风险管理技术适用性及其风险管理效益性情况进行分析、检查、修正和评估。风险管理评估有助于旅游接待企业的管理者能够及时完善风险管理措施，并将其融入企业内的日常运作之中。

（一）风险管理技术适用性评估

旅游接待企业可以通过对风险管理技术手段的适用性评估，来判断所制定的风险管理应对策略是否具有可行性和有效性。

（1）风险管理技术手段与企业风险理念（愿意接受的风险程度和数量）及企业整体管理目标等是否一致。

（2）风险管理技术手段的运用是否能提高企业选择风险应对策略的准确性。

（3）风险管理技术手段的运用是否有助于识别和管理企业面临的多重风险。

（二）风险管理效益性评估

风险处理对策是否最优，可通过评估风险管理的效益来判断。风险管理效益的大小，取决于是否能以最小的风险成本取得最大的安全保障。具体而言，可以从以下三个方面来判断风险管理的效益。

（1）通过风险管理应对措施的实施，旅游接待企业管理者识别潜在风险和应对风险的能力是否加强，即经营意外和损失发生的概率及成本是否降低。

（2）通过风险管理应对措施的实施，旅游接待企业管理者识别和把握机会的能力是否加强。

（3）通过风险管理应对措施的实施，旅游接待企业管理者有效评估总体资本需求并改善资本配置的能力是否得到改善。

五、旅游接待风险预警机制

（一）旅游接待风险预警的概念

旅游接待风险预警是指根据有关风险事件过去和现在的数据、情报和资料，运用逻辑推理和科学预测的方法、技术，对某些风险事件出现的约束性条件、未来发展趋势和演变规律等作出估计与推断，并发出确切的警示信号或信息，使旅游目的地政府部门、旅游接待企业或游客提前了解风险发展的状态，以便更及时采取应对策略，防止或消除不利后果。

（二）旅游接待风险预警机制的建立

1.树立风险意识，提升风险管理水平

当前，旅游接待业面临着不断变化的外部环境，全球化、数字网络、技术创新、企业重组、旅游者需求和偏好的多样性等成为其发展过程中不可避免的风险考验。所以，树立"居安思危"的风险意识已经成为旅游接待日常管理的必然选择。

（1）培养旅游接待人员"安全第一"的理念。安全是行业发展和社会稳定的基石，在日常岗位培训中应首先加强旅游接待人员获知游客安全需求的技能，全面认识游客所需的人身安全、

财产安全、心理安全等安全需要的程度与类型,提高发现和处理风险隐患的能力。

(2)培养旅游接待人员"风险事故应急防范"理念。对于旅游接待管理人员来说,风险事故应急防范能力的大小取决于其心理抗压能力、事故防范的技能和对风险事故的反应速度。

(3)培养旅游接待人员的"分工合作"理念。旅游接待业在运行过程中极易遭遇各种复杂因素导致的风险事件,在这种情况下接待人员必须采取分工合作的方式才能化解相关风险。

2.制订风险计划,提高风险应对能力

风险计划是指确定风险管理的主要目标和内部组织机构,规定风险管理人员的具体职责,制定业绩标准,推行全员风险教育和有针对性的风险培训与演习。风险计划的制订有助于减少风险决策时间和决策压力,让旅游接待企业或旅游目的地政府的管理者在风险来临之际能够快速反应,合理配置和调动应对风险的各种资源。

3.建立风险预警系统,提高风险防范与控制

旅游接待风险预警系统是根据旅游接待业的特点,通过收集相关的资料信息,监控风险因素的变动趋势,并评价各种风险状态偏离预警线的强弱程度,向旅游目的地及旅游接待企业管理决策层发出预警信号并提前采取预控对策的系统。因此,要建立风险预警系统必须首先构建风险指标体系,并对各指标加以分析处理;其次,运用风险预警模型,对评价指标体系进行综合评判;最后,根据评判的结果采取相应对策。

拓展阅读

南宁青秀山风景名胜旅游区地质灾害应急预案

一、总则

(一)编制目的

为了应对突发地质灾害(包括自然因素或者人为活动引发的危害人民生命和财产安全的山体崩塌、滑坡、泥石流、地面塌陷、地裂缝、地面沉降等与地质作用有关的灾害),提高风景区应对自然灾害的工作能力,迅速高效有序开展救灾工作,最大限度地减轻地质灾害造成的人员和财产损失。

(二)编制依据

根据《地质灾害防治条例》(国务院令第394号)、《南宁市地质灾害防治管理办法》等法规、政策,结合风景区有可能发生的地质灾害的实际情况,制定本应急预案。

(三)适用范围

本预案适用于南宁青秀山风景区发生和波及的地质灾害。

(四)工作原则

长期准备,立足突发;统一指挥,分工负责;快速反应,自救互救。

二、组织机构及职责

(一)成立青秀山风景区抢险救灾指挥部

抢险救灾工作指挥部的主要职责:快速反应、自救互救。第一时间组织人员抢险救灾。景区(点)发生地质灾害时,立即启动工作预案,同时按有关规定向上级主管部门报告地质灾害发生和进展动态,果断处理。决定对外信息发布口径及发布时间、方式,做好对外宣传,防止谣言传播。

（二）成立抢险救灾指挥部办公室

抢险救灾指挥部下设办公室，办公室主任由梁旺兼任，办公室副主任由张晓媛兼任，办公室设在建设局，人员由党政办和建设局抽调人员组成。

办公室的主要职责：①接到地质灾害警报或发生地质灾害时，快速反应，及时传达指挥部的指示，坚持24小时值班，并做好景区和机关的衔接、协调工作。值班人员认真做好记录。②地质灾害发生后，根据指挥部的指示在第一时间将抢险救灾工作部署到位。③及时向市委、市政府、市自然资源局、市应急管理局、市城市应急联动中心等部门报告受灾损失等情况。④负责协调管委会各部门及青秀山公司共同做好抢险救护和疏导、安置游客等工作。

（三）成立各应急工作组

抢险救灾指挥部下设抢险救灾组、医疗救护组、游客疏导安置组、后勤保障组、设备设施抢修组、安全保卫组、善后工作组等7个应急工作组。

三、预防和预警机制

（一）明确地质灾害重点防范区域

风景区已建成区域植被较为丰富密集，因此水土保持情况较好，但局部地形高差较大的地方需要重点防范地质灾害的发生，例如北坡路、凤翼路、营造林沿线路段。此外，在森林植物园区在建工程的区域，工程建设对岩土扰动较大，容易引发地质灾害，该区域也需要重点防范。

（二）抓好地质灾害重点防范期

强降雨是引发地质灾害的主要因素，根据广西气象、水文特点，5月至9月为主汛期，是南宁市突发地质灾害的重点防范期，其中5月至7月是重点防范日降雨量较大的时段，8月至9月是防范台风降雨时段，此外，10月至11月还需防范汛末台风登陆带来的影响。

（三）全面开展地质灾害详查工作

抢险救灾指挥部办公室要切实做好地质灾害排查工作。一是全面开展地质灾害详查工作。根据风景区实际，建设局、安监局及青秀山公司相关部门加强对风景区全区范围内的地质灾害监督检查工作。做到在重点防范期每月一次全区普查，每周一次地灾隐患点详查。每次检查需要做好文字记录，报建设局备案。二是严格落实地质灾害"三查"工作。结合风景区地质灾害隐患点的分布情况，需制定"汛前排查、汛中巡查、汛后复查"的工作机制，及时发现和处置隐患。

（四）预警准备

（1）思想准备。风景区各部门要认真贯彻落实习近平总书记防灾减灾救灾的重要指示精神，高度重视地质灾害防治工作，切实履行好地质灾害防治职责。要尽早部署风景区地质灾害防治工作，明确任务，各司其职，加强联动，形成合力。要进一步强化忧患意识，克服麻痹思想和侥幸心理，充分认识当年地质灾害防范形势的严峻性，完善工作制度，细化工作流程，确保地质灾害防灾减灾工作顺利进行。

（2）组织准备。抢险救灾指挥部办公室要抓好风景区地质灾害应急队伍建设，定期对相关人员进行应急处置相关知识、技能的培训及应急演练，提高风景区应对地质灾害的能力。

（3）预案准备。抢险救灾指挥部办公室要建立健全本单位应对地质灾害的工作机制，制定本级应急预案。

（4）物资设备准备。抢险救灾指挥部办公室要督促相关部门和青秀山公司，根据应急预案和行动方案的要求，做好所需应急设施、设备、救灾物品、器械等物资的储备。同时风景区要加大地质灾害防治资金投入力度,将地质灾害防治工作经费列入本级财政预算,安排专项资金用于地质灾害预警预报、勘察设计、工程治理等。

四、应急响应机制

(一)接警

接到地质灾害报告后,抢险救灾指挥部应迅速组织人员赶赴现场,调查、核实险情,根据应急情况,制定疏散方案,确定疏散路线和场地,有组织地对游客及工作人员进行疏散。必要时根据需要在地灾险情范围内采取交通管制。

(二)报警

1.遇地质灾害发生时,自接到事故报告1小时内将有关情况报至市自然资源局等地质灾害应急管理部门。

2.地质灾害报告内容包括:①报告单位或联系人、联系方式、报告时间;②地质灾害基本情况,如发生的时间、地点,初步判定的人员伤亡、财产损失情况,导致事故的初步原因,抢险救护情况,已脱险和受险人群情况;③预计事故事态发展情况;④需要支援的项目。

3.及时组织专家和技术人员赶赴现场开展应急调查,科学评估和研判,为应急抢险、处置地质灾害提供科学依据和技术支撑,避免二次灾害事故发生。

五、应急处置机制

(一)应急处置

景区所在区域发生地质灾害时,抢险救灾指挥部应即刻进入指挥一线,启动抢险救灾指挥系统,各工作小组立即开展工作,工作侧重点为组织游客及员工疏散、开展自救互救、预防和消除地质灾害次生灾害。视情请求上级部门和政府调集专业处置力量和抢险救援物资增援。做好各项应急协调处置工作。

(二)应急终止后的工作

当地质灾害险情得到有效控制,确保不会再次发生灾害或引发次生灾害的情况下,应当宣布结束临灾应急期,确定撤销或者继续保留危险区事宜,提出下一步防灾、搬迁避让和工程治理方案措施,并组织实施。

六、责任与奖惩

抢险救灾工作实行奖励和责任追究制。对在抢险救灾工作中表现突出的部门(单位)和个人予以表彰;对在抢险救灾工作中拒不执行法定的应急处置义务或违反规定造成重大损失的给予通报批评、纪律处分直至追究刑事责任。

内容小结

旅游业的繁荣给旅游目的地带来巨大的社会、经济等效益。但同时旅游业作为一种"次生产业",具有较强的敏感性,极易受到内、外部环境因素的影响,从而陷入风险之中。旅游接待风险管理是旅游目的地政府及旅游接待企业保障旅游活动能够安全、顺利进行的有效途径。本章首先在总结不同学者及组织对风险及旅游接待风险等相关理论研究的基础上,提出了旅游接待风险的内涵、特征以及分类;其次,总结旅游接待风险管理的概念、原则,并列举出3个旅游接待风险管理中较普遍采用的管理模型,即 TDMF 风险管理模型、PPRR 风险管理模型和 William Benoit 风险管理模型;最后,总结出旅游接待风险管理的内容,即风险识别、风险衡量、风险处理、风险管理评估和风险预警机制等。

实务分析

让我们回顾一下本章导入案例涉及的两个问题：一是分析旅游接待风险的种类；二是了解或分析旅游行政管理部门及旅游接待企业建立旅游重点风险隐患治理工作的意义。

1. 安全是进行旅游活动的生命线，风险与旅游接待活动如影随形。根据不同的角度可以把旅游接待风险划分为不同的类型，此案例将旅游重点风险隐患划分为四大类：①旅游交通风险；②高风险项目的旅游风险；③涉旅自然灾害风险；④旅游饮食卫生风险。

2. 通过推进旅游重点风险隐患治理工作的日常化、长效化和系统化有助于强化旅游目的地旅游从业人员的风险忧患意识，提高旅游目的地及企业风险管理的效率并降低管理成本；有助于保护旅游者及相关人员的生命财产安全，保证旅游接待活动顺利开展。

》第四篇

趋势与展望篇

第十四章
世界旅游接待业发展趋势展望

学习目标和要求

- 了解世界旅游接待业的发展现状
- 了解世界旅游接待业发展面临的契机
- 了解未来世界旅游接待业发展趋势
- 了解未来世界旅游接待业务增长点

案例导入

广东：个性化乡村游、品质化乡村民宿人气旺亮点足

国庆节假期，广袤的岭南农村瓜果飘香、稻谷金黄，游客们纷纷走进乡间田野，观赏秋日美景，体验丰收的喜悦。来自广东省文化和旅游厅的统计数据显示，2021年10月1日至6日，全省纳入监测的71个乡村旅游点和历史古村落接待游客125.6万人次，个性化乡村游、品质化乡村民宿人气旺盛，亮点十足。

"又一个柿子，又一个柿子！"假日期间，游客高女士带着一家老小来到广州莲麻村，过足了采摘瘾。其实，不止莲麻村，在广州，南药小镇、西和风情小镇等特色乡村小镇也是人头攒动、热闹非凡。

统计数据显示，10月3日，广州接待乡村旅游游客数量达143.55万人次，超过全市接待游客总数的一半。白云区的帽峰山、丰华园、空港文旅小镇、云溪湾等乡村旅游景点，迎来大量游客；增城区精品民宿入住率超过94%，慕吉云溪、宛若故里、麦客和客等精品民宿一房难求；花都区推出的甜蜜美食体验之旅、田园自然生态美食之旅、乡村风情美食之旅，吸引游客在欣赏自然风光的同时，品尝地道的乡村美食。

直播间里，吆喝声不断。假期首日，古井烧鹅美食节活动在江门市古井镇霞路村开幕，打响了国庆假期江门市新会文化旅游节庆活动的"第一炮"。多名粤菜师傅现场比拼烧鹅厨艺，霞路村烧鹅街里肉香四溢，引得游客纷纷前往品尝。

在新会陈皮村，陈皮茶饮、陈皮小吃等特色美食琳琅满目，村内多家酒楼推出的各式陈皮宴及五邑特色佳肴，吸引大批游客尝鲜。

徒步爱好者漫步于翠竹掩映的山间野径，身着汉服的年轻人在古水河沿岸打卡拍照，家长带着孩子体验丰收的喜悦……国庆节假期，肇庆广宁古水河郊野径游线路深受市民游客青睐。据了解，这是广宁依托古水河风光开辟的一条徒步新线，古水河两岸翠竹掩映，农田、村庄坐落

在山岗上、河流边、竹林间,一派竹乡田园风光。肇庆市广宁县文化广电旅游体育局的统计数据显示,国庆节假期前3天,该线路接待游客近8400人次,为广宁县创收超过350万元。

在韶关市瑶塘新村,一栋栋白墙灰瓦的徽派民宿内,游客们或坐在沙发上看书,或在茶台前品茶聊天,或欣赏丹山碧水,很是惬意。10月1日至6日,丹霞山景区周边的瑶塘新村、青湖塘村、断石村民宿聚集片区以及阅丹公路沿线的夏富村等乡村民宿客栈,入住率均在90%以上,一些特色客栈更是连续爆满。

问题与思考

1. 阅读案例后,说说你认为广东省乡村旅游为什么会人气旺盛。

2. 结合当前我国旅游接待业发展的现状,谈谈未来乡村旅游接待业的发展趋势。

第一节　世界旅游接待业发展现状

一、世界旅游接待业发展总体概况

1845年,世界上第一家旅行社托马斯·库克旅行社在英国成立,标志着旅游接待业的出现。但是,作为第三产业的重要组成部分——现代世界旅游接待业,则形成于20世纪50年代。现代世界旅游接待业的发展历程可以分为四个阶段:20世纪50年代为起步阶段,60年代和70年代进入增长阶段,80年代和90年代步入腾飞阶段,从21世纪初至今处于成熟阶段。

从20世纪50年代至今,尽管会出现偶尔的、局部的不稳定,但世界旅游接待业总体维持了繁荣景象。1950年国际游客数量2530万人次,国际旅游收入21亿美元,而到2019年时,国际游客高达13.7亿人次,国际旅游收入高达1.7万亿美元。国际旅游增长的速度无疑是世界上任何产业都望尘莫及的。1992年世界旅游及旅行理事会根据当年的总收入、就业、增值、投资及纳税等几个方面的数据,宣布当年世界旅游接待业超过石油工业、汽车工业等一向被视为最重要的工业部门,成为世界上最大产业。目前旅游接待业是推动世界经济发展的隐形支柱产业,也是反映全球化发展的晴雨表。联合国世界旅游组织数据显示,目前世界旅游接待业收入占全球GDP的总额约10%,在几大主要行业对世界GDP的贡献中,排名第二,仅次于工业制造业。国际旅游收入约占世界出口总额的7%,占世界服务贸易出口额近30%。世界旅游及旅行理事会数据显示,全球每10个工作岗位中就有1个岗位与旅游接待业直接或间接相关,旅游接待业的女性雇员几乎是其他行业的两倍,明显高于其他行业。世界旅游接待业通过增加妇女就业,从而在减少贫困、维持经济增长、支持妇女独立方面发挥了极其重要的作用。随着旅游接待业的规模不断扩大,到20世纪六七十年代,许多国家认识到旅游接待业巨大的发展潜力、广阔的发展前景以及对国民经济的巨大影响,都非常重视旅游接待业的发展。迄今为止,世界上已经有170多个国家和地区把旅游接待业作为独立产业,191个国家和地区建立起了不同形式、不同层级的专门负责管理旅游接待业的政府机构。随着经济全球化和世界经济一体化深入发展,世界旅游接待业作为"永远的朝阳产业",将继续保持着旺盛的发展势头,为世界经济繁荣和社会进步作出重大贡献。

二、现代世界旅游接待业发展现状

(一)世界旅游接待业保持了高速、持续、稳定的增长

从 20 世纪 50 年代到现在,整个世界范围内自然灾害、疫病疫情、国际恐怖主义、能源危机、金融危机、局部战争与动乱此起彼伏,许多行业都在各种危机中大起大落甚至消亡,但世界旅游接待业却基本保持长期持续上升的趋势,表现出久盛不衰的顽强生命力。

二战以来,世界旅游接待业的发展速度长期高于其他产业。如以 1950 年为基数,至 1976 年,全世界工业增长指数从 100 增加到 503,同期国际旅游业的收入指数则由 100 增加到 2080,国际旅游收入增长速度为全世界工业增长速度的 4 倍。1986—1990 年世界经济年平均增长率为 2.6%,世界旅游接待业年平均增长 16.8%,比前者高 14.2%;1990—1995 年世界经济年均增长率为 3.1%,世界旅游接待业年平均增长 9.3%,比前者高 6.2%。2019 年世界旅游接待业 GDP 增长率为 3.5%,全球经济 GDP 增长率仅为 2.5%,世界旅游接待业已连续第 9 年超过了全球经济 GDP 的增长率。20 世纪 90 年代初,世界经济衰退,但世界旅游接待业仍以 4.4% 的速度持续增长;2010 年,受全球经济危机、国际政治局势不稳定等因素的影响,全球旅游接待业的发展依然强势反弹,全球国际旅游者数量突破 9.4 亿人次大关,比上一年增长了 4%。2002 年是"9·11"恐怖事件发生后的第一年,全球经济萎靡不振,各界普遍认为这一年的世界旅游接待业将出现负增长。但世界旅游组织的统计结果表明,2002 年全球国际旅游人数达 7.15 亿人次,仍比上年增长 2000 万人次,增长率达 3.1%。世界旅游组织预计到 2030 年全球将接待 18 亿人次国际旅游者,区域内部和区际游客的数量将分别达到 14 亿人次和 4 亿人次,占总量的 78% 和 22%,其中以休闲、娱乐和家庭为目的出行的游客数量将保持 3.3% 的年均增长速度,探亲、就医、宗教等其他目的年均增长 3.5%,商务和工作目的年均增长 3.1%,均高于世界经济年均 3% 的增长率。世界旅游接待业将在很长一段时间继续维持高于世界经济的发展速度。

(二)世界旅游接待业服务对象向大众化方向发展

旅游虽然是一项古老的社会活动,但在人类历史发展的时期内,它只是一种个别阶层的少数人的奢侈的生活方式,无论是旅游者的人数,还是参加的阶层、旅程的距离以及旅游消费都受到较大局限。

第二次世界大战后,世界经济迅猛发展,各国国民收入普遍增长,特别是那些原先经济基础雄厚的西方国家更是如此。世界发达国家人均国民收入 1960 年为 520 美元,1979 年增到 2690 美元,20 年内增长 5.17 倍。到 20 世纪 60 年代,这些国家开始形成所谓的"富裕社会"。收入的增加使得一般工薪阶层都有经济能力参与旅游活动。科技的发展使得社会劳动生产率不断提高,人们用于劳动的时间不断缩短,可用于休闲娱乐旅游的时间不断增加,尤其是二战以后带薪假期制度在世界各国纷纷确立,使得人们外出旅游有了时间上的保证。飞机和汽车等先进交通工具的出现、交通设施的稳步改善以及通信设备不断更新,这一切都为二战后大众化旅游时代的到来打下坚实基础。

20 世纪 60 年代,旅游活动持续蓬勃发展,旅游已经不再为少数人独享,"旧时王谢堂前燕,飞入寻常百姓家",普通劳动大众也参加到旅游行列中,逐渐成为旅游主力大军。据世界旅游组织统计,1950 年全世界出国旅游的人数只有 2530 万人次,而到 2000 年全世界国际旅游

人数已高达 6.98 亿人次。国内旅游在世界各国都得到普及。1984 年全世界国内旅游者人数已达到 40 亿人次,当年全世界总人口 44 亿,意味着几乎全世界每人当年在国内都进行了一次旅游活动。2019 年全球旅游总人次为 123 亿,当年全世界总人口 75 亿,意味着全世界每人当年进行了 1.64 次旅游活动。旅游渐渐成为普通大众日常生活的组成部分,成为现代人生活的一种"刚性需求"。在经济发达国家中,大多数家庭都有自己专门的旅游预算。很多生活并不富裕的家庭也总要设法在生活其他方面节省和精打细算,以便能保证至少一年一次的全家旅游度假。在有些国家甚至出现针对低收入的贫困家庭的社会补贴旅游,即由政府、工作单位或工会提供资助或补助,组织贫困家庭外出旅游。许多国家的企业和组织机构把旅游当作奖励员工的手段,定期组织员工外出旅游。旅游现在已成为企业奖励员工的主要方式之一。在美国、法国和德国企业中,一般都采取奖励旅游的办法激励员工,英国五分之二的企业奖励资金是以旅游的方式支付的。

旅游向大众化方向发展使得旅游接待业的服务对象发生根本性变化,由原来的针对少数有钱人的服务转变成面对普罗大众的服务。旅行社推出的廉价团体包价旅游逐渐成为大众旅游时代的主流旅游产品,载客量巨大的大型喷气式客机成为流行的交通工具,高档豪华酒店让位于经济型酒店。来自不同阶层、不同职业、不同年龄的旅游者对旅游有着不同的需求,旅游服务逐渐向多样化、个性化和特色化方向发展。

(三)世界旅游接待业的重心东移

在 20 世纪 80 年代以前,欧洲和北美地区是世界上国际旅游接待业最发达的地区。它们既是国际旅游的两大客源输出市场,又是两大传统接待市场,每年输出的国际旅游者人数占国际旅游总人数的四分之三左右,接待的国际旅游者人数占全球 85% 左右,几乎垄断了国际旅游市场。但从 20 世纪 80 年代开始,世界经贸的重心开始转向亚太地区,该地区的国际旅游接待业也迅速兴起,市场份额逐年上升。1980—2018 年亚太地区旅游接待人次由 2100 万增至 3.48 亿,年均增长 4.3%。从接待人次占全球份额来看,1960 年亚太地区接待国际游客人次占全球国际游客总人次的 1%,1980 年增至 7%,2018 年增至 22.7%。从国际旅游收入来看,1980 年亚太地区国际旅游总收入 80 亿美元,占全球国际旅游总收入 8%;2018 年国际旅游收入为 4350 亿美元,占全球 29.98%。2003 年亚太地区开始超越美洲地区成为全球第二大入境旅游接待地,世界旅游接待业务重心逐渐东移,亚太地区成为国际旅游接待业的热点区域。

(四)传统观光旅游接待业向休闲娱乐旅游接待业转变

从第二次世界大战结束以来,世界旅游接待业发展出现的一个巨大变化是众多旅游者从传统的"白天看庙,晚上睡觉"的观光旅游向放松身心、陶冶生活情趣的休闲娱乐旅游活动转变。

随着经济的高速发展,人们居住在远离大自然的城市,过着一种节奏快、强度高、压力大的生活,加上居住地环境日益恶化,使得越来越多的人愿意躲避喧嚣与污染,暂时离开居住地,亲近大自然,放松、休闲、消遣。据统计,目前在全部的现代旅游活动中,以娱乐、消遣为目的的占到约四分之三。在国际旅游接待业中,休闲娱乐旅游接待业已经盛行,并已取代观光旅游接待业成为主体。休闲娱乐旅游既是现代旅游的一大特点,又是现代旅游发展的一大原动力。

美国、西班牙、法国、意大利在很大程度上都是休闲娱乐接待业比较发达的国家。美国以迪士尼为代表的主题公园旅游接待业,西班牙的海滩度假旅游接待业,以"浪漫之旅"闻名的法国娱乐度假旅游接待业,有"欧洲天堂和花园"的意大利娱乐度假旅游接待业无不举世闻名。

具有鲜明地域特色的旅游休闲度假胜地为旅游者所青睐。目前国际旅游者主要流向之一就是以"3S"(sea、sun、sand)旅游资源闻名的海滨、海滩及海岛旅游区。地中海沿岸、加勒比海地区、波罗的海及大西洋沿岸的海滨、海滩及海岛成了久盛不衰的旅游度假胜地。在东亚及太平洋地区,具有丰富海滩资源的夏威夷、泰国、印度尼西亚后来者居上,也逐渐成为世界闻名的旅游度假胜地。这些旅游度假胜地都具有一套由独具特色的自然、社会、民俗文化资源和交通、通信、网络等基础设施以及度假地游憩设施所组成的成规模的复合型度假旅游接待产业体系,这个体系可以有效满足休闲娱乐旅游者各个层面的需求。度假者在度假期间除了享受阳光沙滩海洋之外,往往还会以该地为中心,做短途游览、观光、考古、探险、运动等活动,认识、感悟和体验当地的特色文化,扩大视野,放松身心。

滨海休闲度假旅游接待业已成为许多国家和地区旅游接待业的一大支柱,成为主要的经济收入来源。据统计,海滨旅游的游客在法国占50%,在英格兰占70%,在比利时达到80%。以"出售阳光和沙滩"闻名于世的西班牙,每年的旅游外汇收入高达100多亿美元。以海滨度假旅游闻名的马尔代夫、新加坡旅游接待业收入占其国民收入的50%以上。未来这些以浓厚的区域文化内涵和生态、绿色、低碳的自然资源环境为支撑的海滨度假胜地仍将是国际旅游者集中的地区。

三、影响世界旅游接待业迅速发展的主要因素

(一)世界范围内的长期和平与稳定

没有和平就没有发展,没有稳定就没有繁荣。和平与稳定是世界旅游接待业迅速发展的基石。第二次世界大战后,人们厌倦战争,谋求稳定、觅寻合作、促进和平与发展成为主流。新的国际政治经济秩序的建立、发达资本主义国家科技革命的新突破、社会主义国家的建立、第三世界国家的崛起,都为战后创造了相对和平稳定的国际环境。虽然在一些地区仍有战乱和发生战争的危险,但整个世界局势出现了相当长时间的和平与稳定。对于旅游者来说,和平为其外出旅行提供了安全上的有力保障;对旅游接待业来说,和平为其稳定经营与繁荣提供了有力保障。在和平的背景下,各国政府都将精力放到维护和平与发展经济方面,国与国之间的经济商贸往来越来越频繁,人员流动规模越来越大,跨国公司越来越多,外籍工人人数激增,使得观光旅游、公务旅游、商务旅游、探亲旅游的人数迅速增加,从而使世界旅游接待业逐渐发展起来。总之,世界范围的和平与发展为旅游接待业的大发展提供了必要的前提和保证。

(二)人口的迅速增加

第二次世界大战结束后,世界人口25亿,至20世纪60年代初,世界人口已激增到36亿,在不到20年的时间里,世界人口总数增加了40%以上。此后,世界人口每增加10亿人所需时间不断缩短,人口增长速度在20世纪一直呈加速状态,至20世纪末达到60亿人。进入21世纪,世界人口持续增长,2010年达到69亿人,2020年接近76亿人。世界人口的迅速增加为世界旅游大军的出现提供了必要的人口基础。1950年国际旅游人数是2528.2万人次,2019年达到13.7亿人次,这和人口的迅速增长有直接关系。

（三）居民收入的不断提高

居民收入增加，特别是可自由支配收入的增加，是大众旅游的经济基础。按人均估计，西方工业发达国家的国民收入，1960 年是 520 美元，1979 年增至 2690 美元。海外发展委员会 1981 年统计，全世界发达国家人口 11 亿，人均国民收入 6462 美元，发展中国家人口 30 亿，人均国民收入 597 美元，比二战前都有大幅度提高。人们收入的增加和支付能力的提高，对旅游的迅速发展和普及无疑起到了极其重要的刺激作用。

（四）闲暇时间的增加和带薪假期制度的确立

科学技术的发展使得社会劳动生产率不断提高，人们用于劳动的时间不断缩短，可用于休闲娱乐的时间不断增加。

带薪休假制度是社会生产力发展到一定阶段后的直接产物。早在 1936 年，法国议会就通过法律条文，规定"法国所有员工只要在一家企业连续工作满一年时间，便可以享受 15 天的带薪假期"。英国于 1938 年颁布了首部《带薪休假法案》，成为世界上最早从法律上认可并实践带薪休假的国家，使有权享受带薪休假的工人从 150 万人迅速增加到 1100 万人。1948 年联合国大会通过的《世界人权宣言》提出，"人人享受休息和闲暇的权利，包括工作时间有合理限制和定期带薪休假的权利"。欧盟于 1993 年颁布《欧盟国家工作时间指令》，为所有欧盟成员国确定了带薪年休假的最低标准——每年 4 周或 20 天。

目前，几乎所有经济发达国家和地区、大多数经济高速发展国家和地区以及部分发展中国家都不同程度地实行了带薪休假制度，并通过立法加以巩固。各国每年带薪假期长短不一，一般在 2 周至 4 周之间。例如，美国公民带薪假期为 3 周至 4 周半，法国为 4 周，德国为 2 周半至 3 周，意大利为 2 周，比利时与荷兰为 3 周，丹麦为 5 周，英国至少 3 周，韩国为 20 天，西班牙为 30 天。带薪休假制度是中、远程大众旅游兴起的强有力的催化剂，可以说，没有带薪休假制度就没有大众旅游。

（五）交通运输业的进步

工业革命以前，受制于落后的交通工具，人们外出旅游非常困难，活动范围也非常有限。工业革命以后，西方资本主义国家的道路、交通工具和动力都有了很大的进步，极大地改善了人们的出游条件。二战后，铁路运力不断增强，长途公共汽车运营网络不断扩大和完善，汽车成为人们中短途外出旅行的主要交通工具。作为世界重要旅游客源地的欧洲拥有世界上最稠密的铁路网，它们始建于 19 世纪，总长度达 14 万千米以上，从各国首都呈辐射状伸向边境，并在各国间相互贯通。西方发达国家现代旅游业的发展正是因为其发达的交通网络为旅游业的发展打下了良好的基础。汽车、火车、轮船、飞机等交通运输工具不断进步，使人们外出旅行的时间大大缩短，旅行费用大幅度降低，旅行过程更加方便舒适，活动范围更加广泛，从而促进了旅游活动大众化的发展。尤其是 20 世纪 60 年代末 70 年代初大型喷气式客机投入商业运营，使大量人员的长距离快速空间位移成为可能，跨大洋跨大洲的国际旅游由此迅速兴起。

（六）城市化进程的加快

从世界范围看，1800 年世界城市人口只占总人口的 3％，发展到 1900 年也只有 14％。而经过 1900—2000 年这一百年的时间，城市人口达到了 55％，人类历史上第一次出现城市人口超过农村人口的情况。1950 年，世界上 10 万人口以上的城市有 484 个，1970 年增至 844 个；

100万人口以上的大城市在1950—1970年由71个增至157个,1980年达到234个;相关数据显示,2000年全球已有400个城市突破了100万人口大关。值得关注的是,发展中国家城市化势头持续而迅猛。1994年全球共有22个总人口超过800万的大城市,其中16个在发展中国家。根据联合国统计,目前世界人口的20%,集中在78个人口超过400万的大城市里,而这78个大城市中大半在发展中国家。而今人类进入21世纪,世界城市化进程仍然保持这种态势,世界进入了一个城市化时代,21世纪的世界将是城市化的世界。

首先,城市化快速推进有力地促进了旅游的普及,使旅游成为人们生活的必需品,为旅游接待业的发展提供了充足并且稳定的客源;其次,城市化促进了旅游接待业所依赖的基础设施的兴建和完善;再次,随着城市化进程的加快,在资金流动、景区开发、产品进入等方面为旅游接待业带来了前所未有的大好时机;最后,城市化改善了城市环境和功能,优化了城市的文化氛围,有益于旅游接待业的发展。

第二节　未来世界旅游接待业发展面临的契机

对世界旅游接待业进行预测与展望,必须考察未来世界旅游接待业面临的契机。

一、"国家战略产业观"提升旅游接待业在国家产业中的经济地位

目前世界旅游接待业在各国国民经济中的地位不断提升,越来越多的国家把发展旅游接待业作为国家战略,纷纷出台国家旅游战略。在国家旅游战略的指导下建设旅游公共服务设施,开发旅游产品,对外进行旅游宣传,树立国家旅游形象,提高国际旅游竞争力。

日本政府于2003年制定国家旅游发展战略规划——"观光立国行动计划",并提出了243条具体政策措施来促进旅游接待业的发展。韩国政府在2005年颁布作为韩国国家战略的"文化旅游业蓝图(C-Korea)2010计划",其目标是"让韩国成为东北亚的旅游中心",并制定了在2010年达到接待外来游客1000万名、旅游收入100亿美元、国民旅游总人次7亿名的目标。美国政府于2012年推行并实施"国家旅行和旅游战略",提出旅游接待业发展的长远目标:"到2021年末,美国要年均吸引1亿人次的入境游客,实现年均2500亿美元的入境游客消费,要创造更多的就业岗位。同时鼓励国民在境内旅行消费。"2009年法国旅游局与法国旅游发展监督局联合组建法国旅游发展署,负责法国旅游业的发展推广,同年还成立了"旅游战略委员会",该委员会主要负责寻求对策,提升法国旅游吸引力,确保法国世界第一旅游目的地国的地位。意大利外交部2017年宣布了以成为"旅游国家"为目的的新一轮旅游战略规划(2017—2022年),规划提出进一步提升意大利在国际旅游市场的领先地位。西班牙政府在2008年国际金融危机爆发以后,通过"旅游促进计划"国家战略,决定2008—2020年年均投入15亿欧元,用于促进旅游接待业发展。发展中国家墨西哥为了发展旅游接待业,设立了独立的旅游部——联邦旅游部,作为旅游业发展的领导机构,负责全国旅游政策制定、计划发展、质量与管制。同时,鉴于旅游业的综合性特征,墨西哥于2013年成立联邦旅游内阁,由总统亲自主持,制定并发布了旅游总体发展规划——《国家发展计划(2013—2018)》,并由总统批准将此计划列为法律。非洲肯尼亚政府制定《2010年旅游法案》,规定肯尼亚的旅游部必须每五年制定一次国家层面的旅游行业战略报告,并发布在政府公报中,以此为该行业的发展设定战略目标、规范和标准,规划旅游市场的开发和管理,对行业的未来趋势做出合理的预测。

世界各国纷纷把发展旅游接待业上升到国家战略,为旅游接待业发展提供了来自政府层面的大力支持,极大提升了旅游接待业在各国国民经济中的经济地位。

二、各国旅游管理体制与运行机制日渐成熟提高旅游接待业发展效率

现代旅游接待业的综合性、关联性和依托性客观上需要致力于发展旅游接待业的各国在政府层面上建立起不同形式、不同层级的旅游管理机构,把旅游接待业的发展纳入政府引导、统筹的职能范围,把旅游接待业作为展示国家形象、开拓国际交往、发展国民经济和增进社会文明的重要渠道。目前世界各个国家纷纷建立起了专门负责管理旅游接待业的政府机构。

各国旅游管理体制呈现出若干共同或相似的趋势,形成了成熟的"政府部际协调决策、行政机构主管、行业组织协调自律、专业机构宣传推广"的旅游管理体制与运行机制。旅游行政主管部门主要承担制定产业发展政策、编制发展战略和规划、国家旅游形象宣传和整体对外促销。行业组织负责行业服务标准制定推广、饭店星级评定、旅行社等级评定、旅游企业信用认可、游客中心管理、服务质量监督、从业人员培训、市场调研、信息分析和咨询服务等。旅游宣传推广主要由专业宣传推广机构进行,这些专业促销机构一般都成立董事会,由政府主管部门代表、旅游行业组织代表和市场营销专家组成,雇用市场促销专业人员,开展市场调研、制订营销计划、组建国外旅游宣传推广机构,进行符合市场经济规律的专业化宣传推广。宣传推广资金主要由政府财政拨款,同时由行业协会等社会组织资助。

各国旅游管理体制与运行机制的日渐成熟将极大地提高世界旅游接待业的发展效率。

三、"旅游软实力观"提升旅游接待业在国家经济中的政治地位

旅游具有招徕远方来人的力量,国际旅游接待业是可以在国与国之间产生原发性社会、文化与心理影响力的产业,这就是旅游接待业的软实力。旅游软实力是旅游目的地国在主客双方的文化对比、形象营销和旅游产品竞争中形成的,它使旅游者服膺于旅游目的地国文化和价值观,是旅游目的地国输出国家文化、形象和影响的重要渠道。

随着旅游接待业的深入和广泛发展,越来越多的国家认识到这点,纷纷通过举办国家主题文化年、体育赛事、盛大展会等活动,广泛地吸引国际游客,增进各层面、各领域的国际交流,扩大本国历史、文化、价值观的输出,提升国家"软实力"。比如,西班牙多年来主要塑造"西班牙品牌",以此提升国家整体旅游形象。意大利注重塑造"Easy,Italy"品牌,通过7种外国语言为旅游者提供信息和援助服务,旅游部门还与经济发展部、外交部共同发布战略,提升意大利国家品牌。英国通过"来自大不列颠的邀请"等项目,利用英国皇家世纪婚礼、女王钻石庆典及2012年伦敦奥运会等国际性节事将英国推向全世界,还在9个关键客源市场的14个城市开展"伟大形象运动",向世界展示英国形象。印度政府于2002年启动"令人难以置信的印度"国际宣传活动,通过摄影拍摄印度最美丽的地方,展现了这个国家的美丽及博大精深的文化,树立印度国家形象。马来西亚在许多国家的国际电视频道上播放旅游宣传广告《马来西亚——真正的亚洲》,让世界了解其秀丽瑰奇的海岛自然景观、文化底蕴深厚的风俗民情,树立国家形象,提高国际影响力。2011年世界旅游组织确定的年度主题是"旅游与各种文化高度耦合",中国国家旅游局确定的年度主题是"中华文化之旅",积极对外宣传国家形象。"旅

游软实力观"使得旅游接待业在国民经济中的政治地位得以提升,为未来世界旅游接待业发展带来新契机。

四、各国通过发展旅游促进就业、改善民生和保护生态的实践活动丰富了旅游接待业发展内涵

旅游接待业不仅具有促进经济发展的作用,还内在地具有创造就业机会、保护生态环境和改善民生的功能等,许多国家重视旅游接待业的发展就是看重旅游接待业的这些社会功能。

旅游接待业是劳动密集型行业,具有就业容量大、门槛低、层次多、潜力大、就业方式灵活等特点。据世界旅游组织测算,发达国家旅游业每增加 3 万美元收入,可以增加 1 个直接就业机会和 2.5 个间接就业机会。在世界许多地方,旅游接待业使妇女、年轻人和贫困人口找到工作,摆脱贫困并充分融入社会。世界旅游组织早在 1993 年就指出,"全世界范围内,旅游作为一个整体已经成为世界上创造新增就业机会最多的行业"。目前,全世界旅游就业人数占就业总人数的比重大约为 10%。目前许多国家发展旅游接待业的一个主要目的就是希望解决国民的就业问题。例如,泰国 2019 年旅游接待业对 GDP 的贡献约为 20%,旅游业就业约 440 万人,占劳动力总数的 11.7%。

在扶贫方面,世界各地的偏远欠发达地区往往都有着非常独特的旅游资源,如果把这些资源优势转变为经济优势,就能极大地促进当地经济社会发展,改善当地人民的生存生活状况。很多国家和国际机构把旅游接待业作为推进贫困地区脱贫致富的优势产业,积极进行实践。

1999 年,联合国可持续发展署第七次会议明确提出"旅游扶贫"口号,开始将关注贫困问题和贫困人口放在工作首位。1999 年,英国国际发展局在可持续发展委员会的报告中提出了 PPT(pro-poor tourism)的概念,即"有利于贫困人口发展的旅游",将旅游发展与反贫困直接联系起来。2003 年,世界旅游组织将"旅游:消除贫困、创造就业与社会和谐的动力"确定为世界旅游日的活动主题。每年的 10 月 17 日被定为"国际消除贫困日"。从此,旅游扶贫在全世界范围内开展了生动实践。其中一些是在国际组织和机构的支持和推动下进行的,如英国的 PPT 项目、世界旅游组织的 ST-EP 项目和荷兰的 SNV 项目。这些项目先后在亚洲、非洲、拉美等几十个国家和地区推行实施,在实践中取得了很好的效果,受到一些国际组织和广大发展中国家的重视。另外,还有很多由国家倡导的旅游扶贫工作,也取得了令人满意的效果。如中国的旅游精准扶贫、澳大利亚的土著特色旅游扶贫、韩国的乡村旅游扶贫、日本的修学旅游扶贫、南非的社区旅游扶贫、老挝的价值链旅游扶贫等,都有力推动了旅游扶贫实践发展。

在环境保护方面,旅游是资源节约型、环境友好型产业,通过保护性开发旅游资源,积极发展绿色旅游、生态旅游、文明旅游,可以改善一个国家和地区的生态环境,使之实现了可持续发展。正是基于这一认识,世界旅游及旅行理事会在 20 世纪 90 年代初就开始倡导在旅游行业推行"ISO 14000"系列标准和"绿色环球 21"认证。到 21 世纪初,"ISO 14000""绿色环球 21"已经成为国际公认的旅行旅游行业环境质量可持续管理的认证标牌。

各国的这些旅游实践活动大大丰富了旅游接待业发展内涵,是旅游接待业可持续发展的法宝,也增强了旅游接待业的竞争力,为未来世界旅游接待业发展提供了新的契机。

五、"大旅游发展观"使旅游接待业模式发生质变

相对于过去单一的景点门票式的旅游发展,如今更多的国家倡导大旅游发展观。大旅游发展观以旅游接待业为基础,但突破了狭义的旅游接待业务范畴,以生态绿色和环境保护为底色,将产业融合发展与城镇化推进有机联动,优化产业发展规模和结构,优化城镇风貌和完善城镇功能,改善各种基础设施,充分融入旅游元素和特色,促进地区经济发展水平的提升。大旅游发展观突破了传统旅游接待业这个单一的产业发展概念,有机联动相关联的三次产业发展和城乡建设,形成全方位、关联性、生态化的经济发展与生态保护协同推进体系。

对当地的居民而言,"大旅游"增加了新的就业机会与岗位,共享了旅游接待业发展带来的好处;对游客而言,"大旅游"使游客深入旅游景区的环境之中,能够深度体验旅游地的风景、文化以及民俗;对于投资商而言,"大旅游"扩展了旅游接待业的实质内涵,使得旅游项目的投资建设能够有更多的附加价值。"大旅游"的发展,对一个国家的国民经济、社会建设、人的素质的提高都有好处。在大旅游发展观的指导下,当今各国政府普遍加大与旅游接待业相关的公共投资力度,改善道路交通、环保设施,促进文物保护和开发、旅游教育和科研,加强景点开发、景区环境和辅助设施建设,加大生态保护力度,使旅游接待业发展模式发生质变,为世界旅游接待业发展创造新契机。

第三节　世界旅游接待业发展的趋势

一、旅游接待业区域一体化将成为未来主流发展趋势之一

旅游接待业区域一体化是指国与国之间或一国内部一些地域相邻、资源共生、线路相连、产品互补、发展水平相近、利益诉求趋于一致的地区,本着"互补、双赢、共进"的合作精神,打破国与国或区域界限,打破贸易和投资等各种保护限制,相互沟通与开放,形成无障碍的人流、物流和市场交易秩序,共同发展区域旅游接待业的经济合作与互动行为。

旅游接待业区域一体化要求:①区域旅游规划一体化,是指各国或国内各区域联合起来,编制跨区域的旅游规划用于指导区域一体化的发展。②区域要素配置一体化,是指对区域内旅游生产要素进行优化整合,充分发挥整体优势。其包括区域旅游资源开发一体化,线路组合一体化;集中营销力量,联合对外宣传促销,打造整体形象;取消投资壁垒,允许旅游接待业企业跨区域经营;鼓励人员自由流动;共享旅游信息,构建覆盖区域的无时空障碍的旅游一体化信息网络等。③服务设施一体化,包括在区域内建立畅通无阻的旅游交通系统,取消各种交通准入限制;充分利用现代结算手段,为游客提供便捷的结算方式等。④服务标准一体化,即各国或国内各区域严格按照行业标准,设立统一的服务规则和监督机制,提高整体服务质量和水平。

由于旅游接待业区域一体化能够给区域发展带来极大的经济与社会效益,世界各国纷纷展开区域合作。欧盟早在20世纪90年代就已经启动了欧盟的旅游接待业一体化进程,目前已经形成综合、立体、多维的一体化发展模式。我国环渤海旅游圈、长江三角洲旅游圈和珠江

三角洲旅游圈等区域旅游发展的联动态势也日益高涨,取得长足进步。在更宽领域、更高层次上建立互利互惠的无障碍区域旅游协作区是世界旅游接待业发展的必然趋势。

二、科技进步和技术创新将成为世界旅游接待业发展的主要推动力

科技进步和技术创新是现代经济发展的第一生产力,是推动社会发展变革的重要推动力。旅游接待业作为一种现代服务业,不可避免地受到科技进步和技术创新的巨大影响。在线旅游预订业务、电子旅游信息、电子签证和电子商务等正在改变旅游接待业的市场环境,物联网、云计算、大数据等信息技术的广泛应用将改变旅游接待业的面貌。高科技在旅游接待业诸环节如旅游开发、旅游管理、旅游营销和旅游服务中的广泛应用,将促使旅游接待业加速扩张和竞争格局快速重组,推动旅游接待业向科技型、质量型和效益型方向发展,从高速增长向优质发展转变,从传统旅游管理到科技赋能的智慧旅游管理转变。例如,互联网技术的应用使得旅游消费者通过网络就可充分了解旅游目标景点的位置、特色及最精彩的玩点;各种 App 软件的出现,使得旅游消费者通过手机就可提前预订机票、车船票、酒店客房和景区门票,搜索当地美食与特产,使得当今的旅游者在未出发前就能制订出包括食、宿、行、游、购、娱在内的全面完整精准的旅游行程计划,对出游的全过程完全可以做到预知和预控,使外出旅游变得更加轻松、便利;3D、AR、VR 等科技的广泛应用甚至使得旅游者足不出户就可在网上进行"云旅游""云观展""云购物"。旅游景区利用旅游实时大数据根据景区承载量调节入场游客量,实现景区人流的科学管理;利用增强现实技术以大视角实景视频展示景区全貌,为管理者提供全局数据掌控;运用现代光影技术进行景区夜景照明,从传统道路照明、花海照明、雕塑照明等静态场景形式向音乐灯光秀、投影秀、激光秀、主题音乐场景等动态场景形式转化,将景区文化艺术、光影设计和互动演绎集为一体,极大地提升了景区夜游吸引力;运用 3D、AR、VR 等科技手段,建立全真模拟超高清三维旅游场景模型,让游客俯瞰景区美景,近距离欣赏古建筑、古文物。人造主题公园则充分运用现代高科技技术,如声学、光学、计算机模拟系统等,增加公园吸引力。又如科技使酒店变得日益智能:酒店利用计算机预订系统和电子货币交易系统发展酒店预订等旅游电子商务;利用大数据技术建立"常住客人信息库",更好地了解顾客需求,提供个性化服务,实现以游客满意度为中心的现代管理模式;利用二维码扫描技术和面部自动识别技术实现酒店自助入住和自助结算退房;利用物联网技术建立智能客房,让客人进门时无须插卡,电视机、空调自动开启,百叶窗自动起降;房间照明亮度、空调温度可经由大数据算法,按照客人的起居习惯实现自动感应调节,送餐则由机器人完成。总之,现代科技将极大地改变酒店客人的入住体验。

三、在线旅游接待业将成为未来旅游接待业新主导者

在线旅游接待业是指依托互联网,以满足旅游消费者信息查询、产品预订及服务评价为核心目的,由线上的搜索引擎公司、在线旅行社、电信运营商、旅游资讯网站等在线旅游平台企业以及线下的航空公司、酒店、景区、旅游交通公司、旅游娱乐公司、海内外旅游局等旅游实体供应商形成的新型旅游接待业。

在线旅游接待企业销售方式相比于传统旅游实体供应商销售,具有突破空间界限、超越时间限制、覆盖更广顾客等优点,能有效提高旅游资源的使用效率。在线旅游平台利用电子媒介

可以给旅游消费者提供传统实体店无法提供的大量旅游信息（包括旅游产品介绍和旅游者分享的旅游或旅行经验），如利用网络多媒体可以给旅游消费者提供传统店面销售无法提供的视觉、听觉，甚至 3D 效果的全新旅游产品体验，从而使旅游消费者在开始旅游前就已经对旅游产品有了很多了解；可以通过在线服务给旅游消费者提供传统店面销售无法提供的 24 小时即时服务；可以利用网络实现实时订单确认与支付等快捷服务，深得旅游消费者青睐。现在越来越多的旅游消费者通过在线旅游平台查询和预订旅游产品，并在线分享旅行经验。未来随着信息技术的进一步发展和 5G 互联网覆盖面的进一步扩大，更多的旅游消费者将选择在线旅游的消费方式，消费者对网络旅游需求的增长将促使在线旅游接待业加速信息化进程。

美国联合市场研究机构公布的一份研究报告预测，全球在线旅游领域的市场规模到 2022 年将达到 1.091 万亿美元。值得注意的是，中国在线旅游接待业发展异常迅猛。2009 年，中国在线旅游市场交易规模为 618 亿元，2017 年为 7384 亿元，2018 年为 8750 亿元，2019 年为 10059 亿元，首次突破万亿，在线旅游消费者达 4.13 亿人次。智研咨询公司预测我国在线旅游市场有望在未来 4～5 年保持 20% 以上的复合年均增速。在线旅游接待业发展速度惊人、势头迅猛且潜力巨大，有望在不久的将来成为旅游接待业新的主导者。

四、旅游接待业服务将越来越个性化

旅游个性化服务是指在标准化和程序化服务的基础上，针对不同旅游者的兴趣爱好和个人需求，提供差异化、区别化的旅游服务，以最大限度地满足旅游者的个性旅游需求。

大众化的旅游时代即将结束，个性化的旅游时代即将开始。在一个推崇个性、流行自由的时代，人们越来越不满足于束缚个性的团体包价旅游，旅游需求的日益多元化、个性化倾向越来越明显。除了传统的观光旅游、度假旅游和商务旅游外，未来的旅游者将对宗教旅游、修学旅游、学艺旅游、考古旅游、探险旅游、科技旅游、蜜月旅游、祭祖旅游、康养旅游、中医药健康旅游、红色旅游、购物旅游、奖励旅游、节事旅游、民族风俗旅游、乡村旅游、工业旅游、农业旅游、森林旅游、海洋旅游、空中旅游、太空旅游、沙漠旅游、极地旅游、滑雪旅游、攀岩旅游、高尔夫旅游、观鸟旅游、绘画旅游、摄影旅游、背包旅游等个性色彩非常浓厚的旅游活动越来越青睐。出游方式也越来越个性化，除了传统的随团包价旅游外，互助旅游、自驾旅游、定制旅游、分时度假旅游、房车旅游、游轮与游艇旅游、直升机旅游、高铁旅游、自行车旅游、换房度假旅游、打工换宿旅游、拼团旅游、公益旅游、职业旅游、创意旅游、候鸟式旅游、驴友旅游、群友旅游等将大量涌现。在追求个性化的浪潮下，旅游者也将更加注重追求那些富有活力、情趣、具有鲜明个性特点的旅游场所，喜欢那些轻松活泼、丰富多彩的个性旅游方式，更加愿意亲身体验那些参与性强的旅游项目，通过参与和交流直接感受异国的民族文化风情，得到感情的慰藉和心灵的撞击。

个性化、多样化的旅游需求强烈地呼唤着个性化的旅游服务，未来的旅游接待业仅仅靠标准化服务是难以满足旅游者的多元化旅游需求的，必须提供个性化的服务才能赢得旅游消费者的认可，保证未来的可持续发展。个性化、多样化的旅游服务将成为规范化、标准化的旅游服务的有力补充。

要提供个性化服务，旅游接待业必须要树立全员服务理念，无论是一线人员，还是后勤人员，无论是旅游管理者，还是普通旅游员工，都应该能够具备很强的服务意识，想旅游者之所需，急旅游者之所急；旅游经营者要有敏锐的头脑、大胆创新的精神，时时更新服务理念，研究旅游和细分客源市场,及时发现旅游消费者个性化需求,在充分市场调研的基础上,不断挖掘设计个性化旅游产品和服务;旅游服务人员要具有灵活、多变的适应能力,良好的工作态度、主动的服务意识、规范的服务流程,而且还需要具有敏锐的观察力、灵活的处事方法、丰富的经验和良好的素质。只有做到这些,才能针对不同的旅游者个人情况,从深层次满足他们的个性化需求。

未来与个性化旅游相关的配套服务设施将会发生较大的改变。旅游网站上的旅游信息将更加便利实用,票务、酒店及其他商业服务将会随着个性化旅游的发展而不断改变、完善,同时还将出现新的职业"私人导游",个性化游所涉及的汽车租赁、汽车紧急救援服务、旅游保险等旅游配套设施及服务也将更加完善,个性化旅游接待的社会综合服务体系终将形成。个性化服务代表着旅游服务的最高水准,在旅游产品和服务日益丰富,竞争日益激烈的未来,旅游接待业的旅游服务将会越来越个性化。

五、旅游出行的安全问题将获得空前重视

旅游安全是旅游活动顺利进行的保障,是旅游接待业的生命线。作为对危机敏感的行业,恐怖主义活动、局部战争与冲突、政局不稳定、传染性疾病流行、恶性交通事故频发、社会治安状况恶化、地震海啸等自然灾害的爆发都会对世界旅游接待业产生不利的影响,甚至使其发展出现区域性、阶段性的衰退。旅游安全是旅游者出行首先要考虑的问题,未来的旅游安全和旅游目的地的社会稳定和谐,将越来越被世界各国政府、旅游机构和旅游者所重视。

据有关研究显示,目前全球每年因旅游伤亡的人数超过10万人次,世界各地的旅游安全事件日益呈现出复杂化、显性化和连锁化的特点,旅游安全引起世界各国的重视。早在1994年世界旅游组织就召开了由来自多个国家的60多名旅游安全专家和各国旅游局、警察部队及主要行业协会参加的首届世界旅游安全最高会议,标志着"旅游安全"获得全球性的政府关注,取得了官方组织的地位认可。

未来世界各国或地区将会全面加大旅游安全知识的宣传,以增强旅游接待业从业人员和游客的旅游安全意识,安全教育与培训将会常抓不懈,旅游从业人员的安全意识将不断提高,游客的安全观念也将会得到改善。

旅游实践证明,大部分旅游意外事故是能通过各种预警与防御来避免和减少的,未来各国或地区将会高度重视旅游安全预警机制的建立与完善。政府将会负责旅游安全信息收集、预警评估,对旅游安全风险预警实行分级管理,同时,公安、消防、交通、卫生、气象等部门建立信息共享平台,通过电视、网络、报刊等媒体发布旅游安全预警,最大限度减少旅游者出行风险。

旅游救援是旅游安全的"后援",旅游安全救援系统的建立与完善也将在未来得到世界各国政府的高度重视。随着各国政府对旅游安全的高度重视,旅游安全救援系统的三大机构(救援核心机构、救援机构、外围机构)在未来都将会有长足发展。

旅游保险是分散旅游过程中发生的风险、降低旅游损失的一种有效手段。从理论上来说,旅游保险应当成为每个旅游消费者在旅游之前的必选项。但游客们目前的保险意识普遍较为薄弱,特别是我国的国内游客。根据国内某公司估计的数据,随团游客跟随旅行社办理保险占比仅约20%,旅游保险收入占意外伤害险的比例仅为10%～20%。扩大和深化宣传旅游保险,提高游客保险意识是当务之急。目前出现利用移动互联网,通过开发声情并茂、用户接受

度高的广告对旅游保险消费者进行线上保险宣传的新手段,这种手段与传统的线下手段相比,具有覆盖面广、便捷迅速、影响力大、用户接受度高等特点。在不久的将来,线上宣传将会成为旅游保险宣传的主流手段。旅游保险渠道销售也将会发生重大改变,网络销售、邮寄销售、旅游集散中心场所现场销售等销售方式将会流行。旅游保险产品也将日益多样化,空难、恐怖主义袭击、病毒感染等新风险在保险产品设计时将被考虑进来;针对分时度假、换房度假、候鸟式旅游、驴友结伴出行等未经过旅行社的旅游活动以及针对滑雪、探险和漂流等风险程度高的旅游活动的保险产品将会问世。

六、旅游卫生保障服务将成为世界旅游接待业的生命线

　　未来世界旅游接待业将更加重视旅游卫生保障服务的提供。所谓提供旅游卫生保障服务,就是在旅游的各个环节为旅游者提供符合规定标准的卫生保障服务,最大限度地保护旅游者的身体健康和生命安全,使旅游者能够卫生、安全地旅游。自 2020 年新冠肺炎疫情在全球爆发以来,人们对传染病的严重性、危害性有了新的认识,对旅游活动过程中的旅游卫生问题日益敏感,对卫生保障有了新的要求。在未来,一个拥有良好卫生状况的旅游地必然会受到旅游者的青睐,从而更具吸引力;相反,一个具有很高旅游价值的旅游地但卫生状况不好,旅游者必然会对其评价不高,旅游地的吸引力必然下降,在竞争中处于不利地位。旅游卫生必将成为旅游接待业的生命线,成为旅游接待地提高旅游竞争力的关键因素之一。

　　在疫情过后,旅游者对旅游各个环节的卫生保障会比以往任何时候要求都高。旅游地必须高度重视旅游过程中旅游卫生问题,不能有任何马虎和疏漏。旅游过程中的旅游卫生主要包括旅游环境卫生、旅游饮食卫生以及旅游卫生医疗和急救三个方面。

　　(1)旅游者往往首先重视的就是旅游环境卫生。一是因为外出的旅游者最大的担心就是害怕在旅游过程中被染上某种疾病;二是因为旅游者进入旅游地后最先、最直接感受到的是旅游地的环境卫生状况。旅游地良好的环境卫生给旅游者带来的是自始至终的直接的愉悦感官享受,恶劣的卫生状况给旅游者带来的是从头至尾的非常不适的直接感官刺激,直接影响到旅游者的旅游体验乃至对旅游地的整体评价。所以,旅游地一定要高度重视旅游环境卫生。旅游环境卫生包括旅游交通(车、船、飞机等)卫生、住宿卫生、景点卫生、公共场所卫生等。旅游地的旅游环境往往具有人群密集、流动性大、健康旅客与非健康旅客混杂、设备和物品重复使用等特点,容易出现卫生问题,造成疾病的传播。因此,这些场所的环境卫生一定要达标:空气要清洁新鲜;小环境气候要适宜;温度、湿度和风速等要达到国家有关标准;要有良好的采光和照明条件;噪声符合标准;公共用品必须定期消毒、及时更换;生活饮用水要干净无污染;公共浴池、游泳池、天然浴场等公共场所的用水要按照规定定期换水、消毒,保证对人体无害;病媒昆虫指数和鼠密度应达到国家相关标准;用于消毒、杀虫和灭鼠的药物不得损害人体健康。旅游地街道路面要清洁干净,路旁树木要齐整,候机厅、候车厅要一尘不染,旅游大巴要窗明几净,酒店房间要洁净无尘,设施设备要安放有序,服务人员要仪表整洁,景区要干净如洗等。只有这样的旅游环境才能保障旅游者的卫生安全,才能给旅游者带来舒适、美好的感受,从而提高旅游者对旅游地的评价。

　　(2)旅游者还很重视旅游饮食卫生,因为饮食卫生问题对食宿在外的旅游者来说无法回避,直接关系到旅游者的身体健康和生命安全,也是旅游者玩得开心的基本保证。因此旅游

地要高度重视旅游饮食卫生,要时刻以高标准严格管理旅游饮食卫生,防止病从口入。食品生产经营企业和摊贩未取得卫生许可证,不得从事食品生产经营活动;食品生产经营人员每年必须进行健康检查,没有健康证明不可从事相关工作;食品的采购、经销和包装环节必须符合国家食品卫生法的有关规定;食品生产经营企业的选址和设计应符合卫生要求,设计、审查和工程验收,必须有卫生行政部门参加,未经审查合格的不得施工,验收不合格的不得生产经营。

(3)旅游地应对突发公共卫生事件的应急处置和医疗救治这个环节也不能忽视。旅游地一定要做好突发公共卫生事件应急处置和医疗救治:①建立应急预案,提前做好各类预判和准备。②坚持常态化突发公共卫生事件应急演练。③扎实开展突发卫生事件防控宣传,普及新冠肺炎、登革热、诺如、禽流感、鼠疫等重点传染病防护知识,持续制作发布各类健康知识科普产品,通过旅游地官网、政务新媒体及各类传播平台权威推送防疫知识,将突发公共卫生事件风险遏制在萌芽状态。一旦发生突发事件或传染病疫情,旅游地医疗卫生单位或人员要根据事件性质,尽一切可能在第一时间做好先期处置工作,采取隔离、防护、消毒、救治等措施,有效控制事态发展,然后上报上级主管单位,上级主管单位应迅速启动相关应急预案,统筹调度当地医疗急救力量,安排医疗救援,尽最大努力保障旅游者的身体健康和生命安全。

七、文化将日益成为世界旅游接待业发展的灵魂

不同国家、不同民族的民族文化是异国异族旅游者最感兴趣的东西。人们的旅游活动实质上是一种文化体验活动,这就决定了以旅游资源为凭借,以旅游设施为条件,为旅游者的旅游活动提供旅游服务的旅游接待业,本质上是一种文化产业。

作为旅游接待业凭借的旅游资源,其本质特性就是文化性。名城古都、城堡建筑、帝王陵寝与历史名人遗迹等人文景观资源本身就是文化的积淀和结晶。高山流水、行云飞瀑、浮岚暖翠、古松怪石、奇花异卉、玉塔微澜、碧海明湖等自然景观资源虽然是天生的,但也是要经过人文化的,即需要文化来点缀、来开发、来丰富、来升华、来成就、来宣传、来点石成金。自然景观之美,美在"自然的人化"。没有人文化的自然景观是没有生命力的,正所谓"景因文传,文因景成""景因情生,情因景显"。

作为旅游接待业发展条件的各种旅游设施都凝结着人类的精神文化,都是社会文化的物质载体。不同国家、不同民族和不同地区的旅游设施,都具有不同历史的、艺术的文化内涵,具有民族的文化特色。旅游设施除了具有实际使用价值外,还可供旅游者作为民族文化艺术来欣赏。因此包括旅游交通、酒店建筑、餐厅、购物、娱乐在内的各种直接或间接的旅游设施除了要求舒适、安全、清洁、卫生等以外,最重要的是要有民族文化特色和地方文化特色,"越是民族的,就越是世界的",越有文化特色,越受旅游者喜爱。

旅游接待业提供的旅游服务,必须是高质量的旅游服务,旅游服务质量的高低取决于从业人员服务素质的高低,而旅游人员的服务素质,其本质是文化素质,文化素质的高低直接决定服务质量的高低。旅游从业人员必须知晓自己的本土文化,也要了解旅游者的地域文化,还必须具有良好的文化展示的能力,才能更好地传播自己的文化,增强文化资源的吸引力,丰富游客对旅游文化的感知和体验。

发展旅游接待业,无论是开发旅游资源、建设旅游设施,还是提高旅游服务质量,都必须围

绕着文化这个核心来进行。旅游接待业的经营活动本质就是一种文化创意活动。旅游从业人员无论是导游、普通旅游服务人员、旅游管理人员，还是旅游开发人员，都是文化创意者，他们必须根据旅游者的文化需求，设计具有鲜明文化特色的旅游线路，创造具有深厚文化底蕴的旅游产品，提供具有丰富文化内涵的旅游服务，开发具有广阔文化空间的旅游目的地，才能使旅游接待业兴旺发达、长盛不衰。随着世界旅游接待业的进一步发展，未来越来越多的国家和地区都会意识到文化是旅游接待业的灵魂，不断深挖其文化内涵、突出文化特色、拓展文化空间、推动文化创新、打造高文化含量的精品旅游产品，从而提升旅游接待业的文化品位。对文化内涵的注重将成为旅游接待业发展的新亮点和新起点，文化竞争力将成为旅游接待业的核心竞争力。

第四节　未来世界旅游接待业的增长点

一、休闲度假旅游

进入 21 世纪，具有"快行慢游"和"深度体验"特点的休闲度假旅游已经成为很多发达国家旅游者外出旅游的主要形式。随着经济不断发展，未来休闲度假旅游的浪潮将席卷全世界，成为一种大众化的旅游。当然，在未来的旅游市场中，观光型旅游并不会完全失去市场，但休闲度假旅游产品将是发展的主流趋势。那些环境优美且生态、气候舒适宜人的海滨海岛海滩度假地、温泉疗养地、避暑山地、避寒度假地、山水湖泊度假地、高山雪原度假地、乡村田园度假地以及以游船、游轮和豪华旅游列车等现代交通工具为依托的流动度假地等都将是未来旅游者热衷于选择的目的地。休闲度假旅游将成为人们一种必不可少的生活方式，休闲度假方式也会以团队为主转向以散客为主，从无主题的休闲度假旅游向有主题的休闲度假旅游转化。休闲度假旅游将成为未来的主流旅游，休闲度假接待业将会发展成为世界旅游接待业的支柱型旅游产业。各国及地区政府将会日益重视休闲度假旅游接待业的发展，休闲度假旅游产品的开发经营者必须在规划模式、管理理念、产品开发、营销管理体制、品牌体制等层面进行不断创新，才能保持休闲度假旅游接待业的持续兴旺发展。

二、绿色旅游

绿色旅游是指参与旅游活动的主体（旅游经营者、旅游消费者及其他相关人员）以保护环境、不破坏自然生态平衡为前提进行旅游消费及旅游接待，实现旅游资源和旅游接待业可持续发展的一种全新的旅游方式。绿色旅游成为旅游接待业发展的新动向。

绿色旅游要求旅游者培养"原生态美才是最高境界的美"的绿色审美观，在敬畏与爱护自然、理解与尊重旅游地文化的基础上进行具有环保与生态意识的旅游，养成"除了脚印什么也不要留下，除了照片什么也不要带走"的绿色旅游消费行为。绿色旅游要求旅游接待业在为旅游者提供舒适、安全、有利于人体健康的旅游产品与服务的同时，以一种对社会、对环境负责的态度，合理利用资源，保护生态环境，努力减少旅游经营活动对自然、人文和生态环境的负面影响。绿色旅游要求旅游地政府培育绿色旅游发展观念、推行绿色旅游标准、实行绿色旅游资源开发、生产绿色旅游产品、开展绿色旅游经营与服务。

以"返璞归真,回归自然"为主题的绿色旅游,在发达国家已经形成了一种风潮。这些国家在发展旅游接待业中极为重视保护旅游景区的自然生态环境,尽量避免大兴土木,破坏自然生态环境。其旅游交通以步行为主,旅游接待设施尽量小型化并与自然融为一体,住宿多为帐篷露营,尽一切可能降低对旅游环境的影响。例如,日本富士山海拔 3700 多米,但是道路只修到 2000 米处,而且没有索道,要登顶必须步行攀登。加勒比海的岛国多米尼加从 1493 年哥伦布发现至今五百多年,由于高度重视发展绿色旅游,至今仍然保持着当初那种原始之美。内陆小国尼泊尔为了保护环境,长期坚持景区内只出售开水,不出售瓶装水,鼓励游客自带喝水杯。此外,法国的村庄旅游,意大利的乡村绿色旅游,德国的"森林轻舟"旅游,日本以关注野生鸟类为主题的绿色旅游都很受游客们的欢迎,让游客在愉悦的旅途中增强环境保护意识,使旅游成为培养游客环保意识的天然课堂。

绿色旅游,这种融入可持续发展理念,贯穿人的和谐相处思想,对社会、对环境负责的旅游方式被世界各国的旅游企业和旅游者所接受,注定会成为未来主流的旅游方式之一。

三、银发旅游

银发旅游是指老年人以满足社交、怀旧、养生、求知与亲情等需求为目的到其常住地之外进行的旅游,既包括短期观光旅游,也包括季节性旅居式迁移。银发旅游具有务实消费、节奏舒缓和错峰出行等特点。未来银发旅游市场将异军突起成为世界旅游接待业一个重要市场。

据统计,世界人口的增长率 1960—1965 年是 1.92%,2010—2015 年是 1.18%。在未来十年,世界人口增长率将降至 1% 以下。随着人口增长率的降低以及人类寿命的延长,世界人口老龄化程度将进一步加重。在未来的十几年内,世界主要旅游客源国人口结构的一个明显特点是老年人的比例会显著增加。按照联合国现行标准,一个国家 60 岁以上老年人口占总人口的比例超过 10% 或 65 岁以上老年人口占总人口比例超过 7%,即进入老龄化社会。发达国家老年人口占比通常在 20% 以上,发展中国家的状况稍好但老龄化势头迅猛。例如,2018 年我国 60 岁以上人口达 2.49 亿,占总人口的 17.9%,65 岁及以上老年人达 1.67 亿人,占总人口的 11.9%,是世界上唯一一个老年人口过 2 亿的国家。

现代的老年人在年轻时受教育程度高,又经历了世界经济高速增长,积累了较为丰厚的财富,是一个有钱、有闲、健康活跃的群体,退休后外出旅游成为越来越多的老年人的追求。在发达国家,老年人旅游占 60% 以上,美国超过 55 岁的人口中有 47% 的人有长途旅行的经验。在美国,65 岁以上的老年人约有 6100 万人,拥有可供支配的收入达 5000 亿美元,他们每年自己驾车进行 600 万次旅行和进行 40 万次海上巡游旅行。中国文化和旅游部的数据显示,2015 年中国国内旅游人数 70 亿人次,其中老年人占总人数 35%。根据国家老龄办《关于国家应对人口老龄化战略研究总报告》预测,2053 年我国老年人口数量将增至 4.87 亿的峰值,届时老年人口旅游消费总额将高达 5400 亿元以上。

银发旅游市场将成为全球最具潜力的旅游市场之一。未来各国政府和旅游组织将会越来越关注并开发银发旅游市场,银发旅游市场的扶持政策也将纷纷出笼。旅游接待行业将会越来越重视银发旅游产品的宣传及推广,针对不同老年人的不同特色银发旅游产品将被开发出来,服务质量将会不断提高。

四、虚拟旅游

虚拟旅游是一种与实地旅游相对的旅游,是利用虚拟现实技术模拟实地景观构建一个三维立体虚拟旅游景观,使得游览者在虚拟旅游景观中感受鸟语花香、欣赏风光美景,并能与环境交流、与游客交谈。虚拟旅游利用 VR 技术、人机交互技术、人工智能技术、全息技术等,使得旅游者足不出户就能遍览遥在万里之外的风光美景,体验与实地旅游极为相似的旅游。虚拟旅游突破时间、空间和地域的限制,能够满足不同旅游者对过去、将来以及微观、宏观世界的想象,获得近似但又区别于现实旅游的旅游体验。

虚拟旅游是在实地旅游的基础上产生,并对实地旅游起到很大的补充和完善作用。以下几种虚拟旅游在未来可能会流行起来:

(1)对现有旅游景观进行模拟的虚拟旅游,即模拟现有旅游景观,把实地旅游景观搬到线上。旅游者观赏虚拟三维旅游景观时,往往会被虚拟旅游景观所吸引,产生亲身参与实地旅游的想法。这种虚拟旅游不仅可以起到帮景点预先宣传、扩大影响力和吸引游客的作用,而且还能够在一定程度上满足一些没有到过该旅游景点或是没有能力或时间到该景点旅游的游客的需求。

(2)利用虚拟技术还原已消逝的历史场景。例如,古代战争,复原已不存在的古代遗迹如昔日的圆明园,展示因保护而无法开放的某些旅游保护区,再现因为太危险而无法近距离观赏的景观如火山喷发,以及呈现实地旅游难得一见的景色如极光、云海、佛光等。这种虚拟旅游能够实现旅游者对这些奇异旅游吸引物的游览观赏,从而满足旅游者某种好奇心理甚至是某种程度的精神慰藉。

(3)利用虚拟技术创造一个想象的世界,让旅游者进入一个与现实世界迥异的神奇世界,看到现实世界不存在的神奇人和物,如外星人、机器人、远古生物、明日世界、地下世界、外星世界、宇宙大爆炸、黑洞、虫洞、时间倒流、空间扭曲等,还可以经历现实世界无法经历的事情,如太空遨游、星际旅行。这种虚拟旅游能够满足旅游者对神奇世界的好奇心,体验目睹神奇事物的快乐。

(4)虚拟主题旅游,即有中心内容的虚拟旅游。这种旅游往往围绕一个主题让旅游者置身于一些相关虚拟场景中,充当某一角色、完成某个任务或经历一些事情。虚拟主题旅游让旅游者沉浸于由设计者营造的目标环境中去经历、去参与、去感受,去发挥能动性,为旅游者创造更超值的新体验。

五、太空旅游

探索神秘的宇宙,遨游无尽的太空是全人类共同的梦想。过去的 60 年间,人类已将近600人成功送达神秘的太空,太空旅行由梦幻变为现实。

进入 21 世纪,世界各国航天业从过去以政府投入为主转向政府和市场双轮驱动,推动了新一轮的航天创新创业潮。2015 年 2 月,美国 Space X 公司首次实现可回收重复使用的火箭运载技术,大幅度降低太空旅游的成本;2021 年 7 月 11 日,英国维珍银河公司的"团结"号太空船完成首次满员太空试飞;2021 年 7 月 20 日,美国蓝色起源公司"新谢泼德"飞行器完成首次载人太空试飞;2021 年 9 月 18 日,美国太空探索技术公司的"全平民"太空"旅行团"在绕行地球飞行约 3 天后,成功返回地球。这些接连发生的航空旅行事件标志着商业化的太空旅游时代正向我们一步一步走来。

目前大众对太空旅游的市场预测大都比较乐观。据调查显示,60％的美国人、70％的日本人和 43％的德国人都希望能够到太空中去旅游,太空旅游平民化的时代即将到来。发展平民化太空旅游的关键是发展更加先进且廉价的航天交通运输工具和太空城。随着 3D 打印、人工智能、物联网等前沿技术在航天业的进一步应用,必将大大降低卫星、火箭和太空城的研究与建造成本。预计 10 年后,太空旅游的价格降幅会比当年的民航还要快。在不远的未来,平民化的太空旅游将成为一股热潮。2021 年 3 月,瑞银集团预估太空旅游将在 10 年后成为一个 30 亿美元的市场。美国加利福尼亚州的"空间—地球"公司的经济学家保罗·西格勒指出,太空旅游业肯定会发展成为"一项新兴的事业"。美国普林斯顿大学教授奥尼尔预言到 2081 年,将出现每秒行程 500 公里的宇宙飞船,届时"每年将有两亿人往返于地球与太空之间"。如果他的预言能够实现,那么由此而发展起来的太空旅游业将会对未来太空经济的发展和社会繁荣产生不可估量的巨大影响。

六、俱乐部旅游

人类传统社群的形成有两种纽带,一种是以家庭和血缘为纽带形成社群,一种是以单位和机构为纽带形成社群。随着互联网技术的发展,各种社交软件如 WhatsApp Messenger、Facebook Messenger、Viber Messenger、Line 和微信等在全球范围的流行,具有共同兴趣和爱好的人们通过建群彼此相互结识,形成网络小众社群。这种社群种类庞杂,数量巨大。这种借助各种社交软件以共同兴趣和爱好为纽带形成的新社群,将会成为人类社群形成的第三种纽带。这类社群成员兴趣爱好一致,天然地有着共同的话题,群成员交流多,互动性强,时间一久,自然建立一些感情,到了一定时间自然会相约见面,乃至一起出游,最终会进一步演化成各式各样的旅游俱乐部,比如旅游摄影俱乐部、登山俱乐部、滑雪俱乐部、探险俱乐部、自驾游俱乐部、驴友俱乐部、摩友俱乐部、房车俱乐部、游艇俱乐部、航空俱乐部、穿越者俱乐部、伞兵俱乐部等。这些旅游俱乐部目前在全球如雨后春笋般地出现,且呈现燎原之势。这些由俱乐部组织的旅游,其旅游活动完全是建立在参加者的自愿、自助和互助基础上的,不以追求利润为主要目的,不追求规模效益;在线路选择上,追求天然和本色自然与人文景观,讲求自然和文化的原真性,因此往往会避开旅游热点和高峰旅游人群,力避"游人如织";特别看重旅游中对资源的保护,提倡旅游者对当地环境和文化的保护,强调对旅游目的地社区发展的关注。这一新兴的旅游活动有着传统的组织化旅游(如包价旅游)与非组织化旅游(如自助旅游)所不具备的优点。由于俱乐部在这一旅游方式中起着核心组织作用,因而可将这一方式简称为"俱乐部旅游"。俱乐部旅游不仅满足了旅游者的个性需求,还拓展并丰富了传统旅游服务市场,推动旅游接待业的转型升级。

可以预期,俱乐部旅游在不久的未来必将发展成为全球流行的旅游方式之一。这是因为:①俱乐部旅游潜在顾客群庞大。在各种社交软件上,以共同兴趣和爱好形成的社群数量巨大而且与日俱增,且群友活跃度强。理论上任何一个这样的社群都有可能形成群友出游行为,逐渐会形成数量众多的旅游俱乐部,而旅游俱乐部组织反过来会进一步推动群友出游,形成良性互动,源源不断制造出大量的旅游者。②旅游团队虽然完全建立在自愿基础上,由于有着共同兴趣和爱好,旅游的目标和追求非常容易达成一致,又有着现成的网络交流群,所以组团方便,成功率也特别高。③这种团队不以盈利为第一目标,所以旅游费用一般不会高于大众旅游,旅游者的花费完全用于自身,且大部分服务可享受团体价格,给旅游者一种非常实惠的感觉。④这种团队是以爱好为纽带建立起来的,群成员往往是各个年龄段的都会有,身体健康状况有时差别会很大,所以外出旅游活动强度往往在中、低级别,正常身体素质的人均能参加。⑤俱乐部旅游活动组织的户外运动迎合了现代人的需要,让人们在周末或假期短暂地远离城市的喧嚣和空气污染,在进行体育锻炼的同时,充分享受自然山水和新鲜空气给人们带来的身心愉悦与放松。⑥在俱乐部旅游中,由于群成员有线上交流的基础,进行实地旅游时比旅行社组织的包价游的成员更熟悉,又有着共同爱好,所以旅游时彼此间沟通更多,互动性更强,旅游者在身体、精神收益方面更丰富、更充分。由于俱乐部旅游具有如此众多的传统旅游不具备的优点,因此有理由认为俱乐部旅游在不久的将来会发展成为非常流行的旅游方式。

内容小结

本章首先介绍了世界旅游接待业的发展现状和影响发展的因素,接着分析了未来世界旅游接待业发展面临的契机,然后对世界旅游接待业未来的发展趋势进行了展望,最后预测了世界旅游接待业未来的增长点。

实务分析

我们在本章开头导入的案例涉及两个问题:一是阅读案例后,说说你认为广东乡村旅游为什么会人气如此旺盛。二是结合当前我国旅游接待业发展的现状,谈谈未来乡村旅游接待业的发展趋势。现在我们对这两个问题进行解析。

1.大量的工厂和机械化的运转造成现在城市的居住环境越来越差,加上工作节奏快,人们生活压力普遍很大,急需要走近自然,放松心灵。广东乡村旅游之所以人气旺盛,是因为游客们可以在"瓜果飘香、稻谷金黄"时节,"走进(岭南农村)乡间田野,观赏秋日美景,体验丰收的喜悦","漫步于翠竹掩映的山间野径",还可以"过足采摘瘾","品尝地道的乡村美食",住在"一栋栋白墙灰瓦的徽派民宿",惬意地"坐在沙发上看书,或在茶台前品茶聊天,或欣赏丹山碧水"。广东乡村旅游能充分挖掘当地乡村特色旅游资源(乡间美景、乡村美食、田间采摘等),开发有地方特色的精品民宿,因为"亮点十足",所以"人气旺盛"。

2.首先,个性化体验会成为未来乡村旅游的重要趋势。乡村旅游体验不是只吃农家饭、住农家院、搞农业采摘等,乡村的体验应该是无处不在的,而且应该是独一无二的,发展乡村旅游就要开发自己特有的东西。

其次,综合田园区会成为乡村旅游发展的一个趋势。城市居民到乡村去,实际上是想体验一种悠闲安静的慢生活,这就需要建设有多重功能的田园综合区,在生态农业、生态休闲和生态居住等多方面给游客带来多重体验。未来乡村旅游的综合园区不只是简单卖房间、卖饭菜或者卖农产品,而是要考虑卖时间、卖故事、卖情怀,让游客愿意待得更久。田园综合区需要有灵魂来支撑,这个灵魂就是文化,文化将是乡村旅游之魂。

最后,品质和品牌将会成为未来乡村旅游的一个发展方向。乡村旅游最核心、最有价值的部分是自然的生态环境、悠闲的乡村生活、充满乡土气的农业生产、独特的乡土文化以及浓郁的乡村人际关系，这些是游客在快节奏、高压力的城市里体验不到的一些东西，尤其是传统的、自然的、内心的东西。所以乡村旅游接待业应该从这些方面出发，打造独一无二的体验，同时要具有一定的品质，有品质的东西久了就会形成品牌。品牌是乡村旅游一定要走的路。

参考文献

[1]保继刚.旅游学纵横[M].北京:旅游教育出版社,2013.

[2]邓勇勇.旅游本质的探讨:回顾、共识与展望[J].旅游学刊,2019,34(4):132-142.

[3]李国兵.珠三角城市旅游收入影响因素分析:基于旅游收入的定义[J].地域研究与开发,2019,38(5):91-96.

[4]李悦昌."贬抑"还是"褒扬"?:基于中西语境差异分析的"大众旅游"概念[J].旅游论坛,2020,13(2):1-16.

[5]马勇.旅游接待业[M].湖北:华中科技大学出版社,2018.

[6]沈啸.国家统计局:2019年全国旅游及相关产业增加值44989亿元[N].中国旅游报,2021-1-1(1).

[7]谢彦君.基础旅游学[M].北京:中国旅游出版社,2011.

[8]曾国军,王丹丹.全球视野下接待业研究述评:基于IJHM的量化内容分析(2006—2015)[J].旅游学刊,2018,33(5):114-126.

[9]沈桂林.旅游经济学[M].北京:中国商业出版社,2002.

[10]叶秀霜.旅游经济学[M].北京:北京大学出版社,2005.

[11]马勇.旅游接待业[M].武汉:华中科技大学出版社,2020.

[12]何建民.旅游接待业[M].重庆:重庆大学出版社,2019.

[13]邓爱民.旅游接待业管理[M].北京:中国旅游出版社,2018.

[14]温秀.旅游经济学[M].西安:西安交通大学出版社,2017.

[15]王颖.旅游市场运行机制分析[J].合作经济与科技,2008(9):13-13.

[16]阎友兵.论我国现代旅游市场体系的构建[J].德州学院学报,2009,25(6):69-75.

[17]陈荣.中国旅游企业的未来之路[J].旅游学刊,2018(1):2.

[18]魏小安,王大悟.新编旅游经济学[M].上海:上海人民出版社,2000.

[19]尹美群,张继东.中国旅游企业社会责任报告现状与研究[M].北京:旅游教育出版社,2015.

[20]张河清.旅游景区管理[M].重庆:重庆大学出版社,2018.

[21]何建民.旅游接待业:理论、方法与实践[M].重庆:重庆大学出版社,2019.

[22]严伟.旅游企业战略管理[M].上海:上海交通大学出版社,2009.

[23]田里.旅游学概论[M].重庆:重庆大学出版社,2019.

[24]刘海玲,骆晶晶.境外旅游行业协会的治理经验与启示[J].人文天下,2019(7):3-4.

[25]刘伟.前厅与客房管理[M].3版.北京:高等教育出版社,2012.

[26]蒋丁新.饭店管理[M].北京:高等教育出版社,2010.

[27]中国国家标准化管理委员会.旅游饭店星级的划分与评定:GB/T 14308—2010[S].北京:中国标准出版社,2010.

[28]孟庆杰,唐飞,刘颖.前厅客房服务与管理[M].7版.大连:东北财经大学出版社,2020.

[29]莱万坤.餐饮管理[M].北京:高等教育出版社,2008.

[30]马开良,叶伯平,葛焱.酒店餐饮管理[M].北京:清华大学出版社,2013.

[31]孟庆节,马桂顺,周广鹏.饭店管理理论与实务[M].北京:清华大学出版社,2013.

[32]孙靳.饭店管理[M].天津:南开大学出版社,2013.

[33]林炜铃,朱艳萍."互联网+"时代旅游餐饮供应链智慧模式的应用创新[J].开封教育学院学报,2019,39(11):282-284.

[34]王小白.无规划,不菜单;有规划,更赢利[J].餐饮世界,2019(8):30.

[35]李原.演艺产品:饭店创新产品和服务的新尝试[N].中国旅游报,2021-02-25(6).

[36]马勇.旅游接待业[M].湖北:华中科技大学出版社,2018.

[37]郭亚军,曹卓.旅游景区运营管理[M].北京:清华大学出版社,2017.

[38]王昆欣,牟丹.旅游景区服务与管理[M].北京:旅游教育出版社,2018.

[39]王昆欣.旅游景区服务与管理案例[M].北京:旅游教育出版社,2018.

[40]蔡梅.景区接待服务[M].北京:中国旅游出版社,2017.

[41]王婧,钟林生,陈田.国内外旅游解说研究进展[J].人文地理.2015(1):33-40.

[42]卢凯翔,保继刚.旅游商品的概念辨析与研究框架[J].旅游学刊,2017(5):116-127.

[43]姚延波.我国旅行社分类制度及其效率研究[J].旅游学刊,2000(2):31-37.

[44]张野,李春江.当代旅行社业务与管理[M].北京:清华大学出版社,2016.

[45]吴江洲.旅行社门市选址理论的探讨[J].中国商贸,2011(18):159-160.

[46]苏锦艳,韩静.导游讲解存在的问题及解决策略:以敦煌市景区讲解为例[J].当代旅游,2020,18(15):77-78.

[47]王莹,吴明华.旅游期望与感受偏差原因分析[J].旅游学刊,1991(4):42-44.

[48]王纯阳,屈海林.旅游动机、目的地形象与旅游者期望[J].旅游学刊,2013,28(6):26-37.

[49]马秋芳,杨新军,康俊香.传统旅游城市入境游客满意度评价及其期望-感知特征差异分析:以西安欧美游客为例[J].旅游学刊,2006(2):30-35.

[50]姚延波.我国旅行社业发展历程回顾与展望[N].中国旅游报,2017-10-16.

[51]陈家栋.会展接待事务[M].北京:旅游教育出版社,2006.

[52]梁春燕,李琳.会议组织与服务[M].北京:北京大学出版社,2017.

[53]MILTON T A,JAMES R A.会议管理与服务[M].张凌云,马晓秋,译.北京:中国旅游出版社,2015.

[54]马勇.会展概论[M].北京:中国商务出版社,2004.

[55]王保伦.会展旅游[M].北京:中国商务出版社,2004.

[56]丁萍萍.会展实务[M].北京:高等教育出版社出版,2004.

[57]黄哲蕊.浅析我国城市会展旅游发展模式[J].漫旅,2021,8(4):49-52.

[58]祝亚雯,章锦河.高校学术会议旅游市场开发初步研究[J].地域研究与开发,2010,29(5):85-88.

[59]熊和平.关系营销实战操典[M].广州:广东经济出版社.

[60]苏朝晖.客户关系管理:客户关系的建立和维护[M].3版.北京:清华大学出版社,2017.

[61]刘在云.客户关系管理理论与实践:基于Microsoft Dynamics CRM[M].北京:清华大学出版社,2010.

[62]王晖,于岩平.旅游企业客户关系管理[M].北京:旅游教育出版社,2005.

[63]杨路明,杨竹青,徐铃.客户关系管理理论与实务[M].北京:电子工业出版社,2009.

[64]李志刚.客户关系管理原理与应用[M].北京:电子工业出版社,2011.

[65]马勇.旅游接待业[M].武汉:华中科技大学出版社,2018.

[66]伍京华.客户关系管理[M].北京:人民邮电出版社,2017.

[67]郭安禧,郭英之,李海军,等.旅游者感知价值对重游意向影响的实证研究:旅游者满意和风险可能性的作用[J].旅游学刊,2018,(1):63-73.

[68]张孝义,张娜娜,闵思宇.非物质文化遗产视阈下旅游者满意度、幸福感及景区吸引力研究:以黄山市为例[J].黄山学院学报,2019,21(1):26-29.

[69]朱荣,周彩兰,高瑞.基于数据挖掘的客户关系管理系统研究[J].现代电子技术,2018,41(1):182-186.

[70]欧燕群,周荔.数据仓库在客户关系管理中的应用研究[J].中国商贸,2010(14):69-70.

[71]乔向杰,张凌云.知识型旅游目的地管理平台框架及其构建[J].人文地理,2014,29(4):104-125.

[72]范铁明,宗明明.服装的角色化与身份表达[J].经济研究导刊,2011(8):217-233.

[73]陈欣.酒店服饰的设计与酒店文化研究[J].南宁职业技术学院学报社,2008(1):21-24.

[74]黄海燕,王培英.旅游服务礼仪[M].天津:南开大学出版社,2006.

[75]高源,谢浩萍.会展公关礼仪接待实务[M].上海:格致出版社,2009.

[76]金正昆.商务礼仪教程[M].北京:中国人民大学出版社,2009.

[77]查良松,陆均良,罗仕伟.旅游管理信息系统(第三版)[M].北京:高等教育出版社,2010.

[78]布哈利斯.旅游电子商务:旅游业信息技术战略管理[M].马晓秋,张凌云,译.北京:旅游教育出版社,2004.

[79]陆均良,沈华玉,朱照君.旅游信息化管理:理论与实务[M].浙江:浙江大学出版社,2014.

[80]梁留科.智慧旅游理论与实践[M].北京:科学出版社,2016.

[81]徐文娣.互联网环境下智慧旅游发展过程和趋势分析[J].旅游纵览,2018(10):25,27.

[82]刘工玮,刘竞泽,朱林林,等.管理信息系统的近况及未来发展趋势[J].现代营销(经营版),2019(12):54.

[83]刘文斌."互联网+旅游"新模式发展现状及对策研究[J].商场现代化,2017(13):253-254.

[84]马勇.旅游接待业[M].湖北:华中科技大学出版社,2018.

[85]王昆欣,牟丹.旅游景区服务与管理[M].北京:旅游教育出版社,2018.

[86]蔡梅.景区接待服务[M].北京:中国旅游出版社,2017.

[87]沈培培.服务质量概述[J].现代经济信息,2012(15):53-53.

[88]闫伟红.服务质量评价模型比较[J].贵州工业大学学报,2008(4):29-31.

[89]李锐.关于服务过程质量管理的思考[J].旅游学刊,2001,16(1):27-30.

[90]何建民.旅游接待业[M].重庆:重庆大学出版社,2019.

[91]郭亚军,曹卓.旅游景区运营管理[M].北京:清华大学出版社,2017.

[92]张河清,方世敏,王蕾蕾,等.旅游景区管理[M]重庆:重庆大学出版社,2018.

[93]王昆欣,牟丹.旅游景区服务与管理[M].北京:旅游教育出版社,2018.

[94]SUSANNE BECKEN,陈洁.风险管理纳入可持续旅游研究[J].旅游学刊,2014,29(3):4 - 6.

[95]邹永广.旅游安全评价:研究现状与述评[J].旅游刊,2020,35(7):133 - 146.

[96]杨瑜,姚前,石勇.国外旅游风险研究综述:基于 Web of Science 的统计分析[J].世界地理研究,2020,29(6):1237 - 1247.

[97]范春梅,武晓潇,袁韵.基于多智能体建模的旅游风险管理策略研究:以宰客事件后市场恢复为例[J].旅游学刊,2020,35(8):48 - 60.

[98]郑向敏,兰晓原.旅游安全知识总论[M].北京:中国旅游出版社,2012.

[99]谢朝武.旅游饭店安全管理实务[M].北京:中国旅游出版社,2012.

[100]侯志强,张慧.旅行社安全管理实务[M].北京:中国旅游出版社,2012.

[101]李洪波,成金华.旅游景区安全管理实务[M].北京:中国旅游出版社,2012.

[102]王新建,郑向敏.旅游行业安全管理实务[M].北京:中国旅游出版社,2012.

[103]范向丽,郑向敏.旅游者安全指南[M].北京:中国旅游出版社,2012.

[104]李九全,李开宇,张艳芳.旅游风险事件与旅游业风险管理[J].人文理,2003(6):35 - 39.

[105]刘德艳.旅游风险[M].上海:上海人民出版社,2010.

[106]王健康.风险管理原理与实务操作[M].北京:电子工业出版社,2008.

[107]隋丽娜,辛健,王晓华,等.旅游业运营管理与实务分析[M].北京:高等教育出版社,2014.

[108]徐君亮,梁明珠.广州飞龙世界游乐城关闭的原因与启示[J].热带地理,2001(2):156 - 159.

[109]谭爱国.当代社会风险的预警与应急管理机制研究[J].江西电力职业技术学院学报,2014(4):85 - 89.

[110]刘文海.世界旅游业的发展现状、趋势及启迪[J].中国市场,2012(33):62 - 65.

[111]范保宁.国际旅游业发展的格局与趋势[J].湖南商学院学报,2006(5):45 - 48.

[112]王明考.文化是旅游业的灵魂[J].西部大开发,2003(4):3.

[113]曹娟.俱乐部旅游:实施、意义与前景[J].旅游学刊,2004(1):37 - 41.

[114]江五七.未来十年我国旅游增长空间研究及其数量预测[J].生态经济,2008(9):93 - 98.

[115]乔玉霞.现代旅游业的特点[J].财贸经济.1986(6)39 - 41.

[116]邬明辉.旅游学概论[M].成都:电子科技大学出版社,2009.

[117]何建民.旅游接待业[M].重庆:重庆大学出版社,2019.

[118]邓爱民.旅游接待业管理[M].北京:中国旅游出版社,2018.

[119]温秀.旅游经济学[M].西安:西安交通大学出版社,2017.